国家质量基础设施（NQI）系列研究丛书

计量与国家治理

Measurement and National Governance

中国计量科学研究院
湖南省计量检测研究院 编著

湘潭大学出版社
XIANGTAN UNIVERSITY PRESS

图书在版编目（CIP）数据

计量与国家治理 / 中国计量科学研究院，湖南省计量检测研究院编著. -- 湘潭 : 湘潭大学出版社，2024.12
ISBN 978-7-5687-1329-0

Ⅰ. ①计… Ⅱ. ①中… ②湖… Ⅲ. ①计量学—应用—国家—行政管理—研究 Ⅳ. ①TB9 ②D035

中国国家版本馆CIP数据核字（2024）第003245号

计量与国家治理

JILIANG YU GUOJIA ZHILI

中国计量科学研究院 湖南省计量检测研究院 编著

责任编辑：罗 联
封面设计：李 平
出版发行：湘潭大学出版社
社 址：湖南省湘潭大学工程训练大楼
电 话：0731-58298960 0731-58298966（传真）
邮 编：411105
网 址：http://press.xtu.edu.cn/
印 刷：长沙印通印刷有限公司
经 销：湖南省新华书店
开 本：710 mm×1000 mm 1/16
印 张：26.5
字 数：476千字
版 次：2024年12月第1版
印 次：2024年12月第1次印刷
书 号：ISBN 978-7-5687-1329-0
定 价：90.00元

序

计量作为统一管理国家和维护国家秩序的重要工具，是国家治理的重要组成部分，在提高国家治理效能、推动经济社会高质量发展、实现社会主义现代化强国等方面发挥重要作用，是提升国家治理能力的重要手段。

作为国家治理的重要分支，计量彰显了国家主权。计量以其创新性强、渗透性深、覆盖面广等特征为社会治理提供了工具支撑与技术支持。钱学森就计量与现代化的关系提出，没有计量工作的现代化，要实现四个现代化是不可能的。在市场监管领域，食品药品、特种设备、工业产品等方面的质量安全监管需要“凭技术执法、靠数据说话”；在绿色低碳领域，计量可以有效保障碳排放的“可测量、可报告、可核查”，推动资源节约型社会、环境友好型社会的发展需要计量作为重要的“标尺”；在地震、环保、水利、气象等领域，核心的计量测试技术的研发和计量器具的精准使用，推动着行业高速高效发展和有序有效监管；在生命健康领域中，测量传感技术使智慧医疗、智能穿戴等计量设备服务于人民群众，而疫情防控有赖于核酸检测标准物质的研发和测温仪器的使用；在对外开放领域，计量互认促进了国际贸易的便利化，国际合作和经济贸易往来都需要计量作为一种通用的“世界语言”和“技术语言”。

要推进计量发展并完善计量体系，促使其成为经济发展的助推力，促进其在社会治理和改善民生方面发挥更大作用，使其成为国家治理能力现代化的重要支撑。推动中国式现代化的发展、实现中华民族伟大复兴同样需要计量作为重要力量。夯实计量基础、助力计量有序有效发展成为值得深入探究的重要课题。

一是要深刻把握计量在国家治理中发挥作用的内涵。习近平总书记强调，计量是构建一体化国家战略体系和能力的重要支撑。《中华人民共和国国民经济和社会发展第十四个五年规划和2035年远景目标纲要》《中共中央国务院关于开展质量提升行动的指导意见》等文件都对提升计量服务保障能力提出明确要求。2021年12月31日，国务院发布《计量发展规划（2021—2035年）》，至此，计量工作的发展成为国家核心竞争力的重要标志之一。要深刻把握党和国家相关方针战略、把握领导人系列重要讲话精神，从而更好地推进计量在国家治理中发挥作用。

二是要深化理论，以指导实践。计量与国家治理的深度结合与相互促进，需要理论进行指导，否则将成为无源之水、无本之木。有学者借助嵌入理论、社会网络理论、社会互赖理论、社会记忆理论等，对国家治理与计量的关系进行了理论阐释，系统梳理了国家治理中计量作用发挥的机理。

三是深度融合计量与国家治理各个方面。在国家治理中，计量在保障民生、强基固本、服务高质量发展、教育宣传、开放合作等方面取得突出成效。但在融合过程中，仍面临对计量的重视度不足、计量有效服务和高质量供给不充分、计量资源分布不均衡、计量科技成果转化不成熟、计量检定规程管理欠缺标准等挑战，需要从配套机制不健全、全社会计量意识薄弱、计量相关投入不足、企业计量管理落后、计量检定工作质量不高等方面进行探讨。

《计量与国家治理》一书，系统阐述了计量在国家治理中发挥的作用及计量与国家治理的相互关系，梳理了计量在国家治理能力现代化中发挥作用的现状，从工业生产和现代农业、科技创新和产业升级、食品安全和药品监管、医疗卫生和健康管理、环境保护和安全监测、交通运输和交通安全、特种设备和消防安全、“碳达峰”与“碳中和”、军民融合和国防建设、市场监管和秩序规范、数据可信度和法律争议、国际合作和贸易便利化、政策制定和决策支持等十三个方面阐述了计量在国家治理中的地位与重要作用，并提出推进计量在国家治理中更好更高效发挥作用的路径，具有较强的理论与现实意义。

目　录

第一章　绪　论

计量作为一门测量的科学，是实现单位统一、量值准确可靠的关键活动，是一项关键的技术手段。作为国家治理体系和治理能力的重要分支，计量彰显了国家主权，在全面建设社会主义现代化国家进程中具有重要的支撑保障作用，不断推动着科技文明的发展与进步。纵观世界科技的发展历程，每一次计量测试精度的提高与测试方法的更新，都带来了一系列科学的新发现和科技的新发明，并进一步推动了新的科学技术的改革。在我国，计量体系历经几十年的创新发展，已经建立了一系列的计量组织机构。国家设立了市场监督管理总局，地方建立了市场监管机构；国家建立了我国最高级别的计量科研机构——中国计量科学研究院，地方设立了计量院、质量监督检验及计量检定所、计量器具检定所等机构。这些计量组织机构的设立完善了计量组织体系，展现了计量在社会经济发展和人民生活中的重大影响。

第一节　计量的基本内涵

当前，计量在测量科学和技术领域发挥着不可估量的作用。它不仅提供了测量的理论和实践指导，还促进了科学的进步和技术的创新。界定计量的概念，分析其重要性，追溯计量的发展过程，进一步阐释专业领域的计量，便于全方位把握计量的内涵及外延，为后续展开研究打好理论基础。

一、计量的概念和重要性

（一）计量的概念

计量是实现单位统一、量值准确可靠的活动。它涉及测量理论、方法和实践，以确保准确、可靠和可比的测量结果。

它包括几个重要的内涵：

(1) 测量理论。计量研究测量的基本原理、方法和技术。它涉及测量单位的定义、测量误差的分析和衡量、测量不确定度的评估等。测量理论的发展推动了测量科学的进步，并为实践提供了准确可靠的测量方法和指导。

(2) 测量方法和技术。计量提供了各种测量方法和技术，用于量化物理量、性质和现象。包括传统的测量方法，如直接测量、间接测量和比较测量等，以及现代的测量技术，如光学测量、电子测量、无损检测等。计量方法和技术的不断发展使得测量更加精确、灵敏、可靠。

(3) 测量结果的准确性和可靠性。计量致力于提供准确、可靠和可比的测量结果。准确性指测量结果与被测量的真实值之间的接近程度。可靠性指测量结果的稳定性和一致性。计量通过建立准确的测量方法和减小测量误差，确保测量结果具有高准确性和可靠性。

(4) 测量不确定度的评估。测量不确定度衡量测量结果质量特征。计量重点在于如何对测量结果不确定度进行评定与表示。在测量不确定度评定中，充分考虑到多种误差来源及其影响因素，并提供一种量化测量结果的可信度和置信水平的方式。

(5) 可溯源性和国际标准。计量强调测量结果的可溯源性以及与国际标准的对应性。可溯源性是指通过一系列可追溯的比较链，将测量结果与国际上公认的参考标准联系起来。国际标准的采用确保了测量结果的可比性和互认性，促进了国际间的贸易和合作。

(6) 数据处理和分析。计量不仅关注测量过程本身，还关注如何对测量数据进行处理和分析，包括数据的整理、归纳、统计和模型建立等方法，以从测量数据中提取有效信息，揭示数据背后的模式、趋势和关联。

(7) 实验设计和质量控制。在科学研究和工程实践中，计量是合理的实验设计和质量控制的重要基础和支撑。合理的实验设计可以最大程度地降低实验误差，提高实验效率，确保得到可靠的测量结果。质量控制则通过一系列措施和方法，以监控和保证测量过程的稳定性和一致性。

(8) 创新和技术发展。计量科学的发展离不开对测量方法和技术的创新和技术发展。应不断开发新的测量方法与技术，提高测量的精确度、灵敏度和效率，以适应新兴领域和复杂问题的需求，促进科学和工程的进步和创新。

一言以蔽之，计量的概念非常广泛，涵盖了测量理论、测量方法和技术、测量结果的准确性和可靠性、测量不确定度的评估以及测量结果的可溯源性和国际标准。计量的内涵还包括数据处理和分析、实验设计和质量控制、创新和技术发展等。这些方面共同构成了计量的内容，为测量的准确性、可靠性和可比性提供了支撑和指导。

同时，计量作为一门科学，是关于测量及其应用的科学，涉及测量理论和实践的各个方面。计量学的一个重要概念是计量溯源性。它指的是通过一系列可追溯的比较链，将测量结果与国际上公认的参考标准联系起来。这种溯源性确保了测量结果的准确性和可靠性，并为实现结果的可比性提供了基础，旨在通过建立准确、可重复和可验证的测量结果来确保标准的结果可检验，并提供对质量的可靠评估。通过使用科学的语言和方法，计量学提供了一种框架来研究和解决测量中的问题。新的测量技术的引入推动了产品、流程和服务的创新。通过提供更准确、可靠和高效的测量方法，新技术能够更好地理解和控制物质和现象，从而为创新提供了基础。

（二）计量的重要性

计量在国家治理和经济可持续发展中扮演着重要的角色，并被视为处于战略基础地位。

计量是标准和合格评定的重要基石。一方面，计量、标准和合格评定是紧密相关的概念。计量提供了衡量和量化物理量的科学方法和技术，确保了测量结果的准确性和可靠性。标准是衡量和比较的基准，通过确定与规范产品、服务和流程的要求，为质量和可靠性提供了框架。合格评定则是验证和认可符合标准要求的产品和服务的过程，包括认证、检验和测试等活动。三者共同构成了质量保障体系，确保产品和服务的质量、安全和互操作性。另一方面，计量作为标准和合格评定的基础之基础，是制定标准和评定合格性的前提。标准是基于可靠和准确的测量结果建立的，而合格评定则依赖于符合标准的验证和认证。计量提供了确保测量结果准确可靠的方法和技术，从而为标准的制定和合格评定的实施提供了可靠的基础。

计量是社会经济可持续发展的有效工具。计量在经济可持续发展中扮演着重要的角色，主要体现在准确的测量结果是制定有效政策和决策的基础，帮助国家和组织评估和监测经济、环境和社会方面的性能和影响。另外，计量还促进了贸易的公平和可持续发展，通过提供可靠的测量方法和技术，确保产品和服务的质量和互操作性，增强了国际贸易的信任和合作。可见，计量与社会经济发展息息相关，它涵盖了政治、经济、科学等各个领域。计量是生产、科研和人民生活的基础保证，是经济发展的重要技术基础，在科技进步和现代化建设中有着无可替代的重要作用。

二、计量的起源和发展历程

（一）计量的起源

计量作为一门基础性和前沿性的技术科学，其起源可以追溯到人类社会的早期。

1. 古代西方的计量

古代文明如古埃及、古希腊、古罗马等开始使用基本的度量衡单位来测量长度、质量和时间，这些单位往往与当地的物体或自然现象相关联。古埃及是计量的早期文明之一，公元前3000年左右，古埃及开始使用标准长度单位来测量土地和建筑物。古埃及使用的单位包括皮尺、寸和指。古希腊的哲学家和数学家在计量领域作出了重要贡献。毕达哥拉斯提出了许多与比例和测量相关的理论，他的思想对后来的计量学发展产生了重要影响。古罗马使用了许多测量标准，包括长度单位如码，以及重量单位如盎司。文艺复兴时期的科学家和数学家对计量理论和方法进行了探索和发展。伽利略和牛顿提出了与测量相关的理论，为计量学奠定了基础。18世纪，法国大革命期间，法国推动了计量改革，目的是建立统一的度量衡体系。1791年，法国推出了米制，后来演变为国际公制单位系统。法国公制系统的建立为后来的国际公制单位系统的建立作出了贡献。19世纪，工业革命的发展加速了对计量的需求。新兴的工业领域需要准确和一致的度量衡单位来支持工程、制造和贸易活动。因此，国家开始制定和推广标准化的度量衡系统。

2. 古代中国的计量

人类在远古时期就开始进行简单的测量活动。例如，使用身体部位（如手指、手掌、脚步）作为长度的单位来测量物体的大小和距离。这种原始的测量活动主要基于直观感觉和经验，没有明确的标准和体系。在古代中国，已经开始建立更系统化的测量方法和标准。例如，古代中国的《尺度》等古籍记录了当时的测量技术和方法。

计量的起源是一个漫长的历史过程，从古代文明的尺度制定到现代国际计量体系的建立，都体现了人类对测量和标准化的需求。计量在科学、工程、贸易和社会生活中发挥着重要作用，为确保测量的准确性、可靠性和可比性提供了基础。

（二）计量的发展历程

计量的发展是一个持续演进的过程，涵盖了从古代文明的简单测量方法到现代科学技术的复杂测量技术和标准体系的建立。计量为人们提供了准确、可靠的测量结果和数据，支持着工业生产、贸易交流、科学研究和社会管理的现代化。随着计量的不断发展，人们不仅可以准确地测量和评估物体的大小、重量、时间等，还可以测量和分析更复杂的参数，如温度、压力、电磁场、声音等。计量提供了准确测量和可靠数据的基础，推动了科学研究、工业生产、贸易交流和社会管理的进步。新的测量方法、仪器和技术不断涌现，提高了测量的精确性、灵敏度和可靠性。例如，激光测量等新技术在测量领域得到广泛应用。随着信息技术的快速发展，数字化计量和自动化测量在许多领域得到广泛应用。计算机、传感器、数据采集系统和自动控制技术的进步使得测量过程更加精确、高效和可追溯。随着新兴领域的发展，如生物技术等，对计量的需求不断增加。这些领域对特定物理量的测量和标准化提出了新的挑战，不断推动计量技术的创新和发展。计量的发展不仅涉及科学、技术和标准化的进步，也与经济、贸易和社会发展紧密相关。计量的发展反映了人类对准确度、可比性和标准化的追求。计量的发展为科学研究、工业生产、贸易交流和社会管理提供了基础，促进了全球合作和发展。同时，全球计量标准的一致性和可比性也为国际间的交流和合作提供了重要保障。

随着科学发展和技术进步，19 世纪，计量学作为一门独立的学科逐渐形成。当时，人们开始意识到测量的重要性，并开始了测量理论和实践的研究。计量学逐渐涵盖长度、质量、时间、电磁学、光学等各个领域，并发展了测量标准和单位体系。现代计量技术的不断创新和应用，为各行各业提供了更精确、高效和可靠的测量手段，推动着科技进步和经济发展。现代计量学涵盖了测量理论、测量误差与不确定度、测量方法和仪器、标准化、校准等方面的研究。

1. 科学革命与测量学的发展

随着科学革命的兴起，测量学开始成为一门独立的学科。在 17 世纪和 18 世纪，科学家如伽利略、牛顿、拉普拉斯等人对测量理论和方法进行了深入研究，提出了精确的测量原理和数学模型，为现代计量学的形成奠定了基础。

2. 国际标准化组织的成立

国际标准化组织（ISO）旨在加强国际合作与交流，推进全球标准的制定与使用，于1947年成立。ISO致力于制定国际标准，包括计量领域的标准，以确保不同国家和地区的测量结果相互认可和接受。ISO的成立和国际标准的制定促进了全球计量的一致性和互认性，不同国家和地区可以基于共同的标准进行测量和检测，实现数据的可比性和互认，促进贸易交流和国际合作。

3. 国际计量体系的形成

1875年，国际计量局（BIPM）成立，旨在促进国际计量合作和标准化。国际计量体系通过建立和维护国际计量标准、互认协议和相互承认体系，加强了各国之间的计量合作和互信。BIPM和其他计量机构在全球范围内推动计量学的发展和应用。

4. 国际单位制的形成与建立

1799年，法国科学院把地球子午线四千万分之一的长度界定为一米。由此，世界各国缔结《米制公约》。1954年，第10届国际计量大会确定以米、千克、秒、安培、开尔文、坎德拉为基本单位。1958年，国际计量委员会通过单位制中单位名称的符号及组成倍数单位、分数单位的词头等提案。随着科技的进步，“米制”中所含基本单位的数量逐步扩大，1960年改称“国际单位制”，简称“SI”。[①] 1971年，第14届国际计量大会确定增加摩尔为基本单位。从1975年第15届国际计量大会到1991年第19届国际计量大会，先后决定增加放射性计量的2个具有专门名称的导出单位贝可勒尔和戈瑞，同时增加了4个词头，即10^{-24}、10^{-21}、10^{21}和10^{24}，从而形成了一个较为完整的计量单位制体系——国际单位制。随着科技、经济和社会的发展，国际单位制还会进一步充实和完善。新中国成立前，我国多种单位制并用，如米制（公制）、市制等。新中国成立后，1959年国务院颁布《关于统一计量制度的命令》，规定米制是我国的计量制度。国际单位制形成以来，我国非常重视推行国际单位制。1977年，国务院颁布的《中华人民共和国计量管理条例（试行）》第三条规定：我国的基本计量制度为米制，逐步采用国际单位制。1978年，国务院批准成立了由20人组成的“国际单位制推行委员会”，负责组织全国性的国际单位制推行工作。

① 国际单位制重大变革 人类文明的关键节点——方向同志在全国计量工作会议上的报告［J］. 中国计量，2019（3）：29-32.

为确保国家计量制度一致，1985 年颁布的《中华人民共和国计量法》第三条规定："国家采用国际单位制。"

5. 国际单位制的变革

2018 年第 26 届国际计量大会决定重新定义国际单位制中的 4 个基本单位"千克""安培""开尔文""摩尔"，还修改了其他 3 个国际单位制基本单位"秒""米""坎德拉"定义的文本表述，以便统一国际单位制基本单位全部表述。至此，国际单位制中 7 个基本单位都用常数来界定，这是人类科学发展史上的一座里程碑。这次国际单位制基本单位的改革使国际测量体系在源头上量子化和常数化，反映出国际单位制与时代同步发展的特征，保证国际单位制在相当长一段时间内具有通用性与稳定性。具体表现为：第一，"常数定义"不受人、时、空因素的制约，保证国际单位制的通用性；第二，以"常数"代替"实物原器"，"常数"的常数特性保证国际单位制在相当长一段时间内的稳定性；第三，新界定的国际单位制基本单位可以在任意范围内进行复现，保证国际单位制全范围内的准确性；第四，新界定的国际单位制基本单位的复现没有方法上的约束，保证了其长期适用性。①

三、专业领域的计量

常见的专业领域的计量也被称为"十二大计量"，包括几何量（长度）计量、热工计量、力学计量、电磁计量、无线电计量、时间频率计量、声学计量、光学计量、化学计量、电离辐射计量、生物计量和医学计量。这些领域在不同的学科和行业中扮演着重要的角色，涵盖了测量和分析的广泛范围，它们共同构成了计量学科的基础，用于确保测量的准确性、可追溯性和可比性。

（一）几何量（长度）计量

几何量（长度）计量是指对长度、距离和几何形状等几何量进行测量和评估的过程，涉及测量及研究长度、距离和几何形状的计量学科。在许多领域，准确测量长度是非常重要的，例如工程、建筑、制造、地质学等。

以下是一些常见的几何量（长度）计量方法和工具：

（1）直尺和卷尺。直尺和卷尺是生活中最常用的测量工具，主要用于测量直线段的长度。直尺通常用于较短的距离测量，而卷尺可用于较长的距离测量。

---

① 陈军，李华，邢献军. 国际单位制重大变革初探［J］. 安徽科技，2019（6）：44-47.

（2）量角器。量角器是用于测量角度的工具，也可用于测量角度对应的弧长。

（3）比较测量仪。比较测量仪（如游标卡尺等）主要用于测量物体的长度、宽度和厚度等尺寸，具有较高的测量精度。

（4）激光测距仪。激光测距仪使用激光技术测量物体的距离，具有高精度和远程测量的能力。

（5）光学测量仪器。光学测量仪器（如光学投影仪、显微镜）可用于测量物体的长度、直径和轮廓等几何参数。

（6）全站仪。全站仪是一种先进的测量仪器，结合了角度测量、距离测量和数据处理的功能，广泛应用于工程测量和建筑测量。

在进行几何量（长度）计量时，准确性和精度非常重要，校准和准确度验证是确保测量结果可靠和一致的关键步骤。通过使用合适的测量工具和仪器，并遵循正确的测量方法和规程，可以获得准确和可靠的几何量（长度）测量结果。

（二）热工计量

热工计量是指在热力学领域中进行测量及评估与热量、温度和热力学性质相关的物理量的过程，涉及热量、温度和热力学性质等的测量与分析，以及与热力学过程相关的计量学科。热工计量在许多领域具有重要的应用，包括能源行业、热处理工艺、环境监测等。

以下是一些常见的热工计量相关的物理量和方法：

（1）温度测量。温度是热工计量中最基本和常见的物理量之一。温度测量可以使用各种温度计，如温度传感器（如热电偶和热阻传感器）、红外线测温仪等。

（2）热流测量。热流是热能传递的速率，通常以单位时间内通过单位面积的热量表示。热流测量可以使用热电偶、热阻传感器、热电偶阵列等。

（3）热容测量。热容是物质在温度变化时吸收或释放的热量的比例。热容测量可以使用差示扫描量热仪（DSC）、热电偶等。

（4）热膨胀测量。热膨胀是物质在温度变化时体积或长度的变化。热膨胀测量可以使用线膨胀计、光学干涉仪等。

（5）热导率测量。热导率是材料传导热量的能力。热导率测量可以使用热板法、热线法等。

（6）热阻测量。热阻是物质抵抗热量传递的能力。热阻测量可以使用热阻传感器等。

在热工计量中，确保测量设备的准确性、校准和可追溯性非常重要。精确的测量结果可以为能源系统的优化、热工过程的控制和效率改进提供可靠的依据。因此，合适的测量仪器、方法和标准化程序是热工计量的关键要素。

（三）力学计量

力学计量是指在力学领域中进行测量及评估与力、质量、运动和力学性质相关的物理量的过程，涉及力、质量、力学性质以及运动的测量和分析的学科。力学计量在许多领域具有广泛的应用，包括工程、物理学、材料科学、运动学等。

以下是一些常见的力学计量相关的物理量和方法：

（1）力的测量。力是物体之间相互作用的结果，力的测量通常使用力传感器或称力计。常见的力传感器包括压电传感器、应变片传感器、负载细胞等。

（2）质量的测量。质量是物体固有的属性，质量的测量通常使用天平或电子秤。校准的质量标准可用于确保测量的准确性。

（3）运动的测量。运动学是研究物体运动的学科，涉及测量位置、速度、加速度等物体的运动参数。测量设备包括位置传感器等。

（4）压力的测量。压力是单位面积上施加的力，常用单位为帕斯卡（Pa）。压力的测量可使用压力传感器、压力计等。

（5）应力和应变的测量。应力是物体内部受力的表现，应变是物体形变程度的表现。常用的应力和应变测量设备包括应变计、应力传感器等。

（6）动力学测量。动力学研究物体的运动原因和行为，涉及测量力和运动之间的关系。测量设备包括力传感器等。

在力学计量中，准确性和可靠性是至关重要的。使用合适的测量设备、校准和验证的程序，以及遵循正确的测量方法和规程，可以获得准确和可靠的力学测量结果。这些结果在工程设计、物理实验、材料测试等领域中具有重要的应用。

（四）电磁计量

电磁计量是指在电磁学领域中进行测量及评估与电场、磁场和电磁性质相关的物理量的过程，涉及电场、磁场和电磁性质的测量和分析的学科。电磁计量在许多领域具有广泛的应用，包括电力工程、通信、电子设备、无线技术等。

以下是一些常见的电磁计量相关的物理量和方法：

（1）电流的测量。电流是电荷流动的量度，常用单位为安培（A）。电流的测量可以采用电流互感器等设备。

（2）电压的测量。电压是电势差，是电荷在电场中的能量差，常用单位为伏特（V）。电压的测量可以使用电压表、电位计等设备。

（3）电阻的测量。电阻是指电流通过导体时遇到的阻碍，最常用的单位为欧姆（Ω）。电阻的测量可以使用电阻计、四线电阻测量仪等设备。

（4）电容的测量。电容是电荷存储的能力，常用单位为法拉（F）。电容的测量可以使用电容计、LCR测量仪等设备。

（5）磁场强度的测量。磁场强度是磁场中磁力对单位磁极的作用体现，常用单位为特斯拉（T）。磁场强度的测量可以使用霍尔传感器等设备。

（6）电磁波的测量。电磁波是电场和磁场相互作用传播的波动，包括无线电波、微波等。电磁波的测量可以使用天线、光谱仪、辐射计等设备。

在电磁计量中，准确性和精度是至关重要的。使用合适的测量设备、校准和验证的程序，以及遵循正确的测量方法和规程，可以获得准确和可靠的电磁测量结果。这些结果在电力系统的监测与控制、通信技术、电子设备的测试和无线通信等领域中具有重要的应用。

（五）无线电计量

无线电计量是指在无线电通信领域中进行测量及评估与无线电波、射频信号和无线通信系统相关的物理量的过程，涉及无线电波、射频和微波的测量和分析的学科。无线电计量在无线通信、广播、雷达、卫星通信等领域中起着重要作用。

以下是一些常见的无线电计量相关的物理量和方法：

（1）无线电频率的测量。无线电频率是指无线电波振荡的频率，常用单位为赫兹（Hz）。测量无线电频率可以使用频谱分析仪、频率计等设备。

（2）无线电功率的测量。无线电功率是无线电信号的传输功率，常用单位为瓦特（W）。测量无线电功率可以使用功率计、功率分配器等设备。

（3）无线电信号的幅度和相位的测量。无线电信号的幅度和相位是指无线电波的振幅和相位信息。测量无线电信号的幅度和相位可以使用功率计、频谱分析仪、示波器等设备。

（4）无线电接收灵敏度的测量。无线电接收灵敏度是接收器能够接收和解调的最小信号强度。测量无线电接收灵敏度可以使用信号源、信号发生器等设备。

（5）无线电频谱的测量。无线电频谱是在频率范围内的信号强度和分布。测量无线电频谱可以使用频谱分析仪、扫频仪等设备。

（6）无线电天线参数的测量。无线电天线参数包括增益、辐射图案、驻波比等。测量无线电天线参数可以使用天线分析仪、驻波比仪等设备。

在无线电计量中，准确性、可靠性和频率范围是至关重要的。使用适当的测量设备、校准和验证的程序，以及遵循正确的测量方法和规程，可以获得准确和可靠的无线电计量结果。这些结果对于无线通信系统的设计、优化和维护非常重要。

（六）时间频率计量

时间频率计量是指在时间和频率领域中进行测量及评估与时间、时钟和频率相关的物理量的过程，涉及时间和频率的测量和标准化的学科。时间频率计量在许多领域具有重要的应用，包括通信、导航、定时和同步等。

以下是一些常见的时间频率计量相关的物理量和方法：

（1）时间测量。时间是事件发生的顺序和持续的度量，常用单位为秒（s）。时间的测量可以使用时钟、计时器、定时器等设备。

（2）频率测量。频率是指单位时间内事件发生的次数，常用单位为赫兹（Hz）。频率的测量可以使用频率计、计数器等设备。

（3）时钟精度和稳定性的测量。时钟的精度指时钟的准确性。时钟的稳定性指时钟的频率稳定程度。测量时钟精度和稳定性可以使用频率计、时钟比较器等设备。

（4）时间延迟的测量。时间延迟是信号在传输中经过的时间，常用单位为纳秒（ns）或皮秒（ps）。时间延迟的测量可以使用时间测量设备、延迟测量设备等。

（5）相位测量。相位是指两个波形之间的时间差或相对位置关系。相位测量可以使用示波器、相位计等设备。

（6）频率稳定性和相位噪声的测量。频率稳定性和相位噪声用来描述频率或时钟信号的稳定性和噪声水平。测量频率稳定性和相位噪声可以使用频率计、频谱分析仪等设备。

在时间频率计量中，准确性、稳定性与可靠性是重中之重。使用适当的测量设备、校准和验证的程序，以及遵循正确的测量方法和规程，可以获得准确和可靠的时间频率计量结果。这些结果对于通信系统的同步、科学实验的精确时间测量、导航系统的定位等非常重要。

（七）声学计量

声学计量是指在声学领域中进行测量及评估与声音、声波和声学特性相关的物理量的过程，涉及声音、声波和声学特性的测量与分析的学科。声学计量在许多领域中具有重要的应用，包括音频工程、音乐、环境噪声控制、声学研究等。

以下是一些常见的声学计量相关的物理量和方法：

（1）声压级的测量。声压级是声音的强度或声音能量的量度，常用单位为分贝（dB）。声压级的测量可以使用声级计、声压传感器等设备。

（2）频率的测量。频率是指声波振动的快慢，常用单位为赫兹（Hz）。频率的测量可以使用频率计等设备。

（3）声速的测量。声速是指声波在介质中传播的速度，常用单位为米/秒（m/s）。声速的测量可以使用声速计等设备。

（4）声音品质的测量。声音品质是指声音的特征和感知属性，包括音调、音色、音质等。声音品质的测量可以使用听觉分析仪、声学分析软件等。

（5）噪声水平的测量。噪声是非期望的声音，噪声水平是噪声的强度或能量的量度。噪声水平的测量可以使用声级计、噪声分析仪等设备。

（6）音场分析。音场分析是对声音在空间中的分布和传播特性进行测量和评估的过程。音场分析可以使用声学测量仪器、阵列麦克风等设备。

在声学计量中，准确性、精度和可靠性是至关重要的。使用适当的测量设备、校准和验证的程序，以及遵循正确的测量方法和规程，可以获得准确和可靠的声学计量结果。这些结果在音频工程、音乐制作、环境噪声控制、声学研究等领域具有重要的应用。

（八）光学计量

光学计量是指在光学领域中进行测量及评估与光、光线、光学性质相关的物理量的过程，涉及光、光学性质和光学仪器的测量和分析的学科。光学计量在许多领域中具有重要的应用，包括光学工程、光学制造、光学通信、光谱分析等。

以下是一些常见的光学计量相关的物理量和方法：

(1) 光强的测量。光强是光的能量流量，常用单位为瓦特/米^2 (W/m^2)。光强的测量可以使用光功率计、光强传感器等设备。

(2) 光谱的测量。光谱是光的频率或波长分布，用于分析光的成分和特性。光谱的测量可以使用分光计等设备。

(3) 光学成像的测量。光学成像是将光线聚焦形成图像，用于观察和测量样品的细节和特征。光学成像的测量可以使用显微镜、望远镜、相机等设备。

(4) 折射率的测量。折射率是指介质对光传播速度的影响和作用程度，常用于表征光在介质中的偏折程度。折射率的测量可以使用折射计、光程差测量仪等设备。

(5) 波长的测量。波长是光的周期性振动的长度，通常用纳米 (nm) 或微米 (μm) 表示。波长的测量可以使用干涉仪、光栅等设备。

(6) 散射和反射的测量。散射和反射是光线在材料表面或介质中发生方向变化的现象，常用于表征光的传播和材料的特性。散射和反射的测量可以使用散射仪、反射计等设备。

在光学计量中，准确性、精度和稳定性是至关重要的。使用适当的测量设备、校准和验证的程序，以及遵循正确的测量方法和规程，可以获得准确和可靠的光学计量结果。这些结果在光学工程、光学制造、光学通信、光谱分析等领域具有广泛的应用。

(九) 化学计量

化学计量是一门涉及化学物质、化学反应和化学特性测量与分析的学科，包括反应物和产物量的计算、化学平衡的计算、化学反应速率的计算以及化学反应中能量的计算等，涉及许多物理量的测量。化学计量方法是计算物质化学组成、化学反应中物质量和能量变化的方法。计算的基础在于电子、质量和能量的守恒，以及一些化学基本定律的应用。采用适宜的计算方式，可快速而精准地进行计算，缩短计算时间、减少运算量，并最大限度地降低运算过程中出现错误的概率。

以下是一些常见的化学计量相关的物理量和方法：

(1) 物质的量。表示一定数目微粒的集合体，用 n 表示，单位摩尔 (mol)。

(2) 阿伏加德罗常数。0.012 kg C-12 中含有的碳原子数，用 N_A 表示，约为 $6.02\times10^{23}\,mol^{-1}$。

(3) 摩尔质量。单位物质的量的物质所具有的质量，用 M 表示，单位 g/mol，数值上等于该物质的相对原子质量或相对分子质量。

(4) 阿伏加德罗定律。同温同压下，相同体积的任何气体都含有相同的分子数。

(5) 物质的量浓度计算。单位体积溶液中所含溶质 B 的物质的量，符号 c_B，单位 mol/L。公式：$c_B = n_B/V$、$n_B = c_B \times V$、$V = n_B/c_B$。溶液稀释规律：c（浓）$\times V$（浓）$= c$（稀）$\times V$（稀）。

在化学计量中，准确性、精度和可靠性是至关重要的。使用适当的测量设备、校准和验证的程序，以及遵循正确的测量方法和规程，可以获得准确和可靠的化学计量结果。

（十）电离辐射计量

电离辐射计量是指在核能、放射性物质、医学放射诊断和治疗等领域中进行测量及评估与电离辐射相关的物理量的过程，涉及电离辐射（如射线、核辐射）的测量和分析的学科。电离辐射计量在核能安全、辐射防护和医学诊断中起着重要作用。

以下是一些常见的电离辐射计量相关的物理量和方法：

(1) 辐射剂量的测量。辐射剂量是指辐射能量沉积在物质中的量度，常用单位为戈瑞（Gy）或希沃特（Sv）。辐射剂量的测量可以使用剂量仪、剂量计、电离室等设备。

(2) 辐射源活度的测量。辐射源活度是指放射性物质单位时间内发射放射线的能力，常用单位为贝可（Bq）。辐射源活度的测量可以使用放射性计数仪、放射性测量仪等设备。

(3) 辐射场的测量。辐射场是指辐射源周围的辐射强度和分布情况。辐射场的测量可以使用辐射计、辐射测量仪器等设备。

(4) 辐射能谱的测量。辐射能谱是指不同能量的辐射在频谱上的分布情况。辐射能谱的测量可以使用能谱仪、多道分析器等设备。

(5) 辐射防护的测量。辐射防护是保护人员和环境免受辐射危害的措施，涉及辐射剂量监测和辐射防护装备的使用。辐射防护的测量可以使用个人剂量仪、辐射防护仪器等设备。

(6) 辐射安全评估。辐射安全评估是对辐射源和辐射场进行评估，确定辐射危害和采取相应的防护措施。辐射安全评估涉及剂量计算、辐射监测和风险评估等。

在电离辐射计量中，准确性、精度和安全性是至关重要的。使用适当的测量设备、校准和验证的程序，以及遵循正确的测量方法和规程，可以获得准确和可靠的电离辐射计量结果。

特别提示：电离辐射计量涉及对辐射的防护，是一项高度专业的工作。在现实生活中需要进行相关的测量或处理辐射源时，请务必寻求专业机构或资深专家的指导和支持，确保安全性和正确性。

电离辐射计量包含多个专业领域，涉及不同类型和能量的辐射，以下是一些常见的专业领域：

（1）核物理计量。核物理计量涉及对核辐射的测量和评估，包括对放射性物质的活度测量、核辐射能谱分析、辐射防护等。

（2）医学辐射计量。医学辐射计量是指在医学诊断和治疗中进行辐射测量和安全管理。包括对 X 射线、放射性同位素和核医学等的辐射计量。

（3）辐射工作计量。辐射工作计量是指在核能工业、放射性设备和放射源使用中进行的辐射监测和剂量评估，涉及对工作场所中辐射源和工作人员的辐射剂量监测和控制。

（4）辐射环境计量。辐射环境计量是指对自然环境中辐射水平的测量和评估，包括大气中的宇宙辐射、地面辐射、食品中的放射性同位素等。

（5）核应急计量。核应急计量涉及在核事故或紧急情况下进行的辐射测量和剂量评估，以评估和应对辐射风险，保护公众和工作人员的安全。

（6）个人剂量监测。个人剂量监测是对从事辐射作业人员的辐射剂量进行实时或定期监测，以确保他们的剂量暴露在安全限值范围内。

这些专业领域都涉及精确的测量、辐射剂量评估、防护措施和安全管理，由专业的计量机构、核能机构、辐射防护机构和医疗机构提供相关的技术支持和服务。

（十一）生物计量

生物计量原指用数理统计方法对生物进行分析，现在多指以生物体（一般特指人）本身的生物特征来区分生物体个体的计算机技术。生物系统（大分子、细胞器官、细胞、组织）的测量是复杂的，以下是当前一些常见的生物计量相关的物理量和方法：

（1）基因生物测量。临床基因测定、基因表达（质粒）、种植生物学的转基因成分、转基因病原体标准（参考）物质、生物质粒形成过程的质量控制参考标准和方法、病毒检测的分析和标准物质、定量 PCR（聚合酶链反应）测定等。

（2）蛋白质测量。临床诊断、药物测定、生物药治疗、蛋白质分析等。

（3）细胞测量。质量控制、标准和方法、细胞治疗学中的测量、细胞计测量荧光标准、基于活体内的测试（化学毒素、生物产品如干扰素）等。

（4）生物分子测量。建立生物分子计量的有效方法、生物分子的生产质量分析方法、生物分子测量的质量控制/质量分析（QC/QA）。

（5）DNA 测量。主要表现为基本序列分析和核酸定量，包括序列差异和长度差异、实时定量 PCR、电脉分离、凝胶、毛细管电泳等技术。

在生物计量中，准确性、精度和可靠性是至关重要的。使用适当的测量设备、校准和验证的程序，以及遵循正确的测量方法和规程，可以获得准确和可靠的生物计量结果。

（十二）医学计量

医学计量是指对医疗卫生领域所涉及的仪器、设备、器械、量具等医疗设备进行的测量。医学计量所涵盖的是医学学科测量领域的整体，医学计量既有对医院的计量保证，还包括对医学科研、教学部门的计量保证；既有对诊断、治疗计量器具的测量，还包括对科学实验分析仪器的测量。医学计量是计量学在医学领域的应用，是计量学在医学领域的延伸，以下是当前一些常见的医学计量相关的物理量和方法：

（1）X 射线测量。X 射线是由于原子中的电子在能量相差悬殊的两个能级之间跃迁而产生的粒子流，是波长介于紫外线和 γ 射线之间的电磁波。[①] X 射线具有独特的物理、化学及生物效应，广泛应用于生产实践中，在医学方面的应用更为普遍。[②]

（2）血压计测量。血压计是测量血压的仪器，又称血压仪。血压计主要有听诊法血压计和示波法血压计。听诊法血压计主要有水银血压计（压力计）、弹簧表式血压计、压光柱血压计、光显血压计、液晶血压计等。

（3）彩色 B 超诊断仪测量。主要应用于腹部、泌尿系统、小器官、产科、

① 于海容，王晶，李永佐，等 . X 射线的应用及其医学计量研究［J］. 工业计量，2019，29（3）：68-70.

② 王若丹 . X 射线在医学上的应用及 X 光机故障维修［J］. 中国医学装备，2009，6（4）：53-54.

妇科、浅表组织等疾病的超声诊断，并能利用彩色多普勒功能对胎儿、脐带的血流进行测定、评估，对各器官血流供应情况进行测定、评估，对各病灶、肿瘤血流供应情况进行测定、评估。

(4) CT 测量。CT 是一种影像学的检查方法，适用于机体多个组织器官的检查，包括头部 CT，颈椎 CT，肺 CT，胸椎 CT，腰椎 CT，腹腔脏器的 CT 检查，如肝脏、脾脏、胆囊、胰腺、肾脏等，盆腔 CT，骨及骨关节 CT 检查，通过检查可以了解机体是否健康，有无病理改变，并可以根据检查了解疾病进展情况。

(5) 磁共振成像测量。共振成像又称自旋成像，也称磁共振成像。利用核磁共振原理，依据所释放的能量在物质内部不同结构环境中不同的衰减，通过外加梯度磁场检测所发射出的电磁波，即可得知构成这一物体原子核的位置和种类，据此可以绘制成物体内部的结构图像。

(6) DR 机技术。DR 机是一种用于中医学与中药学领域的医学科研仪器，主要包括用于胸部和直立部位 DR 摄影的立位专用机，用于平卧位人体各部 DR 摄影的卧位专用机，以及多种体位 DR 摄影的多功能机。

在医学计量中，准确性、精度和可靠性是至关重要的。使用适当的测量设备、校准和验证的程序，以及遵循正确的测量方法和规程，可以获得准确和可靠的医学计量结果。

第二节 计量的组织机构

一、中央计量主管部门

(一) 国家市场监督管理总局

2018 年 3 月，根据第十三届全国人民代表大会第一次会议批准的国务院机构改革方案，将国家质量监督检验检疫总局的职责整合，组建中华人民共和国国家市场监督管理总局，其中包括统一管理计量工作的职责等。根据《国家市场监督管理总局职能配置、内设机构和人员编制规定》，国家市场监督管理总局是国务院直属机构，为正部级，共设有 31 个直属机关和直属单位。主要职责为：负责市场综合监督管理；负责市场主体统一登记注册；负责组织和指导市场监管综合执法工作；负责反垄断统一执法；负责监督管理市场秩序；负责宏观质量管理；负责产品质量安全监督管理；负责特种设备安全监督管理；负责食品安全监督管理综合协调；负责食品安全监督管理；负责统一管理计量工作；负责统一管理标准化工作；负责统一管理检验检测工作；负责统一管理、监督和综合协调全国认证认可工作；负责市场监督管理科技和信息化建设、新闻宣传、国际交流与合作；管理国家药品监督管理局、国家知识产权局；完成党中央、国务院交办的其他任务。

（二）计量司

中华人民共和国国家市场监督管理总局计量司是中华人民共和国国家市场监督管理总局内设机构，承担国家计量基准、计量标准、计量标准物质和计量器具管理工作，组织量值传递溯源和计量比对工作；承担国家计量技术规范体系建立及组织实施工作；承担商品量、市场计量行为、计量仲裁检定和计量技术机构及人员监督管理工作；规范计量数据使用的主要职责。

二、国家计量院

（一）发达国家计量院的基本情况

1. 美国国家标准与技术研究院（NIST）概况

（1）机构概况。NIST是隶属于美国商务部的技术服务与研发部门，致力于基础技术和共性技术的研究开发及服务支撑，是美国唯一专职负责帮助产业界发展技术和方法，推进技术创新，提升产品质量，实现工艺过程现代化，促进新技术新产品加速产业化的联邦研究机构。

（2）使命愿景。NIST的诞生以提升美国工业竞争力为使命，增加了面向国家重要战略领域组织开展前瞻性和基础性的共性技术研发、面向中小型企业开发新技术和新产品、帮助企业接受和应用先进科学技术、提高企业在国内外市场上的竞争能力、进行技术服务和技术转让等新职能。

（3）组织架构。NIST是美国政府的科研机构，负责制定技术标准，推动科学研究，促进创新。它的前身是国家标准局（NBS），成立于1901年。在1901年至1991年期间，NBS/NIST的行政结构经历了重大的变化，以适应美国社会发展的重大转折和科学技术的革新带来的新需求和新挑战。1905年NBS成立之初，作为美国科学和技术研究的主要机构，NBS的任务是确立技术标准和测量方法，以促进工业和经济的发展。当时的重点主要集中在测量标准和材料研究等方面。1991 年，NBS 改革为 NIST。为了更好地应对日益增长的科技挑战和全球竞争，NBS 在 1991 年进行了重组，并更名为 NIST。此次改革的目的是使其更加灵活、适应性更强，在推动科学和技术创新方面发挥更大的作用。

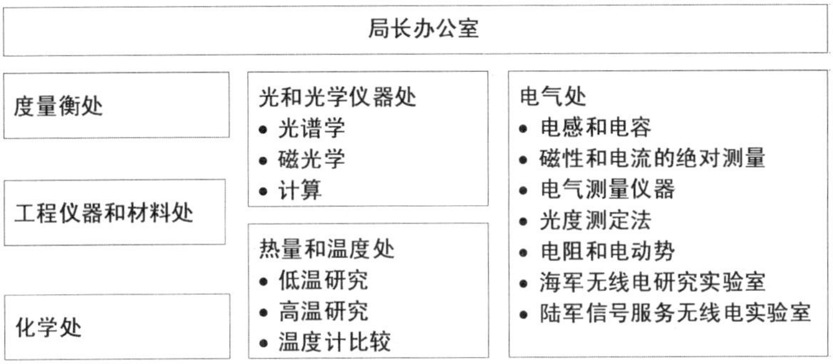

图 1.1 1905 年 NBS 的组织架构

图 1.2 1991 年 NBS 改革成为 NIST 后的组织架构

截至 2023 年，NIST 的组织架构进一步发展，以应对不断变化的科技环境和全球挑战。NIST 现在涵盖了更广泛的领域，包括计算机科学、生物技术、材料科学、工程技术等。NIST 通过推动前沿研究、制定技术标准、提供创新支持，帮助美国企业和产业保持竞争优势，同时也在国际上发挥着领导作用。

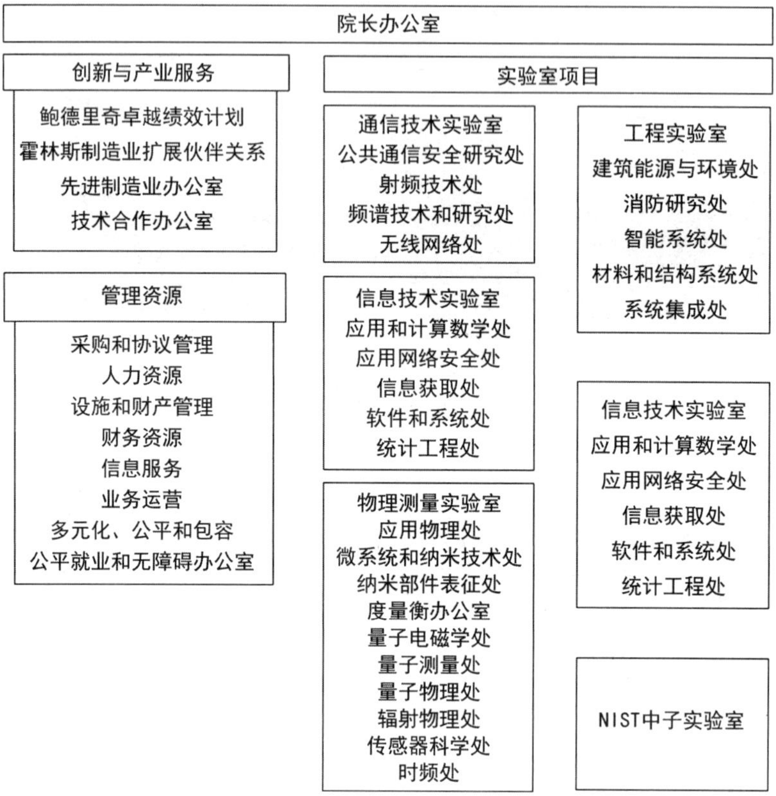

图 1.3　2023 年 NIST 的组织架构

1905 年的 NBS 组织结构较为精简，基本满足了 20 世纪初美国的发展需求。

经过近一个世纪的发展，NIST 通过对标准、计量、认证认可不断强化和拓展新功能，成功转变为集科技研发、计量与标准化、技术创新为一体的技术研发机构。NIST 的法律地位、机构设置、院长任命、使命、业务、经费等都有专门规定，从制度上保障了 NIST 的运行。2010 年《美国竞争法再授权法案》增设商务部副部长一职，主管标准与技术，兼任 NIST 院长，由总统任命。2007 年《美国竞争法》要求 NIST 在总统将预算申请交给国会时应提交一份三年纲领性规划，该规划要不断完善优化投资的项目，解决国家优先发展的问题。

(4) 工作领域。NIST 具有美国宪法赋予的联邦政府的职能，作为商务部的非监管机构、经验丰富的行业合作伙伴以及专门致力于促进美国经济竞争力的联邦研究机构，NIST 在美国的经济发展中扮演着重要角色。NIST 通过推进对国家经济十分关键的一些战略性领域的测量学标准和技术发展，提高美国产业的创新力和竞争力。在技术方面，NIST 通过研发前沿的计量标准和测量技术，推动美国在量子科技、人工智能、高端制造、生物技术等战略性新兴领域取得领先优势，这对保障美国创新基础的持续发展至关重要。例如，在芯片制造领域，NIST 正在支撑实施《芯片与科学法》有关计划，以提升美国的芯片研发和制造能力。《芯片与科学法》赋予了 NIST 新的权力，以加强对美国半导体制造业的研发和生产的支持。NIST 与企业合作建立公私研发伙伴关系，并建立国家先进制造研究设施，帮助美国芯片行业实现技术突破。在产业服务方面，NIST 通过开展制造业拓展伙伴计划（MEP）等，利用技术转移、产品改进和商业化应用等方式，增强企业的生产力和市场竞争力，推动美国经济向创新驱动的方向转型升级。在解决国家关键需求方面，无论行政部门还是立法部门提出的重大需求，NIST 都会优先组织力量给予积极回应，提供强有力的技术支撑。在成果转化方面，NIST 高度重视研发成果向市场的转化应用，通过产学研合作和技术转让等多种途径，将更多高新技术推向市场，增强经济影响和社会效益。

2. 德国联邦物理技术研究院（PTB）概况

(1) 机构概况。德国的国家计量院是 PTB，是直属联邦经济事务和气候行动部（BMWK）管辖的高级联邦权力机构及科学技术机构。1887 年成立帝国物理技术研究所（PTR）。1953 年 9 月 21 日，PTR 与德国联邦物理技术研究院合并，形成了现在的 PTB。

目前，PTB 的科研机构包括以下几个部分：

实验量子计量研究所：该研究所专注于实验量子物理学和量子计量学的研究。其目标是开发和应用基于量子现象的精密测量技术，推动量子计量学的发展，为德国和全球的科学研究和产业提供前沿技术支持。

计量学基础物理学研究所：该研究所致力于开展基础性的计量学研究，涵盖光学、时间频率、量子力学和物理常数等方面。这些基础研究对于确立和维护国际计量单位体系以及提高计量学的准确性和可靠性至关重要。

功能纳米系统计量研究所：该研究所专注于纳米技术领域的计量学研究，

通过精密测量技术支持纳米材料、纳米结构和纳米器件的研发和应用，促进纳米技术的发展和应用。

超低磁场计量设施：超低磁场计量设施是PTB的核心设施之一，主要用于研究和测量超低磁场的特性，为磁学、材料科学和量子技术等领域的研究提供重要支持。

作为德国的国家计量院，PTB的使命是确保和推进科学技术领域的精确度和可靠性，为德国的产业发展和科学研究提供先进的计量标准和技术支持。通过前沿领域的研究和国际合作，PTB在全球范围内占有重要的地位，为德国经济和科技创新作出了积极贡献。

（2）使命愿景。PTB致力于制定在世界范围内领先的测量标准，作为法制计量和质量基础设施的一部分，制定可靠和有约束力的标准，确保人们能够信任测量结果。

（3）组织架构。PTB包括1个管理部门和10个技术部门，共有77个部门和科室。在各部门内，工作组是最小的组织单位。PTB的10个技术部门为力学和声学部、电学部、化学物理和防爆部、精密工程部、电离辐射部、光学部、温度和同步辐射部、法律和国际计量部、医学物理和计量信息技术部、横向服务部。

（4）工作领域。PTB的工作领域非常广泛，主要包括以下几个方面：

实施和发展物理与技术测量标准：PTB在国际计量制度中起着关键的作用，涉及时间、频率、电力、长度、光谱、温度、力、质量等多个物理量的测量标准。

进行基础科研和应用科研：PTB的科研活动广泛涵盖了物理学、材料科学、生物学、医学、环境科学等领域，其研究成果对于推动计量学和相关领域的发展起着重要作用。

提供计量技术服务：PTB为德国以及全球的工业、科研、政府和公众提供一系列的计量技术服务，包括校准、检测、咨询和培训等。

参与制定和实施法规和标准：PTB参与制定和实施了德国以及欧盟的多项计量法规和标准，同时也参与了多项国际计量标准的制定。

提供教育和培训：PTB与多所大学合作，为学生提供实习和毕业设计的机会，同时也为计量专业的工作人员提供专业的培训。

在国际计量组织中的活动：PTB是国际计量局（BIPM）、国际法制计量组织（OIML）的重要成员，积极参与国际计量标准的制定和实施。

图 1.4 PTB组织架构

3. 英国国家物理实验室（NPL）概况

（1）机构概况。NPL 是英国的国家计量院，总部位于伦敦附近的泰德丁顿。NPL 成立于 1900 年，是英国科学与技术研究委员会（STFC）的一个独立实体，其任务是推动科学研究和技术创新，确保测量和标准的准确性，为英国工业和社会发展提供重要的支持。

NPL 的历史可以追溯到 19 世纪末，随着工业化的兴起，对精密测量和标准化的需求逐渐增长。为了满足这种需求，英国科学家约翰·霍普金斯于 1899 年提议成立一个国家物理实验室，用于开展准确的测量和标准研究。于是，1900 年，NPL 正式成立，并在伦敦西南部的布什公园建立起第一个实验室。

NPL成立初期主要关注时间、长度和电学单位的精确测量，帮助工业界和科学研究提高测量精度。随着时间的推移，NPL的研究领域逐渐扩展，涵盖了光学、声学、热学、化学和材料等多个领域。NPL在两次世界大战期间发挥了重要作用，为军事应用和战争技术提供支持。战后，NPL继续致力于科学技术研究和测量标准的发展，同时与工业界紧密合作，促进科技的应用和创新。

随着科学技术的不断进步，NPL在新兴领域如计量学、纳米技术、生物技术和信息技术等方面开展了广泛的研究。同时，NPL也与国际组织和其他国家的科研机构保持密切合作，为全球科技进步作出贡献。至今，NPL作为英国国家测量和标准研究机构，继续在各个领域推动科学与技术的发展，为工业创新和社会进步提供支持。它的研究工作对于确保英国在科技领域的竞争力具有重要意义。

（2）使命愿景。NPL致力于成为政府和企业的国家科技实验室，通过世界一流的测量科学、创新的应用研究和知识服务，为国家利益而努力。

（3）组织架构。从组织定位来看，NPL隶属于英国科学、创新与技术部（DSIT），负责提供计量基础设施，支撑英国的经济繁荣。NPL的日常运营由其全资子公司NPL管理有限公司实施。从监管机构来看，DSIT大臣是NPL的主管部长。此外，DSIT主要会计官员也对NPL实施监督，确保其达成目标并具有可交付的价值。

在内部治理方面，NPL由董事会进行治理。董事会确保NPL在一个有效的治理框架内运作，对战略、计划和绩效实施监督。董事会由独立的非执行董事长领导，成员包括首席执行官、财务总监、股东代表以及独立非执行董事。股东通过任命独立董事长并批准企业计划等重大决策来履行监管职责。董事会下设多个专门委员会，以发挥职能。审计与风险委员会负责审计和风险管理监督，确保内控有效。薪酬委员会负责员工薪酬和激励的审批。提名委员会负责董事会成员的选任。各委员会的职责范围和运作方式由董事会制定。在管理方面，NPL的日常运营由首席执行官领导和管理。首席执行官负责落实董事会决策，确保实现战略目标和企业计划。

NPL从组织设置到内部运作体现了部门监管与董事会治理的有机结合，确保了政府的监管职责能够有效执行，同时保证了NPL经营的自主权和灵活性。其治理结构清晰，责任明确，有助于NPL更好地发挥国家计量机构的作用，高效开展运营。

目前，NPL 正与政府及产业界合作，这将有助于 NPL 在新的环境下更好地发挥其优势，保证战略目标的实现。总体来说，NPL 的治理框架为其提供了坚实的制度保障，使其保持高效运转和持续发展。

（4）工作领域。NPL 的工作领域主要包括测量标准研究、材料科学研究、电磁科学研究、环境和可持续发展研究、生物科学研究以及技术转移与咨询服务等方面，其研究工作对物理学和相关科学领域产生了深远影响。NPL 致力于研究和建立各类基本物理量的测量标准，开展材料科学、电磁学、环境科学、生物科学等前沿领域的研究，并将研究成果转化应用，通过与产业界的技术合作和咨询服务，推动科研成果实现社会价值。作为英国国家计量机构，NPL 还承担着制定和维护英国国家计量标准的重要职责。

（二）中国计量院的基本情况

1. 国际定位

当前，世界正处于百年未有之大变局，计量作为科技创新发展的技术手段，成为影响全球格局的重要因素。《中华人民共和国国民经济和社会发展第十四个五年规划和 2035 年远景目标纲要》明确指出，要将创新置于现代化建设全局的核心地位，将科技自立自强作为国家发展的战略支撑，加速建设科技强国。[①]在这一政策的指引下，中国计量科学研究院（以下简称“中国计量院”）作为我国最高级别的计量科研机构，承载着国家计量标准的维护和发展、新技术新方法的研究以及为社会提供计量保障服务等重要任务。中国计量院是国家计量基（标）准的确立者，也是国家计量基（标）准的实施者。中国计量院以其精湛的科研实力，牵头推动了我国计量科学技术的发展，引领了国家计量基（标）准的设定和提升。

在全球化的今天，准确的计量已经成为社会生产生活的基础。中国计量院作为国家最高计量科学研究中心和国家级法定计量技术机构，担负着确保国家量值统一和国际一致、保持国家最高测量能力、支撑国家发展质量提升、应对新技术革命挑战等重要而光荣的使命。自 1955 年成立以来，中国计量院在推动我国科技创新、经济社会发展和满足国家战略需求方面作出了重要贡献。食品安全、三峡工程、航空航天、卫星导航、西气东输、高速铁路等重要领域都离不开中国计量院的支撑。同时，中国计量院还承担了大量的社会服务任务。通

① 中华人民共和国国民经济和社会发展第十四个五年规划和 2035 年远景目标纲要［N］. 人民日报，2021-03-13（001）.

过提供专业的计量测试服务、开展计量技术培训和咨询、发行计量科学技术信息、提供法定计量监督检测等服务，中国计量院充分展现出其在国内外计量领域的影响力。在科研、技术、服务等多个领域，中国计量院都积极引导和推动我国计量科学技术发展，通过其高度的专业素养和强大的实力，不仅在国内设立了权威的计量标准，而且在国际计量领域赢得了广泛的尊重和认可。在未来，中国计量院将继续承担国家计量标准的维护和发展以及新技术新方法的研究和开发等任务，为我国的科技发展和社会进步提供强大的计量保障。

2. 机构概况

中国计量院成立于1955年，隶属国家市场监督管理总局，是国家最高的计量科学研究中心和国家级法定计量技术机构，属社会公益型科研单位。开展工作如下：开展计量科学基础研究，以及计量技术前沿、测量理论、测量技术、量值传递和溯源方法研究。开展计量管理体系和相关法规的研究、计量发展规划和战略研究，承担国家测量体系、量值传递和溯源体系的研究和建设工作。研究、建立、保存、维护国家计量基准和国家计量标准，研制并保存国家有证标准物质，复现国际单位制。研究、建立、维护国家时间频率体系及中国标准时间。开展相关计量基准、标准和标准物质的国际量值比对和区域比对，负责保持量值国际等效。开展国内量值比对，承担计量技术机构考核、计量标准考核和能力验证的技术工作，开展测量方法和测量结果的可靠性评价工作。开展量值传递和溯源工作，承担国家级重点实验室及相关检验检测技术机构的量值溯源工作。开展高新技术和新发展领域量值传递和溯源体系及应用技术研究工作，开展工程计量测量仪器设备的研究与开发。承担计量器具型式评价试验和产品质量监督抽查技术支撑等相关工作。承担相关国家计量技术规范的制修订工作，承担计量领域相关国际建议、国际标准、国家标准的研究和制修订工作，开展测量数据和方法的分析与验证。开展对法定计量技术机构的技术指导，开展计量知识传播和科学普及工作，承担高级计量专业人才培养工作。开展计量科技成果转化、计量创新企业培育等工作。开展有关国际合作与交流。完成总局交办的其他任务。

中国计量院拥有和平里和昌平两个院区。其中，和平里院区占地7.4万平方米，建筑面积6.1万平方米，主要用于保存国家计量基准标准，开展量值传递服务。昌平院区于2009年8月正式启用，占地56.1万平方米，现有建筑面积4.77万平方米，侧重于计量基础前沿研究，是科技创新、国际合作和人才培养基地。院区拥有一批具备隔震、恒温、恒湿、洁净、屏蔽等实验环境条件的高精密测量实验室。此外，中国计量院还拥有香山国家弱磁实验室和通州成果转化基地，同时正有序在青岛、三亚、深圳、郑州、石家庄等地进行科学布局。

3. 使命愿景

中国计量院的使命是通过先进测量能力和测量体系建设，支撑国家科技创新和产业发展，促进经济社会发展，提高人民生活质量。此外，中国计量院肩负强化国家战略科技力量的重要使命，承担着支撑经济社会高质量发展的重要职责，并以实际行动推进计量科技事业创新发展，为建设质量强国贡献计量科研力量。

中国计量院的愿景是成为始终满足中国经济社会发展需求的测量科学的领军者和测量解决方案的提供者。

中国计量院的核心职责是制定和维护国家测量标准，并推广使用国际单位制。具体来说，中国计量院需要研究确定各类基本物理量如长度、质量、时间等的计量标准，制定出具有法律效力的国家计量标准，为全国的相关测量提供统一依据。同时，中国计量院还需要建立标准的维护体系，通过定期的确认和传递验证，保证标准的连续性、稳定性和准确性；加强国际单位制的宣传推广，提高全社会对国际单位制的知晓度，并提供法规政策支持，使各行业积极使用法定计量单位开展生产经营活动。中国计量院对科学计量、法制计量和工业计量都起到了重要作用。科学计量是指制定和执行最高水平的计量标准。中国计量院需要开展前沿的计量科学研究，确定新技术新方法下的计量标准表达形式和计量特性。法制计量保证在对贸易透明度、执法、健康和安全有影响的情况下测量的准确性。中国计量院负责研究法定计量的监管要求，制定法定计量的技术规范，并为执法机构提供技术支持。工业计量是为了在工业生产领域获得准确可靠的测量数据。中国计量院需要针对不同行业提出计量控制要求，开展计量溯源和传递，并提供培训等服务，以满足企业生产经营的计量需求。

在《米制公约》框架下，全球计量界共同追求测量结果的准确性、稳定性、可比性和一致性。这些目标指导着每一个国家计量院开展工作，使国家的计量标准化水平达到国际先进水平。准确性是使测量结果尽可能接近真实值。稳定性是指计量标准能够长期稳定地复现和传递计量单位。可比性是指不同的国家和地区可以通过标准化实现测量结果的对等。一致性则要求在不同的测量方法和过程中获得一致的测量结果。达成这些目标需要国际计量组织的通力协作。中国计量院在支撑国家科技创新、产业升级和社会治理现代化方面担负着重大责任，必须充分考虑新形势下的新要求，以新的视角看待自身使命，全面推动我国计量事业高质量发展。

4. 组织架构

中国计量院目前设 9 个专业研究所，7 个研究中心，10 个科研管理机构，2 个科研辅助保障部门。全院在职职工 1 000 余人，其中专业技术人员 700 余人，近 300 人具有博士学位，300 余人具有硕士学位，硕士以上人员占科技人员总数 80%。中国计量院拥有硕士学位授权点、联合培养博士授权点和博士后科研工作站。此外，中国计量院拥有科技部重点领域创新团队 1 个，入选科技部“国家创新人才培养示范基地”。

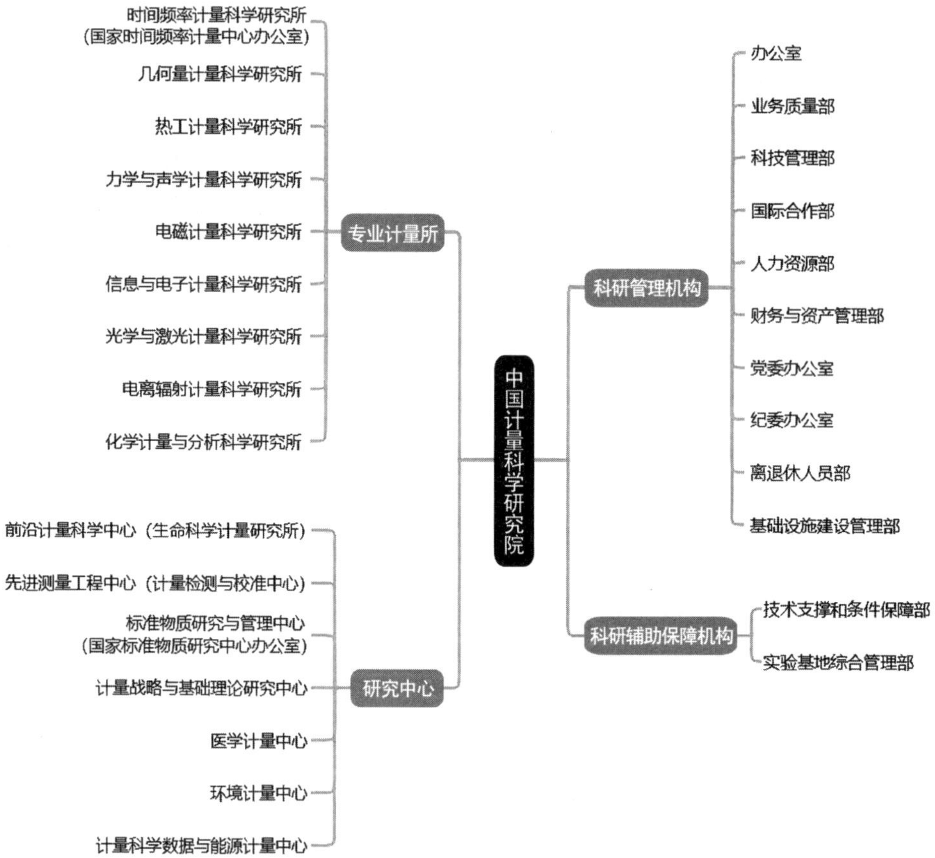

图 1.5　中国计量院组织架构

5. 工作领域

中国计量院作为我国国家计量院，其工作领域主要包括计量基础研究、计量技术创新、计量服务能力建设、计量管理制度建设等方面。计量基础研究方面，中国计量院坚持需求导向，围绕量子计量基准、超精密计量、生物计量等前沿领域开展基础研究，以提升我国计量科学的整体水平。计量标准建设方面，中国计量院围绕长度、质量、时间频率、电学、热学、力学、光学等基本物理量，研究建立和完善国家计量基准、标准和标准物质，推动构建具有自主知识产权、达到国际先进水平的国家计量标准体系。目前，中国计量院拥有国家计量基准和标准 511 项，国家标准物质 1 900 余种。计量技术创新方面，中国计量院积极开展前瞻技术研究，在量子计量、生物计量、工程计量、质谱技术等方面取得多项原创性技术突破，显著提升了关键核心技术创新能力。同时，中国计量院重视科技成果转化，研发的技术广泛应用于国计民生各领域。计量服务能力建设方面，中国计量院通过完善计量溯源体系，提升计量标准和计量服务的质量，为社会提供更加精准可靠的计量检测、校准等服务。目前，中国计量院获得国际互认的计量能力近 1 700 项，可为各类精密制造、科技研发等提供可靠支撑。计量管理制度建设方面，中国计量院不断完善科研管理制度，建立科技项目管理、资金管理、成果评价等规章制度，并推行科研信息化管理，优化管理流程，为科研工作提供制度保障。计量科技合作交流方面，中国计量院积极开展国际合作与交流，参与国际计量组织，承担关键领导职务，并加强对发展中国家的技术援助，提升我国在国际计量事务中的影响力和话语权。同时，中国计量院还在国内积极开展产学研合作，促进科研成果转化。

展望未来，中国计量院将进一步贯彻新发展理念，服务和融入新一轮科技革命和产业变革，以提升计量科学原创能力为主线，围绕国家战略需求和世界科技前沿深入开展前瞻布局，为建设科技强国、质量强国提供坚实的计量基础保障。

三、地方计量机构

为了不断完善国家计量组织体系，除中国计量院之外，全国各个地方还相应地设立了计量科学研究院，各省会城市和地级市建立了计量院，县级地区则设立了质量监督检验及计量检定所、计量器具检定所等。这些地方计量机构充分展现了计量在现代化建设过程中的核心地位以及计量服务经济社会高质量发展的基础性作用，为不断推动我国计量发展迈向新的高度提供了技术支持，并对当地社会经济发展和提高人民生活水平发挥着重大影响。

当前，省、市、县计量组织在计量工作中积极作为、创新发展，取得了一些可喜的成绩。一是夯实基础，持续提升创新能力和技术水平。每年新建计量标准，不断改造提升计量标准，主持并完成多项科研项目等。二是依法履职，充分发挥计量技术的支撑作用。每年完成检定和校准各项计量器具达数十万台件，服务企事业单位，深入开展"计量服务中小企业行"活动，帮助企业解决难题。三是创新发展，深入开展计量惠民服务活动。紧密结合本地产业特点，聚焦人民群众关注的民生计量问题，开展相关帮扶计划，成立暖心服务队，深入开展计量科普惠民生、精准计量进社区、计量服务进企业等一系列主题活动，不断提高公众计量意识，增强各地计量服务功能，助力中小企业提质增效。

第三节　计量与国家治理能力现代化

一、国家治理能力现代化中的计量

（一）国家治理能力现代化中计量的概念界定

在国家治理能力现代化中，计量占据着重要地位。计量作为一门基础性和前沿性的技术科学，涉及测量、标准化和质量评定等方面，通过准确、可靠的测量结果和数据支持政策制定、决策支持、质量控制、环境保护、食品药品安全、市场监管等领域的工作。

（二）国家治理能力现代化与计量的相关性

计量在国家治理中扮演着重要的角色，它为政府和管理机构提供了数据和信息支持，帮助其制定政策、决策和管理资源。

计量与国家治理的关系如下：

(1) 数据驱动的决策。现代国家治理需要基于准确、可靠的数据进行决策。计量提供了科学、系统的测量方法和标准，确保数据的准确性和可比性，为决策者提供科学依据，促进决策的科学化、客观化和精准化。

(2) 质量控制和标准化。国家治理需要确保产品质量、服务质量和安全标准。计量提供了精确测量和标准化的手段，通过建立和完善国家计量基准和标准体系，推动质量控制和标准化工作，确保产品和服务的质量和合规性。

(3) 环境保护和安全监管。国家治理需要保护环境和公众安全。计量在环境监测和安全评估中发挥重要作用，通过精确测量和分析环境因素、污染物、危险品等，为环境保护和安全管理提供科学依据。

(4) 食品药品安全和监管。国家治理需要确保食品和药品的安全和质量。计量在食品药品安全监管中发挥重要作用，通过检测和评估食品药品的成分、含量、残留物等，确保食品药品的合规性和安全性。

(5) 市场监管和公共利益保护。国家治理需要维护市场秩序、保护消费者权益和公共利益。计量作为测量和检测的手段，通过检测产品质量、量度市场行为、监测市场环境等，实现市场监管和公共利益保护。

(6) 数据可信度和一致性。国家治理需要依赖准确、一致的数据。计量通过建立测量溯源性，确保测量结果的可靠性和一致性，提高数据的可信度，为国家治理提供可靠的数据支持。

计量在国家治理能力现代化中发挥着重要的作用，它通过提供准确、可靠的测量和评估手段，支持政策制定、质量控制、环境保护、食品药品安全、市场监管等方面的工作。计量确保数据的准确性和一致性，促进数据驱动的决策，同时推动标准化和质量控制工作。通过计量，国家治理能力可以提升到更高的水平，实现科学化、精准化和可持续发展的目标。

二、计量在国家治理能力现代化中的作用

计量在国家治理能力现代化中扮演着重要的角色。计量为政府部门、企业和公众提供准确、可靠的测量结果和数据支持，为决策制定、政策实施和社会管理提供科学依据。

计量在国家治理能力现代化中的具体作用如下：

(1) 数据整合和共享。计量促进了政府内部和跨部门数据的整合和共享。现代国家治理需要各部门和机构之间的协同合作和信息共享。计量提供了数据集成和标准化的方法和技术，使得不同部门和机构的数据能够进行交流和共享，增强了决策的一致性和协同性。

(2) 数据安全和隐私保护。数据安全和隐私保护对国家治理意义重大，政府需要采取措施保护收集和处理的数据的安全性和隐私性。计量在数据采集、存储和传输过程中可应用安全措施和加密技术，确保敏感数据不被非法获取和

滥用。

（3）质量控制和标准化。计量为质量控制和标准化提供了技术支持。通过建立和完善计量基准和标准体系，可以确保产品和服务的质量。计量技术的应用能够帮助监测和评估产品的性能、特性和合格性，促进质量管理和标准制定。

（4）环境保护和安全监管。计量在环境监测和安全监管方面发挥重要作用。通过测量和分析环境因素、污染物、危险品等，可以提供科学依据和数据支持，实施环境保护和安全管理措施，保护生态环境和公共安全。

（5）数据可信度和一致性。计量可以确保数据的可信度和一致性。通过建立计量溯源性和质量控制体系，可以提高数据的准确性、可比性和可靠性，避免数据的误差和不一致性。

（6）市场监管和公共利益保护。计量在市场监管和公共利益保护方面发挥重要作用。通过测量和检测手段，可以监测产品质量等，保护消费者权益，维护市场秩序，促进公平竞争和公共利益的实现。

（7）技术创新和产业发展。计量的进步和应用推动着技术创新和产业发展。通过提供准确、可靠的测量结果和数据支持，可以帮助企业改进产品设计、优化生产工艺、提高产品质量，促进科技创新和产业升级。

（8）数据驱动的监测和评估。计量为国家治理能力现代化提供了数据驱动的监测和评估手段。通过测量和评估社会经济指标、环境指标、健康指标等，可以实时监测和评估政策措施的效果和影响，帮助政府及时调整和优化治理策略。

（9）争议解决和司法公正。计量在争议解决和司法领域中占据重要地位。通过提供准确和可信的测量证据，可以为争议解决和司法决策提供科学依据，确保公正、公平的判决结果。

（10）国际合作与对接。计量的国际标准和互认机制促进了国际合作和对接。通过与国际标准组织、技术组织和其他国家的合作，可以加强技术交流、数据共享和经验借鉴，提高国家治理能力的现代化水平。

总的来说，计量在国家治理能力现代化中起着不可或缺的作用，通过提供准确、可靠的测量结果和数据支持，促进科学决策、质量控制、环境保护、安全监管、市场监管等方面的工作，推动国家治理能力的现代化和可持续发展。计量的应用不仅提高了数据的可信度和一致性，也为决策者和管理者提供了科学的参考依据，实现了治理的科学化、精准化和效能化。

第二章　计量与工业生产和现代农业

计量作为科学的测量和评估工具，在工农业生产中占有重要的地位，通过准确、可靠的测量和评估，提升生产的效率和质量，实现可持续发展目标。农业计量为实行科学种田、提高农作物产量、降低农业成本、改进农副产品的保存方法和加工技术提供了科学依据，发挥了积极作用。工业计量助推产品质量检测，保障生产安全，实现资源的充分利用。计量技术服务新工业革命，将成为工业现代化发展的自觉与共识。本章将从工业生产和农业生产两个方面，探讨计量对提升生产效率、质量控制、技术创新和可持续发展的意义，通过一系列案例，展示计量在工业生产和现代农业中如何发挥作用，更具说服力地证明计量的重要性。

第一节　计量在工业生产中的作用

计量科技的传统应用领域在于工业计量。工业计量又称工程计量，是指各种工程、工业、企业中的实用计量，如有关能源或材料的消耗、工艺流程的控制、产品的性能测试等。随着科技的进步，产品技术含量和复杂性提高，工业计量已成为生产过程控制不可缺少的环节。根据 NIST 统计，在半导体生产中，改进热物性测量的投入收益比为 1/5，而改进硅耐热率测量的投入收益比达到 1/37。加拿大曾对商贸检定用计量标准设备的投资效益进行过统计，认为其投入收益比为 1/11，即在计量检定方面每投入 1 加元，就可避免由于计量不准而造成的 11 加元的损失。以上数据体现了计量的作用和影响力[①]。

---

① 虞惠霞，刘月晗．计量科技在国民经济发展中的地位与作用［J］．工业计量，2001（S1）：14-15.

一、推进产品质量检测，建立并维护质量体系管理

（一）确保产品质量符合标准

产品质量检测是工业生产中计量应用的重要领域之一。计量在工业生产中用于产品质量检测和验证，通过使用准确的测量设备和方法，对产品进行各项物理、化学、机械等关键性能指标的检测，确保产品符合规定的质量标准。

1. 测量尺寸和几何形状

通过使用精密测量工具和设备，如千分尺、测量显微镜、三坐标测量机等，对产品的尺寸和几何形状进行测量。从原材料的验收到加工过程的监控，再到最终产品的质量检验，都需要进行相关的测量。这些测量工具可以提供高精度的测量结果，并且可以对复杂的形状进行准确的测量。

2. 测试材料特性和功能性能

对产品所使用的材料进行物理、化学和力学性能测试，如强度、硬度、韧性、耐腐蚀性等。通过精确的测量，可以评估材料的质量和性能是否满足产品要求。对产品的功能特性进行测量，如电子产品的电气参数、机械产品的运行速度和承载能力、化妆品的 pH 值等。通过这些测试可以验证产品的功能性能是否符合标准和用户需求。

3. 检验原材料，测试成品可靠性和耐久性

对产品的原材料和成品进行全面的检验，确保其符合相关的质量标准和法规要求，包括原材料的成分分析、工艺流程的监控以及成品的最终验收，以确保产品质量的稳定性和一致性，满足市场需求，提高客户满意度，并增强企业的竞争力。通过对产品进行长时间的使用、振动、温度变化等测试，评估产品的可靠性和耐久性，有助于确定产品在实际使用条件下的寿命和稳定性。计量在产品质量检测中的应用确保了测量结果的准确性、可重复性和可追溯性，从而为产品质量的控制和改进提供了可靠的数据支持。

（二）建立并维护质量管理体系

计量在工业生产中用于建立和维护质量管理体系，包括质量标准的制定、检验方法的建立、计量设备的校准和溯源等。通过合理的质量管理体系，可以确保产品质量的稳定性和一致性，提高市场竞争力。

1. 制定产品质量标准，测量与检测产品性能

计量技术可用于制定和更新产品质量标准，通过测量和评估关键参数与指

标，确定产品的合格范围，建立可比较的质量标准，为质量管理提供科学依据。

通过精确测量和检测产品的特性和性能，对产品进行全面的评估，确保其符合质量要求。对不合格品进行检测和分析，确定不合格品的性状和根源。通过准确的测量和分析，可以帮助找出不合格品生产制造过程中的问题，并采取相应的纠正和预防措施，以提高产品质量。

2. 控制生产过程，确保产品质量的稳定性

计量技术可用于监测生产过程中的关键参数，如温度、压力、流量等。通过实时监测和控制，可以及时发现并纠正生产过程中的偏差和异常，确保产品质量的稳定性和一致性。通过使用计量仪器和传感器，可以实时监测和记录生产过程中的各项参数，如温度、压力、流量、pH 值等。通过对这些参数的准确监测，可以了解生产过程的状态，及时发现问题并采取相应措施，以确保产品质量的稳定性和一致性。此外，计量技术还可以用于数据分析和处理，以深入了解生产过程中关键参数之间的相互关系，发现潜在的优化和改进机会。通过对数据进行统计分析和建模，可以确定最佳工艺条件和参数，以提高生产效率和产品质量。

3. 分析与统计数据，为产品创新提供参考

计量技术提供了数据采集和分析的手段，可以对质量数据进行统计和分析，从中获取有关产品质量的重要信息。基于这些数据分析结果，可以制定相应的质量改进措施和决策。计量技术可用于客户反馈数据的收集和分析，以了解客户对产品质量的满意度和需求。通过客户满意度评估，可以为质量改进和产品创新提供参考和指导。

综上所述，计量技术在保证产品质量、优化工艺、节约资源和实现可持续发展等方面具有重要作用，通过准确的测量、精确的数据分析和有效的过程控制，能够提升生产效率，降低成本，提高产品的质量稳定性和一致性，满足客户需求，进而推动企业持续改进，提升竞争力。

二、合理应用计量技术，保障工业设备正常运行

（一）精准测量工艺参数，确保工业可持续发展

在工业生产中，计量用于测量和控制关键工艺参数，如温度、压力、流量、速度等。准确的工艺参数测量和控制可以确保生产过程的稳定性和一致性，提高产品的质量和生产效率。

1. 测量温度和压力，保障产品稳定性

在许多工业生产过程中，温度是一个关键的工艺参数。通过使用温度传感器和测量设备，如热电偶、红外测温仪等，对生产过程中的温度进行实时测量和控制，有助于确保产品在适宜的温度范围内进行加热、冷却或反应，从而保证产品质量和工艺稳定性。许多工业生产过程中涉及压力的控制和监测，如液体或气体的压力控制、容器内部压力的监测等。通过使用压力传感器和压力调节装置，可以对生产过程中的压力进行准确测量和控制，以确保产品质量和生产安全性。

2. 监控流量，检测 pH 值，确保生产的稳定性

在涉及液体或气体的输送和流动的工业生产过程中，流量是一个重要的工艺参数。通过使用流量计和流量控制装置，可以实时监测和调节流体的流量，确保生产过程中的物料输送和混合的准确性和稳定性。在化工、制药等行业中，pH 值和溶液浓度是关键的工艺参数。通过使用 pH 计和浓度计，可以对溶液的 pH 值和浓度进行准确测量和控制，确保反应过程的稳定性和产品质量的一致性。通过监测和控制排放物的浓度和质量，确保工业生产符合环境保护标准和法规要求。

3. 测量时间和速度，确保生产效率

在生产线上，对生产速度、工艺步骤的时间等参数的测量与控制非常重要。通过使用计时器、速度传感器等设备，可以对生产过程中的时间和速度进行精确测量和控制，以确保生产效率和产品质量的提升。

综上所述，计量在现代工业生产中扮演着不可或缺的角色，通过准确测量和控制工艺参数，优化生产流程，实现高质量的产品生产和可持续发展。随着智能制造的发展，计量技术在工业生产中的应用将进一步提升生产效率、产品质量和可持续发展水平。

（二）提高故障诊断和设备维护的效率

设备维护和故障诊断是工业生产中至关重要的环节。通过准确的测量和监测，可以及时发现设备的异常情况，预防和排除潜在的故障，确保设备的正常运行和生产效率的提高。

1. 检测设备的状态，确保设备正常运行

通过安装传感器和仪器，感知监测设备的振动情况，实时监测设备的各项参数，如温度、压力、振动等，可以获得设备的工作状态信息。通过分析振动

数据，可以判断设备是否存在故障或异常。振动分析可以帮助识别设备的失衡、磨损、松动等问题，并提供相应的维修和调整建议。通过对润滑油的化学成分和物理性质的测量，可以判断润滑油是否合格、是否存在污染物、是否需要更换等。通过对润滑油的定期监测和分析，可以预防设备的磨损和故障，延长设备的使用寿命。监测设备电流和电压的变化，通过对电流和电压数据的实时监测和分析，可以判断设备是否存在电气问题，如过载、短路等，及时发现并处理这些问题，可以避免设备的损坏和事故的发生。一旦设备出现异常或故障，可以立即发出警报并采取相应的维修措施，避免生产中断或进一步损坏设备。

2. 诊断设备的故障，预防并解决潜在问题

通过对设备的各项参数进行准确测量和分析，可以判断设备是否存在故障，并确定故障的具体原因。结合传感器、数据采集系统和数据分析算法，构建故障诊断系统。该系统可以实时监测设备的运行状态，根据设定的故障模式和规则进行数据分析，快速识别设备故障并给出相应的报警和诊断结果，以指导维修和故障处理工作。基于计量数据的故障诊断技术可以帮助工程师快速定位和解决问题，减少维修时间，提高设备的可靠性和生产效率。

3. 进行设备预防性维护，减少突发故障的发生

测量设备的温度，通过对温度数据的实时监测和分析，可以及时发现设备的过热、过冷等问题，预防设备故障的发生，并采取相应的措施进行调整和修复。测量设备的压力变化，通过对压力数据的监测和分析，可以判断设备是否存在泄漏、堵塞等问题，及时发现和修复这些问题，可以保证设备的正常运行和生产效率的提高。通过定期的测量和监测，可以获取设备的工作状态和性能数据，进行趋势分析和预测，及时发现设备的潜在问题，采取相应的维护措施，延长设备的使用寿命，减少突发故障的发生。

综上所述，通过准确的测量和监测，可以及时发现设备的异常和故障，预防和解决问题，保障设备的正常运行和生产效率的提高。在现代工业生产中，合理应用计量技术，加强设备维护和故障诊断，对于提升工业生产的质量和效益具有重要意义。

三、实现资源的有效管理，推动节能减排

（一）改进能源管理效率，降低能源成本

通过实时监测和测量能源的使用情况，可以确定能源的消耗情况和效率，

并制定相应的节能措施，降低能源成本和环境影响。例如，通过安装能源计量仪表，对电力、燃气等能源的使用进行监测，可以精确掌握能源的消耗情况，找出能源浪费的问题，并采取相应的节能措施，提高能源利用效率。

（二）检测废物及污染物排放，降低环境影响

通过安装称重传感器、流量计、压力传感器等设备，可以准确记录废物的产生量、处理量和废物的成分等信息，及时发现问题并采取措施进行控制。例如，利用计量仪表对废水、废气和固体废物的排放进行实时监测和测量，可以及时发现超标情况，进行调整和改进，减少对环境的负面影响。通过安装污染物浓度监测装置和排放口测量设备，可以实时监测污染物的浓度和排放量，并与环保标准进行比较。如果排放超过规定限值，就能及时采取措施进行调整和改进，确保污染物排放在合理范围内，降低环境影响。

（三）优化资源利用效率，实现可持续工业生产

通过准确测量和监测生产过程中的各项指标，如原材料消耗、能耗、产量等，企业可以实现对资源的精细化管理和优化配置。基于这些数据，企业可以识别资源利用的瓶颈和低效环节，并采取相应的改进措施，以提高资源利用效率和生产效率。新兴的技术如物联网、大数据分析、人工智能等，为工业生产的资源管理和节能减排提供了更多的可能性。通过实时监测、智能控制和数据分析，企业可以更加精细地管理和优化资源利用，实现高效、绿色和可持续的工业生产。

四、深度发挥产业计量推动产业结构优化升级的作用

（一）优化工业资源配置，实现资源的高效利用

通过计量技术，可以准确测量和监控各个产业部门的资源使用情况，包括能源、原材料、劳动力等，可以提供数据支持，帮助决策者优化资源配置，合理分配资源，避免资源浪费和不合理的配置，从而促进产业结构的优化。计量可以帮助企业了解资源的使用情况和效率，从而找出资源利用不合理的地方，提出改进措施，实现资源的优化配置。通过对资源使用进行定量评估和分析，可以提供科学依据，指导企业进行决策和规划，实现资源的合理配置。通过对资源使用进行监控和评估，可以及时发现和解决资源浪费和损耗等问题，提高资源利用效率，减少环境污染。

(二) 利于产业效益评估，提高工业效益

计量技术可以对不同产业部门的生产效益进行评估。通过准确测量产出、能耗、排放等指标，可以计算出不同产业部门的单位产值能耗、单位排放等效益指标，从而评估不同产业部门的效益水平。计量可以帮助企业对生产过程进行监测和控制，及时发现和解决生产中存在的问题和隐患，提高产品质量和生产效率，从而提升工业效益。计量可以对产品进行质量评估和检验，确保产品符合标准和客户要求，提高产品竞争力和市场份额。此外，计量还可以对能源消耗进行评估和分析，提出改进措施，降低生产成本，提高工业效益。计量可以帮助企业全面了解和评价自身的绩效和效益水平，从而为企业的发展提供科学依据和指导，推动优势产业的发展，促进产业结构的升级和优化。

(三) 推动技术创新和升级，实现工业绿色转型

计量可以提供准确的数据和信息支持，帮助企业了解当前技术水平和市场需求，从而确定技术创新的方向和重点。计量可以评估技术的可行性和效益，为企业决策提供依据。此外，计量可以对技术创新的效果进行评估和验证，帮助企业了解技术创新的成果和经济效益，从而推动技术的应用和推广。同时，计量还可以对工业生产过程中的环境影响进行评估和控制，推动环保技术的研发和应用，实现工业的绿色升级。通过准确测量和分析生产过程中的关键环节和指标，可以发现生产中存在的瓶颈和问题，并提出改进措施。通过准确测量和监测产业部门的排放情况，及时发现和处理环境污染问题，推动产业绿色发展。同时，通过评估不同产业部门的环境效益，促进产业的可持续发展。

第二节 计量在现代农业中的作用

计量贯穿农业的各个过程，古代常用“斗”“尺”“秤”等计量器具来度量粮食的产量或者面积等，由于计量器具多样，没有统一的计量标准，所以在市场流通方面存在诸多不便。随着国际贸易一体化的发展和计量工具的日渐成熟、计量标准体系的完善、国际单位制的出现，计量技术在农业中的应用越来越广泛。计量不仅提高了森林植被、水域、土壤的生产力，同时对于改善生态环境、物种改良、维护市场秩序、推动绿色发展具有深远意义。

一、确保农产品质量安全，建立农产品追溯体系

（一）检测农产品质量，确保食品安全

农产品的质量检测对于确保食品安全和质量可靠至关重要。通过计量技术进行农产品的质量检测，可以对农产品中的有害物质、营养成分、农药残留等进行分析和测量，保证农产品的安全和合格。同时，计量技术还可以实现农产品的追溯，通过标识和记录农产品的生产过程和流向，确保产品的可追溯性和质量可靠性。

计量技术可用于对农产品进行定量和定性分析，以确定其成分、营养价值、污染物含量等关键指标。在农产品质量监控中，正确的样品采集和取样技术对于获得代表性样本至关重要。计量可以提供科学的取样方案和样品容器，确保样品的准确性和可靠性，有助于减少取样误差，确保检测结果的可比性和可靠性。例如，通过仪器设备精确测量和分析农产品中的重金属、农药残留、微生物污染等，可以确保农产品质量符合相关标准和法规的要求，保证消费者的健康和权益。

（二）建立农产品追溯体系，提高市场竞争力

通过标准化的计量方法和技术手段，可以对农产品的生产、加工、流通等环节进行追溯，对农产品生产和质量数据进行准确测量和分析，提供准确的数据支持。通过收集、记录和分析这些数据，可以建立农产品质量追溯体系，追踪产品的生产、加工和流通过程，确保农产品的溯源真实可靠。此外，计量技术还可用于农产品的质量认证和标识，通过对农产品进行计量检测和评估，可以为产品提供质量认证，如ISO认证、有机认证等。此外，计量还可用于标识农产品的产地、生产过程、质量等信息，以帮助消费者了解和选择产品。计量检测合格的农产品可以获得相应的质量认证标志，提高产品的市场竞争力和消费者的信任度。

综上所述，计量在农产品质量检测与追溯中发挥着重要作用，通过准确的测量和数据分析，确保农产品质量安全、追溯可靠，促进农产品质量的提升和农业产业的可持续发展。

二、助推农业生产者监测和管理农作物

（一）监测农作物生长，提高农作物产量及质量

在农业生产中，计量技术可用于农作物的生长监测，包括测量作物的生长

速率、叶面积指数、蒸腾量等参数，帮助农民了解作物的生长状况和需求，及时采取适当的措施，调整农作物的生长环境，以提高农作物的产量和质量。计量技术可用于监测农田中的病虫害情况，包括虫口密度、病菌数量等，通过分析监测数据，可以及时采取喷洒农药等防治措施，控制病虫害的发生和传播，保障农作物的健康生长。

（二）管理农作物生长环节，保障农作物健康生长

计量技术可用于对农作物生长过程中的各个环节进行有效管理，以确保农作物的健康生长。例如：通过计量工具测量土壤水分含量，可以确定灌溉的时机和用量，以避免过度或不足的灌溉；通过测量农作物叶面积和光合速率，可以了解作物对光能的利用效率，调整光照条件；通过测量农田中的病虫害情况，可以及时采取防治措施，保护农作物的健康。

监测和管理农作物的生长过程对于农业生产的高效性和稳定性至关重要，而计量在其中发挥着重要作用。通过准确的数据测量和分析，农业生产者可以及时了解农作物的生长情况，采取相应的管理措施，优化农作物的生长环境，提高产量和质量。计量工具和技术的应用可以帮助农业生产者更好地监测和管理农作物，为农业生产提供可靠的支持。

三、提供水资源灌溉与施肥管理的科学依据

（一）精准控制农田灌溉，提高农田灌溉效率

在灌溉量测量方面，通过使用流量计、水表等计量设备，可以准确测量灌溉量，确保农作物得到适量的水分供应，避免过度灌溉或水分不足。在土壤水分测量方面，利用土壤水分传感器或其他计量工具，可以实时监测土壤的水分含量，及时调整灌溉水量和灌溉频率，保持土壤水分在适宜范围内，提高水资源利用效率。在水质监测方面，计量技术可以用于监测灌溉水的质量，包括水中的溶解物质、重金属、农药残留等，确保灌溉水质符合农作物生长的要求，避免对农作物和土壤产生不良影响。在水资源评估与规划方面，计量技术可以用于对水资源进行评估和规划，包括水资源供需分析、水资源分配和优化利用等，为灌溉和水资源管理提供科学依据，合理配置水资源，提高农田灌溉效率。

（二）采集和分析土壤样品，实现精准灌溉和施肥

土壤分析是通过对土壤样品的分析和测试，确定土壤的理化性质、养分含

量以及酸碱度等指标。这些指标对于农作物生长和养分供应的平衡至关重要。通过测量土壤的pH值、养分含量等指标，可以合理调整肥料的施用量，提高农作物的产量和质量。在土壤样品采集过程中，通过计量工具可以准确测量采样点的位置和深度，确保样品的代表性。通过土壤样品的采集和分析，可以实现精准灌溉和施肥，减少水资源浪费和环境污染，提高农产品产量。通过准确的土壤分析，农业生产者可以了解土壤中各种养分的含量和比例，从而根据作物的需求进行合理的肥料施用，提高农作物的产量和品质。

（三）精准控制施肥量，确保施肥准确性

肥料施用是根据土壤分析结果和作物需求，合理选择和施用肥料，为农作物提供所需的养分。计量在肥料施用中起到重要作用。通过计量工具，可以准确测量和控制肥料的用量，确保施肥的准确性。同时，计量还可以用于监测和评估肥料的效果，通过测量农作物的生长状况和产量，可以判断施肥效果并进行调整。

通过计量技术的应用，可以实现对灌溉水量和水质的精确控制和监测，提高灌溉的精细度和准确性，避免浪费，提高农作物的水分利用效率和产量。同时，计量工具和技术的应用确保了测试结果的准确性和施肥过程的精确性，可以为农业生产提供可靠的支持。

四、推动农业用水综合改革，实现水资源的合理利用

（一）测量和监控农田灌溉用水量，保障水资源合理利用

通过计量技术，可以准确测量和监测农田灌溉用水的流量和用量，实时了解农田的用水情况，帮助农户合理安排用水，避免浪费。同时，基于计量数据，相关部门可以进行用水量的监测和分析，及时发现和解决农田用水的问题。在节水方面，计量技术可以帮助评估农田灌溉中采取的节水措施的效果，计量灌溉用水，比较不同节水措施的灌溉效果和用水效率，找到最佳的节水方案，指导农户在灌溉过程中采取合适的措施，最大程度地减少用水量。计量可以提供农田灌溉用水的准确数据，加强对农业用水的管理和监督。相关部门可以根据计量数据，及时发现和解决农田灌溉用水的浪费、滥用等问题，保障水资源的合理利用。

（二）评估农业用水的效益，提高农作物用水效率

通过计量技术可以准确记录农田灌溉用水量，对农业用水进行费用核算，

以较准确地按照用水计划，调节、控制各级渠道的分水流量，节约用水。通过计量技术，可以对农田灌溉用水进行精确计量，从而实现对农业生产的效益评估。农户可以根据用水量、灌溉效果等数据，评估灌溉效果和水资源利用效率，进而优化农业生产管理，提高农业生产效益。基于这些数据，可以评估农业生产中的水资源利用效率，分析灌溉水的利用率和农作物的产量、品质等指标之间的关系。这些评估结果可以帮助农户优化灌溉管理，减少浪费，从而提高农业生产的效益。此外，计量还可以帮助农户进行成本效益分析，通过准确测量用水量和灌溉效果，可以计算出单位产量所需的灌溉水量和成本，从而评估灌溉投入与产出比，有助于农户合理安排用水，控制成本，提高农业生产的经济效益。

（三）制定合理费用核算和收费机制，促进水资源可持续利用

计量可以为按水计量征税费和经济用水管理提供较可靠的依据。通过合理的水资源定价和收费机制，可以激励农户节约用水，促进农业用水的合理利用。为促进水资源的可持续利用，制定合理的费用核算和收费机制是至关重要的。一是制定中长期的水资源供求规划，通过总量控制和定额管理相结合的制度，优化水资源的分配和使用。二是实行取水许可制度和有偿使用制度，包括计量使用、计量收费和超量罚款等，以促使农户更加节约用水。三是通过信息管理系统如“苏灌通”，进行农业灌溉用水量的精准核算，按方计费。四是公开水价标准和水费额度，增加水费征收的透明度，引导农业用水户主动缴纳水费。五是建立充分反映水资源紧缺状况的水价机制，以合理利用水资源，提高用水效率。六是明确收费主体，严禁挪用和胡乱增加费用，确保费用的合规性和合理性。

通过这些措施，不仅可以合理地收费，还能鼓励农户更加节约用水，从而促进水资源的可持续利用。

第三节　计量在工业生产与现代农业中的典型案例

【案例一】陕西龙门钢铁有限责任公司以计量促进钢铁产业降本增效

一、案例概况

（一）实施背景

陕西龙门钢铁有限公责任公司（以下简称“龙钢公司”）是一家位于中国

陕西省韩城市的大型钢铁联合企业，拥有烧结、炼铁、炼钢和轧钢等一体化生产线。作为陕西省钢铁产业的国有重点企业，龙钢公司也是韩城市打造千亿新装备产业集群的核心企业之一。该企业占地约 7 000 亩，总资产达 166 亿元。在设备方面，龙钢公司拥有 3 台烧结机，总面积达 1 115 平方米；5 座高炉，总容积达 7 960 立方米；6 座转炉，总公称容量为 480 吨；还拥有 6 台连铸机和 4 条轧线。凭借这些设备和技术实力，龙钢公司具备年产 715 万吨生铁、710 万吨粗钢及钢材综合加工的生产能力。

作为一家重要的钢铁企业，龙钢公司致力于实现产业升级和可持续发展。通过先进的生产设备和技术，该公司不仅能满足市场需求，还能保证产品质量和生产效率。龙钢公司不仅为地方经济作出了重要贡献，同时也为中国的钢铁产业发展作出了积极贡献。2022 年，面对钢铁行业过剩产能形势，龙钢公司积极对标挖潜、降本增效，就计量专业重难点工作及瓶颈问题向先进企业对标学习，针对钢铁生产工序计量专业短板，通过科技创新及技术攻关实现极致降本，逐步缩小与行业先进水平的差距，为公司生产经营工作顺利开展奠定了坚实基础。

（二）案例简介

龙钢公司坚持“科技创新为驱动、技术提升促降本”的工作理念，以计量专业技术更好服务生产经营为导向，紧紧围绕计量专业技术创新工作重点，全力推进计量科技创新，充分发挥计量技术在生产工艺过程中的支撑、服务作用，为推动公司降本增效作出了积极的贡献。

二、案例做法及取得成效

（一）案例详情

1. 分析需求

随着钢铁市场竞争日趋激烈，龙钢公司建立以科技创新驱动计量专业技术提升促企业降本增效项目，由基础技术操作向技能研究方向转变，真正解决生产过程中出现的技术难题，全面提升计量专业能力，服务生产过程降本增效。

2. 攻克技术难点

结合 PDCA 循环理论，通过计量创新体系、计量诚信体系、实验室管理体系和测量管理体系四个体系的打造，推动企业降本增效不断纵深发展。利用“三个允差”精准计算过程实际允差，以此建立相关高控管理方法，指导低成本冶炼。将计量专业思维运用到建立“钢筋混凝土力学性能检测不确定度测定方法”中，将计量管理融入国家标准编订中。结合 PDCA 循环理论解决生产难题，提升公司计量权威，助力公司生产经营工作高效开展。

3. 解决方案

一是发挥计量专业优势，建立高控过程趋势图。针对进厂原燃料检化验过程制定高控过程管理制度，利用计量思维，以理论结合实践的形式，围绕标准样品允差、设备精密等级允差、样品自身允差三个因素，精准计算出过程实际允差值，建立相关高控管理方法，以趋势图形式实现日常监控。

二是按照“延伸主业优势，助力主体降本”的思路，深入公司生产单位挖掘降本增效合作项目，通过强化计量数据支撑，助力主体单位进一步实现精准经营，充分释放降本增效新活力。

三是邀请中国计量协会冶金计控分会开展“计量精准服务企业行”相关活动，有效解决公司范围内关键领域、关键参数的计量测试技术难题。

四是深推对标对表，借助外脑追赶超越。通过 31 人次的外出学习，生产运行过程中的重点难点工作及瓶颈问题得到了有效的解决，为公司生产经营工作的顺利开展奠定了坚实的基础。

五是统筹生产、蓄势赋能，吹响生产经营“冲锋号”。公司坚持“一切围着生产经营转，一切为了经济效益干”的经营理念，提前筹划生产组织和质量管理工作，形成“连铸为中心、转炉为基础、设备作保障、安全是关键、温度为灵魂”的生产组织思想，严格控制工序时间，严抓过程工序管控，提高生产紧密度，以时间换效率，以效率换效益，科学合理安排生产计划，加强生产组织协调工作，全面提升生产周转效率。扎实开展机关科室“周二下基层”活动，深化职能科室与各作业区协同联动，从指标提升、工艺管理、提质增效等方面进行详细分析，积极解决生产中的难题，集中精力降本增效，聚力攻坚扭亏为盈，推动各项既定目标按期完成。

六是极致降本、深挖潜力，跑出降本增效“加速度”。公司坚持“走出去、引进来”，全方位对标同行业先进企业，优化生产过程，提升生产效率，重点对钢铁料消耗、熔剂消耗、普碳钢合金成本、维护修理费、电耗、氧耗等指标进行分析，确定了降低铁损、优化合金等攻关清单 4 项，梳理出攻关措施 14 条。通过对炼钢全流程的剖析，总结归纳各工序中影响成本的因素，定期召开专题研讨会，持续对攻关项目完成情况及所做工作进行分析，保证对标成果的应用。成立由厂领导牵头的项目攻关小组，制定项目攻关方案，对难度较大的指标开展“揭榜挂帅”，通过积极对标对表、夯实基础管理、引进新工艺新设备、优化技术操作等措施，解决制约生产的瓶颈问题，各项降本工作取得显著成效。

七是靶向发力、精准施策，下好质量提升“先手棋”。公司建立完善《炼钢厂三大工种评比方案》，根据分厂下达的月度目标成立攻关小组，明确主管领导、区域负责人、关键岗位各级人员职责，实施目标清单式管理，细化分解各项工序指标，对关键指标实行“炉炉清、班班算、日日结、周分析、月考核”，形成了“人人肩上挂指标、千斤重担人人挑”的浓厚氛围，激发了广大干部职工降本增效的积极性。持续开展“提高转炉终点成分命中率攻关”，降低过氧化率比例，提高一次拉碳比例，稳定不同铁耗下转炉终点控制，对症下药、分层管控，及时总结攻关成果。针对“提指标、降成本”制定激励与处罚制度，用经济考核杠杆，逐步拉大各级管理人员收入差距，激活干部职工的动力和活力。

（二）具体成效

1. 计量提升保证各项工作的全面推进

2022 年，用检斤 4 554.05 万吨的精准数据保障了公司物料保供的动态平衡，用 328.285 2 万个检化验分析数据守住了公司贸易结算的效益点。

2. 建立公司计量专业科技创新管理体系

完成技术创新项目 10 项，降本增效项目 12 项，通过科技创新实现了技术提升。首次参与 GB/T 28900—2022《钢筋混凝土用钢材试验方法》标准编制，助力陕钢集团“禹龙”品牌价值达 212 亿元，成功获评 2022 年度建筑业 AAA 级信用企业。

3. 计量数据支撑服务生产一线

紧密结合生产单位降本增效项目，发挥计量专业优势，做好主体单位降本增效技术服务与支撑，有效提升了各生产单位工艺指标，降低了生产成本，实现吨钢创效 1.56 元。

三、案例创新点及应用推广价值

（一）科学合理地设置指标

该项目从计量创新管理和计量实践基础管理两方面入手，科学合理地设置指标；坚持科技创新全面驱动计量专业提升，发挥专业优势助力生产降本增效，深推对标对表，借助外脑追赶超越，助力公司取得各项指标提升及荣誉。

（二）改进技术手段，提高计量效率

通过科技创新、小改小革、技术改进等手段提高计量效率，每年度可节约外委费用共计63.24万元，其中修旧利废月均修旧4.02万元，小改小革及质量改进月均1.2万元。目前已实现关键核心类计量设备100%自主维修的目标。通过计量创新、技术提升，将计量嵌入公司产品研发、制造全过程，建立计量与产业的直接联系，促进计量与产业技术融合发展。

（三）企业合作，节约生产成本

2022年，通过与山东冶金研究院合作，公司首次成为焦炭热反应国家标样定值单位后，开始自制标样。月可制备热态质控样18.9千克，直接节约质控样购买费用7.6万元，年度节约标样购置费用约24万元。

（四）严格执行测量管理体系，建立数据比对机制

一是持续对原料测定数据进行比对分析，为原料使用做好数据支撑。二是强化衡器比对校检工作，严格按照《衡器期间核查管理办法》开展汽车衡、轨道衡数据分析比对工作。三是通过量、算、磨、扎、试、记六步法提高能源计量器具在线比对效率和数据准确性。

龙钢公司的项目成果突出以产业发展需求和技术创新保障为牵引，以数据为核心服务对象，涵盖计量、检验等各个环节，能更好地引领现阶段产业的技术创新和科技创新，符合现阶段的钢铁产业发展要求。

随着科技的进步和社会的发展，各产业关键技术的突破能力增强，但是与发达国家相比，我国相关计量技术水平还有很大差距，计量技术依然存在“测不到、测不准、测得不可靠”等问题，严重影响了产品研制生产的进度和质量。龙钢公司项目成果的应用为满足钢铁行业面对复杂工艺环境、多参数综合等特殊计量技术需求，由保证计量器具合格向保证数据准确和数据分析利用、提供了系统解决方案。龙钢公司将进一步加强对入选产业计量优秀成果的宣传及共享应用，紧扣“提质增效、升级转型、绿色智能”三大主题和竞争力提升这一核心，创新计量管理，将计量与生产经营、工艺技术、转型升级相结合，充分发挥计量服务企业低成本、高质量发展的作用。

【案例二】电子皮带秤称重计量服务

一、案例概况

（一）实施背景

煤化工产业发展历程如图 2.1 所示。在煤化工产业中，无论是以煤炭焦化方式为代表的传统煤化工还是以煤炭液化方式为代表的新型煤化工，原始入炉均是非常重要的计量环节，也是溯源链的源头，入炉煤量的准确计量不仅影响原材料的计量数据与成本核算，更影响着煤化工第一步——煤炭配比。

按照产业计量“三全一前”的要求，全溯源链包括整个产业全生命周期中涉及的计量溯源关系，而入炉煤质量是整个煤化工产业溯源链的源头参数。计量器具——连续累计自动衡器（皮带秤）的准确计量，以及测量数据的有效利用尤为关键。

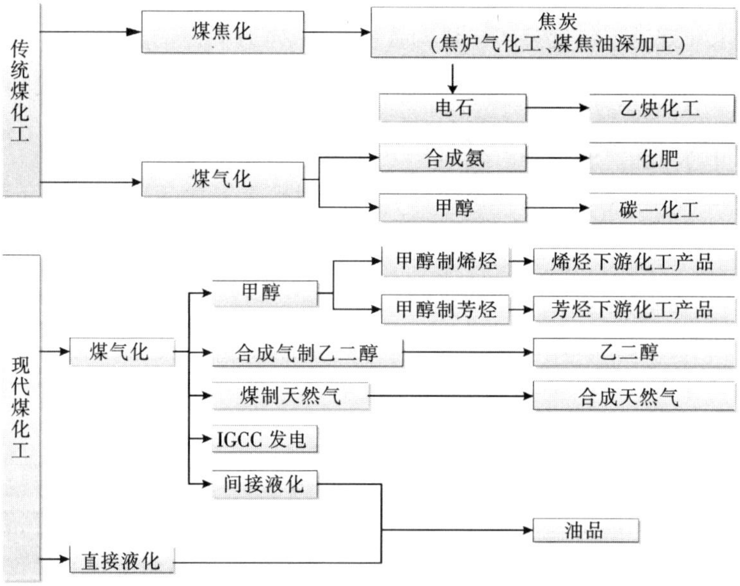

图 2.1　煤化工产业发展历程

（二）案例简介

1. 入厂煤炭量统计问题

入厂煤炭量使用电子汽车衡或轨道衡称重进行统计，入炉煤使用电子皮带秤称重进行统计，两者之间存在较大偏差，影响入厂煤炭量能源统计工作。如皮带秤称重数值出现不合理的负偏差，就会出现煤场煤已耗尽，但是统计显示还有存煤的“怪象”。

2. 耗煤量统计问题

煤仓给煤机耗煤量统计与入仓煤皮带秤煤量统计偏差较大。若使用皮带秤称重进行煤耗测算，将导致整体质量下降；若使用给煤机耗煤量进行统计，将导致整体质量上升。企业不知该如何确定煤耗量基数。

二、案例具体做法

（一）案例详情

1. 入厂煤能源统计问题

根据JJG 195—2019《连续累计自动衡器（皮带秤）》中控制衡器的要求，电子汽车衡是静态衡器，精度和准确度高于电子皮带秤，经过校准合格的电子汽车衡可以作为电子皮带秤的控制衡器使用，因此，入厂煤统计应以电子汽车衡称重数据为准。

2. 发电耗煤量能源统计问题

宁夏计量质量检验检测研究院跟随现场工作人员，按照燃煤运输通道，观察整个流程并记录，最终确认发电煤耗量能源统计工作不能按照煤仓下的给煤机的数值进行统计。因为煤仓下的给煤机运行原理同皮带秤，但是安装位置距离落煤口较近，煤下落会对皮带产生较大的冲击，从而使皮带产生较大振动，影响精度。而前端的入仓皮带秤安装角度、位置均满足要求，皮带秤计量位置距离落煤口有将近100米的距离，可以保证在计量时基本不存在冲击对皮带秤称量带来的影响。同时，根据皮带秤校准规程的要求，对皮带秤进行校准时，需要在皮带秤前端或后端进行实物物料控制，落煤仓下面的给煤机也无条件完成该操作。最终给出的建议是，按照入仓皮带秤的数值进行煤耗量能源统计工作。

（二）具体成效

入炉煤质量计量是整个煤化工产业溯源链的源头参数。产业计量要求从传统的计量校准工作转向以数据为中心的现代计量工作，不仅要求按照规程规范的要求测得对、测得准，更要做到测得的数据企业用得到、用得对，能够真正地将数据融入生产过程中，达到改善和提高产品质量的目的。初步解决方案如下：

一是改善皮带秤安装工况。封闭皮带秤作业空间，减小外界风力对皮带秤的干扰。对于皮带秤安装位置不合适的情况，联合厂家、企业、第三方检测机构共同提出改进方案，寻找适合的位置进行改装。

二是制定皮带秤巡查实施方案，加强皮带秤运维管理。定期检查皮带机和电子皮带秤秤架的技术状况，及时清理秤体和称重传感器上的杂物，保持通风干燥。就常见问题制作巡查记录表格，每班次检查是否出现异常情况，及时汇总数据，分析是否存在周期性或重复性问题，做到及时发现、及时沟通、及时整改。

三是控制实物校准抛洒滴漏现象，做到校准过程全环节监督。物料控制环节做到全程跟踪，皮带流转环节安排实时巡查，对容易产生抛洒滴漏的环节重点关注，尽可能地减小随机误差对测量结果带来的影响。

四是对现场没有条件开展校准工作的企业，取得企业的支持，由工程设计部门对现场环境进行改造。在皮带秤后寻找合适的位置加装犁煤器和落煤口，使其实现后端取物料，从而达到工作条件，实现皮带秤的准确计量，得到有效可靠的数据，反馈到生产环节。

五是由煤化工产业中心组织皮带秤相关规范技术标准培训工作。皮带秤计量作为煤化工产业源头参数，是重点关注的溯源指标。宁夏计量质量检验检测研究院发挥中心的优势，邀请皮带秤计量专家，充实专家库，并进行皮带秤规范技术标准培训工作，让相关的技术人员熟练掌握技术，做到对皮带秤常见问题能自主处理、对数据的使用得心应手、对出现的新问题新故障能够有专家指导。

六是由煤化工产业中心对相关企业使用的皮带秤资料进行动态管理，形成设备档案库。一方面，防止出现资料遗失，解决无法正常测量数据的问题。另一方面，形成设备档案库后，可以对设备实现动态实时跟踪，定期回访企业，及时汇总新发现的问题，解决问题。同时，对新问题形成报告，反馈给行业，形成良性循环。

三、案例创新点及推广价值

（一）开发皮带秤测试线路

经过不断的探索和实践，开发了两条新的皮带秤测试线路，解决了煤矿-用煤单位直供煤这类全封闭输煤线路无法进行皮带秤校准的难题。如图 2.2 所示，传统全封闭输煤线路全程无取煤点，无法进行皮带秤校准或测试。

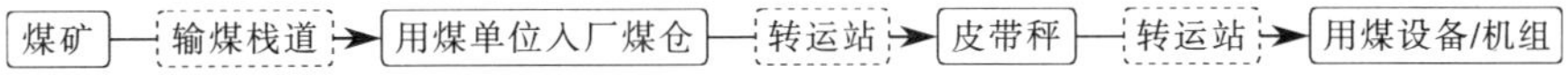

图 2.2　传统全封闭式输煤线路

如图 2.3 所示，利用煤场斗轮机切换堆煤模式，可以进行 40～100 吨范围内小流量的皮带秤校准或测试。

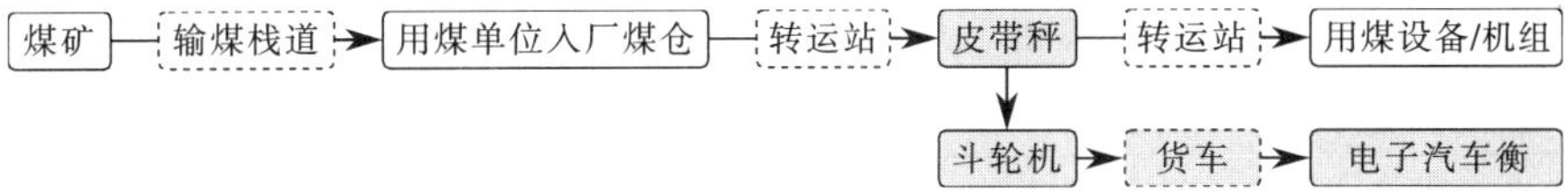

图 2.3　斗轮机电子皮带秤测试技术路线图

如图 2.4 所示，在煤矿输送栈道适当位置加装 0.2 级电子皮带秤，进行计量比对，可以满足用煤单位 100～3 000 吨电子皮带秤校准或测试。

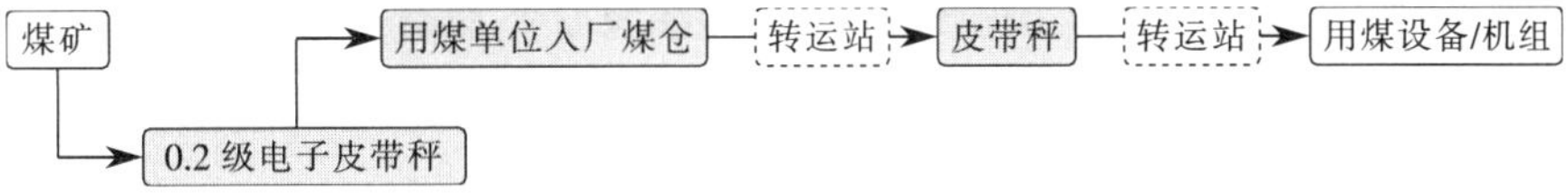

图 2.4　高等级皮带秤比对线路

根据上述方法进行测试或校准后，皮带秤称量管理均得到了有效的提升。

（二）提供技术路线和实践数据

为存在同类电子皮带秤管理难题的企事业单位提供了技术路线和实践数据，能够有效解决煤矿-用煤单位直供煤这类全封闭输煤线路无法进行皮带秤校准的难题。

只有深入企业一线，跟着工艺走，才能找到企业“测不了、测不全、测不准、测不快”的计量痛点难点，做好使用单位与制造单位的桥梁，利用计量技术手段、各类规程、标准技术资料，潜心寻找解决方法，才能从传统的设备检校计量服务向数据应用转变，更好地服务企业发展。

【案例三】张家港市抓农业检测体系建设，提高农业持续发展能力

一、案例概况

（一）实施背景

农业检测体系建设是推进农业标准化建设和保护农业生态环境的重要举措。

在县级农业检测机构建设方面，可以直接面向基层，为农民提供多方面的检测服务，包括农业环境事故的鉴定、无公害（绿色）农产品生产基地的选择、优质安全农业投入品的选用以及农产品质量检测等。目前，我国的农业检测体系还不完善，大部分县级农业检测设备仍停留在20世纪80年代的水平，不能满足当前农业发展和农民增收的需求。为了应对农业发展的新形势，张家港市增加经济投入，注重农业检测机构的建设，将开展农业检测服务作为现代农业发展的重要内容，并取得了显著的成绩。

农业检测体系的建设对于推动农业标准化建设和保护农业生态环境具有重要意义。通过提供科学、准确的农业检测服务，可以帮助农民选择适宜的农产品生产基地，优化农业投入品的使用，提高农产品的质量和安全性。同时，农业检测体系还能够及时鉴定农业环境事故，为农民提供有效的解决方案，保障农业生态环境的可持续发展。

进一步完善和发展农业检测体系，提高县级农业检测机构的设备水平和技术能力，对于促进农业发展、增加农民收入、推动农业标准化建设和保护农业生态环境具有重要意义。

（二）案例简介

张家港市是苏南的一个县级市，工业起步较早，经过多年的努力，全市目前已形成以冶金、汽车、机械、电子、纺织、化工、建材等为主的工业体系。2002年，全市完成工业增加值219.44亿元，工业总产值820.81亿元，实现利税总额52.67亿元，利润总额30.05亿元，工业的迅猛发展给全市经济注入了新的活力。2002年，全市人均国内生产总值达42 800元，实现财政收入43.08亿元。工业发展后，“三废”的排放不可避免地对生态环境带来了污染。据环保部门提供的数据，1995年以来，工业企业对农田生态系统的废水年排放量4 159万吨，废气年排放量134.69亿标立米，CO_2排放量2.79万吨，烟尘1.15万吨。由于农田长期遭受工业废水、废气的污染，土壤有害物质含量增加。据2002年对全市15个镇20个土样的初步抽样分析，重金属综合污染指数达中等污染程度的有2个样品，占10%；轻度污染的有8个样品，占40%；污染达警戒线的有2个样品，占10%；污染指数达安全级的有8个样品，占40%。

农业化肥用量也有大幅度增加。据统计资料，1987年全市各类化肥的用量折纯16 246.8吨，每公顷用量348千克。2002年各类化肥的用量折纯18 717.9吨，每公顷用量上升到439.5千克，比1987年增加26.3%。化肥用量的增加不但使渔业水、地下水遭受污染，也使农产品的硝酸盐、亚硝酸盐含量超标，直接影响着农产品的安全质量和人民群众的身体健康。

由工业三废污染和农业化学品用量增加带来的农产品安全质量下降，引起了全社会的高度关注，“餐桌污染”问题已成为急需解决的迫切问题。为了提高农产品的安全质量，保障人民群众的身体健康，2002 年，张家港市委、市政府将农产品质量检测网络建设列入十项为民重点实事工程，划拨 320 多万元财政资金，在市区和各镇农贸市场设立蔬菜农残检测室，开展蔬菜农残速测和生猪瘦肉精检测工作，对农残超标的蔬菜，责令市场管理部门当场销毁。在检测体系建设方面，重点进行了张家港市农产品质量检验测试站建设，为开展农产品检测工作创造了条件。

二、案例具体做法

（一）建立农业检测机构

2002 年 10 月，正式建制成立了张家港市农产品质量检验测试站。明确该机构为全民事业单位，独立法人，行政隶属张家港市农业局，经费来源由张家港市财政全额拨款，人员编制 7 名。明确该机构的主要职能是开展农产品生产基地环境质量、农产品安全质量的检验测试，对农业投入品（化肥、农药）的产品质量进行检验和监督管理。

（二）增加和改造实验室用房

张家港市农业局对原来的办公用房进行了调整，一个楼层 600 m^2 用于农业检测实验室的建设。具体设业务室、接样室、农产品色谱分析室（气、液谱）、原子吸收分析室、前处理室、化肥分析室、农药分析室、加热室、质控室、化学试剂储藏室等 18 个分室，配套建设了通风管道和常年温控室等。

（三）配置检测设备

按检测项目的规程要求，进行了实验室常规设备和大型仪器的购置。在原有仪器设备的基础上，新添置了进口高效气相色谱仪、液相色谱仪等检测设备，大型检测仪器增加到 5 台，其中高效气相色谱仪 2 台、液相色谱仪 2 台、原子吸收分光光度计 1 台，其他各类小型配套仪器增加到 61 台套。对所有检测仪器设备都按质量管理要求，申请计量检定部门进行了计量校正和检定。

（四）进行质量管理的软件建设和人员技术培训

按国家对产品检验机构计量认证评审准则的要求，完成了《质量管理手册》

《作业指导书》、各类程序文件、记录表等质量管理体系文件的编制。将检测人员分批安排到有关单位进行了上岗技术培训。目前，所有检测人员均掌握了相应的检验分析技术，获得了江苏省农林厅、技监局频发的相应上岗资质证书。

（五）建立完整的质量管理体系，通过省级计量认证

按国家对产品检验机构计量认证评审准则的要求，建立了实验室质量管理体系，对各项检验分析实行全程质量控制，保证了检测数据的准确性和公正性。江苏省质量技术监督局于 2002 年 12 月组织评审专家组对张家港市农产品质量检验测试站进行了计量认证现场考核评审，对申请的农业产地环境、农产品质量、农业投入品（化肥、农药）等 3 大类检测参数进行了现场测试考核，认为张家港市农产品质量检验测试站已具备第三方公正性地位，颁发了国家计量认证合格证书。

三、案例具体成效

目前，张家港市农产品质量检验测试站已完全具备农产品及其产地环境（土壤、水质）、农业投入品（肥料、农药）质量等参数的检测能力。自 2002 年底以来，已为面上生产、科研院所开展无公害农产品产地环境评价、蔬菜安全质量例行检测、农资市场质量监督检验和样品分析等服务。在保护农业生态环境，加快农业标准化建设中发挥着重要作用[①]。

【案例四】海南省现代农业检验检测预警防控中心运用计量保障农产品的质量和环境安全

一、案例概况

（一）实施背景

海南省处于传统农业向现代农业跨越的关键时期，海南省政府对农产品质量检测和农业现代化给予了高度的重视，海南省现代农业检验检测预警防控中心（以下简称“中心”）应运而生。中心总投资达 1.16 亿元，包括 19 个子项目，集成为 9 大系统。中心的成立不仅标志着海南省农业基础从薄弱走向强大，更重要的是，在重大动物疫病、植物病虫害和有害生物的预警防控能力上取得

① 顾志权，钱卫飞，陆建华，等. 抓农业检测体系建设 提高农业持续发展能力 [J]. 土壤，2003 (6)：525-526.

了质的飞跃。

中心的主要职责包括农产品市场准入准出、农产品质量安全评价鉴定的检验检测以及风险评估工作。海南省积极推动了热带特色高效农业政策，通过详细的申请文件和测试结果来进行品种的主要特征特性、育种过程和亲本来源的认证。海南省还加强了与国家农垦投资控股集团有限公司等重要农业企业的合作，专注于家用电器、针纺织品、建筑材料的销售和农业技术培训服务。与此同时，海南省将碳达峰目标纳入农业发展计划，到2025年，将初步建立绿色低碳循环发展的经济体系。

综合来看，海南省现代农业检测预控中心的建设是海南农业现代化、高效化和可持续发展的重要一步。通过各方面的综合整合和科学管理，中心不仅将提升海南省农业的质量和效益，而且将促进农产品“两出两进”，加快海南省农业从传统向现代的跨越。

（二）案例简介

中心致力于以规范的农业生产流程为基石，通过对农业制程的严格管理，实现农产品质量和食品安全的高标准。其主要目标包括提升海南地区对重要动物疾病、植物害虫以及其他有害生物的早期预警和控制能力，同时促使海南农业从传统模式迈向现代化。2017年，海南省质量技术监管局与省农业厅共同认证并批准了海南省现代农业检验检测预警防控中心。这一认证过程涉及实验室检验能力和农产品质量安全检查机构的双重认证，并颁布了相关资质认定和合格证书。

按照《中华人民共和国计量法实施细则》以及《海南省农产品质量安全检测机构考核办法》的规定，只有获得双重认证的检测机构才有资格提供具有法律约束力的检测服务。中心此次获得的认证检测范围非常广泛，包括但不限丁蔬菜和水果中的农药残余、土壤及灌溉用水的重金属含量、土壤的理化属性以及肥料质量，共涵盖67项测试参数。

中心作为省农业厅的关键技术支持部门，拥有农产品有害物质残留检测实验室、农业环境质量检测实验室、土壤农化及肥料质量检测实验室等3个实验室，聘有26名专业技术人员，并配备了190台（套）国际先进水平的检测设备。

中心是海南热带农业现代化的大平台，有农业生态环境检测监督、有害生物预警、农产品质量追溯、测土配方检验等19个子项目，集成9大系统，分别是：农业生态环境检测监督系统，有害生物预警系统，动物标志及疫病可追溯系统，农产品质量追溯系统，农业投入品、农产品质量安全检验检测与监管系统，测土配方检验服务系统，农村能源（沼气）检测服务系统，农机检测服务系统，农产品产销信息采集（预警）系统①。

计量技术确保了检测结果的精确性和可靠性，进而提高了农产品的质量和安全性。中心是一个集检测、预警、追溯、监管于一体的综合性农业服务平台，为海南省乃至全国的农业现代化贡献了重要力量。

二、具体做法

中心是为保障农产品质量安全和保护环境而成立的，计量技术是中心保障农产品质量安全和保护环境的重要手段。为了运用计量技术保障农产品的质量和环境安全，中心采取了一系列措施。

（一）建立完善的样品采集和管理机制

样品采集和管理是检测的前提。中心建立了严格的样品采集和管理机制，从样品取样、标识、运输、保存、处理等方面严格把关，确保样品的真实性和可靠性。在农产品质量检测方面，中心利用先进的计量技术和设备对农产品中的有害物质进行精确检测，包括农药残留、重金属、微生物等，以保障农产品的质量和安全。此外，中心还制定了严格的样品管理制度，对于样品的采集、转运、处理、保存等环节，都有明确的规定，保证数据的准确性。

（二）引进先进的仪器设备，保证检测的精确性

中心引进了一批先进的仪器设备，包括气相色谱仪、高效液相色谱仪、质谱仪、原子荧光光谱仪等，这些设备可以对各种污染物进行快速检测和分析，具有高灵敏度、高精度、高分辨率等特点，可以对农产品中的有害物质进行精确测量，确保农产品中的有害物质含量不超标。

三、具体成效

（一）建立了计量分析实验室，为农产品检测提供了专业的技术支持

计量分析实验室是中心的核心。实验室内设有各种先进的分析仪器和设备，如计量分析天平、电子天平、分光光度计、紫外分光光度计等，可以对农产品

---

① 付美斌．海南建农业检测预警防控中心［N］．中国质量报，2008-10-08（004）．

的重量、尺寸、色泽等进行测量。同时，实验室还拥有专业的技术团队，可以根据检测需求，选择适当的仪器和方法，提供专业的技术支持。

（二）建立了信息系统，实现了数据的快速共享

信息系统是中心的重要组成部分。中心建立了信息系统，通过网络实现了数据的共享和信息的互通。信息系统中还包括对检测结果的录入和存储、查询和统计等功能，方便对数据进行管理和分析，为决策提供数据支持。

（三）加强了人员培训和技术交流，提高了技术水平

中心加强了人员培训和技术交流，组织有关专家和技术人员进行技术培训和交流，不断提高工作人员的综合素质和技术水平，使他们能够更好地应对各种检测需求。

第三章　计量与科技创新和产业升级

科技创新和产业升级是推动国家经济发展和竞争力提升的重要驱动力，计量作为一项基础性技术和手段，为科学研究提供有效工具、助力产品创新与产品质量提升、推动生产工艺改进与生产效率提升、支撑智能制造与产业升级转型等。计量在科技创新和产业升级中具有重要作用。本章通过案例，系统阐述计量在推动技术进步、提高产品质量和促进产业升级方面的具体应用。

第一节　计量在科技创新与产业升级中的重要作用

产业升级是指通过引进新技术、优化结构、提高产能和附加值等手段，使传统产业实现向高附加值、高品质、高效益的转型和升级，以适应市场需求和经济发展。科技创新为产业升级创造了机遇，当前中国经济正处于从中国制造转向中国创造、从制造业大国转向制造业强国的产业升级阶段，科技创新加快了产业升级的步伐。计量作为一项关键的技术手段，对科技创新和产业升级具有重要的支撑作用。计量通过准确的测量和评估，可以提供科学研究所需的可靠数据，帮助优化产品设计，改进生产工艺，提高效率，并在质量控制与可追溯性方面发挥重要作用，推动产业升级与智能制造。此外，计量还能够促进产业标准化，提高合作效率，提高产业的国际竞争力。

一、计量为科学研究提供有效工具

科学研究是推动人类认识世界、探索未知和解决问题的重要方式。计量作为一种测量和评估的科学方法，在科学研究中发挥着关键作用。

（一）收集与测量数据

科学研究需要基于可靠的数据进行统计分析和验证，通过计量技术可以提供准确、可重复的测量结果，为科学研究提供可靠的数据基础。通过使用准确的测量工具和方法，研究人员可以收集到精确的实验数据，为科学研究提供实证依据。数据收集与测量是科学研究中的关键步骤，通过对现象、事件或变量进行定量或定性的测量和观察，获取可用于分析和研究的数据。

1. 收集数据

一是定义研究目标。在开始收集数据之前，应明确研究的目标和问题。清楚地定义研究目标有助于确定需要收集的数据类型和指标。二是设计测量方法。根据研究目标和问题，选择合适的测量方法。测量方法包括问卷调查、实验观察、采样、传感器测量等，根据研究对象和数据需求进行选择。三是收集数据。根据设计的测量方法进行数据的收集，包括实地调查、实验操作、设备使用等过程。在数据收集过程中，需要保证数据的准确性和可靠性。

2. 测量数据

一是数据记录和整理。使用电子表格、数据库等工具对收集到的数据进行记录和整理，确保数据的完整性和可追溯性，以便后续的分析和研究。二是数据验证与校准。在数据收集过程中，需要进行数据验证和校准，以确保数据的准确性和可靠性，包括对数据的逻辑检查、重复测量、对照样本比对等步骤。三是数据存储与管理。收集到的数据需要选择合适的数据存储方式和数据管理系统进行妥善的存储和管理，确保数据的安全性和可访问性，以便后续的数据分析和使用。

通过正确的数据收集与测量方法可以获得高质量的数据，支持科学研究。准确、可靠的数据是科学研究的基础，对于验证假设、发现规律、支持决策具有重要意义。准确的实验测量数据在科学研究和工程技术中发挥着关键作用，它不仅为科学家和工程师提供了可靠的实证依据，也为学科的发展和创新提供了重要的基础。因此，必须高度重视计量，以保证实验测量数据的准确性和可靠性，推动科学研究和技术创新的进一步发展。

（二）设计与控制实验

在科学研究中，合理的实验设计和严格的实验控制是确保实验结果有效性和可靠性的重要因素。计量提供了一套科学的方法和技术，以设计合理的实验方案并进行实验参数的精确控制。通过计量技术，可以确保实验过程的可重复性和可比性，提高实验结果的准确性和可信度。实验设计与控制是科学研究中确保实验可靠性和可重复性的重要环节，涉及实验的设计、变量的控制和实验条件的管理等。

1. 设计实验

一是确定实验目标。明确实验的目标和研究问题，确定所需的实验结果。二是确定研究变量。识别和定义影响实验结果的关键变量，区分自变量（被研究的因素）和因变量（实验结果）。三是设计实验组和对照组。根据研究目标和变量，设计实验组和对照组。实验组接受某种处理或干预，对照组不接受处理，用于比较和验证实验结果。

2. 控制实验

一是随机化和均衡。通过随机化实验对象的分配或实验条件的安排，减少随机误差的影响。在实验组和对照组之间保持均衡，以控制其他潜在因素的影响。二是控制变量。控制除自变量以外的其他变量，以减少它们对实验结果的影响。通过保持其他条件恒定，或在实验中对其进行控制，确保实验结果的准确性。三是重复实验。进行多次独立重复实验，以验证实验结果的一致性和可靠性。重复实验有助于减少实验误差，增加结果的可信度。四是数据采集与记录。采集实验数据并准确记录，包括实验条件、观察结果和测量数据。确保数据的准确性和可追溯性，遵循数据采集和记录的标准化程序。五是统计分析与解释。使用适当的统计方法对实验数据进行分析，揭示变量之间的关系和趋势。通过统计分析，得出科学结论，并解释实验结果的意义和影响。

实验设计与控制的目标是确保实验的可靠性、可重复性和解释性。良好的实验设计和严格的控制有助于减少实验误差和偏差，提高实验结果的准确性和可信度。在实验设计和控制过程中，需要注重细节，严格执行实验方案，并遵循标准化操作程序，从而得到具有科学价值和实际意义的实验结果，推动科学研究的发展。实验设计与控制不仅适用于实验室研究，也可应用于实际场景中的观察研究、田野调查等。通过合理的实验设计和有效的变量控制，可以更好地理解和解释现象，为科技创新和产业发展提供有力支撑。

（三）建立可比较的实验结果

建立可比较的实验结果是科学研究中的关键环节。计量可以通过标准化的测量方法和技术，确保实验条件的统一性和可重复性，获得可比较的实验结果，从而进行有效的数据分析和结果比较。在科学研究中，不同实验室或不同研究团队之间的实验结果往往需要进行比较和验证，通过采用统一的计量标准和测量方法，可以确保不同实验结果的可比较性，促进科学研究成果的交流和共享。

1. 统一实验结果标准

一是实验设计。设计合理的实验方案，确保各个实验组的条件尽可能一致。例如，控制实验组和对照组的处理方法、环境条件等，以减少干扰因素对实验结果的影响。二是校准与溯源。确保使用的测量设备和工具经过校准，保证其测量结果的准确性和一致性。此外，建立良好的溯源体系可以追溯实验结果的可靠性，提高实验结果的可比性。

2. 分析比较实验结果

一是样本选择。在实验中应选择合适的样本，保证样本的代表性和可比性。样本的选择应考虑到样本的特征、数量、随机性等，以确保实验结果的可靠性和可比性。二是数据分析与统计处理。使用合适的数据分析方法和统计处理技术对实验结果进行比较和推断。通过统计方法可以帮助确定实验结果之间的差异是否显著，从而得出可比较的结论。

通过建立可比较的实验结果，可以对不同实验条件下的现象进行比较和分析，推断出规律和趋势，从而提出科学假设和理论模型。可比较的实验结果也为不同研究者之间的交流和合作提供了基础，促进科学研究的发展和进步。

（四）分析与解释结果

在科学研究中，分析与解释结果是对实验数据进行深入分析和解释的过程，旨在理解实验结果、提取关键信息并得出有意义的结论。计量可以为实验数据的分析和解释提供量化和统计分析工具。运用计量技术，可以识别变量之间的关系，验证假设和理论，并对研究结果进行科学论证。

1. 理解实验结果

一是数据分析。结果分析阶段涉及对收集到的数据进行统计分析和计算，应用各种统计方法、图表和数据可视化工具来揭示数据之间的关系、趋势和差异，从而发现数据中的模式和规律，并提供对实验结果的定量描述。二是结果解释。在结果分析的基础上，计量及相关标准为揭示实验结果与研究问题或假设之间的联系，解释实验结果的原因和意义（包括解释实验结果的实际含义、与现有理论的一致性、与先前研究的比较等）提供了依据。

2. 提取关键信息

一是挖掘发展趋势。通过深入分析数据，发现意想不到的关联、趋势或规律，可能为进一步的研究提供新的方向。二是得出科学结论。结果分析与解释的最终目标是得出结论和推断。科学家会根据数据分析的结果，对研究问题或假设进行回答，并提出对进一步研究或实践的建议。三是对研究质量和可信度进行评估。结果分析与解释有助于评估研究的质量和可信度。科学家可以检查数据的一致性、稳定性和可重复性，并确保结果的可靠性和科学性。这是科学研究的基本要求，也是保证研究成果的可信度和可验证性的关键环节。

计量在科学研究的分析与解释环节起着重要的作用。借助计量，能够对实验数据进行深入分析，提供对研究结果的理解、解释和评估。结果分析与解释是科学研究中不可或缺的一部分，它为研究者提供了对实验结果进行定量和定性分析的工具，为科学的发展和进步提供了科学依据。科学家可以基于结果分析与解释，进一步完善现有理论，发展新的理论框架，并为解决现实问题和推动社会发展提供科学依据和决策支持。同时，结果分析与解释也有助于验证科学研究的可靠性和可重复性，增强研究结果的可信度。

二、计量助力产品创新与产品质量提升

在竞争激烈的市场环境下，产品创新和质量提升是企业保持竞争优势和满足消费者需求的关键。计量作为一种精确测量和评估的科学方法，在产品设计与改进、质量控制与可靠性评估、客户满意度调查等方面发挥着重要作用。

（一）设计与改进产品

计量通过准确的测量和评估，可以提供对产品性能、特性和质量的准确认知，帮助企业进行产品设计、改进和优化。通过使用计量技术，企业可以获得产品性能参数的可靠数据，并通过分析和解释这些数据来指导产品设计和改进，从而提高产品的竞争力和市场价值。

1. 设计产品

一是测量和分析产品特性。计量技术可以用于测量和分析产品的各种特性，如尺寸、形状、质量、性能等。通过准确测量和分析，可以获得关于产品特性的定量数据，为产品设计和改进提供科学依据。二是确保产品符合标准和规范。计量可以帮助确定产品是否符合相关的标准和规范要求。通过测量和比较产品的特性与标准的要求，可以评估产品的合格性，指导产品的改进和优化。三是验证产品性能和可靠性。计量可以用于验证产品的性能和可靠性。通过准确的测量和评估，可以对产品的性能指标进行验证，确保产品在各种工作条件下的

稳定性和可靠性。

2. 改进产品

一是优化产品设计和工艺参数。通过测量和分析不同设计和工艺参数的影响，可以确定最佳的设计方案和工艺参数，提高产品的性能和质量。二是支持产品创新和改进。通过准确测量和分析，可以发现产品的短板和改进点，为产品创新和改进提供支持，指导创新和改进的方向。三是提高产品质量和用户满意度。通过计量，可以提高产品质量，了解用户满意度，实现产品质量动态把控与用户满意度反馈的双向沟通，从而提高产品质量和用户满意度。

计量为产品生产提供了包括设计、生产、质量把控、可靠性评估等各环节的技术支持与指导，为产品标准化、精细化生产提供了工具。除此之外，计量在采集市场数据方面也发挥着重要作用，通过对市场及消费者偏好的分析，发现变化及需求趋势，助力产品创新。

（二）控制质量与评估可靠性

计量在控制质量和评估可靠性方面发挥着重要作用。通过使用准确的测量工具和方法，实施严格的质量控制措施，监控产品生产过程中的关键参数，确保产品的质量符合标准和规范。同时，计量技术还可以用于评估产品的可靠性和持久性，通过分析产品在不同环境和使用条件下的性能表现，帮助企业提高产品的可靠性和持久性，减少产品的故障率和维修成本。

1. 控制质量

计量可以提供可靠的数据支持，帮助企业确定质量控制点，制定合理的质量标准。通过对关键参数和性能的准确测量，可以及时发现产品质量问题，及时调整和改进，实现对产品质量的监测和控制。与此同时，通过对故障产品进行测量和分析，可以确定故障的原因和机制，找出潜在的设计或制造问题，并采取相应的改进措施，提高产品的可靠性和稳定性。

2. 评估可靠性

一是确定并监测可靠性参数。计量可以帮助企业确定关键参数的可靠性指标，通过对产品在不同工作条件下的性能与状态进行测量和分析，对产品进行可靠性测试，并对产品在不同工作条件下可能发生的状态进行预测，评估产品的可靠性和产品的可靠使用寿命。二是确保产品的可追溯性和一致性。通过建立合适的计量溯源体系，可以追踪和记录产品的生产过程和相关数据，保证产品的质量一致性和可追溯性，便于进行质量管理和问题追溯。

计量在产品设计与改进中的作用不可忽视，通过数据的准确测量和分析，帮助企业监测和控制产品的质量，评估产品的可靠性和寿命，进行故障分析和改进产品；提供科学的依据和可靠的数据支持，帮助企业制定合理的质量控制措施，确保产品的质量稳定性、可靠性和一致性；为产品的可追溯性提供了重要支持。合理应用计量技术，可以提高产品的质量水平，增强企业的竞争力，满足市场和消费者的需求，促进产品的持续改进。

（三）调查客户满意度

计量可以应用于调查客户满意度，帮助企业了解客户对产品的满意度和需求，从而指导产品创新和质量提升。通过采用科学的调查方法和统计分析技术，企业可以收集客户的反馈和意见，量化客户满意度指标，识别产品改进的关键领域，采取有针对性的改进措施，以满足客户需求，提升产品的市场竞争力。通过客户满意度调查，企业可以了解客户对产品的评价和满意程度，定量化客户的满意度指标，比如产品质量、性能、可靠性、交付时间、售后服务等方面的评价。同时，通过客户满意度调查也可以帮助企业了解客户的需求和期望，发现产品的优势和不足之处。

1. 有效分析顾客需求

在进行客户满意度调查时，计量起到了至关重要的作用。计量确保了数据的准确性和可靠性，使得调查结果具有科学性和可比性。应用各种计量方法可以优化设计问卷和调查表，确定适当的样本规模和抽样方法，进行数据收集和统计分析。通过计量标准，可以对客户满意度的数据进行量化和分析，得出客户满意度的整体评估和各项指标的得分情况。通过计量标准设置的依据，可以对满意度数据进行分析和解释，以更深入地了解客户的需求和意见。通过计量与客户满意度调查的深度融合，可以对相关数据进行挖掘和统计分析，发现隐藏在大量数据中的关键信息和趋势。企业可以通过分析客户满意度调查数据，识别客户的喜好和偏好，探索市场需求的变化趋势，为产品设计和改进提供依据。同时，计量可以帮助企业进行统计数据显著性分析，评估调查结果的置信水平和统计显著性，使得数据质量、数据信度与效度可以得到检测与验证，从而保证客户满意度信息的真实性，确保决策和改进措施的准确性和可靠性。

2. 为企业提供重要的参考和决策依据

通过收集和分析客户的意见和反馈，可以为了解客户需求、改进产品和提升服务提供重要的信息来源。企业可以根据调查结果，针对客户的需求和期望进行产品设计和改进，优化产品质量和性能，提升客户满意度。同时，客户满意度调查也可以帮助企业建立和改进售后服务体系，提升客户的购买体验，增强客户的忠诚度。通过合理应用计量方法，可以提高客户满意度，增强产品竞争力，实现持续的质量改进和企业发展。

计量提供了科学、准确、可靠的数据收集和分析手段，帮助企业了解客户需求，评估产品质量和性能，并制定相应的改进措施。通过计量，可以建立可比较的指标体系，量化客户满意度，为企业提供有力的决策依据。同时，通过计量方法还能够评估调查结果的可信度和有效性，保障数据质量，确保决策的准确性和可靠性。

三、计量推动生产工艺改进与生产效率提升

在现代制造业中，改进生产工艺和提升效率是企业保持竞争力和增加利润的重要策略。计量作为一种精确测量和评估的科学方法，在改进生产工艺和提升效率方面发挥着重要作用。

（一）优化和改进生产工艺

工艺优化是指对生产工艺进行调整和改进，以提高生产效率、降低成本、提升产品质量。计量在工艺优化中发挥着重要作用，计量可以提供准确的数据和分析方法，帮助企业了解工艺过程中的变化和问题，并提供指导改进的依据。计量通过准确的测量和评估，可以对生产工艺参数和变量进行准确定义，帮助企业识别工艺中的瓶颈和改进空间，优化生产工艺流程，提高生产效率和产品质量，在优化生产工艺中起到了关键作用。通过计量，企业可以获得工艺参数的准确数据，通过分析和优化这些数据来指导生产工艺的改进，从而实现生产效率的提升。

1. 优化和改进生产工艺

一是测量和监测关键工艺参数。通过准确测量温度、压力、流量、浓度等参数，可以获得工艺过程中的实际数据。这些数据可以用于评估工艺的稳定性、一致性和效率，并发现潜在问题和改进的机会。准确的计量数据为工艺优化提供了基础。二是辅助数据分析和建模。通过对计量数据进行统计分析和建模，可以揭示工艺过程中的关联性和趋势，并找出对工艺性能影响最大的因素。这些分析结果可以为工艺优化提供指导。三是工艺参数的控制和调整。通过建立计量系统和实施过程控制，可以实时监测工艺参数，并根据设定的控制规范进

行调整。此外，计量可以帮助企业识别工艺过程中的异常情况和偏差，并及时采取措施进行调整，保证工艺的稳定性和一致性。

2. 提升生产效率

一是设备校准与维护。通过计量可以确保设备的准确性和稳定性。通过定期校准设备确保其准确可靠，可以保证工艺参数的准确测量，并避免由于设备偏差导致的工艺变异。二是能耗监测与管理。计量可以用于监测和管理能耗，在工艺过程中实时监测能耗指标，识别能耗的高峰和低谷，并采取相应的节能措施。通过有效的能耗管理，可以降低生产成本，提高资源利用效率。三是生产过程控制。计量可以用于生产过程的控制和调整，确保工艺参数在设定的范围内。通过实时监测和反馈控制，可以减少工艺变异，提高生产效率和产品一致性。四是品质检验与改进。计量可以用于产品品质的检验和改进。通过准确的测量和数据分析，可以评估产品的质量特性，发现潜在的品质问题，并制定改进措施，提高产品质量和顾客满意度。

计量通过准确的测量和监测，辅助数据分析和建模，帮助企业了解工艺过程的实际情况，找出改进的机会，优化工艺参数，提高生产效率和产品质量。

（二）控制和监督生产工艺

通过建立计量系统和实施过程控制，企业可以实时监测生产参数，及时发现异常和偏差，并采取相应的调整措施，保证生产工艺的稳定性和一致性。计量在质量控制和监测方面发挥着重要作用。通过使用准确的测量工具和方法，企业可以制定生产标准和规范，实施严格的质量控制措施，监控生产过程中的关键参数，确保产品的质量符合标准和规范，保证生产过程的可控性和合规性。同时，计量还可以用于实时监测生产过程中的质量变量，及时发现和纠正潜在的问题，提高生产效率和产品质量的稳定性。

1. 控制生产工艺

一是测量设备的准确性和可靠性。计量可以用于校准和验证测量设备，确保测量设备的准确性和可靠性。准确的测量设备可以提供可靠的数据，作为质量控制和监测的依据。二是产品参数的测量与监测。计量可以用于测量和监测产品的关键参数，如尺寸、重量、成分等。通过准确的测量，可以确保产品符合规定的质量标准和要求。三是过程控制。计量可以用于实时监测生产过程中的关键参数，并与设定的标准进行比较。通过实时监测，可以及时发现生产过程中的异常情况，并采取相应的控制措施，确保产品质量的稳定性和一致性。

2. 监督生产工艺

一是数据分析与实时监测。计量可以提供数据分析和统计方法，帮助企业分析生产过程中的数据，并进行质量控制和监测的决策。通过数据分析，可以发现质量问题的根本原因，并采取相应的改进措施。二是建立与改进质量管理体系。计量可以为企业建立完善的质量管理体系提供支持，通过制定合适的质量控制方法和标准，规范生产过程，确保产品质量的稳定性和一致性。

（三）提高资源利用效率

通过准确的测量可以评估和优化资源的使用效率，包括能源、原材料、水等资源的利用情况。同时，通过使用计量技术，可以实现节能减排，降低资源的消耗，提高生产效率和经济效益。计量可以帮助企业实现资源的有效利用，提高生产的效率和可持续性。通过合理的资源管理和优化，能够降低成本，减少对环境的影响，提高经济效益，实现可持续发展。

1. 测量与监测资源及其使用效率

计量支持各种资源包括能源、水资源、原材料等的测量和监测。通过准确测量和监测资源的消耗情况，可以了解资源的实际使用情况，为资源管理和优化提供依据。计量可以通过对生产过程中各项参数和指标的测量，评估资源利用的效率。通过分析数据，可以识别资源利用中的瓶颈和改进的空间，采取相应的措施来提高资源利用效率。

2. 优化和节约资源

通过准确测量和分析生产过程中的各项参数和指标，可以评估资源利用对环境的影响程度。基于计量提供的数据和分析结果，可以进行资源优化，实施节约措施。通过精确的测量和分析，可以确定资源使用的最佳方法和最佳时机，避免资源的浪费和过度消耗。

四、计量支撑智能制造与产业升级转型

随着科技的不断发展和工业界的变革，产业升级和智能制造已经成为推动经济增长和提升竞争力的关键策略。计量作为一种精确测量和评估的科学方法，在产业升级和智能制造中发挥着重要作用。

（一）优化生产过程

计量在产业升级中通过准确测量和评估生产过程中的关键参数和变量，识别生产过程中的瓶颈和改进空间，优化生产过程的流程和参数设置，提高生产效率

和产品质量。通过计量，企业可以实时监测生产过程中的关键指标，及时发现和纠正潜在问题，实现生产过程的优化和持续改进。计量通过数据采集与分析、参数调整与控制、自动化与智能化控制、过程监测与预警等方式，实现生产过程的优化和改进，提高生产效率，降低成本，推动产业升级和智能制造的发展。

1. 采集数据与控制参数

应用计量技术可以采集准确、可靠的数据，对生产过程中的关键参数进行实时监测和记录。这些数据可以被用于分析生产过程中的潜在问题和瓶颈，找出优化的空间，为生产过程的改进和优化提供依据。应用计量技术可以对生产过程中的各项参数进行准确测量和监测，基于这些数据，可以实施参数调整和控制，以优化生产过程中的能耗、材料利用率、生产效率等关键指标，提高资源利用效率和产品质量。

2. 智能化控制与预警

计量技术可以与自动化设备和智能化系统相结合，实现生产过程的自动化控制。通过自动采集、实时输入并分析计量数据，智能系统可以自动调整生产设备和工艺参数，实现实时的优化控制，提高生产效率和产品质量。同时，通过智能化控制系统，可以对生产过程进行实时监测和预警。通过监测关键参数的变化趋势，可以提前发现生产过程中的异常情况，预警潜在的问题，及时采取措施，避免生产事故和质量问题的发生。

（二）监测与控制智能设备

通过精确的计量，可以实时监测智能设备的运行状态和性能指标，提高设备的稳定性和可靠性，减少故障发生的概率。同时，计量还可以用于控制智能设备的操作参数，实现设备的自动化和智能化控制，提高生产效率和产品质量的稳定性。在产业升级与智能制造中，计量在智能设备监测与控制方面发挥着重要作用。

1. 实时监测与远程控制

计量可以实时采集智能设备的运行数据，包括温度、压力、振动、电流等关键参数，通过对这些数据进行准确测量和监测，可以实时了解设备的运行状态和性能，及时发现异常情况并采取相应的措施。互联网背景下，智能设备与网络连接，能够实现远程监控和远程控制。通过远程监控，可以实时观察设备运行情况，对设备进行状态评估和故障诊断，调整设备的工作模式和参数，优化设备的性能和效率。

2. 智能优化与自适应控制

通过对设备的数据进行标准化采集并进行分析，可以及时发现设备运行中潜在的问题和设备运行趋势。基于采集的数据建立预测模型，可以预测设备的故障和维护需求，提前进行维护。结合预设的故障模型和算法，当设备参数达到设置参数标准时触发应急响应，避免设备故障对生产造成的影响。此外，智能设备可以通过学习和适应的方式进行自动优化和自适应控制，根据实时采集的数据，自动调整工作参数和工作模式，以达到最佳的性能和效率。

计量通过实时数据采集与监测、远程监控与控制、数据分析与预测维护、智能优化与自适应控制、故障诊断与预警等方式，实现智能设备的高效运行和优化控制，提高生产效率，降低能耗和资源消耗，推动产业升级和智能制造的发展。同时，计量还可以为智能设备的监测与控制提供可靠的数据支持，提高设备的安全性和稳定性，减少事故和损失的发生。在产业升级和智能制造的过程中，计量在智能设备监测与控制中的应用不断创新和发展，为企业实现高质量发展和提升竞争力提供了重要支持。

（三）分析数据与支持决策

计量通过准确测量和收集生产过程中的大量数据，可以帮助企业进行数据分析和挖掘，发现数据中的潜在规律和趋势，为企业提供决策支持和战略指导。通过计量，企业可以更好地理解市场需求、产品质量和生产效率之间的关系，优化生产和供应链管理，提高决策的准确性和迅速性。

1. 分析数据

一是采集与整合数据。计量可以帮助企业采集和整合大量的生产数据，包括设备运行数据、生产过程数据、质量数据等。通过对这些数据的采集和整合，可以形成全面、准确的数据基础，为后续的数据分析和决策提供可靠的数据源。二是分析与挖掘数据。计量可以应用于各种数据分析方法和工具，对采集到的数据进行深入分析和挖掘。通过对数据的统计分析、模式识别、关联分析等，可以发现数据中的潜在规律和趋势，提取有价值的信息，为决策制定提供科学依据。三是智能预测与优化。基于计量建立预测模型和优化算法，可以对生产过程进行智能预测和优化。通过对历史数据和实时数据的分析，可以预测未来的生产趋势和变化，从而作出相应的调整和优化，提高生产效率和质量。

2. 支持决策

一是对生产过程的实时监控。计量可以实现对生产过程的实时监控，及时提供决策支持。通过实时监测设备运行状态、生产过程参数等关键指标，可以及时发现异常情况和问题，并提供相应的决策支持，包括故障处理、生产调度等。二是智能决策与自动化控制。基于计量可以实现智能决策和自动化控制。通过结合数据分析与决策算法，建立智能决策系统，可以自动化地对生产过程进行调控和优化，提高生产效率和质量。

计量在产业升级与智能制造中发挥着重要作用，可以通过采集与整合数据、分析与挖掘数据、智能预测与优化、实时监控、智能决策与自动化控制等方式，为决策制定和生产管理提供支持，实现高质量发展和持续改进。计量在产业升级和智能制造中的作用不仅仅体现在技术层面，还对企业的竞争力、可持续发展和创新能力产生深远影响。通过计量与产业的深度融合，可以提高生产效率、降低成本、优化资源利用、提升产品质量，从而在激烈的市场竞争中脱颖而出。同时，计量也为产业实现智能化、自动化生产提供了重要支撑，为实现工业4.0和智能制造目标奠定了基础。合理应用计量，将有助于企业在产业升级和智能制造方面取得更好的发展，推动经济的高质量增长和可持续发展。

(四) 控制与改进质量

通过计量可以对产品的质量进行准确测量和监控，确保产品符合质量标准和客户需求。通过计量可以及时发现和纠正生产过程中的质量问题，提高产品质量，增强竞争力。计量在质量控制与改进中起着关键的作用，计量提供了准确和可靠的测量方法和工具，帮助企业实施有效的质量管理措施，持续改进产品质量。

1. 控制质量

一是测量和监测产品的关键指标和参数。例如测量和监测尺寸、重量、温度、压力等。通过精确的测量，可以确保产品符合规定的质量要求和标准。计量可以帮助企业在生产过程中实时监测产品质量，及时发现和纠正质量问题，以防止次品流入市场。二是建立合理的质量控制体系。通过设立适当的检测标准和程序，以及合理的取样方案，可以对原材料、中间产品和最终产品进行全面的检测和评估。计量还可以提供质量数据的统计分析，帮助企业了解产品质量的变化趋势，并作出相应的调整和改进措施。

2. 改进质量

通过分析质量数据和反馈信息，企业可以识别产品质量问题的根源，并采取相应的改进措施。同时，通过在客户满意度调查中应用计量技术，企业可以了解客户对产品质量的需求与评价。基于以上信息，计量可以帮助企业制定合理的质量改进目标，并监测改进措施的实施效果。通过不断地改进和优化，可以提高产品的质量，降低次品率，提高客户满意度。

计量为质量控制与改进提供了准确的测量工具和方法，帮助企业监测产品质量，建立质量控制体系，并实施有效的质量改进措施。通过合理应用计量技术，企业可以提高产品的一致性和稳定性，增强市场竞争力，实现持续的质量改进和发展。

（五）实现产品追溯与溯源

计量在产品追溯与溯源中发挥着重要的作用，通过对产品生产过程中各个环节的准确测量和记录，可以追溯产品的来源、生产条件和质量状况，保障产品的质量和安全。

1. 实现产品的唯一标识和追踪

一是测量和记录关键参数。这些参数包括产品的尺寸、重量、成分、性能等。通过准确测量这些参数，可以建立起产品与特定批次、供应商或生产线之间的联系，为产品追溯提供可靠的数据依据。二是通过标识和编码系统实现产品的唯一标识和追踪。通过对产品进行标识，可以在生产、运输和销售等各个环节对其进行追踪和记录。这样，一旦出现产品质量问题或安全风险，可以迅速定位问题的源头，采取相应的纠正措施。

2. 构建产品追溯和溯源的数据库和系统

通过将产品的关键参数、生产记录、检测结果等信息进行数字化管理和存储，建立产品追溯和溯源的数据库和系统，可以实现数据的快速查询和分析。这样，无论是监管部门还是企业，都可以随时追溯产品的信息，作出相应的决策。自动化计量设备和系统计量在产品追溯与溯源中的作用不可忽视，通过准确的测量和数据记录，可以实现产品的唯一标识和追踪，提供可靠的数据支持，帮助追溯产品的来源、生产过程和流向。这对于保障产品的质量、安全和信誉具有重要意义，也有助于消费者权益的保护和市场秩序的维护。结合产业及产品特征，确定计量标准，借助智能化设备和系统，可以实现对产品参数的实时监测和记录，减少人为误差的可能性。同时，计量还可以与其他信息系统进行集成，实现数据的共享和交换，提高追溯和溯源的效率和精确度。

计量在产业升级与智能制造中的作用体现在生产过程优化、智能设备监测与控制、数据分析与决策支持、质量控制与改进、产品追溯与溯源等方面。计量能够为智能制造提供支撑，同时能够推动产业升级，实现创新性发展。

第二节　计量在科技创新与产业升级中的典型案例

【案例一】计量助力新一代5G物联网燃气全系列（民用、中低压）超声波智能感知终端工艺生产体系颠覆式创新

一、案例背景

目前，中国为世界天然气用量第一大国，城市燃气使用量突破千亿立方米。城燃企业的规模化、集约化整合发展，规范的城市燃气运营，不断增加的燃气安全隐患，终端用户对智能化管理的需求，难以解决的产销差等对我国现有的基于膜式智能燃气的系统解决方案提出了巨大挑战。

膜式燃气表有近200年历史，为机械计量产品，其与物联网技术的结合已远不能满足当今社会需求。超声波燃气表具有全电子结构与高精度、长寿命等特点，在世界范围内将成为替代膜式燃气表的主流产品。

从1999年至今，辽宁思凯科技股份有限公司与北京大学、大连理工大学、中国科学院自动化研究所、日本松下公司开展合作，经过艰苦的研发，在2022年实现了新一代5G物联网燃气全系列（民用、中低压）超声波智能感知终端工艺生产体系颠覆式创新，批量生产全系列超声波燃气表。思凯全系列超声波燃气表产品具有精度高、超宽量程、寿命长、免维护、体积小等诸多优势，能够解决当前很多行业痛点、难点问题。该方案集电子计量、5G物联网、云、大数据于一体，为精准计量、精细化智慧燃气管理提供技术支撑，其颠覆性的创新性工艺生产体系为实现产品国产化制造，实现产业升级提供了支撑。

二、服务产业升级措施

辽宁思凯科技股份有限公司实现了新一代5G物联网燃气全系列（民用、中低压）超声波智能感知终端工艺生产体系颠覆式创新，建立了民用、中低压智能传感终端及云服务系统平台解决方案，解决了行业痛点问题，以可靠性、安全性、精细化管理助力燃气企业为百姓提供智慧服务，为实现精准计量、安全监控、大数据管理分析决策、降低供销差等提供了一整套解决方案。该方案采用“5G＋边缘计算＋云平台”组网模式，开发具有边缘计算能力的5G超声

波计量终端，建设终端工艺生产体系，实现批量产品终端的生产与市场推广。

产品解决方案在完成数据本地化处理的同时，实现网络全覆盖无死角的数据上云；云端对海量稀疏数据进行解析、处理与管理，业务运营系统、决策分析系统、用户服务管理系统之间进行横向系统协同，完成对用户终端的流量计量、贸易结算、在线支付、消息推送、智能家居等；完成对管网流量计及传感设备的数据记录、动态数据分析、统计，形成流量统计，完成实时监控；对管网重要设施实施视频监控与智能分析，发现故障与异常状态；对故障问题进行在线分析，智能派单、定位、维护、考核；对产品形成生命周期管理。方案赋能燃气公司，降低服务成本，提升售后服务效率，提高产品质量，对工业互联网应用起到示范作用。

图 3.1 新一代 5G 物联网超声波民用智能燃气表终端

图 3.2 新一代 5G 物联网超声波中低压智能燃气流量计终端

（一）开展需求分析

目前，中国民用、中低压领域的超声波燃气表产品的核心技术与部件主要依靠进口，主要技术集中在美国、日本等发达国家。为解决行业“卡脖子”技术，辽宁思凯科技股份有限公司在20年技术积累的基础上，针对全国产化的燃气计量感知技术与工艺技术进行研发，对传统膜式智能燃气表技术与工艺体系进行颠覆性创新，以实现其国产化制造，替代进口产品，实现产业升级。

（二）明确技术难点

一是产品国产化自主可控技术，包括适应中国复杂的气源与气质应用场景的高精度计量、终端微功耗技术、以国产主控芯片作为控制核心的超声波流量计量模块、微功耗应用场景下的机器学习建模算法等。二是产品工艺技术，包括实现超声波燃气表的高效生产制造等。

（三）开展难点攻关

1. 产品技术攻关

一是在原有算法基础上持续深入优化，在中国复杂的气源与气质应用场景下保证产品的适应性与精度；二是以综合性系统监控方式实现低功耗设计；三是设计以国产主控芯片作为控制核心、以国产计时芯片的时间数字转换器作为超声波发射及接收核心的超声波流量计量模块；四是针对微功耗应用场景，以企业上百万终端数据供给人工智能建模来进行深度机器学习，为用户建立个性化的燃气使用安全策略，保障用户安全。

2. 生产工艺攻关

一是展开燃气流量检测气道结构、产品结构、装配方法、封装方法、引线方法等工艺生产体系的仿真与研究，满足当前最高标准——EN1723欧盟标准要求；二是开展大数据分析、神经网络算法建模的校验方法研究，实现连续性生产工艺。

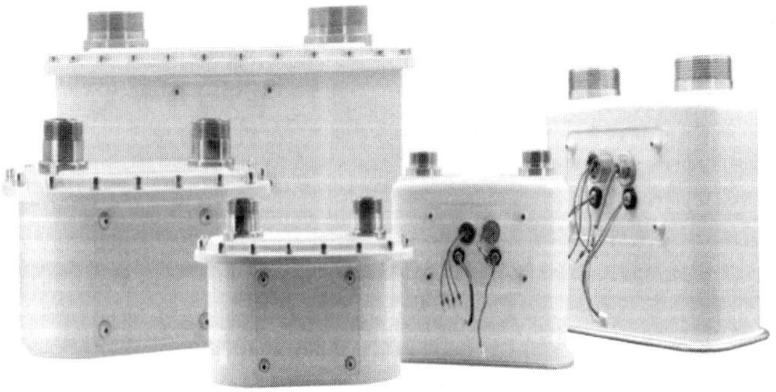

图3.3　5G物联网智能燃气超声波计量传感终端新旧产品装配工艺对比

（图左为新工艺，图右为旧工艺）

三、服务成效

（一）产品技术成效

新一代5G物联网燃气全系列表满足当前最高标准——EN14236欧盟标准要求，获得欧盟MID认证；5G物联网超声波系列燃气表系统/平台入选辽宁省首台套重大技术装备推广应用指导目录（2021年版）；输出软件著作权5项，专利31项，其中发明专利5项，实用新型专利19项；凭借新一代5G物联网燃气全系列（民用、中低压）超声波智能感知终端工艺生产体系创新，参与起草了我国超声波燃气表产品的首个国家标准与国家检定规程。

（二）产品应用成效

新一代5G物联网燃气全系列（民用、中低压）超声波智能感知终端工艺生产体系项目赋能燃气公司，降低了燃气公司服务成本，提升了售后服务效率，提高了产品质量，实现了计量终端在线化、运行工况监控、智能售后服务、市场增值服务、产品全生命周期管理。

四、案例应用推广价值

（一）技术推广价值

新一代5G物联网燃气全系列（民用、中低压）超声波智能感知终端工艺生产体系项目具有自主知识产权的传感器结构与工艺，倒装表体设计和组装方法与工艺，表壳无开孔、过线螺栓引线方法与装配工艺。此外，该项目通过人工智能建模进行燃气表在线校验，在微功耗应用场景采用人工智能机器学习为燃气用户提供个性化安全策略建模的方法与路径。以上工艺与技术能够广泛应用于燃气计量，实现产品全生命周期管理。

（二）行业示范作用

该项目能够解决当前行业发展痛点，满足当前产业发展与产业升级的需求。该项目的推广在实现智慧能源、建立我国计量行业数据溯源系统、实现产品附加增值服务等方面具有示范作用。

【案例二】特殊花键配合尺寸及误差检测

一、案例背景

重庆耐世特转向系统有限公司具有全球领先的电动助力转向系统（EPS）技术，致力于生产管柱型电动助力转向系统和中间轴产品，其重要产品在花键配合上出现难以解决的问题，国家汽车摩托车发动机产业计量测试中心成立技术团队，为企业的关键计量难点提供针对性方案，形成测试结果及分析报告，切实为企业提供优质的产业计量测试服务。

该公司所生产的传动产品中涉及一种相互配合的母轴花键（内花键）与公轴花键（外花键），如图3.4所示，该产品在实际加工过程中需将公轴花键进行尼龙材料的烫染，以减少内外花键配合时的噪声。然而，在最终的成品中，部分产品内外花键配合时出现卡滞、无法滑动的情况。企业采用专制检具及其他设备对该类花键进行测量分析，仍未找到问题的原因。

为解决企业困难，重庆市计量质量检测研究院组织长度计量检测中心技术人员成立工作小组，经多次走访调研，与企业技术人员沟通交流，认为对该类特殊花键配合尺寸及误差进行检测是非常关键的。技术人员通过查找资料，摸索方法，结合理论计算与实验验证，最终确定了母轴花键与公轴花键检测方案，经多次重复实验，实现该类特殊花键的全参数测量，为企业查找产品出现的配合问题提供参考，为企业持续提升产品质量提供支持。

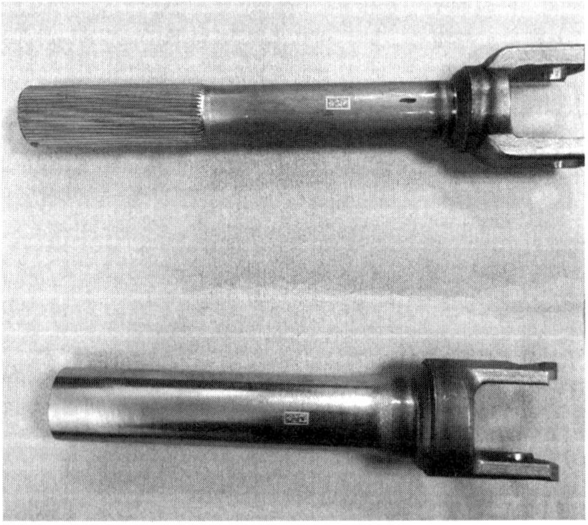

图3.4　母轴花键与公轴花键实物图

二、服务产业升级措施

（一）开展需求分析

重庆耐世特转向系统有限公司所生产的传动产品中涉及一种相互配合的母轴花键（内花键）与公轴花键（外花键），该产品在实际加工过程中需将公轴花键进行尼龙材料的烫染，以减少内外花键配合时的噪声。然而，在最终的成品中，部分产品内外花键配合时出现卡滞、无法滑动的情况。企业采用专制检具及其他设备对该类花键进行测量分析，仍未找到问题原因，无法判断是花键精度还是烫染材料的影响。因此，针对该特殊花键的各项尺寸参数及误差的检测非常关键，对于分析原因，改进生产，以及提高产品良品率是极为重要的。

（二）明确技术难点

一是母轴花键较公轴花键加工难度更大，测量难度也更大，内花键孔很深且直径小，测针难以达到测量面；二是该内外花键都缺少模数、螺旋角、压力角等测量所必需的关键参数，需查阅资料对花键进行逆向测绘，确定参数；三是该内花键属于缺齿三角花键，外花键属于连齿三角花键，在整圆周上缺少 1 个齿，或是 2 个齿合并为 1 个齿，并且齿面与一般的渐开线花键齿面形状不同，需确认测量设备对该类花键的测量是否存在问题。

（三）开展难点攻关

花键的各项参数均可能影响配合，企业采用专制检具及其他设备对齿槽宽及小径进行了测量，其他参数并未涉及。对花键的齿形误差、齿向误差、单个齿距偏差、齿距累积误差、跳动、齿厚变化量等关键参数进行测量，可对花键的整体精度进行大致判断。

1. 母轴花键测量

通过查阅资料及多次重复试验，确认该母轴花键模数为 0.492 41 mm，压力角为 45°，采用组合测杆及 0.5 mm 直径测针，实现了深度 100 mm 的齿向测量。通过特殊的缺齿程序，实现了母轴花键的齿距测量，从而得到了母轴花键各项参数的误差测试结果。母轴花键测量实验图如图 3.5 所示。

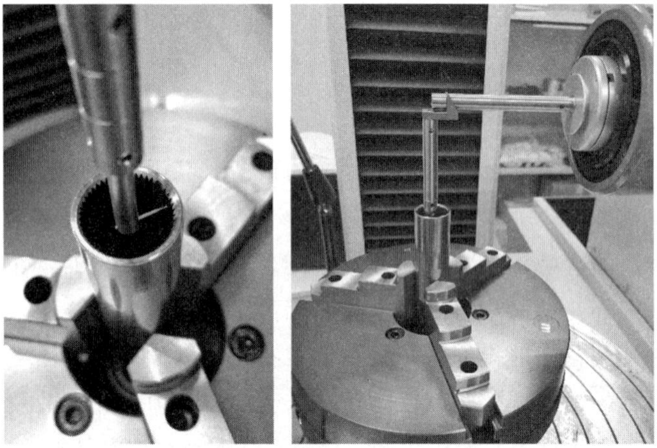

图 3.5　母轴花键测量实验图

母轴花键的齿形误差测量结果如图 3.6 所示。结果显示：齿形存在规律性的倾斜偏差，左齿面及右齿面的齿形误差均为 16.6 μm，为 9 级精度。齿向误差测量结果如图 3.7 所示。结果显示：齿向同样存在一定的倾斜偏差，但齿面的形状误差很小，左齿面及右齿面的齿向误差分别为 17.5 μm 及 18.5 μm，为 7 级精度。

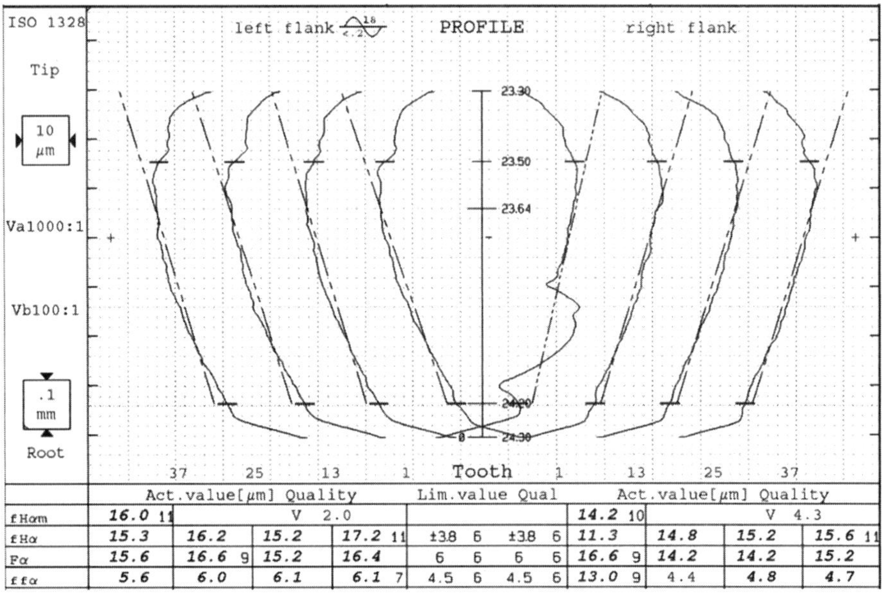

	Act.value[μm] Quality				Lim.value Qual		Act.value[μm] Quality			
fHαm	16.0 11	V 2.0					14.2 10	V 4.3		
fHα	15.3	16.2	15.2	17.2 11	±3.8 6	±3.8 6	11.3	14.8	15.2	15.6 11
Fα	15.6	16.6 9	15.2	16.4	6 6	6 6	16.6 9	14.2	14.2	15.2
ffα	5.6	6.0	6.1	6.1 7	4.5 6	4.5 6	13.0 9	4.4	4.8	4.7

图 3.6　齿形误差测量结果

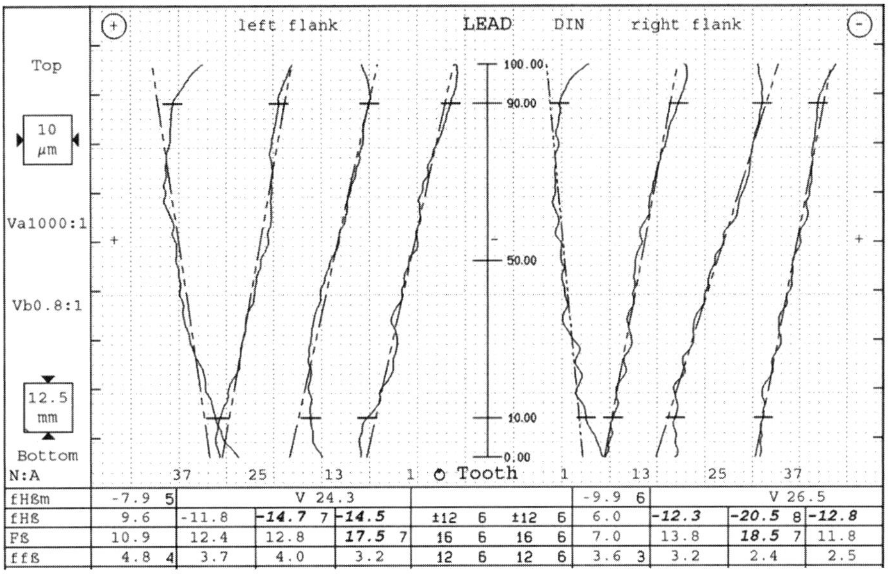

图 3.7 齿向误差测量结果

母轴花键的跳动及齿距误差测量结果如图 3.8 和图 3.9 所示。可以看到：左、右齿面的累积误差分别为 5.2 μm 及 9.5 μm，分别达到 3 级及 4 级精度；跳动为 5.3 μm，达到 3 级精度。

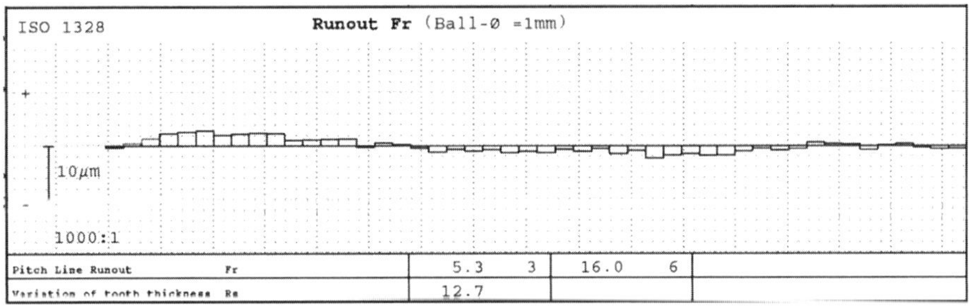

图 3.8 跳动测量结果

综合上述测量结果，可以分析如下：一是该母轴花键的齿距精度较高，表明齿距加工比较均匀；二是齿面跳动较小，表明各个齿与主轴的偏心量较小；三是齿向在测量范围内形状偏差小，表明齿面加工质量高，倾斜误差相对更大。

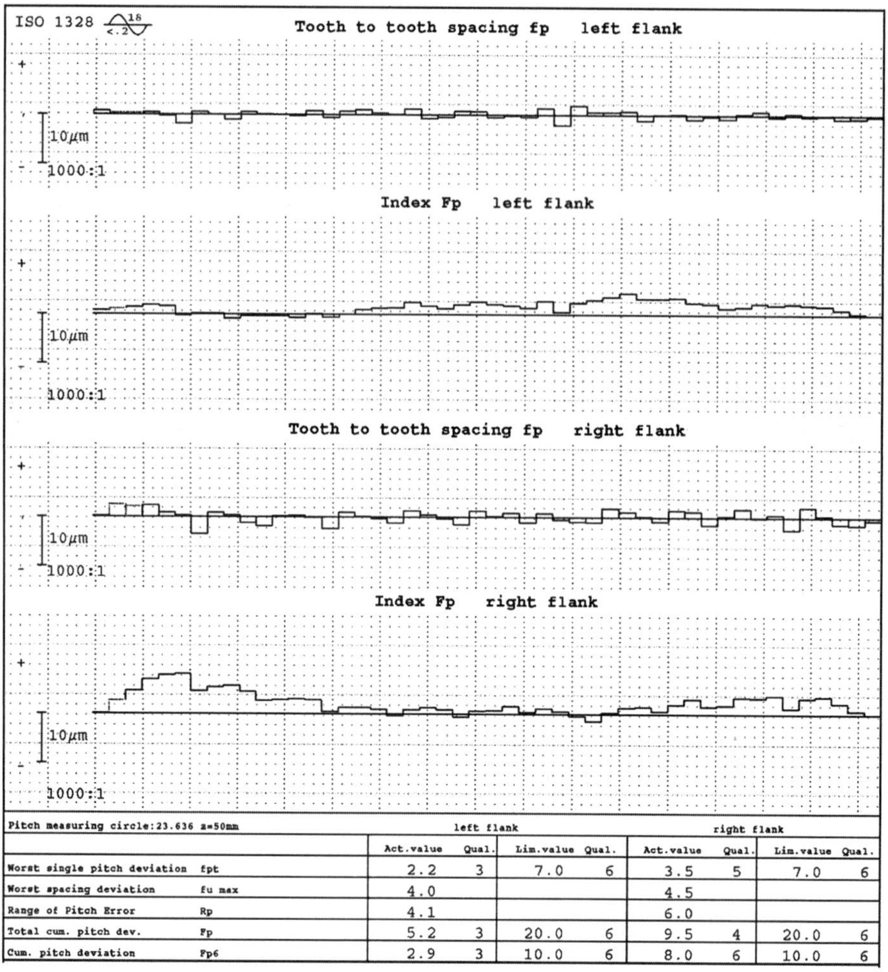

Pitch measuring circle:23.636 z=50mm		left flank				right flank			
		Act.value	Qual.	Lim.value	Qual.	Act.value	Qual.	Lim.value	Qual.
Worst single pitch deviation	fpt	2.2	3	7.0	6	3.5	5	7.0	6
Worst spacing deviation	fu max	4.0				4.5			
Range of Pitch Error	Rp	4.1				6.0			
Total cum. pitch dev.	Fp	5.2	3	20.0	6	9.5	4	20.0	6
Cum. pitch deviation	Fp6	2.9	3	10.0	6	8.0	6	10.0	6

图 3.9　齿距误差测量结果

2. 公轴花键测量

公轴花键测量参数与母轴花键一致，采用直径 0.5 mm 的测针以及不同的主轴校准方式，实现了高度 70 mm 的齿向测量。通过特殊的缺齿程序，实现了公轴花键的齿距测量，从而得到了公轴花键各项参数的误差测试结果。公轴花键测量实验图如图 3.10 所示。

图 3.10　公轴花键测量实验图

公轴花键的齿形误差测量结果如图 3.11 所示。与母轴花键类似，齿形存在规律性的倾斜偏差，左齿面及右齿面的齿形误差为 7 级与 8 级精度。齿向误差测量结果如图 3.12 所示。可以很明显地看出，齿向误差较大，并且不同的齿之间齿向差异明显，如第 37 齿的左齿面齿向误差很小，仅有 3.1 μm，但第 1 齿及第 25 齿的齿向误差达到 50 μm 以上，齿向的整体精度为 11 级。

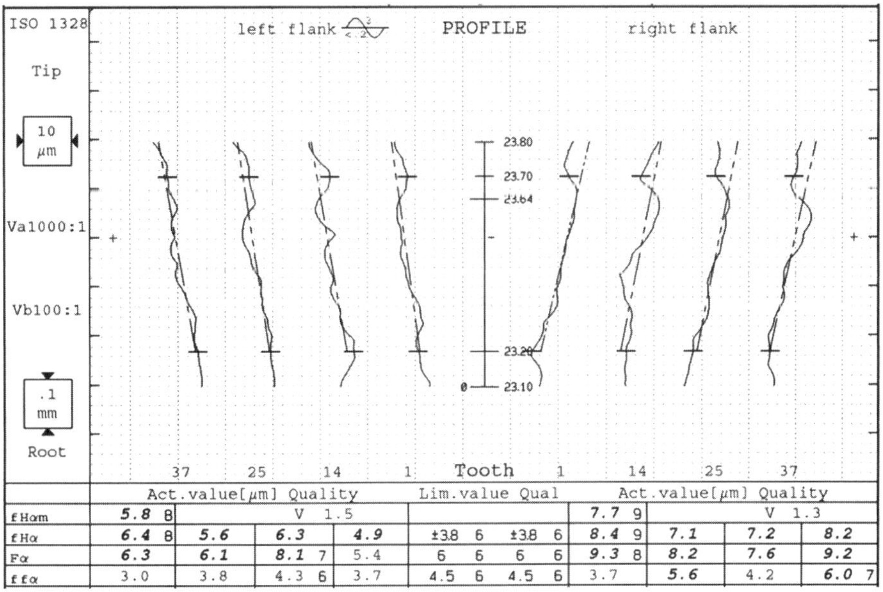

	Act.value[μm] Quality				Lim.value Qual		Act.value[μm] Quality			
fHαm	5.8 8	V 1.5					7.7 9	V 1.3		
fHα	6.4 8	5.6	6.3	4.9	±3.8 6	±3.8 6	8.4 9	7.1	7.2	8.2
Fα	6.3	6.1	8.1 7	5.4	6 6	6 6	9.3 8	8.2	7.6	9.2
ffα	3.0	3.8	4.3 6	3.7	4.5 6	4.5 6	3.7	5.6	4.2	6.0 7

图 3.11　齿形误差测量结果

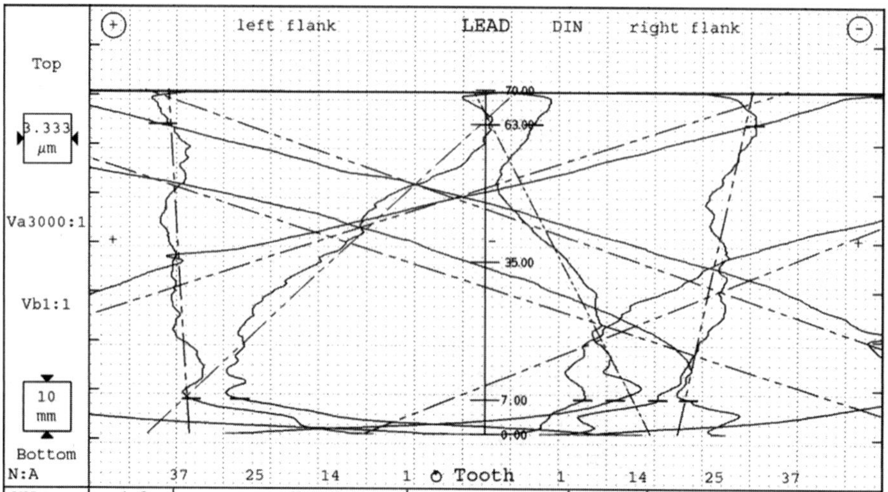

fHßm	-4.8 4	V 119					3.3 3	V 103		
fHß	1.2	-59.4	-20.6	59.5 12	±9.5 6	±9.5 6	9.9	55.0 12	-4.2	-47.6
Fß	3.1	55.0	18.4	58.3 11	13 6	13 6	10.1	52.3 10	6.8	47.7
ffß	2.5	17.3 8	6.0	15.1	9.5 6	9.5 6	4.9	13.6	3.4	14.4 8

图 3.12　齿向误差测量结果

公轴花键的跳动及齿距误差测量结果如图 3.13 和图 3.14 所示。与母轴花键相比，其误差值更大，整体精度为 9 级，表明该公轴花键齿距分布不够均匀。

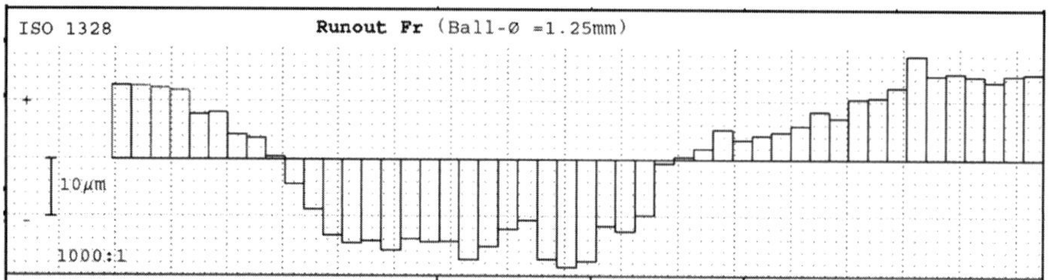

Pitch Line Runout Fr	36.7 9	16.0 6	
Variation of tooth thickness Rs	70.8		

图 3.13　跳动测量结果

综合上述测量结果，可以分析如下：一是该公轴花键的齿距精度不高，表明齿距加工不够均匀；二是齿面跳动较大，表明各个齿与主轴的偏心量较大；三是不同齿的齿向在测量范围内倾斜偏差及形状偏差较大，这也可能是导致产品内外花键配合时出现卡滞的原因之一。

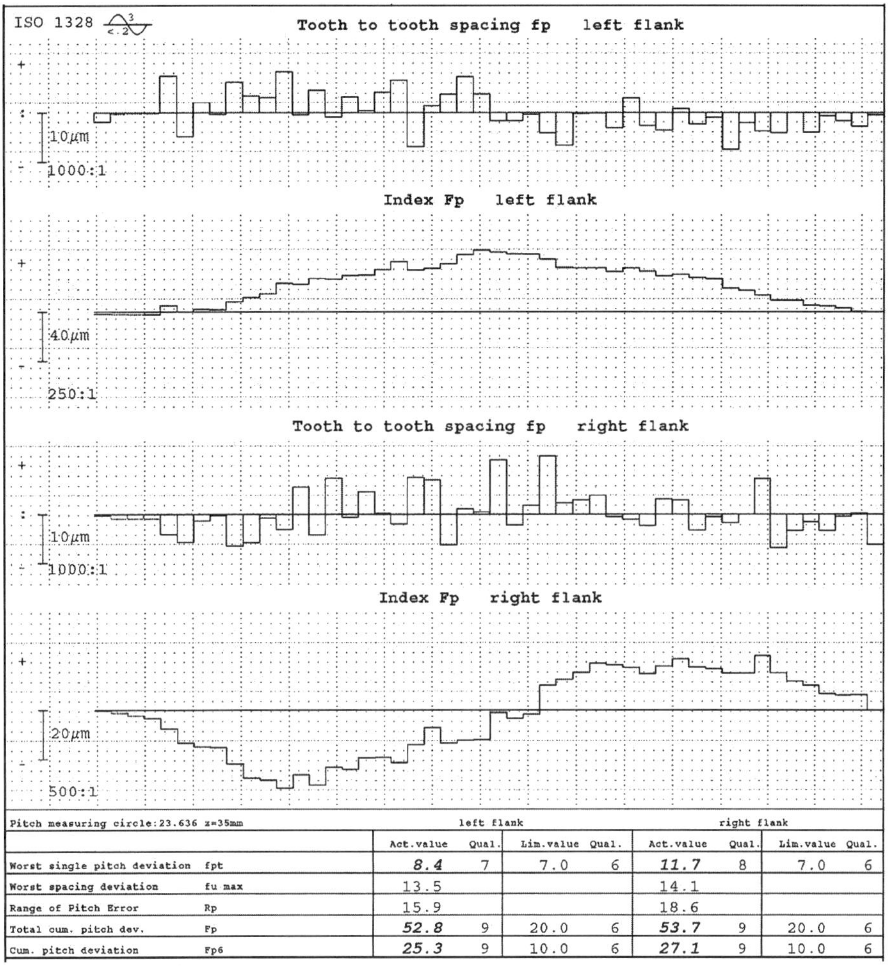

Pitch measuring circle:23.636 z=35mm		left flank				right flank			
		Act.value	Qual.	Lim.value	Qual.	Act.value	Qual.	Lim.value	Qual.
Worst single pitch deviation	fpt	**8.4**	7	7.0	6	**11.7**	8	7.0	6
Worst spacing deviation	fu max	13.5				14.1			
Range of Pitch Error	Rp	15.9				18.6			
Total cum. pitch dev.	Fp	**52.8**	9	20.0	6	**53.7**	9	20.0	6
Cum. pitch deviation	Fp6	**25.3**	9	10.0	6	**27.1**	9	10.0	6

图 3.14 齿距误差测量结果

三、服务成效

（一）技术成效

针对特殊花键小模数、非全齿、宽齿面等技术难点，反复进行实验研究及方法论证，测绘出该三角花键的测量参数，并基于各参数实现了内外花键的各项误差测试，突破了检测技术难题。

（二）应用成效

针对该类特殊花键的计量检测难题，经反复实验研究及方法论证，最终实现了小模数、非全齿、宽齿面的内外三角花键的各参数及误差检测，形成了测量结果的分析报告，为企业查找产品出现的配合问题提供参考。计量技术机构紧密结合产业，围绕企业测试需求，聚焦产业发展关键难题，进一步完善及增强计量测试能力，切实为企业发展提供支持，为地区量值溯源提供可靠保障，为企业持续提升产品质量提供支持，切实为企业发展、产业升级助力。

四、案例应用推广价值

（一）为产业发展提供技术支撑

特殊花键的误差测试为企业解决实际生产问题提供了分析方法和数据参考，为企业提升产品质量起到关键作用，有力支撑重庆市以及西南地区新兴战略、先进制造等产业的高质量数字化发展。

（二）提升计量检测技术能力

本案例实现了特殊花键的全参数测量，填补了本地区该类零件计量测试的空白，此项计量检测技术成果的运用，能够更好地发挥计量技术机构为社会经济发展的服务效能。

【案例三】多领域协同计量解决综合参数设备溯源问题

一、案例背景

延安能源化工有限责任公司（以下简称“延安能化”）主要负责石油和天然气勘探、开采、加工、管道运输、产品销售，石油和天然气化工、煤化工、装备制造、工程建设。公司在不同的生产工艺流程中，需要使用温度、压力、化学分析、流量、力值、硬度、气体监测、电学等专业计量仪表及综合参数仪表。

延安能化负责建设和运营的延安煤油气资源综合利用项目是陕西省、延安市重点项目，是延长石油集团贯彻省委省政府“三个转化”精神，推进煤气油向高端化工产品转化，推动企业产业结构调整，深化供给侧结构性改革，助力陕西实现追赶超越的重要举措。项目采用12项国内外先进工艺技术，充分利用延长石油集团自身资源优势，每年以10.57亿立方米天然气、92万吨原料煤、40万吨石脑油为原料，将石油化工、天然气化工与煤化工深度结合，有效解决煤化工“碳多氢少”和天然气化工“氢多碳少”的问题。与同规模煤制甲醇相比，碳资源综合利用率提高26%，二氧化碳减排370万吨/年。与同规模煤制烯烃相比，能量转化率提高21 %，实现了碳氢互补、资源高效转化与综合利用，为实现碳达峰、碳中和目标作出贡献。

延安煤油气资源综合利用项目，建有180万吨/年甲醇、60万吨/年甲醇深加工、40万吨/年轻油加工利用、42万吨/年聚乙烯、30万吨/年聚丙烯、20万吨/年丁醇、8万吨/年2-PH（二丙基庚醇）、2.5万吨/年乙丙橡胶等8套主装置及配套的公用工程系统。其中，轻油加工装置属国内首套，丁醇/2-PH联产装置为世界首套，乙丙橡胶装置是世界首套全流程采用意大利FasTech公司溶液聚合法工艺技术的装置。主要生产聚乙烯、聚丙烯、丁醇、2-PH、乙丙橡胶等高附加值化工产品，其中，丁醇、2-PH和乙丙橡胶的生产填补了陕西省同类产品的空白。

对于此类科技含量高、参数复杂的设备的量值溯源，一直以来是个难题。这种设备没有专用计量技术规范，负责校准的现场计量员由于跨领域知识受限，只能完成部分参数校准。因此，综合参数设备的量值溯源需要一种多领域的、全面的计量方法。

二、服务产业升级措施

（一）开展需求分析

针对综合参数设备溯源以及各领域计量员跨专业校准能力弱的难题，陕西省能源化工产业计量测试中心组织各科室人员成立项目组，分析了延安能化综合参数设备的不同功能及特点，讨论解决方法，研究综合参数设备相关功能的校准规范，开展现场测试及校准工作，做到量值准确传递，确保各类计量标准正常运行。陕西国华现代测控技术有限公司的现场计量员以Zwick/Roell Mflow熔融指数仪为例，采取多领域协同计量的方案进行校准。

（二）明确技术难点

熔融指数仪可用于对聚乙烯、聚丙烯、聚苯乙烯、ABS、聚酰胺、纤维树脂、丙烯酸酯、聚甲醛、氟塑料、聚碳酸酯等多种塑料材料的熔体质量流动速率（MFR）或熔体体积流动速率（MVR）进行测定。Zwick/Roell Mflow熔融指数仪可以用于测试MFR，为模块化设计，活塞位移传感器的使用扩展了它的测试能力，如测定MVR，具有试验参数自动选择功能。

当探测MVR时，活塞位移传感器精确地测量活塞行程，由于接触点非常接近活塞，实现了角度差造成的试验误差最小化。在实验中，获得精确的流动速率依赖于同步的时间-位移数据对，以及精确的时间测定。实验可获得数字形式的时间和位移测量值，不需要将模拟量转换为数字量，消除了同步误差。Mflow 砝码固定装置与气动提升试验负荷装置的综合运用，使操作人员更换测试砝码更加安全便捷。加热系统保证了料桶内的温度，自动气泡感应系统可判定熔化的塑料粒子中的气泡，并且在 MVR 计算中消除影响。在测量 MVR 时，活塞位移传感器可测量活塞的位移。

（三）开展难点攻关

在 Mflow 熔融指数仪上集成了温度、质量、力值、位移、时间频率等量值参数。陕西国华现代测控技术有限公司同时派出了物理、环境、化学三个实验室的计量员，选择其相应专业的量值并寻找相关国家计量校准规范，使用规程要求的计量标准装置对 Mflow 熔融指数仪各项参数进行逐一测量，得到现场数据后，由其中一方设计综合校准证书模板及完成原始记录合并工作，然后交由其他实验室填补各自的数据，最终完成校准溯源工作。

三、服务成效

（一）技术成效

一是多领域协同计量方法极大地增强了对综合参数设备的计量检测能力，提高了准确度和可靠性；二是在工厂技术创新与基础研究等方面发挥了巨大作用，经过全方位的校准和验证，为工厂器具溯源提供了有效保障；三是对于基础研究而言，准确的计量数据为科研人员提供了可靠的实验数据支撑，新的计量方法推动了产业技术创新，使得科研团队更有信心进行前沿技术的探索和应用。

（二）应用成效

陕西国华现代测控技术有限公司各实验室结合综合参数设备的特点和功能，建立了一个具备综合性、系统性、先进性的模块化校准解决方案，培养各领域计量员的综合素质，提高其业务水平和现场协同校准能力，实现各种综合参数设备的全方位溯源。进一步提高了计量研发创新能力和相关领域的竞争力，促进了我国检验检测行业的发展，为我国的国民经济和社会可持续发展以及国家安全作出贡献。

四、案例应用推广价值

（一）技术推广价值

多领域协同计量解决方案及"一专多能"综合能力建设已是检验检测行业发展的趋势，未来计量测试技术要由传统的实验室测量向在线测量转变、由静态校准向动态实时校准转变、由单一参数校准向多参数耦合校准转变、由独立的仪器设备计量向系统综合计量校准转变。延安能化 Mflow 熔融指数仪的在线校准结合了产业需求和项目特点，是陕西省能源化工产业计量测试中心在计量校准工作中的一次成功尝试。

（二）应用推广价值

该公司的模块化校准解决方案具有很强的通用性和可复制性，行业领域各企业可以根据各自的实际情况，参照这一方案进行调整和优化，从而快速实施。同时，该案例的成功实施有助于推动行业标准的制定和完善，为整个行业提供更精准的测量方法与参考标准，促进行业的规范化和标准化发展。

【案例四】卧式钢筋弯曲试验机角度示值校准装置案例

一、案例背景

改革开放以来，我国经济快速发展，各式各样的建筑物如雨后春笋般涌现，建筑物的质量问题也成为人们关注的焦点。钢筋材料本身的质量与力学性能直接关系着建筑工程项目的整体施工质量，影响着各类建筑工程项目的稳定性和可靠性。为确保钢筋材料质量，开展科学合理的计量测试工作十分重要。钢筋弯曲和反向弯曲性能是钢筋材料的主要测试项目之一，一直以来备受关注。建筑工程项目需要对大批钢筋进行弯折处理，钢筋弯折的角度对后续的加工使用尤为重要。

随着工业自动化水平的提高，钢筋弯曲试验机在各建筑材料检验及工程项目建设中发挥着越来越重要的作用。钢筋弯曲试验机的量值溯源工作却困扰着广大的设备使用人员和计量技术人员。一方面，国家及各计量技术机构目前并没有出台完善的相关计量技术法规；另一方面，鉴于钢筋材料的特殊性，其在弯曲过程中内侧受压应力、外侧受拉应力，当弯折的钢筋卸去外载（从钢筋弯曲试验机中拿出），由于应力释放，产生与弯曲方向相反的弯矩，钢筋会产生回弹，导致测量结果不准确、测量效率低下等。GB/T 1499.2—2018《钢筋混凝土用钢 第2部分：热轧带肋钢筋》中明确规定钢筋的弯曲和反向弯曲试验的弯曲角度均应在保持载荷时测量。钢筋弯曲试验机的量值一旦存在偏差，钢筋在弯曲过程中潜在的裂纹、断裂等现象便会出现漏检、错检，对后续建筑物造成严重的安全隐患。因此，解决钢筋弯曲试验机的量值溯源问题迫在眉睫。

二、服务产业升级措施

(一) 开展需求分析

由于钢筋材料的表面轮廓不尽相同，同时，钢筋的弯曲角度需要在保持载荷时进行测量，加载状态下钢筋弯曲角度的测量容易受到钢筋弯曲试验机结构件，如夹紧装置、中心辊及工作辊的干涉，因此，传统的角度测量方法难以施展。

(二) 明确技术难点

鉴于钢筋弯曲试验机的结构构造，研究人员经过多次实地考察，对不同型号、不同生产厂家的产品进行了系统分析，从个性中找共性，从相对中找绝对，最终经过一致性确定，加载状态下钢筋的弯曲角度即为钢筋弯曲试验机工作盘转过的角度，只要保证钢筋弯曲试验机量值的准确可靠，即可确保对钢筋材料弯曲性能评估的准确性。由此，将加载状态下钢筋弯曲角度的测量转化为钢筋弯曲试验机工作盘旋转角度的测量。

(三) 开展难点攻关

根据对核心问题与技术难点的分析，研究人员明确了解决思路，只要保证钢筋弯曲试验机量值的准确可靠，即可确保对钢筋材料弯曲性能评估的准确性，因此，可以通过将加载状态下钢筋弯曲角度的测量转化为钢筋弯曲试验机工作盘旋转角度的测量。研究人员通过自主研发轴心定位装置、自设转轴、辅助角度传感器以及软件设计开发等技术手段对钢筋弯曲试验机在线检测校准装置进行了研发。

根据钢筋弯曲试验机的内部构造及工作原理，卧式钢筋弯曲试验机角度示值校准装置通过角度测量装置对钢筋弯曲试验机工作盘旋转的角度进行测量，从而校准钢筋弯曲试验机角度示值。该装置主要由角度测量装置、转轴、底盘、和轴心定位装置组成，能够实现对钢筋弯曲试验机角度示值的在线检测校准。该装置普适性较好、结构简单、可操作性强，且其提供的在线检测测控数据具有良好的正确性。

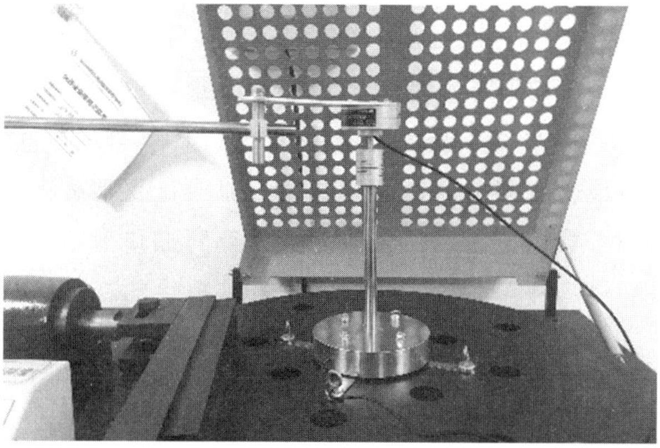

图 3.15　测量系统

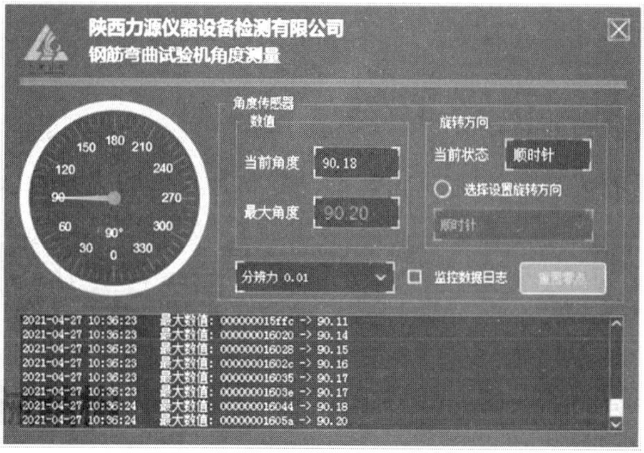

图 3.16　控制系统

二、服务成效

（一）产品技术成效

目前，无论国内还是国外均无校准卧式钢筋弯曲试验机角度示值的技术规范，尚没有机构能够对卧式钢筋弯曲试验机角度示值进行校准。研究人员通过自主研发轴心定位装置、自设转轴、辅助角度测量装置以及软件设计开发等技术手段对钢筋弯曲试验机在线检测校准装置进行了研发。轴心定位装置能够将校准装置的转轴和钢筋弯曲试验机的中心轴进行对中，以减少测量误差。辅助角度测量装置能够对钢筋弯曲试验机的角度示值进行实时在线检测校准。该校准装置普适性较好、结构简单、可操作性强，具有易于安装、取用便捷等优点。

（二）产品应用成效

目前，该校准装置对市场上多个型号种类的卧式钢筋弯曲试验机进行了实验测试，包括济南中路昌试验机制造有限公司、上海华龙测试仪器有限公司、北京领航三思仪器设备有限公司、北京时代三思测试仪器有限公司、济南华衡试验设备有限公司等数十个生产厂家生产的钢筋弯曲试验机。经反馈，该校准装置普适性较好、结构简单、可操作性强，且其提供的在线检测测控数据具有良好的正确性。

四、案例应用推广价值

（一）指导产业产品研发、设计、生产、优化

卧式钢筋弯曲试验机角度示值校准装置提供的在线检测测控数据，对于钢筋弯曲试验机的生产厂家和钢筋材料的生产厂家而言，能够指导其产品的研发、设计以及生产，对产品的性能及品质进行把控，提高了产品的核心竞争力。在钢筋弯曲试验机的流通及使用过程中，若需要维修调整，技术人员能够根据测控数据准确评估出当前钢筋弯曲试验机的运行工况、所处的加工等级以及何时可以申请报废等，实现了资源的最优化配置。

（二）助力提升产业产品质量

根据在线检测测控数据可以对钢筋弯曲试验机进行校准。对于钢筋弯曲试验机的使用单位而言，有助于准确判断出钢筋材料弯曲性能是否合格，从源头上对钢筋材料进行有效的质量把控。对于相关建筑工程企业而言，钢筋弯曲成形产品角度的准确控制，有效保障了后续钢筋的绑扎、构件定位及受力性能，提升了建筑工程的整体施工质量。

（三）进一步完善计量体系

对于计量技术机构而言，研发钢筋弯曲试验机在线校准装置，拓展了计量发展的新空间，给予计量技术机构全面提升自身能力的新机遇。在开展关键参数测量技术服务和计量科技创新服务的过程中，进一步加强了计量技术机构的科技创新能力和技术服务能力，提升了计量技术机构的综合实力。待相关计量标准通过审批并发布，各计量技术机构建立相关标准，通过考核后可对外开展钢筋弯曲试验机溯源工作。

第四章　计量与食品安全和药品监管

对食品安全和药品进行有效监管是政府保障公众健康和安全的重要职责，而计量在其中发挥着关键的作用。食品和药品是人们日常生活中不可或缺的，其质量和安全性直接关系到人们的生命和健康。

本章重点探讨计量在食品安全和药品监管中的作用。首先，介绍计量在食品安全和药品监管中的重要性和必要性。其次，深入探讨计量在食品安全和药品监管中的具体应用，包括食品成分分析、药品质量控制、食品和药品安全评估等方面。再次，介绍计量在食品和药品质量监测、标准制定、数据分析和决策支持等方面的作用。在全球化和贸易自由化的背景下，食品和药品的贸易日益频繁，跨境合作和国际标准的制定变得更加重要。计量在国际食品安全和药品监管中发挥着重要作用，促进了国际合作和贸易便利化。最后，对食品安全和药品监管中计量面临的挑战进行探讨，包括技术创新、数据安全、国际标准的统一等方面。

第一节　计量在食品安全与药品监管中的重要作用

食品安全和药品监管是政府保障公众健康和安全的核心职责，在这一过程中，计量扮演着不可或缺的关键角色。食品和药品是人们日常生活中不可或缺的，更是涉及公众健康的重大领域，其质量和安全性直接影响到人们的生命和健康。

在食品安全方面，计量是保障食品质量的基础。通过准确测量食品的温度、湿度、pH 值以及各种成分的含量，政府和相关监管机构能够监督食品生产过程，以降低微生物污染和其他污染源的风险。此外，计量在确保食品标签的准确性方面也发挥着关键作用，使消费者能够明智地选择食品，满足特殊的饮食需求。

在药品监管方面，计量在药品质量控制中也发挥着重要作用。药品的安全性和有效性是药品监管的核心要求，计量技术通过药品成分分析、纯度检测、含量测定等手段，确保药品质量符合规定的标准和要求。此外，计量还可以应用于药品研发过程中的药效评价和药物代谢动力学研究，为药物研发提供科学依据和技术支持。

计量在食品安全与药品监管中的作用是至关重要的，它为食品成分分析、质量评价、风险评估、质量控制和检验认证等提供了科学和可靠的技术支持，确保了食品的安全性和合规性。计量通过提供准确、可靠的测量数据和分析结果，帮助监管部门对食品和药品进行有效监管，保障公众的健康与安全。同时，计量技术的应用也推动了食品行业和药品行业的发展与创新，提高了产品的质量和竞争力。随着技术的进步和监管要求的提高，计量在食品安全与药品监管中的作用将愈发重要。计量能够促进食品行业的可持续发展，更好地保障公众的健康和安全。

一、计量在食品安全与监管中的作用

食品安全监管是确保食品质量和安全性的重要工作，而计量在其中发挥着至关重要的作用。一方面，计量可以提供准确的食品成分分析和检测结果，确保食品的成分和质量符合法规和标准要求，维护公众的健康权益。另一方面，计量的创新与发展可以促进食品行业的可持续发展，进一步提高食品安全监管的能力和水平。此外，计量能够加强国际合作和信息共享，共同应对跨国食品安全挑战。

（一）准确测量食品成分

食品成分分析是指测定和分析食品中各种成分的含量和组成。在这个过程中，计量技术扮演着至关重要的角色。计量技术通过提供准确的测量方法和工具，确保了食品成分分析的可靠性和精确性。

1. 提供测量方法和技术

计量技术能够确保食品成分的测量结果具有高度的可信度和可比性。通过使用高精度的计量设备和标准化的分析方法，可以准确测量食品中的营养成分、添加剂、污染物等物质的含量。这不仅有助于确保食品符合法规要求，还为消费者提供了准确的信息，以作出明智的选择。

2. 建立食品成分分析质量控制体系

计量技术能够确保分析过程的准确性和可靠性。通过采取质量控制措施，如标准曲线校准、质控样品分析等，可以有效降低分析误差，提高分析结果的准确性。这种质量控制体系对于确保食品成分分析的一致性和可重复性至关重要，特别是在大规模食品生产和监管中。

3. 进行标准制定和认证

通过制定适用的计量标准和方法，以及认证食品分析实验室的能力和质量体系，可以确保不同实验室之间结果的一致性，提高了分析的可比性。这有助于确保食品成分分析在全球范围内都能达到相同的标准。

4. 进行食品质量评价和食品安全风险评估

通过准确测量食品中的各种成分，可以评估其质量特征和营养价值，判断食品是否符合相关的标准和法规要求。同时，计量技术也可以用于食品安全风险评估，通过检测和分析食品中的有害物质和污染物，评估其对人体健康的潜在危害程度，为食品安全监管提供科学依据和决策支持。

5. 应用于其他食品安全监管领域

除了进行食品成分分析和质量评价，计量在食品安全监管中还有许多其他重要的应用领域。例如，食品标签标识的准确性检测。通过计量技术对食品标签上的成分、营养信息进行检测和验证，确保食品标签的准确性和合规性。此外，计量在食品中毒事件的调查与溯源中也发挥着关键作用，通过对食品样品中的污染物进行定量分析，追溯食品来源和供应链，帮助相关部门快速定位食品安全问题并采取相应的措施。

计量在食品成分分析中扮演着不可或缺的角色，它不仅确保了分析的准确性和可靠性，还为食品安全和质量监管提供了科学依据和技术支持。监管部门通过计量得到准确、可靠的测量数据和分析结果，能够对食品进行有效监管，保障公众的健康与安全。同时，计量技术的应用也推动了食品行业的发展与创新，提高了产品的质量和竞争力。随着技术的进步和监管要求的提高，计量在食品安全监管中的作用将愈发重要。计量技术的应用，能够更好地保障公众的健康和安全，促进食品行业的可持续发展。

（二）有效监测食品安全与控制食品质量

计量在食品安全监测与质量控制中的作用不容忽视。食品安全监测是保障公众健康的关键环节，通过检测和评估食品中潜在的风险物质，确保食品的安全性。计量技术在这一过程中发挥着重要作用。例如，计量技术可以用于食品中有害物质的定量和定性分析，包括农药残留、重金属、微生物等。

1. 提供科学监管依据

计量通过准确的测量和分析，为监管部门提供科学依据，帮助其制定食品安全标准和采取相应的监管措施，确保食品的质量符合法规要求，最大程度地降低了潜在的食品安全风险。计量机构是专门提供计量服务的机构，通常设有先进的实验室和设备，能够为食品质量检测提供必要的检测设备和仪器的校准服务，以确保检测结果的精确性和可比性。这有助于避免因设备误差而导致的不准确测量，从而提高了监测数据的可信度。以中国计量科学研究院为例，该院下设 9 个专业研究所，7 个研究中心，10 个科研管理机构，2 个科研辅助保障部门。目前，中国计量科学研究院已经建立了国家计量基准 135 项、计量标准 423 项，拥有 2 359 种有证标准物质，构建了一个相当完备的国家计量基准和标准物质的体系。特别值得注意的是，在电离辐射、化学、生物等计量领域，中国计量科学研究院多项测量能力处于国际领先或先进水平。计量机构参与制定食品质量检测的方法标准，通过确保检测方法的准确性、可靠性和可复制性，为食品质量检测提供了可靠的基准。这有助于确保不同实验室之间检测结果的一致性，为监管部门提供了可比性的数据，进一步提高了监管的有效性。计量机构还能够进行数据分析与解读，通过对食品质量检测数据进行详细的分析，为监管部门提供决策依据。此外，计量机构还能够进行不确定度评估，评估结果的可信度和可比性，确保数据的科学性和准确性。

2. 应用于食品质量控制与监测领域

计量在食品质量控制与监测领域应用广泛，涵盖多个关键方面，每一个方面都对确保食品的质量和安全具有至关重要的意义。在残留物检测方面，计量技术在检测食品中的农药残留、兽药残留以及重金属等有害物质中发挥了至关重要的作用。这些有害物质可能对人体健康构成潜在威胁，因此确保食品符合安全标准至关紧要。计量机构通过使用高度精确的仪器和方法，能够准确检测并定量这些残留物质，确保食品安全。计量机构在食品微生物检测方面发挥着至关重要的作用，包括对细菌、霉菌、病毒等微生物进行监测，确保食品的卫生安全。微生物污染可能引起食源性疾病的暴发，因此，对微生物进行准确检测和控制至关紧要。计量机构能够迅速、可靠地检测微生物污染，确保食品的卫生状况达到国际标准。在特殊成分检测方面，计量机构参与食品中特殊成分的检测，以确保食品标签的准确性和消费者的知情权。这些特殊成分可能对某些人群造成过敏或其他健康问题，因此确保食品标签的准确性至关重要。计量机构提供可信赖的分析方法，确保食品成分的准确识别和量化。此外，在进口食品检验方面，计量机构对进口食品进行检验和检测，以确保其质量符合国家标准，从而保障了国内市场和消费者的权益。

3. 确保检验检测量值的可靠性

计量是实现检验检测量值可靠性的基础。一是计量机构参与检测方法与标准的制定，确保食品质量检测的方法和标准具有高度的准确性、可靠性和可复制性。制定正确的方法标准对于准确测量食品成分和质量特征至关重要，能够确保食品质量监管达到最高标准。二是计量机构提供检测设备与仪器的校准服务，确保检测结果的精确性和可比性。通过确保检测设备和仪器的精确性，检验检测机构能够获得可信赖的数据，从而确保食品质量检测的可靠性。三是计量机构参与制定和指导抽样和样品准备的程序，确保了抽样的代表性和样品的适当性，从而有效减少了抽样误差，确保了检测结果的可靠性。四是计量机构进行检测数据分析与解读，通过对食品质量检测数据进行详细的分析，如进行数据比对和趋势分析等，为监管部门提供决策依据，有助于及时发现食品质量问题，并采取必要的措施来应对潜在的风险。五是计量机构进行不确定度评估，评估检测结果的可信度和可比性。这种评估有助于监管部门更好地理解检测结果的可靠性，并在必要时采取适当的措施来确保食品质量和安全。计量是确保检验检测量值可靠性的基础。计量通过制定方法标准、提供设备校准服务、指导抽样和样品准备、进行数据分析与解读以及进行不确定度评估等多重方式，为食品质量监管提供支持，确保食品质量检测达到标准，有助于保障消费者的健康和权益，提高公众对食品质量监管的信任度，促进食品行业的可持续发展。

计量在食品质量控制与监测中发挥着不可或缺的作用。计量不仅有助于确保食品的安全、可追溯性和质量稳定，还能提高消费者对食品的信任度。计量技术的不断创新和发展，为食品行业提供了更准确、高效的方法和手段，有助于提升产品的质量水平和竞争力，从而推动食品行业的可持续发展。

（三）规范食品添加剂的使用

食品添加剂的使用可以改善食品质量、延长食品保质期、增加食品口感等，但值得注意的是，食品添加剂的过量使用或不当使用可能对人体健康构成危害，对食品添加剂进行检测和监管是确保食品安全的关键环节。

1. 助力食品添加剂检测与计量

计量技术在食品添加剂检测与计量中发挥着关键作用。一是计量技术可用于添加剂成分的定量分析。通过精确测量食品样品中添加剂的含量，可以确保其符合法定的限量标准，保证食品的安全性和合规性。二是计量可应用于食品添加剂检测方法的研发和验证。制定准确、可靠的检测方法对于食品添加剂的监管至关重要。计量技术可用于开发和优化检测方法，确保其灵敏度、准确度和可重复性。三是计量可用于质量控制。通过建立合适的质控体系和参考物质，可以确保食品添加剂检测结果的准确性和可比性。

2. 确保食品添加剂安全可控

一是计量技术可用于添加剂成分的定量分析。通过精确测量食品样品中添加剂的含量，可以确保其符合法定的限量标准。这有助于监管部门确保食品的安全性和合规性，从而保护消费者免受潜在风险的影响。准确的计量分析有助于及时识别过量使用或不当使用的情况，从而采取必要的措施。二是计量可应用于食品添加剂检测方法的研发和验证。制定准确、可靠的检测方法对于食品添加剂的监管至关重要。计量技术可用于开发和优化检测方法，确保其具有足够的灵敏度、准确度和可重复性。这有助于提高检测的效率和准确性，进而更有效地监控食品添加剂的使用情况。三是计量发挥着质量控制的重要作用。通过建立适当的质量控制体系和参考物质，可确保食品添加剂检测结果的准确性和可比性。这意味着不同实验室之间的检测结果可以进行比较，确保了结果的一致性。质量控制有助于监管部门更好地了解食品添加剂的使用情况，从而更有效地制定监管政策和采取必要的措施。

3. 有助于食品添加剂全流程开发

计量在食品添加剂检测与监管中的作用不可忽视。计量为确保食品添加剂的合规性和安全性提供了坚实的科学基础和技术支持，有助于维护食品质量和消费者的健康。一是计量机构参与制定食品添加剂检测的方法标准和认证流程，确保了检测方法具有高度的准确性、可靠性和可复制性。制定正确的方法标准对于食品添加剂的监管至关重要，因为它们为检测提供了规范和指导，从而确保了检测结果的可信度。二是计量机构提供食品添加剂检测所需的参考物质和校准服务，有助于确保检测结果的准确性和可比性。参考物质和校准是检测的关键，它们确保了不同实验室之间结果的一致性，从而提高了检测的可靠性。

三是计量机构进行不确定度评估，提供检测结果的可信度信息，帮助监管机构作出科学决策。不确定度评估考虑了各种可能的误差来源，从而为检测结果提供了更全面的理解，有助于更好地评估食品添加剂的安全性。四是计量机构研发和提供先进的检测仪器和设备，为食品添加剂检测提供高精度和高效率的技术支持。这有助于提高检测的效率和准确性，从而更好地监控食品添加剂的使用情况。五是计量机构参与监督和检验食品添加剂检测实验室，确保它们的能力和质量达到要求。这有助于维护检测机构的信誉，提高食品添加剂检测的整体质量水平。

计量在食品添加剂检测与监管中的作用至关重要。计量确保了食品添加剂的合规性和安全性，促进了食品行业的可持续发展和创新。

二、计量在药品安全与监管中的作用

计量广泛应用于药品安全监管领域。计量对药品安全与监管的作用是多方面的，药品的安全性和有效性是药品监管的核心要求，而计量技术可以通过药品成分分析、纯度检测、含量测定等手段，确保药品质量符合规定的标准和要求。计量技术的应用推动了药品监管的现代化与信息化，提升了监管效能和药品行业的整体水平。

（一）控制与监测药品质量

药品是直接涉及人体健康的产品，因此其质量和安全性至关重要。计量在药品质量控制与监测中发挥着关键作用，确保了药品的质量和安全性。计量扮演着保卫公众健康和确保药物安全的守门人角色，为整个医疗产业链的可靠运行提供了坚实的技术支持和质量保障。

1. 有效分析药品成分

药品的活性成分是药物疗效的关键因素，药品的治疗效果直接取决于其活性成分的含量和质量。计量技术可以用于准确测量和分析药品中的活性成分，确保其满足治疗要求。只有当药品中的活性成分符合规定的标准时，才能确保患者获得一致的治疗效果，提高治疗的可预测性和安全性。辅助成分的分析也是药物质量控制的重要组成部分。药品中的辅助成分可能对药品的稳定性、溶解性和吸收性产生重要影响。计量技术可用于分析和监测药品中的辅助成分，确保其质量和含量符合要求。这有助于保持药品的一致性和稳定性，确保患者在不同时间和地点使用药物时能够获得相同的效果。对药品中有害物质的准确分析也至关重要。有害物质如杂质、残留溶剂或重金属可能对患者的健康产生危害。计量技术可以用于检测和分析药品中的有害物质，确保其含量在安全范围内。这有助于预防药物引发不良反应或毒副作用，保障患者的安全。

2. 评估药品质量

药品的质量评估涉及对药品的物理、化学、生物学等多个特性进行全面的评估，包括药品的成分含量、纯度、溶解性、稳定性、生物活性等方面。计量技术可以用于准确测量和分析这些特性，提供丰富的定量和定性数据。药品的质量评估有助于确保药品的一致性和稳定性。药品在不同时间、条件和地点下必须保持相同的质量和效力，以确保患者获得一致的治疗效果。计量技术可以用于监测药品批次之间的差异，识别任何潜在的问题，确保药品的一致性和稳定性。质量评估还涉及对药品的有效性进行评估。药品必须具有所宣称的治疗效果，在临床实践中表现出可预测的疗效。计量技术可以用于评估药品的生物活性、药效特性等，确保药品在治疗上具有可靠性和效力。例如，在药品稳定性检测中，计量机构参与药品的稳定性评价，包括药品在不同环境条件下的质量变化、有效成分的降解情况等的监测和分析。在药物剂量测量中，计量机构参与药物剂量测量，包括药品剂量单位确定、药物配方计算、药物剂量准确性检测等，确保患者使用药物时得到正确的剂量。

3. 测试药品溶出度

药品的溶出度是评估其释放和吸收性能的重要指标。计量可以支持药物溶出度指标的测量和监测，确保药品在体内能够按照预定的速率释放出活性成分。药物的有效性和治疗效果直接取决于其在体内的释放速度和吸收性能。药物必须在适当的速率下溶解和释放出活性成分，才能在体内发挥治疗作用。计量技术可用于测量和监测药品的溶出度，确保其满足治疗要求。只有当药品的溶出度符合规定的标准时，才能确保患者在服用药物时能够获得一致的治疗效果。计量支持药物溶出度的测量和监测。药品的溶出度通常通过体外释放试验来评估，将药品与模拟体液接触，然后监测其释放速度。计量技术提供了精确的测量工具和方法，可用于监测药物在不同时间点的溶出度，并确定其释放曲线。这种监测有助于识别任何药物释放的异常情况，提前发现潜在的问题，确保药品的质量和安全性。计量技术还可用于支持药物研发过程中的优化。在药物研发的早期阶段，研究人员需要确定最佳的制剂配方，以确保药物的溶出度符合要求。计量技术可用于测试不同配方的药品，并评估其溶出性能，从而帮助研究人员选择最佳的制剂方案。这有助于节省时间和资源，加速药物的开发和上市过程。

4. 促进药品分析方法标准化

药品分析方法的标准化有助于确保不同实验室之间的分析结果具有可比性。不同实验室可能采用不同的分析方法和技术，这可能导致分析结果的差异。计量技术可以用于制定准确、可重复的药品分析方法和标准规范，确保不同实验室中进行的分析具有一致性。药品标准的确立需要科学支持，计量机构积极参与了药品标准的制定，包括药品的质量标准、检测方法以及分析方法等。应用计量技术可以提供准确的测量数据和分析结果，为药品标准的制定提供科学依据，确保标准的科学性和可信度，有助于监管机构更好地监管药品质量。标准化的药品分析方法有助于降低质量控制的成本。当分析方法标准化后，药品生产企业可以更容易地进行质量控制，减少不同实验室之间验证和调整分析方法的时间和资源成本。这有助于提高质量控制的效率，降低生产成本，同时确保了药品质量的稳定性。

5. 校准和认证药品检测设备

校准是确保药品检测设备准确性不可或缺的步骤。药品检测设备必须提供准确的测量结果，以确保药品的成分、含量和纯度符合规定的标准。计量通过校准程序，将设备的测量值与国际或国家标准值进行比较，从而确定设备的测量偏差，并进行校准调整，以保证设备的测量结果是准确的。使用经过准确校准的设备进行药品检测，才能产生可信的检测结果。认证确保了药品检测设备的可靠性。药品检测设备的认证是一项严格的过程，包括对设备的性能、精确性、可重复性等关键指标进行全面评估。认证机构会对设备的性能进行测试和验证，以确保其能够在各种条件下提供稳定和可靠的测量结果。这种认证程序有助于识别并排除设备中的潜在问题，确保设备在长期使用中的可靠性和稳定性。量值溯源是保证药品检测设备准确性的基础。通过量值溯源，可以将设备的测量结果与国际或国家的标准值关联起来。这意味着，设备的测量结果可以追溯到已知的标准，确保了结果的可比性和可信度。这对于在全球范围内保持药品检测结果的一致性和可靠性至关重要，无论在哪里进行药品检测，都可以依赖准确的测量结果。

6. 推动药品监管的现代化与信息化

现代的计量设备和方法为药品监管部门提供了更高效的工具。随着科技的不断进步，新一代的计量设备具有更高的灵敏度、更快的测量速度以及更广泛的应用范围，这使得监管部门能够更迅速地检测和审查药品，大大减少了审批和检验的时间。例如，高性能液相色谱仪和质谱仪等现代仪器可以快速而准确地分析药品的成分和质量，为监管部门提供了强大的工具。计量数据的数字化和信息化处理提高了监管部门的数据管理和分析能力。监管部门需要处理大量的药品监管数据，包括检测结果、审批文档、质量标准等，数字化和信息化的计量数据管理系统可以帮助监管部门更好地组织、存储和检索这些数据，从而提高了数据的可访问性和可用性。此外，现代的数据分析工具和人工智能技术可以帮助监管部门从大数据中提取有用的信息，发现潜在的问题和趋势，从而更好地指导监管决策和资源分配。现代化的计量技术和信息化系统有助于提升监管的全球性和协同性。药品市场是全球性的，药品可能涉及多个国家和地区。现代计量技术可以提供全球标准化的测量结果，使不同国家之间的监管具有一致性和可比性。同时，信息化系统可以促进不同国家和地区之间的数据共享和合作，加强了跨境监管的协同性。例如，在药品流通环节，通过应用计量技术，可以对药品的包装标识、真伪检测、追溯体系等进行监管，保障药品的流通环节安全可控，防止假冒伪劣药品流入市场。

计量在药品质量控制与监测中扮演着重要的角色，通过准确的成分分析、质量评估、溶出度测试等，可以确保药品的质量、安全和有效性。同时，需要加强计量技术的研发和应用，推动药品质量监管的科学化、规范化，保障公众的健康和安全。

（二）保障药品成分安全

计量技术可用于药品成分分析，确保药品成分的准确测量，保证药品的疗效和安全性。药品成分分析与计量是药品监管中的重要环节，它涉及药品成分和含量的准确测定，以确保药品的质量、安全和有效性。

1. 鉴定药品成分

通过计量技术可以实现对药品中各种成分的准确鉴定。药品通常包含多种活性成分、辅助成分和杂质，这些成分在药物的治疗效果和安全性方面起着关键作用。通过使用高精度的仪器和方法，可以对药品样品进行详细的分析，以确定其中的成分及相对含量，确保药品成分的准确性和可信度，确认药品是否符合规定。成分分析对于判断药物的质量和纯度至关重要。药品的治疗效果直接取决于其成分的质量和纯度。如果药品中的活性成分不符合规定的标准，可能会导致治疗效果不佳或产生不良反应。通过计量技术可以确定药品中活性成分的含量，确保其符合规定的质量标准。此外，通过计量技术还可以检测药品中的杂质和掺假成分，保障药品的纯度和安全性。药品成分分析有助于确保药品的一致性和稳定性。药品制造商需要确保每批药品的成分都符合规定，以确保每次治疗的一致性和可靠性。计量技术可以用于批次检验和质量控制，帮助药品制造商监测和维护产品的一致性，防止不合格的产品流入市场，提高了患者对药品的信任。计量技术还促进了药品行业的创新和发展。新药研发需要对药品成分进行详细的分析和鉴定，以确保其安全性和有效性。计量技术的不断进步使药品研发变得更加高效，有助于推动新药的研发和上市。

2. 测定成分含量

通过计量技术可以实现对药品中各个成分的准确测定。药品通常包含多种成分，其中包括活性成分、辅助成分以及可能存在的杂质。通过使用高精度的仪器和方法，可以对药品样品进行仔细的分析，以确定每个成分的浓度和含量，确保药品的成分控制得以准确实施，保证药品的质量和安全性。测定成分含量有助于确保药品生产过程中成分的准确控制。在药品制造中，每个成分的准确配比和含量是至关重要的。如果活性成分的浓度太高或太低，可能导致药品的疗效不佳或产生不良反应。同时，辅助成分和杂质的含量也需要控制，以确保药品的稳定性和一致性。通过计量技术可以在生产过程中进行监测和检测，确保每批药品的成分符合规定的标准。测定成分含量有助于提高药品的质量和安全性。药品的质量直接取决于其中各个成分的准确含量，只有确保每个成分的浓度符合规定，才能保证药品的质量符合标准和要求，防止不合格的产品流入市场，保护患者免受低质量或不安全的药品的影响。

3. 检测药物残留

通过计量技术可以实现对药品中残留物的高精度检测。残留物通常是在药品生产或使用过程中残留下来的化学物质，可能包括农药、兽药、重金属、有机溶剂等。这些残留物如果存在于药品中且超出了安全标准，可能对人体健康造成潜在风险。通过使用先进的分析方法和仪器，可以对药品样品中的残留物进行准确的定量分析，以确保其浓度符合法定的限量标准。检测药物残留有助于确保药品的安全性。药品是否安全跟患者的生命健康有强正相关关系。如果药品中存在不合格的残留物，可能导致不良反应或健康问题。通过计量技术对药品进行残留物检测，可以提前发现潜在的安全问题，并采取相应措施，以减少患者的健康风险。检测药物残留有助于保护环境。药品残留物可能在制药过程中排放到环境中，对生态系统造成负面影响。通过计量技术可以监测药品生产过程中的残留物排放，确保其在环境中的浓度不超过安全标准，从而减少对环境的污染和破坏。

4. 促进药物相互作用研究

药物相互作用研究是药物治疗领域中的一个关键环节。不同药物的组合可能导致药物之间的相互作用，从而影响治疗效果和患者健康。通过计量技术测定药物中各个成分的含量，可以建立药物的成分数据库，进一步分析不同药物之间的相互作用机制。这有助于医生和药师更好地指导患者在多药治疗中的用药方案，确保治疗的安全性和有效性。药物相互作用研究有助于新药研发。在药物研发过程中，需要了解新药与已有药物之间的相互作用，以评估其安全性和有效性。通过计量技术可以进行体外和体内研究，测定不同药物的相互作用，从而优化新药的配方和用法。

5. 有助于药物稳定性研究

药物的稳定性对于药品的质量和有效性至关重要。药物在储存和使用过程中可能受到光、温度、湿度等因素的影响，从而导致药物成分的分解或变化。通过计量技术测定药品中各个成分的含量随时间的变化，可以监测药品的稳定性。这有助于确定药品的保存期限和最佳储存条件，确保患者获得高质量和高效力的药品。药物稳定性研究有助于药品生产和质量控制。在药品生产过程中，通过药品的稳定性研究，可以制定合适的生产工艺和储存条件。通过计量技术可以测定药品中各个成分的含量，确保药品在生产和运输过程中不会发生质量变化。这有助于降低生产成本、提高药品质量，并确保药品符合法规和标准。药物稳定性研究有助于应对环境变化和储存条件的挑战。不同地区和季节的气候条件可能会对药品的稳定性产生影响，通过计量技术可以测定药品在不同环境条件下的稳定性，从而制定适应性更强的储存和运输方案，有助于确保药品在全球范围内的质量一致性。药物稳定性研究对于新药研发也具有重要意义。在新药研发过程中，需要评估新药在各种条件下的稳定性，以确定其有效期和最佳储存条件。通过计量技术可以测定新药中各个成分的含量变化，从而为新药的稳定性评估提供科学依据。这有助于推进新药的研发和上市，确保新药在临床应用中的质量和安全性。

药品成分分析与计量在药品监管中具有重要的作用。准确的成分分析和计量可以保证药品的质量、安全性和有效性，为公众的健康提供保障。加强计量技术的研发和应用，提高药品成分分析的精确性和可靠性，对于推动药品监管的科学化、规范化具有重要意义。

（三）控制药品剂量

计量技术在药品剂量控制方面发挥着重要作用，可以确保药品的准确剂量，防止用药错误和药品滥用。计量是药品剂量控制与药品监管的基础，涉及药品剂量的准确测量和控制，以确保患者获得合适的药物剂量，避免剂量过高或过低导致的药物效果不佳或不良反应。

1. 保证剂量准确性

剂量控制是药品治疗成功的关键。患者需要根据医生的建议准确用药，以确保药物在体内维持治疗所需的有效浓度。应用计量技术能够精确测量药物的剂量，以确保患者获得适当的治疗效果。不足的剂量可能无法有效治疗疾病，而过高的剂量可能引发药物毒性和不良反应。个体化的剂量控制至关重要，因为不同患者可能对同一药物的剂量有不同的反应。应用计量技术，医生可以根据患者的个体情况调整药物剂量，以实现最佳的治疗效果。计量技术在处理药物相互作用方面也发挥着重要作用。通过准确计量药物的剂量，可以更好地了解不同药物之间的相互作用，避免剂量过高或剂量不足导致的药物相互作用问题。一些药物可能会相互干扰或增强其效应，因此需要仔细控制剂量，以确保药物的相互作用不会危害患者的健康。计量技术还有助于监测药物治疗的效果。通过定期测量药物的剂量和血药浓度，医生可以评估药物的疗效，并根据需要调整剂量。这有助于确保患者在治疗过程中获得最佳的治疗效果，同时最大程度地减少了药物不良反应的风险。

2. 管理药物相互作用

准确计量药物剂量对于管理药物相互作用至关重要。药物相互作用通常与药物的剂量密切相关，因此确保每种药物的剂量准确是避免药物相互作用问题的第一步。通过计量技术可以进行准确的剂量测量，确保每种药物在患者体内维持在安全和有效的水平。监测血药浓度也是管理药物相互作用的一项重要工作。通过计量技术测定药物在患者体内的血药浓度，医生可以更好地了解药物的代谢速率和排泄情况，从而更好地调整剂量。如果发现某种药物的血药浓度升高，可能会导致与其他药物相互作用，医生可以相应地降低其剂量或调整治疗方案。患者需要了解自己所服用的药物，包括可能的相互作用和不良反应。

医生可以通过计量技术提供准确的信息，帮助患者理解药物治疗的重要性和潜在的风险，以便他们更好地遵循治疗方案。

3. 调整特殊人群剂量

一些特殊人群，如儿童、孕妇、老年人等，对药物的剂量有特殊需求。计量可以帮助医生根据特殊人群的生理特点和需求进行剂量调整，确保药物的安全和有效使用。通过计量技术可以进行精确的生理参数测量，如儿童的体重、老年人的肾功能等。这些参数对确定药物剂量至关重要。通过计量，医生可以更精确地评估患者的生理状况，从而更好地制定个性化的治疗方案。计量技术有助于监测药物在特殊人群中的药代动力学。不同年龄和生理状态的患者可能会对药物的吸收、分布、代谢和排泄产生不同的影响，计量技术可以帮助医生更好地理解这些差异。通过定期监测血药浓度或其他相关参数，医生可以调整剂量，确保药物在特殊人群中的浓度处于安全和有效的范围内。计量机构参与制定特殊人群的药物剂量指南和标准，为医生制定药物治疗方案提供科学依据。这些指南可以帮助医生更好地了解不同人群的剂量需求，确保治疗的一致性和可靠性。计量技术还可以用于个性化药物治疗的研究和开发。通过精确的计量，科研人员可以深入研究不同人群对药物的反应，从而为治疗方案提供更多的信息和指导。

4. 选择剂型与药物给药方式

不同剂型和给药方式对药物的剂量控制有不同要求，准确的计量可以帮助医生选择合适的剂型和给药方式，以提高药物的吸收和利用效率。通过计量技术可以测量药物在不同剂型中的精确含量。不同的剂型，如片剂、胶囊、液体、注射剂等，对于药物的剂量控制有不同的要求。通过计量技术可以确保每种剂型中的药物含量精确无误，从而避免剂型选择可能导致的剂量不准确问题。计量可以帮助医生选择最合适的给药方式。不同的给药方式，如口服、静脉注射、局部应用等，对于药物的吸收速度和效率有显著影响。通过准确的计量，医生可以更好地评估患者的生理状况和特殊需求，选择最适合的给药方式，以确保药物在体内能够以最有效的方式发挥作用。计量在评估治疗效果方面也发挥着重要作用。通过定期监测患者体内的药物浓度或其他相关参数，医生可以调整剂型和给药方式，以确保药物的治疗效果最大化。

计量在药品剂量控制与药品监管中起着至关重要的作用。准确的剂量控制可以确保药物的疗效和安全性，同时也有助于管理药物相互作用和满足特殊人群的需求。因此，加强计量的研究和应用，提高剂量准确性和个体化用药水平，对于提高药品监管的科学性和个体化程度具有重要意义。

第二节　计量在食品安全与药品监管中的典型案例

【案例一】计量支撑高端生物分析仪器国产化——数字 PCR 仪性能评价

一、案例背景

数字 PCR 仪作为核酸绝对定量的重要工具，已经逐渐从实验室扩展到多种疾病诊断领域。近年来，随着数字 PCR 技术的不断进步，多家厂商如 Bio-Rad、Life Technologies 和 Rain Dance 等相继推出了成熟的数字 PCR 产品。如今，分子生物学技术迅猛发展，各实验室数字 PCR 仪数量迅速增加，这些仪器除了用于基础科研外，还被广泛地用于第三方医学实验室、出入境和疾控中心的样品检测。目前，我国数字 PCR 仪的研发生产还处于起步阶段，面临着计量规范不足、全面检测数字 PCR 仪性能无据可依的困境。

二、案例实施措施

（一）案例简介

国家生物技术药物产业计量测试中心参与编制《数字 PCR 仪校准规范》，并帮助某国产数字 PCR 厂家制定数字 PCR 仪的性能评价方案，助推其进入创新医疗器械审查“绿色通道”，加速推动高端生物分析仪器数字 PCR 仪的国产化进程。

（二）案例详情

1. 需求分析

根据 ISO/IEC 17025：2005《检测和校准实验室能力的通用要求》，检测校准实验中使用的分析设备都应当经过检定或校准，以保证仪器的准确性和测定结果的可溯源，从而保证各个检测和校准实验室在不同时间、不同地点测定结果的准确、可比。由于数字 PCR 仪没有检定规程或者校准规范，无法对仪器进行检定校准，这已经成为当前实验室认可工作中的瓶颈之一。一方面，数字

PCR仪在使用中的准确度难以保障，导致质量控制难题；另一方面，研发的数字PCR仪注册检验时无据可依，难以快速通过上市审批，制约了我国高端生物分析仪器数字PCR仪的创新发展。例如，苏州一家数字PCR仪研发企业在仪器注册检验时，遇到无据可依的障碍，该公司就此问题联系国家生物技术药物产业计量测试中心寻求解决办法。

2. 技术难点

数字PCR仪的扩增过程包括样品分散、样品热循环和样品检测等关键步骤。目前，现有的JJF 1527—2015《聚合酶链反应分析仪校准规范》虽然涵盖了一些关键特性指标，但并不完全适用于数字PCR仪的性能评估，因此需要有专门针对数字PCR仪的校准方法以满足其性能评价的需要。

3. 解决方案

国家生物技术药物产业计量测试中心组建专项团队，参与编制《数字PCR仪校准规范》。在充分了解当前国内外数字PCR仪的整体设计思路及技术方法后，合理地确定了计量性能指标，并在不同种类的数字PCR仪上反复试验，充分验证校准方法的可行性。《数字PCR仪校准规范》目前已完成制定，等待发布。该项成果为数字PCR仪的量值准确提供了有力支撑。

在此基础上，国家生物技术药物产业计量测试中心根据该苏州公司数字PCR产品的特点，为其定制个性化PCR仪测试方案。对仪器的整机运行、拷贝数浓度示值误差、拷贝数浓度重复性、荧光强度重复性以及反应单元个数重复性等方面进行了测试，并提供了详细的测试报告，为仪器的注册检验提供了可靠的基础依据。

三、服务成效

《数字PCR仪校准规范》为各实验室使用数字PCR仪进行研究和测试提供了重要的质量控制标准，确保了我国数字PCR仪测量结果的溯源性和准确性，为提高国内数字PCR仪的产品质量提供了坚实的基础支持，同时也有助于提升企业的自主创新潜力和核心竞争力。

四、案例创新点及应用推广价值

国家生物技术药物产业计量测试中心为数字PCR仪性能评价提供了可靠的技术依据，填补了数字PCR仪校准方法的空缺，为仪器的研发、生产、使用提供了保障。针对国产高端生物分析仪器，国家生物技术药物产业计量测试中心形成了全面解决思路：为研发中的仪器提供专业的测试报告和性能优化方法；为已上市的仪器提供性能评价，帮助用户选型；参与规范与标准的制定，为产业提供技术依据，发挥质量基础保障作用。这一思路的推广应用，可助力国产仪器品牌培育和市场开发。本案例的应用推广有助于积极探索新型高端生物分析仪器的校准方法，填补计量技术规范的空白，支撑高端生物分析仪器国产化。

【案例二】计量如何促进数字化乳业发展

一、案例背景

2021年10月，国家市场监督管理总局批准以内蒙古自治区市场监督管理局主导，内蒙古自治区计量测试研究院牵头，伊利集团联合共建的模式建立国家乳制品产业计量测试中心。在全面推进数字化转型的过程中，将计量数据与产品的生产、流通等环节进行深度融合是一大难题。

二、案例实施措施

（一）案例简介

计量是质量控制的关键，也是国家质量基础设施的重要组成部分和基础支持。要提升产品质量，首先必须进行计量工作。在乳制品产业的各个环节，包括奶源、收储、加工、包装和销售等，计量都扮演着关键的角色，以确保质量可控可比。国家乳制品产业计量测试中心积极协助伊利集团建立和完善先进的数字计量技术系统，同时探索建立标准化和权威的诚信计量档案，完善计量信息的基础数据库。这一系列措施有助于提高数据的覆盖范围和质量，从而确保计量数据的准确性，为消费者提供更高品质的健康产品。

国家乳制品产业计量测试中心专注于研究适用于乳制品产业的量值传递技术以及关键参数的测量测试技术。该中心致力于开发适用于乳制品行业的专用测量测试设备，为乳制品产业提供全溯源链、全产业链和具有前瞻性的计量技术。该中心不断提升计量测试能力和科技创新水平，加强自身的运营能力，旨在为乳制品产业提供高水平、高质量的技术支持，通过有效整合，建立起了完善的产业计量技术服务体系，以满足产业的技术需求。将计量测试技术服务融入产业产品的整个生命周期中，有助于提升乳制品产业的核心竞争力，促进乳制品产业的健康发展。

（二）案例详情

1. 需求分析

推动产业发展需要充分整合数字技术和计量技术，将计量测试服务紧密融入产业发展的各个方面，特别是要集中解决计量测试方面的挑战和制约。乳制品产业的持续发展，离不开持续跟踪工艺过程中的计量测试技术需求和梳理乳制品行业参数量值溯源情况，离不开建立和完善乳制品行业计量溯源体系，需要找出现阶段计量服务乳制品行业的短板，提升乳制品行业测量设备测试校准技术能力，实现全溯源链的测试校准服务，明确为乳制品行业发展提供计量测试技术服务的重点领域和重点项目。

2. 技术难点

一是奶源方面，牧场如何利用好数字化计量手段养好健康牛，是一大技术难点。二是乳制品工厂涉及流量、温度、压力、容量等计量及检测数据，数据量巨大，数据挖掘难度大。三是产品流通环节多、范围广，流通过程中的计量数据监控也是保证产品质量的难点。

3. 解决方案

根据全溯源链、全产业链、全生命周期以及未来的计量需求，致力于建立计量数据的共享和可视化平台，以确保产品和服务的计量精度，在满足消费者需求和社会价值的同时，保持技术领先地位。

一是在奶源方面，充分运用人工智能、物联网等先进数字化技术，对奶牛全生命周期进行数据化管理，有效提升奶牛管理效率和质量。

通过数据自动化采集、大数据标准化处理，实现精准测试与数字化管理，从源头提升乳品质量；使用传感器物联网技术，调节牛舍的温度、湿度、光照等，让奶牛生活更加舒适；配备AI视频智慧喷淋系统，精准识别奶牛位置控制喷淋开启，比传统喷淋节约用水达70%；利用奶牛智能项圈精准测量每头牛的采食和反刍数据，对奶牛健康进行分析和预警；采用数字化智能配料系统对精料进行精准调配，保证奶牛科学饮食；运用挤奶厅的在线电导率仪、流量计等计量器具保证挤奶过程安全可控并在挤奶过程中监测奶牛健康。

在环境保护方面，重点抓奶源减碳，通过不断突破反刍动物消化系统减碳技术、粪污资源化应用技术、低碳牛群育种技术、新能源利用技术和固碳技术，制定碳减排核心举措，搭建覆盖乳业上游全产业链的碳核算模型，引领行业实现碳中和目标。

二是在生产方面，通过持续创新和对前沿数字技术的应用，推进工厂的技术升级，掌握整个生产环节的流量、温度、压力、容量等计量及检测数据，保障牛奶品质。

配料称量的准确与否，对产品的质量起着至关重要的作用，通过配置智能化配料防错系统，连接称重台、扫描枪、标签打印机、原料包装码，实现MES系统、智能配料设备、称量作业员和生产原料的互联、无缝衔接，保证配料准确，过程数据系统存留，可进行全方位追溯。通过全自动在线计量技术和真空混料机，让每罐奶粉的营养素能够精确到微克。

为保证产品计量检测数据的可靠性，将实验室数字化管理系统与国际先进的检测设备如气相色谱-质谱联用仪、乳品分析仪等进行直联，各个环节中的每一次检测数据都会自动上传至实验室数字化管理系统，实现质量数据可视化。

三是在流通阶段，建立了一套完备的产品追溯程序，实现了全程运输的可视化位置跟踪。通过综合的质量管理信息系统和全国范围的ERP网络系统，实现了产品信息的全面可追溯，确保了信息的及时性和数字化管理。

建立了一套可视化的全程冷链物流系统，覆盖了整个产业链的产品追溯程序。这个可视化的全程冷链物流系统借助北斗和GPS跟踪定位技术，能够实时监控仓储和配送等环节，并定期进行计量，以确保低温产品如酸奶能够保持在2～6 ℃的温度标准。覆盖全产业链的产品追溯程序与国家信息平台实现了紧密对接，这意味着消费者在购买奶粉时，可以通过多种方式，包括扫描产品追溯码等，方便地获取有关该产品的生产日期、批次、各种配料的含量计量数据等基本信息。

此外，在服务消费者方面，通过营销自动化、内容创意自动化、智能客服、用户体验一体化、数字化会员管理等能力升级，实现“通过数字化能力重塑消费者体验”的日标。

三、服务成效

2022年，伊利集团斩获亚洲质量领域最高奖“亚洲质量卓越奖”，也成就了中国乳业质量奖项“全满贯”。伊利集团连续13年开展碳盘查，截至目前，旗下共有24家工厂通过“绿色工厂”认证，先后推出中国首款“零碳牛奶”“零碳酸奶”“零碳奶粉”“零碳冰淇淋”，诞生了中国食品行业的首个“零碳工厂”。

四、案例创新点及应用推广价值

内蒙古自治区市场监督管理局与内蒙古自治区计量测试研究院联合伊利集团筹建国家乳制品产业计量测试中心，使伊利集团的成功案例推广到乳制品行业，不断促进行业的诚信计量体系建设，为消费者提供更高品质的健康产品。计量数字化是计量检测和服务创新发展的现实需求，伊利集团通过将数字化融入计量，打通奶源、生产、流通各环节的链条，有巨大的推广价值。

【案例三】工艺量值计量测试推动传统产业升级

一、案例背景

传统酿酒属于劳动密集型行业，酿造的关键工艺仍需根据人工的感官评判和生产经验进行控制，不能有效保证白酒酿造环节的可控性和酒质稳定性。国内白酒产业的酿造过程多采用人工操作和半机械化操作，工人劳动强度较大，仅在出入窖、摊晾、拌料等离散环节上实现了机械化，缺少贯穿酿造全流程的标准化、自动化生产，导致生产效率低下。

二、案例实施措施

（一）案例简介

国家白酒产业计量测试中心联合泸州老窖等单位，以产业工艺量值为基础，通过发明“高仿生窖泥共酵技术”“高仿生发酵设备精准调控技术”和“智能酿造生产设备”3项技术，在行业内率先完成了数字化浓香型白酒精准酿造关键技术与装备的创制及应用。

（二）案例详情

1. 需求分析

白酒酿造工艺环节较多，工艺环节之间相互影响，影响产量、质量的工艺参数众多，且相互之间具有复杂的耦合关系，依靠人为感官评价是不准确的。例如，传统酒度测量往往采用先取样，再使用浮力式浓度计进行测量，不仅步骤烦琐、效率低下，而且存在人为误差，导致无法得到实时、准确的酒精浓度值，阻碍了大型酒厂实现自动化改造、控制生产、提高效率的目标。因此，工艺参数的在线监测是生产过程信息化、智能化必须解决的问题。

2. 技术难点

要研究适应白酒产业特点的量值传递技术和关键领域的关键参数测量测试技术，需要开发专用于白酒产业的测量测试设备。此外，还要探索服务于白酒产业全溯源链、全寿命周期和全产业链的前瞻性计量技术。同时，需要不断强化计量测试能力、计量科技创新以及运行能力建设，为白酒产业的发展提供高水平、高质量的技术支持和服务。

3. 解决方案

一是基于高通量测序技术全面解析浓香型白酒窖泥中微生物菌群结构，选育了性能优良的窖泥功能菌株，发明高仿生窖泥的共酵技术，实现高仿生窖泥的规模化生产，提高优质酒比率。二是首次研制出立体可移动高仿生发酵设备，解决浓香型白酒发酵过程黑箱的不可控问题，实现酿造过程由人工经验转向精准调控，提高酒体质量。三是首次开发出数字化浓香型白酒酿造关键环节的智能装备、检测与控制系统，实现酿酒生产各环节的高效化、标准化和智能化，提高生产效率。

三、服务成效

一是创新原辅料生产模式，开发原辅料集中处理系统，实现了原辅料品质集中控制和输送管理自动化。二是通过应用仿真技术、在线检测、大数据等先进科技，率先建成中国白酒行业内首家智能化大曲生产中心，实现了曲药“制、运、存”自动化，推动了中国白酒大曲生产行业的转型升级。三是突破智能制造关键技术，建成行业内规模最大、自动化智能化水平最高的固态白酒酿造生产线，主体香味成分提取率提升20%以上，优质酒比率提升约10%。四是成功实施“固态法白酒生产数字化车间新模式应用”项目，建设固态白酒酿造全流程的智能决策系统，为白酒产业智慧酿造提供范本。

四、案例创新点及应用推广价值

本案例以提高固态法白酒酿造过程的可控性、品质的稳定性和生产效率为目标，以工艺量值计量测试技术为基础，对浓香型白酒窖泥微生物菌群结构进行全面解析，开发高仿生窖泥培养技术和可移动式高仿生发酵设备，率先实现浓香型白酒精准数字化酿造。项目突破了白酒智能酿造核心关键技术瓶颈，推动了白酒酿造智能化车间建设，促进了现代生物技术和智能酿造技术在酿酒生产上的应用，显著降低了生产成本和产品批次差异，有效提升了生产效率和产品质量。相关研究成果在泸州老窖等企业中实现了应用推广，产生了良好的经济社会效益，为其他传统发酵食品的发展作出示范。

【案例四】计量发力，双管齐下解决白砂糖色值测量难题

一、案例背景

在食糖产品的质量检测中，色值是衡量制糖工艺效果的重要指标，是评定产品质量等级的重要依据，它反映了整个生产工艺水平。目前，按照国际通用方法和国家标准规定，食糖产品质量指标的检测主要使用旋光糖量计、分光光度计、折射率测定仪、酸度计、常用玻璃量具等计量器具。以上计量器具是否准确溯源，计量性能是否满足检测需求，仪器使用是否合理、规范，检测过程是否科学、可控，都会影响产品质量指标检测的准确性和可靠性，从而对食糖产品的定级定价和贸易产生影响。

糖厂化验工作中往往采取留样比对或糖厂间比对作为检验过程的质量参照，色值量值无法溯源，缺乏统一可靠的验证手段，往往给糖厂产品质量控制带来很大困难。糖厂常常因为色值检测不准确，导致成品糖定级不准确，甚至造成贸易纠纷和经济损失。

二、案例实施措施

（一）案例简介

糖厂化验室经常遇到白砂糖标准样品的检测结果与样品标准值不一致，广西蔗糖产业计量测试中心（以下简称“中心”）通过对白砂糖色值的各个关键参数进行溯源分析，分别提出技术与管理两个方面的解决方案，最终实现产品精准定级，大大缩短了糖厂送检时间。

（二）案例详情

1. 需求分析

在色值指标检测过程中，糖厂往往以向质检机构送检成品糖或以标准糖的检测值作为标准值，将此“标准值”作为整个食糖产品色值检测过程的质量参照。糖厂在复现质检机构“标准值”时，由于人员操作、仪器偏差、“标准值”量值变化等诸多影响因素，造成糖厂对标检测结果不理想。产品的色值检测过

程缺乏具有量值溯源性、更准确可靠的质量参照。

糖厂检测产品质量指标所使用的计量仪器没有根据检测要求进行仪器性能评价，糖厂往往使用未达到检测精度要求的仪器开展检测工作。例如，测定精制糖产品色值时，所使用的分光光度计需达到Ⅰ级合格的计量性能要求，方可满足精制糖吸光度测量的最大允许误差。

对于高精度锤度检测仪器，无论是糖厂还是计量技术机构，都缺乏高精度的液体折射率标准物质和液体密度标准物质对其进行量值溯源与核验。糖厂往往只采用蒸馏水进行零点校准，无法保证仪器的准确、可靠。

糖厂缺乏正确开展计量器具期间核查的意识和方法。例如：测定色值的分光光度计，应该使用滤光片定期开展期间核查；而作为核查标准的滤光片，应按周期进行检定、校准。

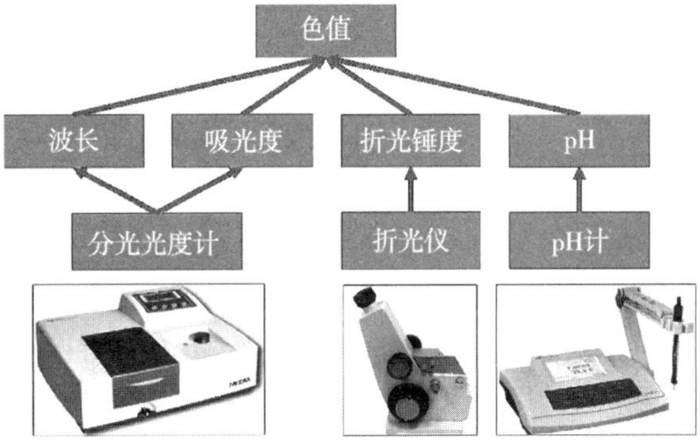

图 4.1　白砂糖色值关键参数溯源图

2. 技术难点

色值检测的关键参数是波长、吸光度、折光锤度、pH，涉及分光光度计、折光仪和 pH 计等设备。吸光度误差主要来源于分光光度计的波长示值误差、透射比示值误差、杂散光和噪声的影响、光谱带宽的影响；折光锤度误差主要来源于折射率示值误差、温度的影响；pH 误差主要来源 pH 示值误差、温度的影响。

3. 解决方案

根据糖厂检测需求，中心从技术与管理两个方面提出解决方案。

在技术方面，中心通过研究液体折射率的溯源途径，实现了液体折射率扁平化直接溯源。通过定量分析和准确控制波长、温度、色散特性等影响因素，解决了液体折射率高准确度测量问题，制备出一系列液体折射率标准物质新产品，折射率覆盖范围广，首次将液体折射率的量值传递精度提高至10^{-5}级别，并保证其在有效期内的均匀性、稳定性、低毒性等使用要求。中心研究了白砂糖色值的量值溯源途径，通过使用高精度测量仪器，严格控制测量方法，建立科学合理的白砂糖色值指标溯源体系，保证量值准确可靠。以白砂糖为主要原料，研制了3种白砂糖色值标准物质新产品。以色值定值准确为目标，解决测量仪器、测量方法、前处理方法、人员差异、环境条件等因素引起的定值问题，研究白砂糖色值标准物质的均匀性和稳定性，确定标准物质的测量不确定度、有效期和储存条件。

在管理方面，中心为糖厂仪器选型提出建议，指导糖厂对新购仪器进行性能确认，为糖厂制定仪器期间核查方案，编制《台式液体折射仪校准规范》等地方计量技术规范，保障糖厂仪器性能满足需求。

三、服务成效

（一）标准物质提升糖品检测准确率

在广西东亚糖业集团下属的崇左东亚糖厂、扶南东亚糖厂、东亚扶南精制糖厂推广应用白砂糖色值标准物质、液体折射率标准物质，解决了上述制糖企业测定糖品关键质量技术指标量值准确性、可靠性、溯源性等技术难题，使企业食糖产品色值、锤度等指标检测准确率提升10%以上。由精准检测实现食糖产品的精准定级，提高产品贸易价格。

（二）标准物质助力先进糖品检测仪器推广应用

随着人们日益重视食品安全，食品加工行业对糖品检测也提出了更高要求，高精度的液体折射率测定仪在蔗糖产业的应用越来越广泛。目前，奥地利安东帕公司生产的高精度折射仪在行业中占有很大比例，也日益受到蔗糖产业各企业、检测机构的关注。近年来，广西壮族自治区计量检测研究院研制的液体折射率标准物质为安东帕（上海）商贸有限公司的折射率测量仪器提供了技术支撑，保障了高精度折射仪的测量准确性，也拓展了高精度折射仪在蔗糖产业的应用。从2019年至今，广西壮族自治区计量检测研究院为安东帕（上海）商贸有限公司提供标准物质技术服务达4.4万元产值。2021年，广西壮族自治区计量检测研究院与安东帕（上海）商贸有限公司合作建立了“蔗糖产业计量测试联合实验室”，并签署了合作协议，未来将开展更深入的合作。

四、案例创新点及应用推广价值

本案例通过分析糖厂实际检测需求，在技术方面，通过研制色值标准物质和液体折射率标准物质，解决关键参数测量不准的问题，统一量值；在管理方面，指导糖厂仪器选型、性能确认和期间核查，保证检测结果的准确性。通过分析检测关键参数，从中心自身能力出发，提出综合解决方案，最终保障了仪器的计量溯源性。

第五章　计量与医疗卫生和健康管理

医疗卫生与健康管理是关系到人类健康和福祉的重要领域，计量可以为该领域提供精准的测量和数据分析方法。计量工作是医疗机构实现精准健康管理的基础，医疗检查和处理也离不开计量工作。计量在医疗卫生与健康管理中一直发挥着重要的作用，可以提供准确的测量结果和可靠的数据分析，帮助医疗机构和健康管理部门作出科学决策和采取有效措施。在疾病的诊断、治疗、化验、药品计量、医疗安全、经营管理等方面，都需要以计量设备给出的精确数据为依据[①]。事实上，医疗单位各个学科、各个环节都涉及计量工作，计量贯穿精准医疗的整个过程。医疗仪器设备的精准与否、质量优劣直接关系到病人的生命安全。随着科学技术水平的提高，各种化学、物理、机械计量器具在医疗机构的诊断、治疗、科研中发挥着越来越重要的作用[②]。

计量在医疗卫生与健康管理中的应用，包括数据采集与监测、医疗质量控制与改进、健康管理与健康数据分析，以及医疗卫生信息化与智能技术应用。深入了解计量在医疗卫生与健康管理中的作用，可以更好地理解其在提高医疗质量、优化健康管理和促进人民健康方面的价值。

第一节　计量在医疗卫生与健康管理中的重要作用

在医疗卫生领域，准确、全面、及时的数据采集与监测对于健康管理和医疗决策具有重要意义。计量在医疗卫生数据采集与监测中发挥着关键作用，可

① 王学．现代医院医疗计量设备管理系统初探［J］．中国新技术新产品，2019（23）：128-129.

② 孟大列．浅谈现阶段医疗仪器设备管理［J］．世界最新医学信息文摘，2017，17（10）：174.

以确保数据的准确性、可靠性和一致性，为医疗卫生工作者和决策者提供科学依据。

一、提高医疗卫生数据采集与监测的效率

（一）提高数据采集的效率

计量技术可以应用于医疗卫生数据的采集。在数据采集过程中，数据的准确性、完整性和保密性至关重要。应结合计量技术，采用合适的数据采集方法，保障数据标准和规范，确保数据的质量和可靠性。

1. 采集临床医疗数据

计量技术可以应用于临床医疗数据的采集，如病人的生命体征监测、实验室检查结果、影像学数据等。通过使用精确的测量仪器和传感器，可以获得准确的医疗数据，为临床医生提供准确的诊断和治疗依据。

2. 采集健康调查数据

计量技术可以应用于健康调查数据的采集，包括问卷调查、身体测量、生物样本采集等。通过合理设计的调查问卷和科学准确的测量方法，可以获得大量的健康相关数据，为疾病预防和健康管理提供依据。

3. 采集医疗设备数据

计量技术可以应用于医疗设备数据的采集，如心电图仪、血压计、血糖仪等。通过精确测量和数据记录，可以及时获取患者的生理指标，帮助医生进行诊断和治疗决策。

（二）助力数据监测与质量控制

在医疗卫生数据采集过程中，计量技术还可以用于数据监测与质量控制，确保采集到的数据质量符合要求，具体包括数据校准、数据清洗、数据完整性检查等，以确保数据的准确性和一致性。此外，计量技术还可以应用于数据质量评估和数据异常检测，及时发现和处理数据质量问题。

在医疗卫生与健康管理中，数据监测与质量控制是非常重要的环节，涉及收集、整理和分析医疗数据，为医疗决策、质量管理和健康政策制定提供准确的数据基础，以确保数据的准确性、完整性和可靠性。通过不断改进数据监测与质量控制的方法和技术，可以进一步提高医疗卫生数据的质量和应用效果，为人们的健康提供更好的保障。

1. 监测和分析数据

监测和分析数据包括对医疗卫生数据的实时监测和跟踪，以及对相关指标和变量的定期统计和分析，可以通过电子健康记录系统、医疗设备和传感器等技术手段实现。监测数据包括患者的基本信息、病历数据、医疗过程数据和治疗效果等。通过对这些数据的监测，可以及时发现和解决潜在的问题，改善医疗质量。

2. 保障数据质量

数据质量控制是确保医疗卫生数据准确性和可靠性的关键步骤，包括数据收集过程中的验证和校准，数据存储和传输的安全措施，以及数据分析过程中的误差检测和修正。通过严格的质量控制措施，可以提高数据的可信度，减少数据误差，确保数据的可比性和可靠性。

（三）制定数据标准与共享

计量在制定数据标准和数据共享方面也发挥着重要作用。通过制定统一的数据标准和格式，可以实现医疗卫生数据的互操作性，使不同系统和机构之间的数据能够互相交流和共享。计量技术可以用于数据标准的制定和验证，确保数据的一致性和可靠性。同时，计量技术还可以应用于数据加密和隐私保护，确保敏感医疗数据的安全性。制定数据标准和实现数据共享，可以促进医疗卫生领域的协同合作、科学研究和资源优化。计量通过建立健全数据标准和共享机制，提高数据的可用性和可信度，为决策者、医务人员和患者提供更好的医疗卫生服务和管理支持。

1. 统一数据标准

统一数据标准是指制定统一的数据格式、术语和定义，以确保数据在不同系统和平台之间的互操作性和一致性。常见的数据标准包括医疗编码标准（如ICD-10、CPT等）、数据交换标准（如HL7、FHIR等）以及医疗信息模型（如SNOMED CT、LOINC等）等。

2. 共享数据

共享数据是指将医疗卫生数据在合适的条件下共享给授权的个人、组织或系统。数据共享可以促进医疗研究、协同治疗和公共卫生等领域的合作与进展。同时，数据共享也需要考虑隐私保护、安全性和合规性等因素，确保数据的安全和合法使用。

3. 提高数据互操作性

数据互操作性是指不同系统和平台之间能够相互交换、共享和理解数据的能力。通过采用统一的数据标准和技术接口，不同的医疗系统和应用程序可以实现数据的无缝集成和交流，提高数据的可访问性和可用性。

4. 提升数据质量控制

在数据收集和共享过程中，需要进行数据质量控制，包括数据准确性、完整性、一致性和时效性等方面的监测和验证。通过采用合适的数据清洗、校验和校准方法，可以提高数据的质量，确保数据的可靠性和有效性。

5. 保护隐私

在数据共享和交流过程中，保护隐私和安全性是至关重要的方面。医疗卫生数据涉及个人隐私和敏感信息，需要采取相应的安全措施，如数据加密、权限管理、访问控制等，确保数据的保密性和安全性。

（四）支持数据分析与应用

医疗卫生数据的采集和监测是为了支持数据分析和应用。计量在医疗卫生数据的分析过程中发挥着重要作用，可以应用于数据挖掘、数据建模、数据统计等方面。通过对数据进行分析，可以揭示潜在的规律和趋势，为医疗卫生决策提供科学依据。通过数据分析，可以提高医疗卫生管理的效率和质量，促进健康管理和医疗服务的个性化和精准化。此外，通过计量技术还可以将复杂的医疗数据转化为直观、易于理解的图形和图表，帮助医疗卫生工作者和决策者作出准确的判断和决策。

1. 挖掘与预测分析数据

通过挖掘与预测分析数据，可以从大量的医疗卫生数据中发现隐藏的模式、关联和趋势。这些分析结果可以用于预测疾病风险、制定个性化的治疗方案、优化医疗资源分配等，为医疗卫生决策提供科学依据。

2. 监测与预警疾病

通过对医疗卫生数据进行实时监测和分析，可以及时预警疾病暴发、流行病趋势和健康风险。基于数据分析的疾病监测和预警系统可以帮助卫生部门和公共卫生机构及时采取措施，控制疾病的传播，防范健康风险。

3. 提供个性化健康管理与医疗服务

通过对个体健康数据的分析，可以为用户提供个性化的健康管理和医疗服务。通过分析个体的健康指标、生活习惯和基因数据等，可以制定针对性的健康计划和治疗方案，提高健康管理的效果和个体的健康水平。

4. 评估与改进医疗质量

通过对医疗卫生数据的分析，可以评估医疗质量并发现改进的机会。通过监测和分析医疗流程、患者满意度、医疗错误和并发症等指标，可以识别潜在的问题并制定改进措施，提高医疗质量和安全性。

5. 制定健康政策与规划资源

基于医疗卫生数据分析，可以为决策者提供有关健康政策制定和资源规划的信息。通过分析人口健康状况、疾病负担、医疗需求等数据，可以制定针对性的健康政策，优化资源配置，提高卫生系统的效率和公平性。

二、提高医疗质量控制与改进的水平

医疗质量控制与改进是医疗卫生与健康管理中的重要环节，计量技术在其中发挥着关键作用。计量技术在医疗质量控制与改进中扮演着重要角色，它提供了准确、可靠的数据支持，帮助医疗机构评估质量水平、发现问题并制定改进措施。同时，计量技术也可以用于建立标准化的质量管理体系，确保医疗机构的质量管理符合规范。通过统计分析和持续改进，医疗机构可以不断提高医疗质量和患者安全水平，为患者提供更优质的医疗服务。

（一）加强医疗过程质量控制

计量在医疗过程质量控制中发挥着重要的作用。通过应用计量技术可以提高医疗服务的质量和安全性，减少患者风险和医疗错误，提高医疗资源的利用效率。

1. 评估治疗准确性

计量可以用于评估治疗准确性。通过对医疗设备的测量和校准，可以确保设备的准确性和稳定性，从而提高治疗的精准性和效果。

2. 确保手术质量

计量可以用于手术过程中的质量控制。例如，通过测量手术器械的尺寸和重量，可以确保手术器械的准确性和安全性。此外，计量还可以用于手术过程中的实时监测，如血压、心率等生理参数的测量，以确保手术过程的安全性和有效性。

3. 控制药品剂量

计量在药品剂量控制中发挥着重要作用。通过准确地测量和配制药物剂量，可以确保患者得到正确的药物治疗，避免药物剂量过高或过低导致的不良反应或治疗效果不佳。

4. 确保医疗记录的准确性

计量可以用于确保医疗记录的准确性。通过标准化的计量方法和流程，可以确保医疗记录的准确性和完整性，减少因记录错误而导致的信息丢失或混淆。

5. 支持预防性医疗保养

计量可以用于预防性医疗保养。通过使用相应的预防手段，可以提高用户的健康水平和生活质量。

（二）助力医疗结果评估与改进

计量在医疗结果评估与改进中发挥着重要的作用。医疗结果评估与改进是指对医疗过程和治疗效果进行系统性评估和分析，通过应用计量技术，可以提升医疗质量，减少不良事件的发生，提高患者满意度，促进医疗服务的持续改进和创新。

1. 评估治疗效果

计量可以用于评估不同治疗方法或药物的治疗效果。通过收集和分析相关的医疗数据，如患者的生理指标、疾病的进展情况等，可以评估不同治疗方法或药物的治疗效果，为医疗决策提供科学依据。

2. 监测与分析不良事件

计量可以用于监测和分析医疗过程中的不良事件。通过建立有效的监测系统和数据收集机制，可以及时发现和记录不良事件，通过计量分析找出其发生的原因，采取改进措施，以提高医疗过程的安全性。

3. 评估患者满意度

计量可以用于评估患者对医疗服务的满意度。通过收集患者的反馈意见和体验数据，可以了解患者对医疗过程和医疗团队的满意度，及时发现问题，改进不足之处，提升患者的体验和医疗服务质量。

4. 制定与监测医疗质量指标

计量可以用于制定医疗质量指标，并监测医疗过程和治疗结果的达标情况。通过设定合理的指标和监测机制，可以及时发现和纠正医疗质量问题，推动医疗质量的持续改进。

（三）加强医疗安全管理与风险评估

计量在医疗安全管理与风险评估中发挥着重要的作用。医疗安全管理与风险评估是指对医疗过程中的潜在风险和安全隐患进行评估和管理，通过应用计量技术，可以提升医疗质量，减少患者风险和安全事件的发生。

1. 识别与评估风险

计量可以用于识别和评估医疗过程中的风险因素。通过收集和分析医疗数据，如不良事件报告、病例分析等，可以识别潜在的风险因素，并实施风险评估，以确定风险的严重程度和可能性。

2. 干预和改进安全管理措施

计量可以用于评估医疗安全管理措施的效果。通过收集和分析医疗数据，如安全巡查记录、医疗设备使用情况等，可以评估现有的安全管理措施的有效性，并根据评估结果进行必要的干预和改进。

3. 回顾与学习医疗事件

计量可以用于回顾医疗事件的发生和处理过程。通过收集和分析医疗事件的数据，如事件报告、调查结果等，可以了解事件的原因和影响，并从中汲取教训，制定相应的改进措施，以防止类似事件再次发生。

4. 加强临床路径优化与风险控制

计量可以用于优化临床路径，控制患者治疗过程中的风险。通过收集和分析患者的临床数据，如诊断信息、用药记录等，可以优化治疗过程，减少潜在的风险，提高治疗效果和安全性。

5. 支持数据驱动的安全决策

计量通过利用大数据分析和数据挖掘技术，可以从大量的医疗数据中选取有价值的数据信息，为医疗安全管理和风险评估提供决策支持。通过分析数据中的关联性和趋势，可以发现潜在的安全风险和改进机会，优化医疗安全管理方案。

三、促进健康管理与健康数据分析的发展

健康管理是指通过科学的方法和技术，对个体或群体的健康状况进行全面管理和监控，以达到预防疾病、提高生活质量和延长寿命的目标。计量在健康管理中发挥着重要作用，特别是在健康数据的收集、分析和解读方面。

(一) 收集与整合健康数据

计量技术可以用于健康数据的收集和整合，包括个体的健康档案、健康检测数据、生物标志物数据等。通过应用计量技术，可以有效地收集和整合健康数据，实现健康数据的标准化、自动化采集和无缝整合，并确保数据的质量和安全性。有效地收集和整合健康数据可以为健康管理提供准确的信息，支持健康决策和干预措施的制定，促进健康管理和健康服务的改进。

1. 收集健康数据

健康数据的收集可以采用多种途径和方法，包括医疗机构的电子健康记录

系统、个人健康应用程序、健康调查和研究等。通过这些渠道可以收集到个人基本信息、疾病诊断、药物使用、生活习惯等各种健康相关数据。健康数据的收集涉及隐私和安全的问题，保护个人健康数据的隐私和安全是非常重要的。因此，在收集健康数据的过程中，需要遵守相关的法律法规，采取安全措施，保护数据的隐私和安全。

2. 整合健康数据

收集到的健康数据需要进行整合和归档，以便进行综合分析和利用。数据整合可以通过建立健康信息系统或健康数据仓库来实现。通过整合健康数据，可以更好地识别健康风险因素、评估健康状况和趋势，从而支持健康管理和决策制定。

健康数据的质量和准确性也是非常重要的。在数据收集和整合过程中，需要确保数据的质量，包括数据的完整性、准确性、一致性和可靠性。为了确保数据质量，可以采取有效的数据清洗、验证和校准措施。

（二）分析与解读健康数据

健康数据的分析和解读是健康管理的重要环节。可以运用统计分析、数据挖掘、机器学习等方法，分析和解读大量的健康数据，提取有价值的信息和知识。通过对健康数据的分析，可以发现潜在的健康问题，评估健康风险，并制定相应的健康管理策略。健康数据分析与解读的目的是提供有意义的信息和指导，以支持健康管理、疾病预防和健康干预的决策制定。通过深入分析和解读健康数据，可以识别潜在的健康问题，发现健康风险因素，评估干预措施的效果，为个体和群体的健康提供定制化的建议和支持。

通过对健康数据进行分析和解读，可以发现潜在的健康模式、趋势和关联关系，从而支持健康管理和决策制定。

1. 分析健康数据

健康数据分析可以采用各种统计和分析方法，包括描述性统计、推断统计、数据挖掘和机器学习等。通过这些方法可以揭示健康数据中的规律和趋势，发现相关因素和风险因素，预测可能的健康结果。

2. 解读健康数据

在健康数据分析过程中，数据解读是关键的一步。数据解读需要将统计结果和分析发现与临床、流行病学或其他相关的健康知识结合起来，进行综合判断和解释。数据解读有助于将分析结果转化为对个体或群体健康状况和风险的理解，并为健康管理和决策提供有针对性的建议和干预措施。

（三）制定与优化健康管理策略

计量技术还可以用于制定和优化健康管理策略。通过应用计量技术，可以更好地了解个体和群体的健康状况，了解人群的健康需求和健康行为，为制定个性化的健康管理方案提供科学依据。

计量技术还可以用于评估健康管理策略的效果，并根据评估结果对健康管理策略进行优化和调整。健康管理策略的制定与优化是在健康数据分析和解读的基础上，针对个体或群体的健康情况和需求，制定和优化相应的健康管理方案和策略，旨在促进个体或群体的健康，预防疾病的发生和发展，提高生活质量。

制定健康管理策略需要综合考虑多个因素，包括个体的健康风险因素、疾病的防控需求、医疗资源的可行性和可获得性，以及社会经济因素等。

1. 评估个体或群体的健康状况

通过健康数据分析和解读，评估个体或群体的健康状况，包括现有疾病的诊断和控制情况、潜在健康风险因素以及健康需求和目标。

2. 确定健康管理目标

根据评估结果和个体或群体的健康需求，制定明确的健康管理目标，如疾病预防、健康促进、康复治疗等。

3. 制定干预措施

基于健康管理目标，制定相应的干预措施和规划，包括药物治疗、改变生活方式、健康教育、定期检查等。这些措施应基于科学证据和最佳实践，并适应个体或群体的特定需求和条件。

4. 实施健康管理计划

将制定的健康管理策略转化为具体的实施计划，并确保有效地执行和监督。包括协调医疗团队的合作、提供必要的支持和资源以及建立有效的沟通和信息共享机制。

5. 监测与评估成效

定期监测和评估健康管理策略的实施效果，包括健康指标的改善、疾病控制情况的变化以及个体或群体的满意度。根据监测结果，及时调整和优化健康管理策略，以达到更好的健康管理效果。

四、推进医疗卫生信息化与智能技术应用

随着信息技术的快速发展，医疗卫生信息化和智能技术在医疗卫生领域

的应用越来越广泛。计量在医疗卫生信息化和智能技术应用中发挥着重要的作用，可以提高医疗卫生服务的质量和效率，促进医疗卫生的智能化和数字化转型。

在医疗卫生信息化方面，计量技术可以用于医疗数据的采集、存储、传输和管理。通过计量技术，可以获得准确和可靠的医疗数据，确保医疗数据的完整性和一致性。此外，计量技术还可以支持医疗信息系统的建设和优化，提高医疗信息的处理和利用效率，为医疗决策提供科学依据。在智能技术应用方面，计量可以为医疗卫生领域的智能化提供支撑。例如，计量技术可以为开发智能医疗设备和传感器提供支持，实现对患者健康状态的实时监测和评估。计量技术还可以为智能医疗辅助系统提供医学诊断、治疗和护理的智能化支持。通过应用智能技术，可以提高医疗卫生服务的精确性、个性化和效率。

计量在医疗卫生与健康管理中的应用是十分重要的。计量不仅提供了准确可靠的数据支持，也推动了医疗卫生服务的智能化和数字化转型，进一步提升了医疗质量和健康管理水平。随着技术的不断创新和应用，计量在医疗卫生领域将发挥更加重要的作用，为人们的健康和福祉作出更大的贡献。

（一）建设与管理医疗信息化系统

医疗信息化系统建设与管理是指利用信息技术和计量手段来支持医疗机构的信息化管理和运营。医疗信息化系统包括电子病历、医疗影像管理、医药信息管理、医疗质量管理等多个模块，通过数据的采集、存储、传输和分析，可以提高医疗信息的质量和可靠性，支持医疗决策和管理，促进医疗信息的交流与共享，提升医疗服务的质量和效率。实现医疗信息的全面管理和利用。

1. 建设医疗信息化系统

在建设医疗信息化系统方面，计量起着重要的作用。首先，计量技术可以保证医疗数据的准确性和可靠性，通过合理的数据采集方法和数据校准措施，可以确保医疗数据的质量，从而提高医疗信息化系统的可靠性和有效性。其次，计量技术可以支持医疗数据的管理和分析。通过应用计量技术，可以对医疗数据进行整理、分类、分析和解读，为医疗决策和管理提供科学依据。例如，可以利用计量方法对医疗质量进行评估，识别潜在的风险和问题，从而及时采取改进措施。另外，计量技术还可以支持医疗信息的交流与共享。通过标准化的计量方法和数据格式，不同医疗机构之间可以进行数据的互通和共享，实现医疗信息的无缝连接和流动，提高医疗服务的连续性和协同性。

2. 管理医疗信息化系统

在管理医疗信息化系统方面，计量技术可以用于对系统的运行状态和性能进行监测和评估。通过计量指标的测量和分析，可以及时发现系统运行中的问题和风险，并采取相应的措施进行改进和优化。

（二）应用智能技术提升医疗卫生服务水平

智能技术在医疗卫生领域的应用日益广泛，可以提高医疗服务的效率、精确性和个性化程度，改善患者的治疗体验和健康管理效果，为医疗卫生提供了许多创新的解决方案。

1. 分析医疗诊断影像

智能技术如机器学习和深度学习在医学影像分析中发挥着重要作用。通过训练模型，智能系统可以自动识别和分析医学影像，辅助医生进行疾病诊断和治疗计划的制定。

2. 智能辅助诊断

智能技术可以基于大数据和算法辅助医生进行疾病诊断和治疗决策。例如，通过分析病例数据库和临床指南，智能系统可以为医生提供相关的诊断建议和治疗方案。

3. 监测健康与远程医疗

智能技术可以实现对患者健康状况的实时监测和远程医疗服务。通过穿戴式设备、传感器和移动应用，患者可以随时监测自己的生理参数，并与医生进行远程沟通和诊疗。

4. 定制个性化医疗与药物

智能技术可以基于患者的个体特征和基因组信息提供个性化的医疗方案。通过大数据分析和模式识别算法，智能系统可以预测患者对特定治疗的反应，并提供相应的个性化建议。

5. 医疗机器人辅助手术

智能机器人技术可以实现精准的操作，辅助医生进行复杂的手术。智能机器人可以通过图像识别和运动控制算法，实现高精度的手术操作，并减少手术风险和损伤。

6. 预防保健与健康管理

智能技术可以提供个人健康管理和预防保健的解决方案。通过智能健康设备、移动应用和云平台，用户可以实时监测自己的健康指标，并获取个性化的健康建议和管理计划。

（三）服务健康监测与远程医疗

健康监测与远程医疗是智能技术在医疗卫生中的重要应用领域之一。通过健康监测设备和远程通信技术，可以对患者的健康状况进行实时监测，提供远程医疗服务，大大提高医疗资源的利用效率，减少患者的就医成本和时间成本，提高医疗服务的覆盖范围和质量水平。

1. 利用设备监测生理参数

健康监测设备包括血压计、心电图仪、血糖仪、体温计等各种便携式或可穿戴式设备，用于测量和监测患者的生理参数。

2. 提供远程医疗平台

通过互联网和远程通信技术，患者可以与医生或医疗团队进行实时交流和远程诊断，包括在线咨询、远程会诊、远程手术指导等。

3. 整理健康数据

通过智能技术和云计算平台，可以对患者的健康数据进行收集、存储和分析，为医生和患者提供个性化的健康管理和指导。

4. 监测健康状况

基于健康监测数据和智能算法，可以实现对患者健康状况的实时监测和风险预警，及时采取干预措施，提供个性化的健康管理服务。

第二节　计量在医疗卫生与健康管理中的典型案例

【案例一】优化量子检测测试方法，助力“精准医疗”高质量发展

一、案例概况

（一）实施背景

随着医用设备向智能化、精准化方向高速发展，被检出病灶的尺寸由几厘米减小到几十微米，影像等信息更加具有敏感性、直观性、特异性、早期性，然而对医疗设备的计量检测及质量评估却面临着困境，导致影像结果假阳性、假阴性的医疗风险不断增大。欧美发达国家对于放射影像设备的质量研究重点落在数据上，通过数据进行设备的精准评估和风险管控。国内生产医疗设备的

民营企业应用传统的计量数据评价设备时精准性较低，传统模式下的计量方法获得的数据误差偏大，计量数据对提升设备质量、优化参数设计的支撑作用不大。国内生产医疗设备的民营企业尤其是中小企业急需新的计量技术来实现设备的精准评估，提升产品质量。

（二）案例简介

德润特数字影像科技（北京）有限公司是一家生产数字化X线设备的小型民营企业。由于大部分民营医疗器械生产企业不具备大型上市公司的技术实力，在关键部件测试验收环节往往力不从心，把有隐患的部件组装在设备里的情况很难杜绝，既影响企业效益，又影响企业形象。德润特数字影像科技（北京）有限公司通过与计量机构开展计量数据的校准创新合作，应用新的技术与手段，在质检与验收环节及时发现有问题的部件，通过部件退换，为企业挽回数十万元的经济损失。更重要的是，依据个性化计量和分析计量数据，解决了X线设备性能精准评价的瓶颈问题，优化了参数设计，提升了产品质量，大幅减少了与国际先进设备的差距，提升了企业技术实力。

二、案例做法及取得成效

（一）案例详情

1. 需求分析

传统上，X线设备测量的参数是空间分辨率和低对比度分辨率。由于受限于模体加工的几何尺寸和几何精度，空间分辨率和低对比度分辨率不仅评价精度低而且评价主观性强，难以精准评价X线设备的成像质量。X线设备生产企业需要精度高和客观性的计量参数来指导产品优化设计。

2. 技术难点

国际上采用量子检测效率的仅仅只针对医用X线设备的成像探测器。为了评价整个医用X线设备，将X管球输出的X线光子作为输入量，把最终输出图像作为输出量，以整个系统的量子检测效率来评估设备，涵盖管球、探测器、读写电路及滤线栅等各个部分。

3. 解决方案

本项目采用X线设备系统量子检测效率计量方法这一国际最先进的评测方法，分析并发现了国产设备量子检测效率下降的原因，完善了X线设备系统量子检测效率计量方法。以管球输出X线产生的光子数作为入射光子，以显示图像作为最终的图像信息。应用系统量子检测效率作为评价 X 线设备性能的计量参数，通过管球参数和成像装置参数对其数值的影响提示设备的风险。量子效率曲线空间频域具有连续性，突破了传统离散型指标的评价瓶颈，提高了影像设备评估的精度。

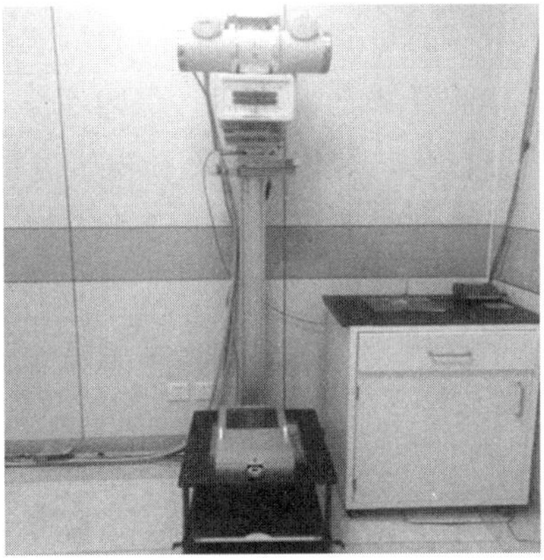

图 5.1 医用 X 线设备量子检测效率校准装置

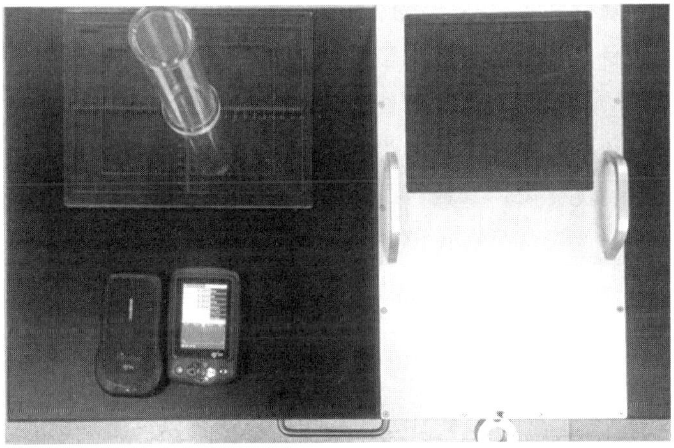

图 5.2 量子检测效率校准设备
（左上为光野照射野对准设备，左下为剂量计，右侧为量子检测效率测试模体）

（二）具体成效

德润特数字影像科技（北京）有限公司应用项目成果，解决了 X 线设备性能精准评价的瓶颈，依据精准评价的结果，优化设计参数，提升产品质量，大幅减少了与国际先进设备的差距。2017 年增加销售 100 万元，2018 年增加销售 120 万元，2019 年增加销售额 150 万元。

三、案例应用推广价值

（一）推广价值

“精准医疗，质量先行”。医疗设备的质量保障是实现精准医疗的前提，质量下降的医疗设备极易造成误诊、错诊，使医疗诊断丧失精准性。医学计量的核心问题是保证医疗设备输出结果的准确性，保障医学诊断的精准性。精准医疗要求加强医疗设备的质量保障，对计量工作提出了更精、更准、更快的要求。该案例通过系统量子检测效率分析数字X线设备临床应用条件下成像性能下降的原因，在国际上率先建立临床条件下的数字X线设备系统量子检测效率计量测试方法，并通过系统量子检测效率实现图像质量的量化计算，实现了剂量和图像质量的一体化评估。

传统放射影像设备的计量检定主观性强，评价片面，通过计量方法获得的数据与实际结果相差过大，既不能反映设备的真实计量性能，又很难及时发现设备计量性能下降的风险。将项目成果应用到计量检测中，使用客观精准的计量参数，优化计量方法，提高了数据的精准性，提升了设备评估的精度，解决了放射性影像设备只能进行常规状态检测而无法进行预防性检测的窘境，能及时排除影像设备的风险，为医疗设备提供更及时、更全面、更有效、更准确的服务。项目成果还可以帮助国产企业解决放射影像设备研发和生产中欠缺性能精准评价的瓶颈，优化设计参数，提升产品质量，减少国产设备与国际先进设备的差距。医用影像设备是医疗设备高端产业化的代表，本项目成果提升了影像设备评价的及时性和精准性，有助于我国的医用影像设备摆脱低价劣质的标签，实现对欧美先进医用设备的弯道超车。

（二）行业示范作用

传统计量检定必须在医疗设备使用现场使用标准装置对医疗设备进行操作，得到检定数据。由于受到时间、空间、人力成本等限制，现场检定通常会落后于实际使用需求。引入放射影像设备计量新参数、新方法和数据的新应用，既能降低设备成本、人力成本和时间成本，又能保证质控质量。这些新参数、新方法和数据的新应用极大提升了对医用放射影像设备的质量评估水平，提高了医学计量的宏观管理水平，并可及时发现医疗设备潜在的问题和隐患，实现对医疗设备的风险评估及预警，保障了医疗诊断的精准性，提升了影像诊断的可靠性，解决了先进诊疗方案无法验证效果的瓶颈，使影像诊断水平达到国际先进水平。

【案例二】创新医用放射影像设备计量测试方法，支撑“健康中国”战略

一、案例概况

（一）实施背景

随着我国经济的高速发展，人民群众对于疾病的精准诊断和早期预测的要求越来越高，各类新型影像设备不断进入各级医院，提升了我国的整体医疗诊断水平。一方面，由于受检人数众多，部分三甲医院的医疗设备使用频率通常是国际平均水平的8～10倍。另一方面，医疗设备的保养以及维护均参照国外标准，导致与影像设备有关的医疗事故不断发生，不仅严重地影响了医疗质量，更难以满足精准诊断和早期预测的要求。

（二）案例简介

北京市计量检测科学研究院［国家计量数据建设应用示范基地（精准医疗）］建立了以DR为代表的数字化计量性能评价标准，将影像设备的性能计量数据和图像质量连接到一起，利用图像剂量转化模型将DR非剂量计测量的剂量偏差由20%减小到5%以内，保证了影像设备在整个生命周期内质量评估数据的有效性和安全性，在国内首次实现医疗领域的动态“云计量”和预防性检测，极大促进了成像质量的提高。同时，借助计量数据平台，利用历年来对北京市2 000余台DR的计量数据，结合合作医院、生产厂家提供的设备使用大

图5.3 40～150 kV X射线辐射源标准装置使用平板探测器进行图像溯源

数据，建立了 DR 计量数据库，构建了计量数据服务平台，在大数据分析的基础上创建了 DR 使用寿命预期模型和智能风险等级评估模型，能够动态地分析出北京市2 000余台在用 DR 的使用状况，并对每台 DR 未来的运行状态进行预测，在疫情防控期间充分保障了医疗设备的使用安全，提升了中日医院、协和医院、地坛医院等学科重点医院影像设备的使用质量。

二、案例做法及取得成效

（一）案例详情

1. 需求分析

国内医院受检人数众多，医疗设备尤其是影像设备使用频率通常是国际平均水平的 8～10 倍。由于医疗设备超负荷运行，传统一年一次的计量检测并不能达到保证影像诊断数据精准性的要求。北京的大型综合三甲医疗机构在购买检测设备上大多没有压力，但是由于患者众多，专业技师疲于应付患者的检查，没有时间和精力进行专业的计量培训，更不可能按照相关标准开展质控工作，而招专职质控工程师对医院科室也有不小的压力。

2. 技术难点

众所周知，对 DR 来说，管球的出线剂量和成像探测器的输出图像质量是最主要的计量参数。传统的计量方法分别使用剂量计和成像检测模体来实现这两部分计量参数的提取。本项目选取空爆图像来实现剂量和成像参数的获取。影像图像改变的因素一方面来自管球参数的变化，另一方面来自成像装置本身发生的变化，如何排除探测器的改变引起的图像变化是该项目的难点。

3. 解决方案

探测器性能的下降会引起图像固有噪声分布发生变化，通过图像前后噪声功率谱的变化范围确定是否发生了探测器的性能下降。该校准方法是以图像信息为媒介而建立的计量性能校准方法。依据 X 线光子的分布是一定线质条件下的剂量分布并且图像的像素值与平板探测器入射光子呈线性的特点，建立 DR 不同线质条件下的空曝图像，以其对应的剂量作为基线数据。后期采集的 DR 输出的空曝图像通过噪声功率谱的一致性排除探测器质量下降的因素之后，依据由基线数据产生的转换曲线获得管球输出剂量。

（二）具体成效

基于数字计量标准的 DR 在线计量服务为中日医院、燕化医院等提供了一种实时、快捷、精准的影像设备质控新方法，可以很好地解决检测与病人检查之间的矛盾。DR 计量数据创新应用平台的上线，不仅有效解决了不同使用频次、不同使用环境下各医疗机构对影像诊断关键设备 DR 的质控难题，还实现了对 DR 全寿命周期质量性能的分析与统计，使动态监测 DR 成为可能。2021 年平台上线后，在不增加医疗检定负担的情况下，北京市 DR 的总故障率下降了 20%，设备突发故障事件减少了 60%。特别是在疫情防控期间，在传统检定周期无法保证的情况下，不仅保证了 DR 的使用质量，降低了对疾病误诊、漏诊的医疗风险，还减少甚至杜绝了因设备突发故障造成患者堆积的事件。

三、案例应用推广价值

（一）推广价值

根据 DR 的成像原理，图像像素值是由入射 X 线光子在平板探测器产生的电信号决定的。入射 X 线光子在平板探测器产生的电信号取决于管球曝光剂量。因此，通过图像可以估算出剂量。该方法很好地解决了检测与病人检查之间的矛盾。

该项目成果有效地保障了不同医疗机构设备的同质化，保障了影像诊断的有效性，为推动影像检查互认化发展提供了计量数据支持，为人民群众理性就医、合理选择医疗资源提供了计量数据支撑，进一步促进了医疗资源区域均衡布局。该项目形成了新的评估和监控的质量基础设施和服务体系，充分发挥了计量数据在推进医疗卫生领域创新发展中的重要作用，推动计量工作由器具管理向数据管理和应用延伸，提高了监管的科学性、精准性、精细性和及时性，充分保障了人民群众就医安全、诊断精准和治疗有效，对“健康中国”国家战略的实现起到了积极的推动作用。

（二）行业示范作用

由于医疗模式的转变，医疗领域计量数据的支撑作用已由单一设备的定性检查和量值溯源逐步演变成对医疗设备的定量评估与风险预测，推进医学检验、医学影像检查结果的互认化，提升定量分析精度。大量精准医疗设备的研发与使用，远程医疗和智慧医疗的迅猛发展，都对医疗数据的精确性、时效性、安全性和可靠性提出了更高的要求。数据基地将依托互联网、大数据继续拓宽数据分析能力，进一步提升对医疗过程、医疗实践等诊断数据的风险防控，提升计量数据对临床应用的支撑力度。

【案例三】计量促进额温计产品质量提升

一、案例概况

（一）实施背景

由于人体皮肤温度受环境温度影响较大，长时间处于气温较低的户外环境中的人体皮肤温度较低，这对红外额温计精确测量人体温度提出了挑战。通常的做法是让被测对象在测量环境中停留一段时间，在与周围环境达到热平衡之后再进行测量。疫情防控期间，经常需要在室外测量体温，给体温的准确测量带来挑战。

（二）案例简介

天津市医学装备产业计量测试中心（以下简称“产业中心”）与天津九安医疗电子股份有限公司开展合作，对企业进行现场技术帮扶，解决企业实际困难。产业中心深入企业开展“政策＋技术”精准帮扶，结合疫情防控和服务复工复产工作任务要求，深入了解企业亟须解决的困难和问题，联合开展高准确度额温计研制，并将研究成果应用于公司的新产品中，型号为PT3S。经过天津医疗器械质量监督检验中心检验，获得了中华人民共和国医疗器械注册审批，该新型红外额温计产品远销美国，市场占有率达到30％。天津九安医疗电子股份有限公司作为目前国内乃至全球最大的额温计生产厂家，在疫情防控期间，就人体体温检测工作发挥了重要作用。

二、案例做法及取得成效

（一）案例详情

1. 需求分析

产业中心通过走访调研发现，目前符合国家标准要求的红外额温计在特殊环境条件和场景下使用时，可能无法准确测量体温。例如：红外额温计在16～35 ℃的环境温度范围外不能正常工作；当室内外温差较大时，被测人员从室外进入室内后立即测量额温，显示的体温值不准确。上述问题不仅严重降低了工作效率，更有可能漏掉发热患者，给防疫工作中带来重大隐患。因此，能够支持更宽的使用环境温度范围并且具备自动补偿室内外温差技术的红外额温计产品存在重大缺口。该产品的研究填补了这一空白，研制的产品不仅可以大幅度提高疫情防控期间体温筛查的可靠性，而且可以在一般医疗诊断场景下提供更加可靠有效的温度测量结果，具有可观的市场价值和应用前景。

2. 技术难点

一是普通的红外额温计在使用环境温度超出 16～35 ℃范围时，测量温度不准确或不能正常显示结果。通过对传感器等电子器件在 0～40 ℃范围下的非线性分析和修正，可以扩展产品使用环境的温度范围。

二是当被测人员从室外进入室内且当时室内外存在较大温度差时，人体体温仍然处于室外环境状态，这时直接测量额头温度可能存在偏差。利用蓝牙通信技术结合实时气象数据对测量结果进行补偿，可以有效提高人体体温测量的准确性。

3. 解决方案

产业中心针对这一问题迅速成立课题组进行科研攻关，针对普通红外额温计只能工作在 16～35 ℃环境温度范围的问题，科研人员重新分析传感器等电子器件在 0～40 ℃超宽环境温度范围下的非线性特性，通过大量实验采集超宽温度范围条件下的传感器输出数据和被测黑体真实温度数据，利用嵌入式软件算法修正系统的非线性误差，实现了在 0～40 ℃超宽环境温度范围下准确测量人体温度。

此外，课题组采用无线蓝牙通信技术，利用当地实时天气数据，对测量结果进行进一步修正，从而提高被测人员从室外进入室内时体温测量的准确度，进而提高工作效率和可靠性。

（二）具体成效

产业中心的科研成果帮助天津九安医疗电子股份有限公司制成红外额温计样机，并通过了医疗器械注册审批。该项设计成果应用在红外额温计新产品 PT3S 上，新产品在疫情防控期间增加了销量，提高了该公司的销售额。

三、案例应用推广价值

（一）推广价值

产业中心积极探索创新服务理念和服务模式，对医学装备产业中小企业开展“政策＋技术”的精准帮扶行动，充分发挥产业中心计量技术优势，聚焦企业需求，开展精准服务，为企业解决计量难题，送培到企，加强交流合作，取得显著成效。

研制的产品不仅可以大幅度提高疫情防控期间体温筛查的可靠性，而且可以在一般医疗诊断场景下提供更加可靠有效的体温测量结果，具有可观的市场价值和应用前景。研究成果填补了国内这一领域的空白，提高了相关行业标准，新型高精度红外额温计广泛应用于疫情防控领域和医疗健康领域，具有重要的社会价值。

（二）行业示范作用

只有与产业建立畅通的信息渠道，时刻跟踪产业计量需求及发展动态，不断加强与产业的战略合作，不断提高科研能力及管理水平，才能切实为产业发展作出贡献。

【案例四】医用内窥镜关键参数计量检测服务医疗产业

一、案例概况

（一）实施背景

医用内窥镜是一种光机电相结合的精密仪器，用以观察人眼不能直接观察或不方便观察的腔体内组织和结构，并结合相关分析进行诊断和治疗。内窥镜的发明源于百年前，随着内窥技术日趋成熟，开辟了医学上的一个新领域——介入医学或管腔医学，进一步拓宽了内窥镜在医学上的应用。

目前，发达国家均在大力开展内窥镜的应用开发工作，国际市场上知名的品牌有日本 Olympus、美国 Welch Allyn、德国 Karl Storz 和 Richard Wolf 等。我国的内窥镜技术发展较晚，总体技术水平与世界先进水平相差较大，国内主要生产厂家有上海医用光学仪器厂、上海医用诊察仪器厂、上海医疗器械五厂、沈大内窥镜有限公司等。

目前，国内对医用内窥镜关键参数的溯源方法仍为空白、检测方法仍存在缺失。现阶段主要参照 ISO 15739：2017 和 ISO 12233：2017 测试方法对内窥镜进行图像质量评估。由于内窥镜的体积较小，通常拍摄局部区域效果，视场相对较小，市面上常规的图卡无法满足测试要求。内窥镜关键参数检测主要由国外检测机构或者设备商完成，不仅周期长，而且检测费用非常高。国内生产商迫切希望能够在国内进行相关检测，亟须研制一套图卡及标准光源来对医用内窥镜关键参数进行检测。

（二）案例简介

2022 年 5 月，苏州市某医疗器械企业的自研新型医用内窥镜定型检测需求任务发布，光电显示产业质量接力站组织技术团队对该项目进行技术攻关。项目组深入生产一线，积极与企业沟通，了解生产厂家的测试需求和质量管控要求，分析得到产业的共性问题。依据 ISO 15739：2017 和 ISO 12233：2017 的测试方法，研制了一套针对医用内窥镜的包含色温可调连续光源、测试图卡的检测装置，可以实现对医用内窥镜关键参数的检测。

二、案例做法及取得成效

（一）案例详情

1. 需求分析

2022 年 5 月，苏州市某医疗器械企业急需对一款自行研发的新型医用内窥镜进行定型检测，检测参数主要包括照明和成像参数。该款内窥镜的数字成像系统和光源都进行了升级改进，传统的内窥镜检测标准和检测装置无法适用于该新型医用内窥镜的参数检测。

2. 技术难点

了解到该情况后，光电显示产业质量接力站立刻组织技术团队对该项目进行技术攻关。项目组发现，产业的共性需求主要集中在两个方面：一是能够进行医用内窥镜关键参数的检测，检测能力能够达到国外市场的要求。二是缩短检测周期，降低检测成本。

3. 解决方案

针对以上具体需求，技术团队提供了以下解决方案：

一是依据 ISO 15739：2017 和 ISO 12233：2017 的测试方法，研制了一套针对医用内窥镜的包含色温可调连续光源、测试图卡的检测装置，可以实现对医用内窥镜关键参数的检测。测试参数主要包括动态范围、噪声、信噪比、可视分辨率、空间频率响应、色彩还原性、阴影等。该医用内窥镜的检测装置完全满足医用内窥镜的特殊要求。例如，针对特殊图卡，光电显示产业质量接力站依托传统的计量优势，对特殊图卡的分辨率、色彩等参数进行量值溯源。

二是为客户提供了具有竞争性的测试价格，并且承诺测试周期控制在一周内。对于特殊情况，甚至可以实现一对一服务，极大地节约了客户的测试时间及成本。

（二）具体成效

通过不断调研和探索，研制的医用内窥镜关键参数检测装置已对外开展相关检测服务，通过和国内几家内窥镜生产商以及医疗器械厂商合作，系统地验证了检测能力，检测结果得到了客户的一致好评。

三、案例应用推广价值

（一）推广价值

医用内窥镜具有广阔的发展前景，但国内缺少相应的检测方法和检测装置。该装置的研制可以填补国内医用内窥镜检测方法和检测装置的空白，促进医疗产业的高质量发展。

针对内窥镜体积较小的特点，研制了专用测试图卡和检测装置，可以满足小视场的需求。

（二）行业示范作用

目前，对于医用内窥镜关键参数的测试已能提供相应的技术解决方案，但对于其他参数的检测还需要进一步的研究。光电显示产业质量接力站将以此项目为契机，进一步研究和完善医用内窥镜的各项测试技术，参与国内相关标准方法的制定，为保障和提升产业质量提供技术支持。

第六章　计量与环境保护和安全监测

习近平在全国生态环境保护大会上强调，全面推进美丽中国建设，加快推进人与自然和谐共生的现代化。本章将探讨计量在环境保护与安全监测中的重要作用。随着环境污染与气候变化等全球性问题日益突出，计量在评估、监测和环境质量管理等方面扮演着关键的角色。本章通过介绍计量在环境污染物的测量与监测、辐射的测量与监测、有毒化学品的测量与监测、环境事故应急与风险评估等方面的关键作用，具体分析计量在环境保护与安全监测方面的实际应用案例，进一步分析当前计量在环境保护与安全监测中发挥作用面临的困境，提出切实可行的优化路径。

第一节　计量在环境保护与安全监测中的关键作用

计量为创新驱动发展战略提供了科学依据和可靠的数据支持，在环境保护与安全检测中也发挥着重要作用，主要表现在助力环境污染物的测量与监测、强化辐射的精准测量与监测、强化有毒化学品的测量与监测、加强环境事故应急与风险评估四个方面。

一、助力环境污染物的测量与监测

环境污染物的测量与监测是环境保护工作的重要组成部分。通过准确测量和监测环境中污染物的浓度和分布情况，可以评估环境污染状况，为制定有效的环境保护策略和措施提供科学依据。计量在环境污染物的测量与监测中发挥着关键作用，具体体现在以下几个方面：

一是测量仪器和设备。计量支撑各类环境监测仪器和设备的研制，并可对其进行检定和校准，以确保其测量的准确性和可靠性。例如，气体分析仪、水质监测仪器、$PM_{2.5}$颗粒物采样器等都需要经过计量溯源，以保证其测量结果的可比性和准确性。

二是标准物质。标准物质是已经确定了具有一个或多个足够均匀的特性值的物质或材料。标准物质作为分析测量行业中的“量具”，在校准测量仪器和装置、评价测量分析方法等领域起着不可或缺的作用，能够确保各个实验室和机构的测量结果具有可比性。

三是检定与校准。通过计量技术可以对环境监测设备进行检定与校准，确保测量结果与国际标准或法定要求相符。此外，通过溯源和追踪测量过程中的各个环节，可以确保测量结果的可信度和可靠性。

四是数据分析与解读。计量技术在环境污染物测量与监测中的数据分析和解读方面起着重要作用。通过统计分析和应用数据模型，可以从大量的监测数据中提取有用信息，评估环境污染状况，预测未来趋势，并为环境保护决策提供科学依据。

计量在环境污染物的测量与监测中扮演着关键角色，通过提供准确的测量数据和分析方法，监测环境污染物的水平和趋势，为环境保护工作提供科学支持和指导。同时，计量技术的不断发展和创新也为环境监测提供了更加精确、高效和可持续的解决方案。

（一）提升大气污染物的测量与监测水平

1. 计量在大气污染物测量与监测中的重要作用

大气污染物的测量与监测是环境保护的重要组成部分。通过准确测量大气中的污染物浓度和排放量，可以评估空气质量，并制定相应的控制措施。计量可以促进标准化，确保不同监测站和实验室之间数据的可比性。此外，计量技术还可以应用于大气污染物监测设备的研发和改进，提高监测的灵敏度、精确度和实时性。通过对大气污染物的测量和监测，可以了解大气中污染物的空间分布，为评估大气污染状况、制定相应的治理措施和监测网络提供科学依据。在大气污染物的测量与监测中，计量发挥着关键作用，具体体现在以下几个方面：

一是建设与运维环境监测站。计量技术可以应用于环境监测站的建设过程中，计量机构可以对环境监测站的仪器设备进行周期检定与校准。

二是开发污染物的测量方法与标准。计量技术可以用于开发和验证大气污染物的测量方法和标准。通过研发准确可靠的测量仪器和设备，制定统一的测量方法，确保不同实验室和监测站的测量结果具有可比性。此外，计量机构还可以生产和提供标准物质，用于核查和验证测量设备的准确性。

三是控制与分析数据质量。计量技术在大气污染物的数据质量控制和分析中发挥着重要作用。通过制定严格的数据质量控制程序，包括数据校准、数据验证和数据处理等，确保测量数据的准确性和可靠性。同时，计量技术还可以应用于大气污染物数据的统计分析和建模，从而得出准确的污染物浓度和分布信息。

四是监测污染源的排放。计量技术可以用于污染源的排放监测。通过安装适当的监测设备和仪器，对工业企业、交通运输等污染源进行实时监测，获得准确的污染物排放数据。这些数据可以用于评估污染源的排放水平、制定减排政策和措施、对污染源进行监测和管理。

2. 大气污染物的测量与监测面临的挑战和解决路径

在大气污染物的测量与监测中，仍然存在一些挑战和不足。首先，大气污染物的测量需要不断研发和改进适用的测量方法。其次，大气污染物的测量受到环境条件和干扰因素的影响，需要进行适当的校准和修正。此外，数据质量控制和数据分析的标准化仍然需要进一步完善，确保数据的准确性和可比性。

为了克服这些挑战，需要加强计量技术的研发和应用，提高监测设备的精确度和灵敏度，完善数据质量控制和数据分析的标准和方法，不断加强国际合作和信息共享，推动全球范围内的大气污染物测量与监测工作，共同应对全球环境问题。随着技术的不断发展和创新，计量技术将提供更加准确和可靠的测量方法和设备，为环境保护和污染治理提供更有力的支持，不断提升计量在大气污染物数据分析和建模中的应用，为决策者制定更科学、可靠的环境政策和措施提供依据。

（二）强化水质污染物测量与监测的精准性

1. 计量在水质污染物测量与监测中的关键作用

水质污染物的测量与监测是保护水资源和维护生态环境的重要手段。计量在水质污染物测量与监测中的应用包括水质分析技术的准确性验证、仪器设备的检定与校准等。这些计量工作的目标是确保水质数据的可靠性和可比性，为水环境管理提供科学依据。水质污染物的测量与监测可以帮助公众了解水体中的污染物含量和分布情况，从而评估水质的安全性，并采取相应的控制和管理措施。通过准确测量水体中的各种物理、化学和生物指标，可以及时发现和监测污染物，并评估其对水体生态系统和人类健康的潜在风险。常见的水质污染物包括重金属等。计量技术可以通过各种方法和仪器，如光谱分析、电化学分析、生物监测等，对水体中的污染物进行定量测量和监测。同时，计量技术还可以用于建立水质监测网络和数据库，实现实时监测和数据共享，为水质管理和环境保护提供科学依据。

2. 水质污染物的测量与监测面临的挑战及解决方案

水质污染物的测量与监测面临的挑战有水样的采集和处理、分析方法的选择和标准化等。

随着科学技术的发展，水质污染物的测量与监测将更加精准和高效。新兴的技术如传感器技术、遥感技术和大数据分析等将为水质监测提供更多可能性，提高监测的实时性和覆盖范围。同时，应加强国际合作和信息共享，共同应对跨国水污染和水资源管理的挑战，推动全球水质监测与保护工作的进一步发展。

（三）确保土壤污染物测量与监测的准确性

1. 计量在土壤污染物测量与监测中的重要作用

一是及时了解土壤环境质量，评估污染程度。土壤污染会给农业生产、生态系统和人类健康带来严重影响。土壤污染物的测量与监测是及时了解土壤环境质量、评估污染程度的重要手段。计量在土壤污染物测量与监测中的应用包括土壤分析技术的准确性验证、仪器设备的校准和检验等。这些计量工作的目的是确保土壤监测数据的准确性和可比性。土壤是生态系统的重要组成部分，土壤污染不仅会对环境质量产生影响，还可能对农作物生长和人类健康造成潜在威胁。准确、全面地测量和监测土壤污染物对于及时采取防控措施具有重要意义。

二是为土壤污染物的测量与监测提供技术基础。首先，计量技术可用于土壤样品的采集和前处理，确保样品的代表性和准确性。其次，通过各种分析方法和仪器设备进行准确测量。此外，计量技术还可应用于土壤监测站点的建设与管理，确保监测设备的准确性和可靠性。随着技术不断创新，将提供更精确、快速、可靠的测量方法和设备，为土壤环境保护和农业可持续发展提供更有力的支持。同时，计量在土壤监测数据的分析和建模中的应用也将进一步提升，为决策者制定更科学、可靠的土壤污染治理和土地资源管理策略提供依据。

2. 土壤污染物的测量与监测面临的挑战和解决措施

首先，土壤污染物的种类繁多，需要应用不同的测量方法和设备进行监测。

其次，土壤样品的采集和前处理过程中可能受到环境因素和人为干扰，需要进行适当的质量控制和校准。此外，土壤监测数据的解读和比对需要进一步完善，以确保数据的准确性和可比性。

解决措施如下：加强计量技术的研发和应用，提高监测设备的精确度和灵敏度；加强数据质量控制和数据分析的标准化，建立健全质量管理体系。此外，还应加强国际合作与信息共享，促进土壤监测技术和经验的交流与合作，共同应对全球土壤污染问题。

（四）加强噪声污染测量与监测的标准化

1. 计量在噪声污染的测量与监测中的关键作用

一是制定合适的噪声控制措施，保护人们的健康和生活环境。计量在噪声污染的测量与监测中发挥着重要作用，包括噪声测量设备的量值溯源、噪声测量方法的标准化和噪声数据的分析解读等。通过准确测量噪声水平和评估噪声源的影响，可以制定合适的噪声控制措施，保护人们的健康和生活环境。

二是确定噪声源，评估噪声水平的合规性。噪声污染是指超出正常水平的噪声对人类健康和环境造成的不利影响。噪声污染的测量与监测是评估噪声水平、了解噪声来源和影响范围的重要手段。通过使用精密的声级计和其他测量设备，可以对噪声的强度、频率和持续时间进行准确的测量。通过计量技术可以确定噪声源、评估噪声水平的合规性，并为噪声控制和管理提供数据支持。随着技术的不断进步，噪声污染的测量与监测将变得更加精准和智能化。

2. 噪声污染的测量与监测面临的挑战及解决措施

首先，噪声污染的特征复杂多变，需要选择适当的测量方法和设备来获取准确的数据。其次，噪声污染的评估需要考虑不同场景和环境的差异，难以制定合适的测量标准。此外，数据的收集、处理和分析需要高度标准化和统一，否则很难确保数据的可比性和可靠性。

新兴技术，如声学传感器、智能监测系统和数据分析算法的发展，将提供更多有效的手段来监测和评估噪声污染。同时，应加强噪声污染监测网络的建设和数据共享，促进国际合作与经验交流，共同应对全球范围内的噪声污染挑战，保护人类健康和环境质量。

二、强化辐射的精准测量与监测

辐射是一种常见的环境污染源，会对人类健康和环境造成潜在风险。计量在辐射的测量与监测中起着重要的作用，包括辐射监测方法的标准化和辐射数据的分析解读等。通过准确测量辐射水平和评估辐射源的影响，可以及时采取适当的措施来保护人类健康和环境安全。在环境保护与监测中，辐射的测量与监测是关键的任务之一，旨在评估辐射水平、监测辐射源和评估其对人类健康和环境的影响。

辐射的测量与监测需要使用专门的仪器和技术来获取准确的数据。常用的测量设备包括辐射剂量仪、辐射监测设备和辐射计等。这些设备可以测量不同类型的辐射，如电离辐射（如X射线和γ射线）、非电离辐射（如紫外线和可见光）、放射性物质的辐射等。

辐射的测量与监测面临的挑战：首先，辐射的特性复杂多样，需要选择适当的测量方法和仪器来获取准确的数据。其次，辐射水平的变化范围广泛，测量设备需要有合适的测量范围和灵敏度来确保数据的准确性。此外，辐射监测需要遵循相关的法律法规和标准，以确保测量结果的可靠性和可比性。

新兴的计量技术如多参数辐射监测仪器、无线传感器网络和大数据分析，将提供更多有效的手段来监测和评估辐射。同时，应加强辐射监测网络的建设和数据共享，加强国际合作与经验交流，共同应对辐射安全和环境保护的挑战，保障人类健康和环境的安全。

（一）助力电离辐射的测量与监测技术发展

1. 计量在电离辐射测量与监测中的重要作用

一是提高电离辐射测量与监测水平。电离辐射是指具有足够能量的辐射，能够将原子或分子中的电子从其轨道中剥离的辐射形式。在环境保护与监测中，电离辐射的测量与监测是至关重要的。电离辐射的测量与监测需要使用特定的仪器和技术来获取准确的数据。常用的电离辐射测量设备包括电离室、闪烁体探测器、固态探测器和半导体探测器等。这些设备能够测量不同能量范围的电离辐射。

二是评估辐射水平，监测辐射源和辐射源的扩散情况。电离辐射的测量与监测在环境保护中起着重要作用，它可以评估辐射水平，监测辐射源和辐射源的扩散情况，以及评估辐射对人类健康和环境的影响。同时，及时有效的辐射监测还可以用于制定合适的防护措施。随着科技的不断发展，辐射测量与监测技术也在不断创新。新型的辐射测量仪器具有更高的灵敏度、更广的测量范围和更快的响应速度，能够更好地满足环境保护和辐射监测的需求。

2. 电离辐射的测量与监测面临的挑战和解决方案

首先，电离辐射的特性复杂多样，需要选择合适的仪器来测量不同类型的辐射。其次，测量结果的准确性和可靠性受到多种因素的影响，如仪器的校准、环境背景辐射的干扰等。

新兴的技术如数字化探测器、多参数辐射测量仪器和无线传感器网络等，将提供更多有效的手段来监测和评估电离辐射。同时，应加强辐射监测网络的建设和数据共享，加强国际合作与经验交流，共同应对电离辐射安全和环境保护的挑战。通过建立辐射监测网络、开展技术交流和经验分享，不仅可以提高各国辐射监测能力，还可以加强全球范围内的辐射监管，保障人类健康和环境的安全。

（二）增强非电离辐射的测量与监测水平

1. 非电离辐射的概念

非电离辐射是指与电磁波相关的辐射，包括紫外线、红外线和微波辐射等。这些辐射在日常生活和工作中广泛存在，因此对其进行测量与监测非常重要。针对不同类型的非电离辐射，需要采用不同的测量仪器和技术。例如，紫外线辐射可以通过紫外线辐射计进行测量，红外线辐射可以使用红外线热像仪进行监测，微波辐射可以利用微波功率计或电磁场强度计进行测量。

2. 计量在非电离辐射的测量与监测中的重要性

非电离辐射的测量与监测有助于评估辐射水平、监测辐射源和辐射源的扩散情况，以及评估辐射对人类健康和环境的影响。例如，在紫外线辐射监测中，可以根据测量结果评估阳光中的紫外线强度，以及其对皮肤和眼睛的潜在风险。对红外线辐射的测量与监测有助于监控热能的分布和传输，以及检测可能存在的热源或热问题。随着技术的进步，非电离辐射的测量与监测技术也在不断改进与创新。新型的测量仪器具有更高的精度、更广的测量范围和更可靠的性能，能够更准确地获取辐射数据并及时提供监测结果。同时，加强国际合作与信息共享也是提升非电离辐射测量与监测水平的重要途径。通过共享经验、交流技术，各国可以相互借鉴与学习，提高非电离辐射测量与监测的能力和水平。

通过准确测量和监测非电离辐射，可以评估辐射水平，并制定相应的防护措施。随着技术的不断进步和国际合作的加强，非电离辐射的测量与监测将更好地服务于环境保护和人类健康，并为制定相关政策和规范提供科学依据。

3. 非电离辐射测量与监测中存在的挑战和解决路径

首先，不同类型的非电离辐射具有不同的特性和测量要求，因此需要针对不同辐射类型开发相应的测量设备和技术。其次，辐射源的复杂性和多样性使得辐射测量面临着不确定性和复杂性的挑战，需要开展更深入的研究和技术创新。此外，非电离辐射的测量与监测需要加强专业人员的专业知识和技能。

为了应对这些挑战，需要加强国际合作与信息共享，促进不同国家之间的合作与交流。同时，需要加强技术研发和创新，推动测量设备和方法的发展，提高测量的准确性和可靠性。此外，还需要培养更多具备辐射测量与监测专业知识和技能的人才，为非电离辐射的测量与监测工作提供更好的支持。随着科技的进步，非电离辐射的测量与监测将发挥更重要的作用。通过准确测量和监测非电离辐射，可以更好地保护环境和人类健康，推动可持续发展目标的实现。同时，借助国际合作与信息共享，各国可以共同应对全球性的辐射挑战。

（三）提高核辐射的测量与监测水平

1. 核辐射的内涵

核辐射的测量与监测是保障核能安全的重要环节。核辐射包括可见光、紫外线、X 射线和 γ 射线等，这些辐射源可以来自核电厂、核试验室、核医学设备等核技术应用领域。在核辐射的测量与监测中，常用的测量设备包括辐射计、剂量计和辐射监测设备等。这些设备能够测量辐射源的辐射强度、剂量率以及累计剂量等参数，用于评估人员暴露剂量和环境辐射水平。通过实时监测和记录辐射数据，可以及时发现异常情况并采取相应的措施，保障人员的健康和环境的安全。此外，核辐射的测量与监测还包括核辐射源的追踪与溯源。通过标记和追踪核辐射源的放射性特征，可以追溯核辐射源的来源和流向，防止非法使用和滥用核材料，保障核安全。

2. 核辐射的测量与监测面临的挑战和解决路径

首先，核辐射测量需要精确的仪器设备和高水平的技术人员，对设备的维护和校准要求严格，对人员的技能要求高。其次，核辐射测量面临着辐射防护和个人安全的问题，需要采取有效的防护措施和安全管理措施，确保人员的安全和健康。

随着核能的广泛应用和核技术的发展，核辐射的测量与监测将发挥重要作用。为了应对挑战，提升测量与监测能力，需要加强国际合作与信息共享，推动技术研发和创新，提高仪器设备的性能和精度，加强人才培养和专业能力的提升，确保核辐射测量与监测的可靠性和准确性，保障核能安全和环境保护目标的实现。

三、强化有毒化学品的测量与监测

（一）强化毒性物质的测量与监测

1. 计量在毒性物质测量与监测中的重要作用

毒性物质的测量与监测是环境事故应急处理与风险评估中的重要内容之一。计量技术在毒性物质的测量和监测中发挥着关键作用。通过准确测量和监测毒性物质的浓度和存在形式，可以及时发现环境中的潜在危害，采取相应的措施进行应急处理和风险评估。同时，计量可以提供数据支持，及时发现和评估环境中毒性物质的风险，并采取相应的措施进行应急处理和风险管理。随着技术的不断发展和创新，计量技术在毒性物质监测领域的应用将更加广泛。

在毒性物质的测量方面，通过精密的仪器设备和方法，可以准确测量毒性物质的浓度和含量。例如，通过相关技术，可以对有害化学物质进行检测，包括有机污染物、重金属、农药残留等。

在毒性物质的监测方面，计量技术可以用于建立监测网络和系统，对环境中的毒性物质进行实时、连续的监测。通过使用传感器、监测仪器和自动化系统，可以及时掌握毒性物质的变化趋势和污染程度，为应急响应和风险评估提供可靠的数据支持。

2. 毒性物质的测量与监测中存在的挑战和解决方案

毒性物质种类繁多，测量方法和监测技术需要不断创新和改进，否则难以满足不同物质的检测需求。此外，监测网络的建立和维护，数据共享和处理的标准化等问题尚需要解决。

通过提供准确的测量数据和分析方法，可以进行毒性物质的测量与监测，为环境保护工作提供支持。同时，计量技术的不断发展和创新，为毒性物质的测量与监测提供了更加精确、高效和可持续的解决方案。

（二）提升重金属污染物测量与监测的精准性

1. 计量在重金属污染物测量与监测中的重要作用

重金属污染物的测量与监测是环境事故应急处理与风险评估的重要组成部分。重金属污染物如铅、汞、镉等对环境和人体健康具有严重危害，因此需要对重金属污染物的浓度和分布进行准确的测量和监测。通过使用精密的仪器设备和分析方法，可以对环境样品中的重金属进行定量分析。通过高灵敏度、高准确度和高重复性的测量结果，可以评估重金属污染的程度和影响范围。计量技术在重金属污染物的测量与监测中发挥着重要作用，可以提供准确的测量数据和实时的监测信息，帮助评估重金属污染的风险并制定相应的应急和管理措施。

2. 重金属污染物的测量与监测面临的挑战和解决路径

重金属污染物的测量方法需要具有高度敏感性和选择性，同时还需要考虑样品的复杂性和干扰物质的影响。监测网络的建立和运行需要充分考虑监测点的布局、采样频率和数据管理等方面的问题。

在重金属污染物的监测方面，计量技术可以用于建立监测网络和系统，实现对环境中重金属污染物的实时、连续监测。通过使用自动监测设备、传感器和数据采集系统，可以及时获取环境中重金属污染物的浓度和分布情况。通过及时传输和分析监测数据，可以为环境管理部门和决策者提供准确的信息，及时采取应对措施。

（三）确保农药残留测量与监测的准确性

1. 计量在农药残留测量与监测中的关键作用

农药残留的测量与监测是环境事故应急处理与风险评估的重要内容之一。计量能提供准确、可靠的测量结果，帮助评估农产品中农药残留的含量，确保其符合安全标准。通过计量技术能够对农产品样品进行定量分析，检测并确定农药残留的类型和浓度，以保障农产品的质量和安全。此外，计量可以提供准确的测量数据和实时的监测信息，帮助评估农产品的安全性和合规性。随着人们对食品安全和环境保护意识的提高，对农药残留的监测要求也会不断提高。在农药残留的监测方面，计量技术可以帮助建立全面的监测体系，包括采样方法、样品处理和数据分析。通过快速的检测手段，可以实现对农产品的实时、快速监测。此外，计量技术还可以支持农药使用的管理，包括制定农药使用标准、监督检查和风险评估，以减少农药残留的风险。

2. 农药残留的测量与监测面临的挑战及解决措施

农药的使用能够保护作物免受害虫和病害侵害，但过量或不当使用农药可能导致农产品中残留的农药超标，对人体健康和环境造成潜在风险。不同类型的农药，样品分析方法不同，需要有针对性地选择合适的测量技术和分析方法。样品的复杂性、样品处理过程中的可能误差和环境条件的影响也是需要考虑的因素。此外，农药残留监测需要具备高质量的标准物质、质量控制和认证体系，以确保测量结果的准确性和可比性。

为了应对这些挑战，需要加强技术研发，提高测量方法的灵敏度、准确性和快速性，以适应不同农产品和环境样品的检测需求。同时，还需要加强国际合作与信息共享，建立全球性的农药残留监测网络，共同应对跨境贸易中的农药残留问题，为保障农产品安全和保护环境作出更大的贡献。此外，人才培养也是关键。农药残留监测专业人才要能够熟练运用各类仪器设备进行样品的测量与分析，具备全面的风险评估能力，并能够进行数据解读和分析结果报告。加强人才培养，提高专业人才的技术水平和专业素质，有助于保障农产品质量和食品安全，推动农药残留监测工作的健康发展。

四、加强环境事故应急与风险评估

1. 计量在环境事故应急与风险评估中的重要作用

环境事故的发生可能对人类健康和生态环境造成严重影响，因此，及时的应急响应和有效的风险评估至关重要。在环境事故应急中，计量技术发挥着重要作用。随着技术的不断进步和应用范围的扩大，计量在环境保护与监测中的作用将进一步增强。新型传感器、无损检测技术、数据分析方法等的引入将为环境事故应急与风险评估提供更精准、高效的解决方案。同时，需要加强国际合作与信息共享，形成全球范围内的环境保护网络。计量在环境事故应急与风险评估中的作用主要包括以下方面：

一是污染物测量与监测。计量技术可用于迅速准确地测量环境事故中的污染物浓度和分布情况，如水体中的重金属和有机物质等。通过实时监测，可以及时了解污染程度，为应急响应提供科学依据。

二是风险评估与预警。计量技术可用于对环境事故的风险进行评估，包括污染物的毒性评估、暴露风险评估等。通过分析监测数据，建立数学模型，可以预测事故对人体健康和生态系统的潜在影响，及时发出预警，指导应急措施的制定。

三是应急响应与处置。计量技术可用于环境事故的应急响应和处置过程中，如监测事故现场的污染程度、评估污染物的去除效果等。通过准确测量和分析，可以及时调整应急措施，尽可能地降低事故对环境和人类健康的损害。

2. 环境事故应急与风险评估中存在的挑战和解决路径

在快速响应能力方面，环境事故需要快速响应和紧急处置，因此需要开发快速、高灵敏度的计量技术，以便及时获取准确的监测数据。在多样性污染物监测方面，环境事故涉及的污染物种类繁多，需要针对不同污染物开发相应的监测方法和技术手段。在大数据分析能力方面，环境事故的数据量庞大，需要有效的大数据分析方法和工具，以提取有用的信息并支持决策。

为应对这些挑战，需要加强计量技术的研发与创新，提高技术水平和应用能力。同时，需要加强国际合作与信息共享，促进技术交流与合作，共同应对环境事故带来的挑战。此外，加强人才培养和专业能力提升也是关键，通过培养专业人才，推动环境事故应急与风险评估工作的不断发展和完善。

（一）完善环境事故的快速响应与应急措施

1. 计量在环境事故快速响应与应急措施中的关键作用

环境事故的快速响应与应急措施是保障环境安全的重要环节。计量在环境事故应急中发挥着关键的作用。首先，计量技术可以提供快速准确的环境监测数据，以实时掌握事故发生后的环境变化情况。通过监测和分析环境中的污染物浓度、污染源扩散情况等信息，能够及时评估事故对环境的影响程度，为采取相应的应急措施提供科学依据。其次，计量技术可以用于环境样品的采集与分析。在环境事故应急过程中，需要对受影响区域的水、土壤、空气等环境介质进行采样，并对样品中的污染物进行分析。计量技术可以确保样品采集的准确性和代表性，同时通过精密的分析方法对污染物进行定量测量，为事故的调查与评估提供数据支持。此外，计量技术还可以用于环境模拟与预测。通过建立环境数学模型，结合实测数据和相关参数，可以对环境事故的发展趋势进行预测和模拟。

2. 环境事故的快速响应与应急措施中存在的挑战和解决措施

环境事故发生的时间紧迫性和环境复杂性，可能导致监测数据的采集和分析存在困难。

为应对以上挑战，需要加强应急措施的有效性和实施的协调性，需要不断加强技术研发和创新，提升环境事故应急能力，确保环境安全和人民生命财产的安全。

（二）加强环境污染源溯源与追责

1. 计量在环境污染源溯源与追责中的重要作用

环境污染源溯源与追责是环境保护的重要环节。计量在环境污染源的溯源和追责中发挥着重要作用。通过采集和分析污染源样品，利用计量技术进行溯源分析，可以确定污染源的性质和来源，并追溯责任主体，为环境污染问题的解决提供了科学依据，推动环境治理和责任追究。

通过准确识别污染源并追溯责任，可以加强对污染行为的监管和惩治，促使责任方采取有效的治理措施，减少环境污染的发生和持续影响。

环境污染源溯源与追责是环境保护和治理的重要环节，计量技术在其中扮演着关键角色。通过运用计量技术，可以准确识别环境污染源并追溯责任，为环境保护和治理提供科学依据和可靠数据。计量技术可以通过监测和测量污染物的浓度、组成、来源等参数，帮助确定污染源的具体位置和特征。例如，通过大气污染监测设备可以实时监测空气中的污染物浓度，结合计量技术可以分析其来源和扩散情况。

随着计量技术的不断发展和应用，环境污染源溯源与追责将变得更加精确和有效。新兴的技术手段如遥感技术、生物监测、稳定同位素分析等将为环境污染源的溯源和追责提供更多可能性。通过准确的测量和监测数据，可以评估污染物的排放量、浓度和排放源的影响范围。这些数据可以用于法律诉讼、行政处罚等，确保责任方依法承担相应的责任。

2. 环境污染源溯源与追责面临的挑战和解决措施

首先，污染物的来源和迁移过程复杂多样，需要综合运用多种计量技术进行分析和判断。其次，当前的监测网络和数据库还不够完善，数据的准确性和可靠性还有待加强。

为了应对这些挑战，需要加强法律法规的执行力度，增强追责的效果和威慑力。同时，需要加强国际合作与信息共享，共同应对跨国污染和环境犯罪问题，形成全球范围内的环境保护合力。通过计量技术，可以更好地保护和管理环境资源，实现环境与经济的协调发展。

（三）改进风险评估与风险管理

1. 计量在风险评估与风险管理中的重要作用

风险评估与风险管理是环境事故应急中至关重要的环节。计量在风险评估与风险管理中发挥着重要作用。

一是计量技术可以提供数据支持，用于评估环境事故对人体健康和生态系统的风险。通过测量和分析污染物的浓度、毒性等参数，可以评估其对人体健康和环境的潜在风险，有助于确定风险等级，并制定相应的风险管理措施。

二是计量技术可以用于监测和跟踪风险源的排放情况。通过实时监测污染源的排放浓度和排放量，可以及时采取相应的措施进行管控和调整，有助于降低环境事故发生的概率，并最大程度减少风险对环境和人体健康的影响。

三是计量技术可以用于风险管理策略的制定和实施。通过对不同风险场景进行模拟和分析，可以评估不同风险管理措施的效果，并制定相应的应急预案和风险管理策略。

2. 风险评估与风险管理中存在的挑战和解决方案

风险评估需要充分考虑各种不确定性因素，包括污染物的毒性、暴露路径和受体的敏感性等。此外，风险管理需要充分考虑社会、经济和政策等多种因素的影响，复杂度高，难以确保管理措施的可行性和可持续性。

为了应对这些挑战，需要加强计量技术的研发与创新，提高风险评估与风险管理的科学性和精准性，为环境事故应急提供更有效的支持和保障。同时，需要提高监测设备的精确度和灵敏度，完善风险评估与风险管理的标准和方法。此外，需要加强国际合作和信息共享，共同应对全球环境问题。

第二节　计量在环境保护与安全监测中的典型案例

【案例一】四合一气体报警器自动检定技术的实践与应用

一、案例概况

（一）公司简介

大冶特殊钢有限公司（以下简称“大冶特钢”）是中国近代的“钢铁摇篮”，隶属中信泰富特钢集团，是其沿海沿江产业链的战略布局中的重要一环。大冶特钢是国家高新技术企业、全国首批两化融合示范企业、全国首批绿色制造示范企业、全国绿化模范单位，拥有国家认定企业技术中心、院士专家工作站、博士后科研工作站、高品质特殊钢湖北省重点实验室。

大冶特钢是中国品种规格齐全的高品质棒材、高端中厚壁无缝钢管、高合金锻材三大特钢生产基地，工艺技术和装备达到世界先进水平。主要产品有轴承钢、汽车用钢、能源用钢、工程机械用钢、航空航天用钢等。主要服务于航天航空、海洋、核电、风电、交通、火电、油气、工程机械、重燃、船舶、石化、汽车、高铁等关键领域。大冶特钢致力于为客户提供多规格、多品种、高品质的特殊钢产品及整体服务方案，致力于“创建全球最具竞争力的特钢企业集团”。

（二）实施背景

一氧化碳、甲烷等可燃易爆有害气体是造成钢铁冶炼、煤炭和石油天然气的勘探开采等生产领域中重大安全事故的来源之一。在这些领域的作业过程中大量使用四合一气体报警器，以便及时采取防范措施，避免发生事故。

由于四合一气体报警器在使用过程中会出现报警功能不正常、示值超差及核心部件传感器失效等问题，所以需要进行周期性计量检定，保证四合一气体报警器始终处于良好的工作状态。

（三）案例简介

自动检定装置符合 JJG 915—2008《一氧化碳检测报警器检定规程》，JJG 693—2011《可燃气体检测报警器检定规程》，JJG 695—2019《硫化氢气体检测仪检定规程》，JJG 365—2008《电化学氧测定仪检定规程》要求。自动检定技术可以对其计量性能（示值误差、重复性、报警器功能、报警值、响应时间、零点和量程漂移）作出合格与否的判定，合格的计量性能是准用的重要依据。

自动检定系统工作原理：录入四合一气体报警器信息→生成二维码→扫描气体报警器上粘贴的二维码→启动配气→标定→检定各项目（示值误差、重复性、响应时间、报警值、报警功能）→实时采集数据→记录数据并自动计算→生成原始记录→证书打印。

二、案例做法及取得成效

（一）案例详情

1. 需求分析

报警器自动检定属于新兴的检定项目，从检定规程到检定方法和检定手段都有必要提高和完善。目前，检测中的通气、换气、读数等都是由人工来完成的，不仅需要进行大量的重复性劳动，费时费力，而且难以保证检测结果的准确可靠，因此有必要建立一套自动化检测装置来自动完成对气体报警器的检定或校准。

2. 技术难点

为满足上述需要，大冶特钢联合四川中测贝格科技有限企业设计研制了四合一气体报警器自动检测系统，该系统包括多通道气体采集硬件系统、多组分配气系统、检测控制系统和数据采集处理系统四部分。

3. 解决方案

系统由多组分配气装置、气路控制部分、软件控制平台、排风系统、证书管理系统、终端打印设备以及标准气体组成。标准气体分别为：1 瓶 98%的氮气中氧气、1 瓶500 μmol/mol的氮气中硫化氢气体、1 瓶 3 000 μmol/mol 的氮气中一氧化碳气体、1 瓶 20%的氮气中甲烷气体和 1 瓶 99.999%的高纯氮气。通过不锈钢管路将气体送入配气系统中，完成标准气体的配制。为了防止气体在配气和检定过程中产生化学反应从而影响标准气体浓度值，检定装置首先对四合一气体报警器中的氧气进行检定，然后依次完成硫化氢、一氧化碳和甲烷的检定，这样可以有效防止不同种类气体之间的相互影响。在装置运行前，先将预热后的四合一气体报警器安装在工作台并固定好，上位机软件控制打开检定装置中的氧气和其中 1 瓶高纯氮管道对应的电磁阀，然后控制流量调节阀，将氧气和氮气管路中的气体流量分别调节到 500 mL/min 和1 000 mL/min，在多组分配气装置控制界面中输入含氧 20.9%的氧气标准气体和 99.999%的氮气。在上位机界面输入需配制的工作气体浓度值和流量值并启动配气装置进行稀释，配气装置自动计算并调节原气中各种气体的流量值，从而配制成所需工作标准气体浓度值。配制好的工作标准气体进入四合一气体报警器检测口进行测量，待报警器显示数值稳定后，将氧气浓度 3 次读数值输入检定软件数据处理系统，然后转到后面待测报警器进行氧气浓度的测量。直到完成所有四合一气体报警器中氧气浓度的测量后，关闭氧气钢瓶对应电磁阀，打开另一瓶 99.999%的高纯氮气的电磁阀。等到报警器稳定地显示氧气浓度为零后，关闭其中一瓶高纯氮的电磁阀并开启硫化氢管路电磁阀。报警器显示氧气浓度为零，说明汇流管中的氧气已经被排空，不影响硫化氢气体浓度测量。此时，调节好硫化氢和另一瓶高纯氮气体流量。后续的硫化氢、一氧化碳和甲烷气体的检定按照上述氧气检定过程依次进行。完成 4 种气体的检定后，关闭所有减压阀和配气装置，打开排风系统将废气排放到安全区域。

在机械设计方面，根据采用的检定方法设计了一套四合一气体报警器检定装置，装置分为七大部分：检定装置工作柜、气瓶存储柜、气体输送气路、流量控制器、多组分配气装置、上位机、终端打印机。其中，检定工作区位于装置上侧，气瓶存储柜位于左下侧区域，气瓶存储柜右侧空出来的区域用于排放废气。检定装置工作柜按照其功能进行设计，主要是为气路管道、多组分配气装置、上位机等控制装置提供支架。工作柜中设计了排风系统，在装置工作时，将排放出来的有毒有害气体安全地从实验室中排出。设计的气瓶存储柜可同时存放 6 瓶标准气瓶，为钢瓶提供安全可靠的存储空间。气瓶存储柜能够有效防止钢瓶倾斜倒地，设计尺寸时充分考虑到搬运的便利性。由于标准气体具有有毒、易燃、易爆等特点，将其安放在通风靠窗侧，并与其他区域隔离。配气装置气路采用不锈钢材质，以减少在管路运输过程中因吸附作用造成的气体浓度误差。转子流量计设计在靠近气体配气装置的地方，并且选择流量均匀稳定的直管路段进行安装。转子流量计的准确度等级为四级，测量范围为 0～1 000 mL/min。配气装置的重复性不大于 0.5%，配好的工作标准气体通过 3 通管分为两路气体。在配气装置中，可自动输入原气浓度和配制标准气体浓度。工作台密封罩采用吸附作用较小的聚四氟乙烯材质。工作台分为上下两层，被测报警器依次放在圆孔上固定。整个检定过程中，工作台均在密闭的空间中。最多可放置 6 台四合一气体报警器，依次安装在工作台圆孔上，可以同时完成 6 台被测仪器的检定。

在控制部分设计方面，控制系统上位机与 PLC 控制系统采用 RS485 通信协议进行通信和数据传输，RS485 通信方式可以稳定地将控制信号发送到 PLC 控制系统。PLC 控制系统采用三菱 FX-3U 系列编程器，其与被控制部件采用 RS232 通信方式进行数据传输。首先，在上位机 Labview 控制界面中，通过 RS485 总线将控制信号发送至 PLC 中，PLC 通过编辑的程序对信号进行判断和处理，然后发送结果并控制不同部件的动作。在检定过程中，打开不同管路的气瓶电磁阀，流量调节阀门可调节转子流量计的流量值，上位机界面可以控制多组分配气装置的开关以及相关参数的输入和设置。检定完成后，上位机界面可以通过开启排气阀门和抽气泵将检定过程中产生的废气排放到安全区域进行处理。

在上位机软件设计方面，上位机检定管理系统软件程序采用 Labview 虚拟仪器软件编写。上位机程序主要分为在线监控界面、检定控制界面、数据管理界面三大部分。其中，在线监控界面主要通过安装在检定装置上的摄像机对工作台进行实时监控，在操作过程中能够及时发现异常情况并采取相关保护措施。检定控制界面主要完成对配气装置、电磁阀、流量调节阀、排气阀和抽气泵的控制操作。另外，还可以显示实时流量值和气体浓度值。数据管理界面有历史数据查询、基本参数设定、生成检定证书等功能。Labview 采用图形化编程语言，其程序代码以流程图或框图的形式展现，克服了 Visual Basic 等编程软件的不足。整个上位机检定管理系统可以利用 Internet 网络终端实现对动作的远程在线控制和数据的远程传输。

在控制软件与计量管理平台的开发和集成方面，为了保证企业安全生产系统的健康运行，保护员工与生产安全，现场安装了大量固定式一氧化碳报警器和可燃气体报警器。同时，为员工配备了便携式一氧化碳报警器，配置数量≥5 000台。为了保质保量完成报警器的定期检定工作，系统需要兼顾现场检定数据和实验室检定数据的交互和实时更新，同时要实现被检器具基础数据和检定数据与电子记录系统的互联互通。计量管理平台主要解决以下问题：第一，计量器具电子账的建立、查询、标签识别、周期检定管理。通过过程化管理，摒弃了在系统中直接修改台账的粗放模式，采用工作流控制的方式。通过设计大量流程规则和数据录入规则，共同约束操作者的行为，使每一个必要过程作业都被准确落实。最终，系统将用户行为产生的各项作业数据写入台账系统并完成台账的更新。同时，结合系统大量的提示、报警和定向消息传输机制，使操作者避免工作失误，使台账管理系统进入真正意义的良性循环。第二，计量器具在不同溯源方式（内部溯源和外部溯源）下的精细物流管理。由于企业计量器具保有量超 5 万件，溯源方式和要求各异，子系统设计以物流管理为核心功能，在软件设计上主要解决计量器具的收发和外部溯源的状态管理。同时，为使软件功能应用落地，设计了根据计量器具极大、极小、异形和特殊材质表面的标签适配和识别能力。为满足质量管理要求，设计了较准方案管理、服务供应商能力认定和审核功能以及计量器具计量验证功能，上述功能有效地保证了计量器具收发溯源过程良好受控，不会发生计量器具的丢失和错误。第三，计量器具点检维护的便利和准确问题。结合多级精细化的工业现场的地点信息管理功能，实现了根据工业现场计量需求对现场计量器具的动态管理。第四，校准记录的适配和开发对接问题。由于不同计量器具的技术原理不同，其匹配的规程/规范存在显著差异。通过 Visual Studio 编程平台虽然能灵活解决所有工作中的问题，但由于计量管理需要频繁进行技术迭代，对不熟悉编程的计量人员来说，难度过大。为此，使用 Excel＋VBA，通过工作表函数组件＋条件格式＋数据验证，实现了基础的电子记录数据处理功能，结合 VBA 实现自动化作业和数据库操作。目前，已经开发了通用性热电偶校准记录、工业铂校准记录、铜电阻校准记录、压力表检定记录、一氧化碳报警器检定记录等 5 大类专业

（长度、温度、力学、电学、化学）共18个规程的电子记录开发和应用适配工作，用较低成本实现了检定校准记录的快速更新迭代功能。通过上述努力，实现了检定工作的动态过程管理，即周检任务下发、接受检定任务、检定数据采集、转换和批量传输、生成电子记录，通过检定结果数据自动更新被检计量器具状态，实现被检计量器具的检定闭环管理。

（二）具体成效

1. 检定过程流畅、高效、快捷

该装置操作过程严格按照检定规程的要求，也注重个人检定习惯及生产现场和实验室的不同应用场景，软件执行条件有标准模式，也有自定义模式，将人机结合，使检定过程流畅、高效、快捷。

2. 提高检定效率、节约成本

该装置解决了目前检定装置落后、操作不方便的问题，同时增加了自动检测和数据采集功能。该装置可满足目前所有四合一气体报警器的检定，同时能提高检定效率、节约成本，为检定工作的开展提供了强有力的技术支持。

3. 实现四合一气体报警器的智能检定

该装置将自动配气技术与图像采集及识别技术结合，实现四合一气体报警器的智能检定，配气精度达到±1%，检定数据识别准确度达到100%。采用编程技术，实现了报警器信息的智能化管理、检定数据的自动化处理及原始记录，减轻了检定人员的工作强度。通风系统保护工作人员免受有害气体的侵袭，安全系数高。

4. 代替了传统的手工检定方法

该装置实现了四合一气体报警器全流程自动检定，代替了传统的手工检定方法，检定效率由每台20分钟提升至每台8分钟。委外检定过程中，单气体报警器检定费为600元/台，四合一报警器检定费为2 000元/台，检定周期为1个月到3个月。自动检定装置的应用，解决了企业内部复合型安全类检测报警器的溯源难、费用高、周期长等问题。

三、案例应用推广价值

（一）提高了检定装置的安全性

一是检定装置由1套PLC系统对整个装置进行监控。二是在检定室内安装可燃气体、有毒气体报警器，当气体浓度超标时，自动开启通风系统进行强制通风，降低有毒可燃气体浓度，并发出报警信息，提醒检定人员及时处理。三是将气瓶存储柜放置在通风靠窗侧，通过管道连接到检定装置内，在管道上安装电磁，当检定装置内气体浓度超标时，可以切断气体，避免更多气体泄漏。同时，管道输送气体，避免了大量的搬动和拆卸，减少了泄漏点，降低了劳动强度。通过以上方法，极大地提高了检定装置的安全性。

（二）实现了检定装置的智能化管理

一是建立全企业各单位硫化氢、氧气、一氧化碳、可燃气体报警器的数据库，包含基本信息、检定结果和检定周期等信息。二是当报警器需要强制检定时，通过数据库软件提前发出检定通知，通知用户进行检定，避免因漏检出现安全事故。三是检定结果直接进入数据库，实现对报警器的全寿命管理。四是通过检定结果的大数据分析，可以对目前使用的多种报警器进行全寿命应用分析，选择使用寿命长、精度高的报警器进行推广使用，提高采购的科学性。本套自动检定装置集计算机技术、原始记录、自动测试技术、二维码识别与采集技术、摄像头识别与采集技术、电子技术和证书管理软件于一体，以计算机为主体，由主机、数据采集模块、数据处理中心、气路控制装置、多组分混合气体配气装置、打印机、二维码扫码枪和检定专用管理软件组成，实现自动检定过程，自动打印证书。替代了以前的人工操作、记录数据、计算数据、制作证书、频繁更换标气瓶等步骤，实现了检定过程的智能化、数字化、网络化，是智慧计量的体现。

（三）提高了检测的工作效率

一是高效、准确地进行量值传递，极大地解放了劳动力。通过改进检测手段，进一步完善检定规程，提高了检定效率，由人工手动检定每天约 20 台提高到约 50 台。

二是提高了检定工作的可靠性和准确性，降低了成本。减轻了检定人员的劳动强度，省去了手写记录、数据计算、证书填写等步骤，检定完报警器即可打印证书。通过装置制备的标准气体，可以大量节省标气的使用，运行成本大幅度降低。

三是解决了企业内部复合型安全类检测报警器的溯源难、费用高、周期长等问题。帮助企业建立了一体化的气体报警器设备管理系统，实现企业安全测量设备的规范管理并确保准确有效。

【案例二】精益求精保净化，助力电厂安全生产

一、案例概况

（一）机构简介

新疆计量测试研究院始建于 1958 年，1978 年正式成立，是自治区人民政府依法设置的省级国家法定计量检定机构，现为公益二类事业单位。

新疆计量测试研究院深度服务和融入“丝绸之路经济带核心区”建设，先后参与疆电东送、西气东输、引额济乌等国家和自治区各项重大建设项目，年均服务用户 13 300 余家，检测设备近 70 万台件，保障经济社会高质量发展。为贯彻落实国务院减负优服政策，部分计量器具实行强检免征，2017 年至 2022 年底，完成强检 197.6 万台件，免征费用 2.2 亿元。

站在新的历史起点，新疆计量测试研究院将以第三次中央新疆工作座谈会精神为引领，完整准确贯彻新时代党的治疆方略，立足新发展阶段、贯彻新发展理念、构建新发展格局，积极推动构建新型量值传溯体系，培育计量新业态，构建计量新模式，为打造内陆开放和沿边开放新高地，推动绿色低碳发展，努力建设新时代中国特色社会主义新疆贡献计量力量。

（二）实施背景

电厂的在线化学仪表主要是为了检测水汽品质是否合格。水汽品质的好坏会直接影响到电厂热力设备的腐蚀情况等。如果电厂的在线化学仪表测量不够准确，不能够及时发现水汽品质的变化，就会使电厂的热力设备发生腐蚀等，最终使电厂锅炉的省煤气管、过热器管、水冷壁管以及再热器管等出现爆裂等情况，影响电厂热力设备的运行效率，造成严重的经济损失。因此，提高电厂在线化学仪表的准确性，对电厂的水汽品质进行有效的控制非常有必要。

（三）案例简介

2022 年 6 月底，国家煤电产业计量测试中心主动联系华电昌吉热电厂、华电新疆红雁池分公司红二电厂，为其提供在线化学仪表检验服务。工作人员对机组化学采样间电导率表、pH 表、溶解氧表等在线化学仪表进行了为期两天的检验工作。

电厂在线化学仪表日常维护时，采用标准溶液进行离线校准，离线校准后，由于纯水因素及在线因素影响，很难保证仪表实际测量时的准确性。电力行业标准 DL/T 677—2018《发电厂在线化学仪表检验规程》明确规定，在线化学仪

表的测量准确性必须采用在线检验的方法进行检验。工作人员在检验过程中，按照 DL/T 677—2018《发电厂在线化学仪表检验规程》标准的要求，采用 YHJ 型移动式在线化学仪表检验装置，对仪表整机误差进行了检验。通过检验校准，工作人员找出了误差超标的在线化学仪表，分析了误差超标的原因，并采取相应措施对误差进行了消除，使绝大部分在线化学仪表恢复了测量的准确性。同时，对存在其他问题的仪表提出了切实可行的改进措施。

二、案例做法及取得成效

（一）案例详情

1. 需求分析

煤电企业在线电导率仪（图 6.1）是在线汽水分析仪的重要组成部分，广泛应用于火力发电等领域进行水质监测。新疆有着丰富的煤炭和石油资源，有众多发电厂和石油生产单位，如神华神东电力公司、华电、国电、中电投、新疆油田公司、特变电工自备电厂等。这些企业为了安全生产、节能减排，安装了大量的在线电导率仪来监测水质，但目前无法完成其现场校准工作，特别是电极部分的在线校准。

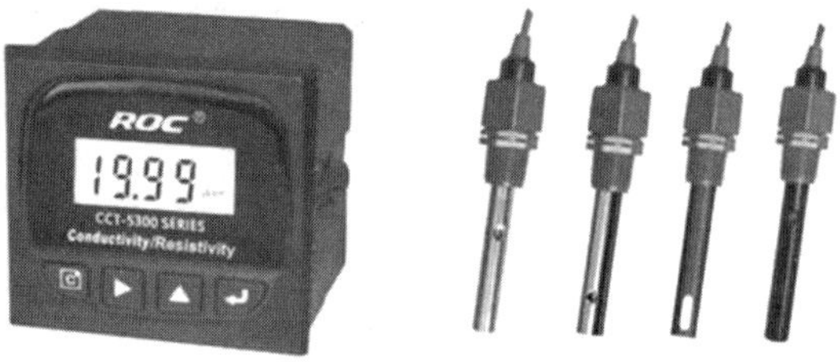

图 6.1　在线电导率仪

2. 技术难点

目前，在线电导率仪的检校存在以下问题：

一是在线校准装置缺失。现阶段的校准装置都是建立在实验室电导率仪校准基础上的，对现场校准不适用。

二是没有检定规程或校准规范。该机构研究出这一在线校准装置，并在此基础上制定出现实可行的现场校准技术方法，制定出校准规范，保障在线电导率仪的量值溯源。

3. 解决方案

国家煤电产业计量测试中心联合新疆计量院理化所申报了课题“在线电导

率仪检测技术研究及标准装置研制”。本项目研究主要包括以下三个主要方面：研制在线电导率仪校准装置；研究在线电导率仪校准方法的关键技术；制定在线电导率仪地方（新疆）计量校准规范。

（二）具体成效

本校准装置在米东热电厂、红雁池二电厂等煤电企业进行了现场运行，性能稳定，重复性和稳定性良好。

一是将比对法和标准溶液法两种电极常数校准方式集成在一台设备上，两种方式相互补充验证，大大提高了工业电导率仪校准电极常数结果的准确性。结构简单、合理，能快速恒定标准电导率溶液的温度，搅拌均匀，进一步提高了校准结果的准确性。

二是针对不同类型的工业电导率仪校准电极常数时对温度控制有不同的要求，本校准装置通过恒温系统实现了温度的连续可调，校准不同类型的工业电导率时只需预设不同的温度，适用范围不受限制。

三是针对现场安装的工业电导率拆除校准困难的问题，本校准装置小型、紧凑，方便携带，无须拆除后校准，实现了工业电导率仪现场在线校准。

四是针对工业电导率仪电极种类和规格多的特点，本校准装置通过调整电极插孔规格以及更换不同量值的标准电导率溶液，可以校准多种规格、不同量程的工业电导率仪，适于推广应用。

三、案例应用推广价值

新疆具有丰富的煤炭和石油资源，有许多化工、食品、火力发电厂，安装了大量的在线电导率仪。本项目成果使在线电导率仪的校准实现规范化、准确化。有了高精度电导率仪等硬件设备，还可以相继开展在线酸度计、在线溶解氧标定工作。计量服务由原来只关心实验室被测对象检测数据的准确性，向关心被测对象应用场景量值的正确性转变。未来，计量测试技术要由传统的实验室量值保障向在线量值保障转变。

【案例三】便携式超声波明渠流量计校准技术研究

一、案例概况

（一）实施背景

环境监测是环保工作的基础，环境监测数据是客观评价环境质量状况、反映污染治理成效、实施环境管理与决策的基本依据，环境监测数据来源于环境监测仪器。

生态环境部相继发布了一系列规范性文件以提升污水监测数据的准确性，从数据要求、试验过程、检验项目以及考核判定等方面作出了详细规定。现阶段，污水排放以明渠为主。生态环境部发布 HJ 15—2019《超声波明渠污水流量计技术要求及检测方法》，提出了需对明渠流量计的流量量值进行定期在线监测和校准。

图 6.2　堰槽现场情况

（二）案例简介

便携式超声波明渠流量计流量量值溯源的准确性直接影响各种环境监测指数总量的准确性。现阶段，便携式明渠流量计的发展还处于起步阶段，国家层面还没有建立完备的检校技术标准和规范。

国家环境监测仪器产业计量测试中心（以下简称“中心”）以需求为导向，集聚资源，开展计量测试方法、装备等技术研究，依据原有的明渠堰槽流量计标准在超声波明渠流量计校准方面的不足，研究制定了相关校准方法和更具针对性的校准装置，经过实验验证后，自 2020 年 4 月开始开展超声波明渠流量计的校准服务，满足环境监测仪器产业发展的需求。

二、案例做法及取得成效

（一）案例详情

1. 需求分析

由于水体治理的力度不断加大，在线污水流量测量仪器的溯源逐渐呈现任务多、时间紧、无法拆卸的特点。超声波明渠污水流量计作为污水排放流量的主要计量器具，其计量的准确程度已经成为社会关注的焦点。

2. 技术难点

现行有效的明渠流量计检定规程或校准规范主要有JJG 711—1990《明渠堰槽流量计试行检定规程》，JJG（水利）004—2015《明渠堰槽流量计计量检定规程》。上述两个规程针对实验室条件下使用标准明渠流量装置检定各种明渠堰槽流量计的方法进行了详尽的阐述，但是对于便携式超声波明渠流量计的校准，在校准器具、校准方法、参数计算等方面存在不足，溯源效率低下。超声波明渠流量计的校准对象主要是流量和水位的示值误差两个方面。水位参数是决定流量的最重要参量，所以需要对水位的测量方法和测量仪器进行深入研究，制定合适的校准方法，设计更具针对性的校准装置。

3. 解决方案

通过前期调研和技术基础研究，根据被测对象的特点和流量范围，中心组建了以博士牵头，包括多名硕士的技术团队，进行明渠流量计标准装置设计，并制定合适的校准方法。

便携式超声波明渠流量计为可移动的流量计，按照环保使用的要求，需校准的是水头高度参数，在实验室能够完成水头高度参数校准、流量重复性等的计算即可，只需一种合适的标准装置进行水位参数的校准。超声波明渠流量计校准装置以光栅尺为核心测量范围（0～1 000 mm），扩展不确定度为$U=(0.34+2.30L)\ \mu m$，$k=2$，其中L的单位为m。经实验比对，该标准装置满足要求。

标准装置由长度尺（测量范围0～1 000 mm，最小刻度值小于0.5 mm，不确定度小于0.5 mm）和反射板（平面度不超过0.1 mm，带指针，能指示反射板的高度位置）组成。

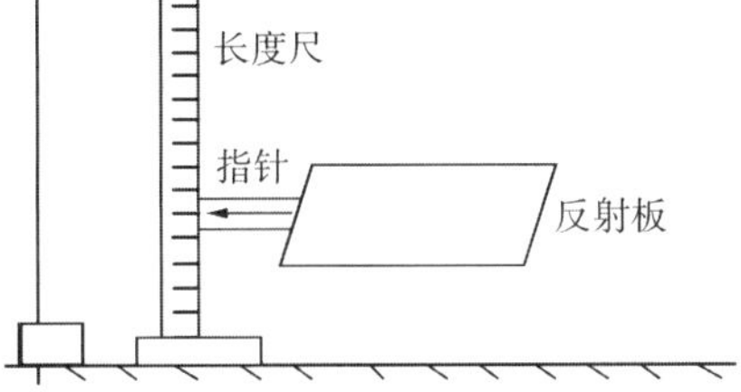

图6.3　理论流量计实验室检测装置

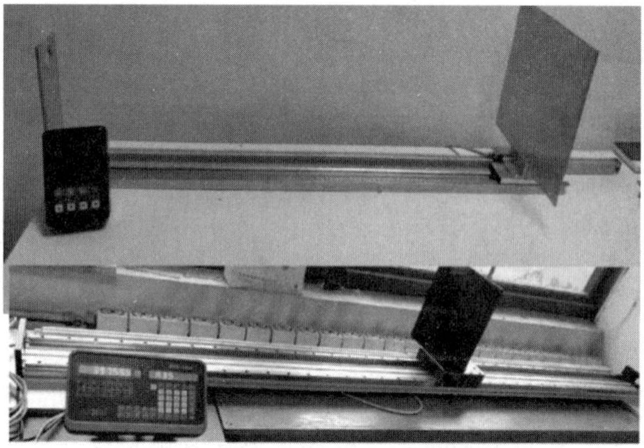

图 6.4 标准装置

（二）具体成效

该校准装置已为多家环境监测仪器生产企业提供校准服务，从 2020 年 6 月 29 日到 2021 年 11 月 5 日，已校准便携式明渠流量计 600 余台，创造经济效益 60 余万元，为企业便携式超声波明渠流量计测量准确度提供了计量保证，提升了明渠流量计全溯源链的计量测试能力，受到企业好评。目前，便携式明渠流量计校准装置已顺利投入使用，可以满足超声波明渠流量计的使用要求，校准量值可以溯源至 SI 单位制，满足了量值传递扁平化的发展趋势，填补了这一领域国内相关方法的空白。

三、案例应用推广价值

不断完善相应的校准方法和校准装置，为更多其他便携式明渠流量计生产企业提供满足产品研发需求的关键参数检测服务，为使用者提供满足需求的产品校准服务，着力建设产业发展需要的计量能力。校准方法以及便携式超声波明渠流量计校准装置的研制，满足了生产厂家的校准溯源需求，为企业发展提供了便利。

【案例四】放射性物质测试装置研制及验证

一、案例概况

（一）实施背景

在核燃料循环、同位素生产与应用过程中，广泛使用离子交换技术进行核素分离。离子交换树脂具有较高的净化因子，在传统放射性废水处理方面发挥着很大的作用。这些树脂在使用后，具有一定的放射性，属于放射性废物。根据我国环境保护的相关规定，这些废树脂需要及时处置，以确保人员与环境安全。

（二）案例简介

国家核电核岛装备产业计量测试中心（以下简称“产业中心”）与哈尔滨工程大学烟台研究院就国家国防科工局“军工核设施退役及放射性废物治理专项项目”之“熔盐氧化处理放射性废树脂技术研究”（科工二司〔2019〕1276号）共同开展有关放射性废树脂及其熔盐氧化过程中产生的放射性气体、废树脂熔盐氧化后废盐成分及盐中金属含量等相关放射性物质的标准化测试装置研制及验证研究，旨在系统归纳测试分析方法并形成确实可行的测试分析工艺流程。

二、案例做法及取得成效

（一）案例详情

1. 需求分析

技术攻关小组在讨论中发现，树脂与盐的比例、氧化时间、氧化温度、通氧量和粒径影响树脂氧化效果，所以最终确定选用 Li_2CO_3-Na_2CO_3-K_2CO_3 体系，在 800 ℃下氧化 2 h，树脂与盐的比例为1∶1，试验过程中通入树脂完全氧化所需的 1.25 倍氧气，将树脂置于 100 ℃的真空干燥箱中干燥 12 h 后进行试验。为达到最佳的树脂氧化效果，需要对实验的温度以及实验所产生的各类气体进行控制。

2. 技术难点

在放射性条件下，对熔盐氧化工艺流程进行测温与成分分析具有较大困难。

一是辐射干扰。放射性材料会产生辐射，可能会对传感器和测温设备造成干扰或损坏。

二是温度测量。熔盐氧化工艺通常在高温和高压条件下进行，可能会对温度测量带来困难。由于熔盐的高热导率和相对较高的腐蚀性，常规测温设备可能受到限制。

三是成分分析。熔盐中存在复杂的化学物质组分，成分分析需要在高温条件下进行，传统分析方法可能不适用。

四是安全性。放射性条件下的测温和成分分析需要考虑辐射防护和操作人员的安全。在进行测量或分析之前，必须确保符合辐射安全标准，并采取必要的防护措施。

3. 解决方案

一是寻找测温手段。产业中心技术团队首先从测温仪器入手，寻找可以测量 800 ℃，且误差在±2 ℃以内的温度计。主要有热电偶、热电阻、热导式温度计。

二是提出测温方案。产业中心技术团队经过讨论，比较测温方法的优缺点，结合实验条件，选择了热电阻温度传感器。产业中心将实验所需的测温设备进行了计量与检测，确保其准确性后提供给实验团队使用。

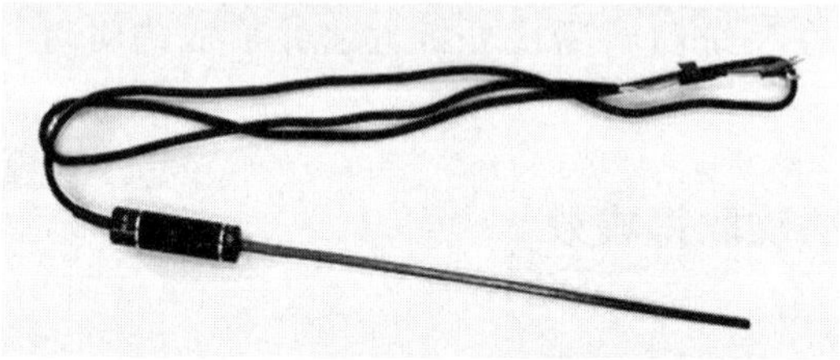

图 6.5　项目实验用热电阻温度传感器

三是 CO、CO_2 和 SO_2 的检测。从图 6.6 中可以看出纯树脂氧化时产生的 CO 随过量空气系数和温度变化的规律。当过量空气系数为 0.25、0.5 时，随着温度的上升，CO 含量先增后减，在 500 ℃时达到最大值，当温度高于 800 ℃时，CO 含量又出现了一定程度的增加。

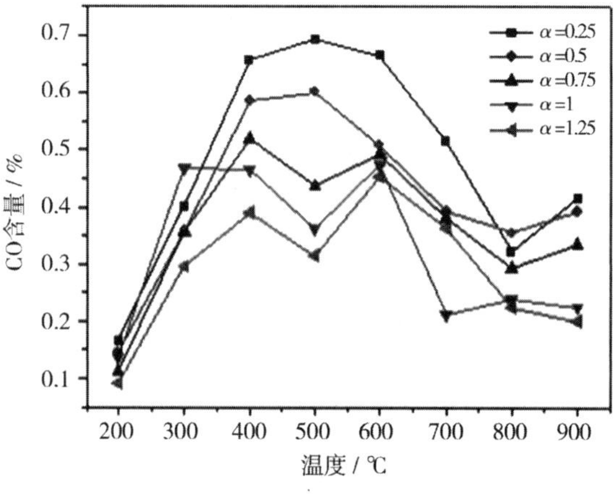

图 6.6　纯树脂直接氧化时，CO 含量随温度与过量空气系数的变化曲线

从图 6.7 可以看出 CO_2 含量随温度和过量空气系数变化的规律。当过量空气系数为 0.25 时，CO_2 含量较低，且随温度变化不大，树脂热解时产生大量 CO。当过量空气系数为 0.5，低温时产生的 CO_2 含量变化不大，而当温度升高时，CO_2 出现平缓上升趋势。

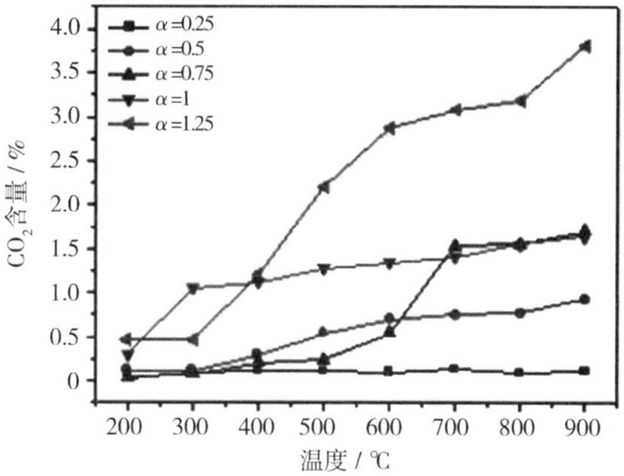

图 6.7　纯树脂直接氧化时，CO_2 含量随温度与过量空气系数的变化曲线

从图 6.8 中可以看出 SO_2 随温度和过量空气系数变化的规律。当过量空气系数为 0.25、0.5 时，随着温度上升，SO_2 含量先增后减。

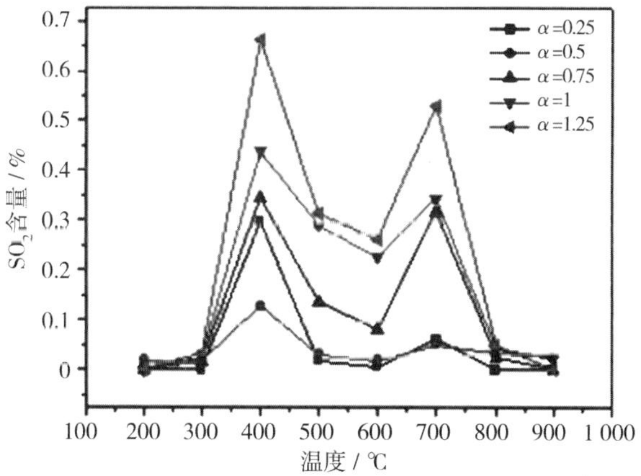

图 6.8　纯树脂直接氧化时，SO_2 含量随温度与过量空气系数的变化曲线

上述三种气体浓度对实验结果的准确性至关重要。在考虑环境、测量范围和测量精度等因素后，产业中心技术团队决定使用气相色谱仪（图 6.9）检测 CO、CO_2 和 SO_2 浓度。气相色谱分析具有高灵敏度、宽分析范围、快速分析、高可靠性等优点。

图 6.9　项目实验用气相色谱仪

（二）具体成效

在放射性条件下，成功对熔盐氧化工艺流程进行了测温与气体浓度分析。通过 Li_2CO_3-Na_2CO_3-K_2CO_3 体系，可以达到充分吸附酸气、充分氧化残渣以及充分排放含金属废盐的技术要求，使树脂的氧化效果达到最佳。在产业中心技术团队的专业服务支持下，项目团队成功完成了“放射性物质测试装置研制及验证”课题的研究工作，并发表了 7 篇 SCI 论文，获 2 项国家发明专利。

图 6.10　技术团队研制的熔盐氧化设备实验装置

三、案例应用推广价值

随着我国核事业的快速发展，在核设施运行、三废处理过程中将产生越来越多的放射性废树脂。由于缺乏适宜的处理技术，产生的大部分放射性废树脂只能临时存放。熔盐氧化是热处理工艺，可有效地氧化和破坏可燃有机废物，将可燃有机废物与化学计量过量的氧化剂空气一起注入熔盐浴中，在熔体内发生氧化反应，使金属离子以氧化物形式截留在熔盐体系中，产生的废物量少，减容效果显著。

该项目设计了熔盐氧化处理放射性废树脂实验及气体分析测试系统，对放射性废树脂进行分析、对处理后的盐成分和所含金属形态进行分析、对树脂被氧化后的气体组分进行测试分析，系统归纳了测试分析方法并形成了确实可行的测试分析工艺流程，为核能领域的可持续发展提供了重要的技术支撑，对发展核电强国具有重要的意义。

第七章　计量与交通运输和交通安全

新中国成立后，交通运输领域的改革便立刻被提上日程，并不断深化拓展，从未停止过前进的步伐。当前，我国正站在发展的十字路口，力争完成由“交通大国”向“交通强国”的转型。交通运输供给滞后于需求增长，已经成为制约国民经济发展的瓶颈之一。同时，道路交通事故问题也变得越来越突出。近几年的调查数据显示，中国每年发生交通事故高达数十万起，年均造成 6 万人死亡，直接经济损失数十亿元。道路交通事故，特别是重特大交通事故给社会带来了巨大的影响，严重威胁着人民的生命财产安全。促进交通运输和交通安全领域的治理与发展，需要计量助力。

第一节　计量在交通运输与交通安全中的作用

一、交通运输与交通安全的现状

（一）我国交通运输与交通安全整体发展沿革

2019 年，中共中央、国务院印发《交通强国建设纲要》，明确提出“两步走”战略，即到 2035 年，现代综合交通体系初步形成，基本建成交通强国，现代化综合交通体系基本形成，人民满意度明显提高，支撑国家现代化建设能力显著增强，基本实现交通治理体系和治理能力现代化；交通国际竞争力和影响力显著提升。到 21 世纪中叶，全面建成人民满意、保障有力、世界前列的交通强国。基础设施规模质量、技术装备、科技创新能力、智能化与绿色化水平位居世界前列，交通安全水平、治理能力、文明程度、国际竞争力及影响力达到国际先进水平，全面服务和保障社会主义现代化强国建设，人民享有美好交通服务。

党的二十大报告对交通运输工作提出了明确要求，特别强调要加快建设交通强国，建设高效顺畅的流通体系，降低物流成本，要求推动交通运输结构调整优化，推进交通领域清洁低碳转型等。2021 年 10 月 14 日，习近平出席第二届联合国全球可持续交通大会开幕式并发表主旨讲话，明确提出“要大力发展智慧交通和智慧物流，推动大数据、互联网、人工智能、区块链等新技术与交通行业深度融合，使人享其行、物畅其流”。2022 年 1 月，全国政协第十五次远程协商会议专题研究加快智慧物流发展问题，提出了意见建议。加快智慧物流发展，做好交通物流保通保畅工作，加快建设现代交通物流体系，已经成为加快建设交通强国的重要内容，为推动交通运输高质量发展注入了新动力。

智慧物流具有联通性强、融合度广、经济成本低、运行效率高、生态效益好等显著优势。交通运输是我国现代物流体系建设的重要基础和关键环节，推进智慧物流发展具有丰富的应用场景，如互联网道路货运，借助互联网、大数据和人工智能等技术合理匹配供需，有效提升了传统货运物流组织化水平。在物流新基建方面，5G 通信、区块链等技术的应用加快了智慧港口发展。2022 年，广西钦州港大榄坪南作业区、江苏苏州港太仓港区四期工程等 4 座自动化码头建成投产。基于区块链的无纸化放货服务已在上海、厦门等 9 个港口推广应用。智慧物流发展面临设施设备不配套、运输组织不衔接、电子单证格式不统一等问题，迫切需要构建协调统一的标准体系，引领智慧物流规范快速发展。建设交通强国，离不开智慧物流标准化工作的全面支撑，需要通过标准化支撑物联网、云计算等新一代信息技术与传统物流运输配送服务的深度融合，通过标准化引领交通运输新业态、新模式创新发展。物流标准化是实现物流系统化管理、促进物流降本增效的重要手段和必要条件。

（二）交通运输与交通安全数据

1. 铁路数据

2022 年，全国铁路固定资产投资完成 7 109 亿元，投产新线 4 100 公里，其中高速铁路 2 082 公里。全国铁路营业里程达到 15.5 万公里，其中高速铁路营业里程达到 4.2 万公里，复线率 59.6%，电化率 73.8%，西部地区铁路营业里程 6.3 万公里。全国铁路路网密度每万平方公里 161.1 公里。国家铁路营业里程 13.4 万公里，复线率 61.9%，电化率 75.6%。全年全国铁路未发生铁路交通特别重大、重大事故；发生较大事故5件，比上年增加4件；铁路交通事故死亡人数比上年下降14.6%。

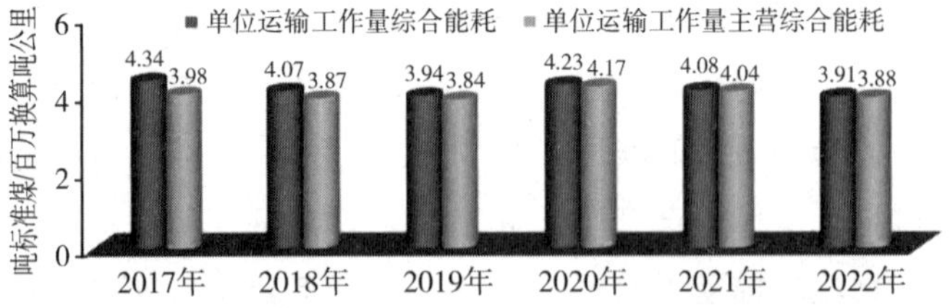

图7.1 国家铁路单位运输工作量综合能耗、主营综合能耗

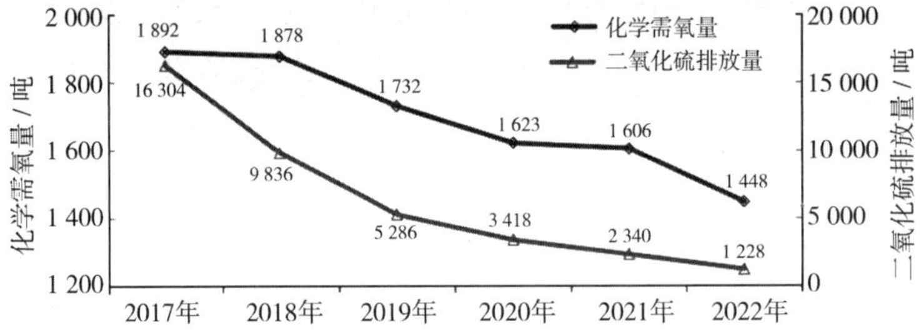

图7.2 国家铁路化学需氧量、二氧化硫排放量

2. 公路数据

表7.1 2023年7月公路旅客运输量

	客运量/万人			旅客周转量/万人公里		
	自年初累计	本月	同比增速/%	自年初累计	本月	同比增速/%
总计	255 163	40 798	18.7	19 525 982	3 301 292	34.9
北京	14 117	2 196	6.6	386 375	76 346	34.9
天津	4 664	706	17.0	272 593	42 585	20.0
河北	4 535	705	77.6	403 843	72 264	84.4
山西	2 014	364	22.0	249 742	48 501	64.8
内蒙古	1 347	278	15.1	172 193	39 435	32.2
辽宁	8 957	1 468	15.0	478 487	80 529	25.2
吉林	4 426	808	54.1	331 987	67 367	42.3
黑龙江	4 271	734	18.2	280 806	52 072	33.9
上海	3 593	525	—	394 378	52 064	—
江苏	21 933	3 332	20.6	1 438 776	221 590	29.9
浙江	10 858	1 679	10.6	975 404	153 571	33.1

续表

	客运量/万人			旅客周转量/万人公里		
	自年初累计	本月	同比增速/%	自年初累计	本月	同比增速/%
安徽	5 975	897	42.4	644 940	101 361	51.8
福建	6 853	1 042	23.6	492 286	75 384	31.8
江西	6 683	1 025	11.8	475 837	75 893	29.3
山东	6 890	1 167	42.1	898 856	157 436	55.9
河南	19 827	3 464	90.1	1 918 933	333 115	113.6
湖北	10 962	1 681	1.1	694 827	116 554	12.5
湖南	15 987	2 478	−5.0	1 000 779	154 439	10.6
广东	17 223	2 629	27.4	1 407 896	220 558	25.0
广西	9 683	1 464	14.0	949 297	144 307	19.8
海南	2 402	353	−2.0	217 844	31 449	8.1
重庆	9 738	1 492	2.8	599 284	96 543	16.6
四川	21 590	3 222	12.0	1 285 976	208 593	15.4
贵州	9 610	1 582	−2.3	761 871	130 552	4.3
云南	7 676	1 178	10.0	788 062	124 029	28.3
西藏	423	102	24.8	134 146	33 583	50.5
陕西	6 886	1235	30.9	601 345	107 032	56.8
甘肃	5 230	992	27.7	363 308	72 637	51.2
青海	820	144	43.9	170 561	42 919	107.8
宁夏	1 372	245	−12.0	149 801	31 471	19.2
新疆	8 618	1 609	−0.7	585 549	127 113	17.0
其中兵团	185	33	7.9	16 039	2 882	0.7

注：公路客运量仅包含传统的班车包车客运量。

3. 水路数据

表 7.2　2023 年 7 月水路旅客运输量

	客运量/万人			旅客周转量/万人公里		
	自年初累计	本月	同比增速/%	自年初累计	本月	同比增速/%
总计	14 821	3 034	128.8	302 603	65 103	136.8
北京	—	—	—	—	—	—
天津	91	23	—	1 366	352	—

续表

	客运量/万人			旅客周转量/万人公里		
	自年初累计	本月	同比增速/%	自年初累计	本月	同比增速/%
河北	—	—	—	—	—	—
山西	127	34	182.5	503	89	200.0
内蒙古	—	—	—	—	—	—
辽宁	281	109	131.1	21 843	6 647	119.7
吉林	67	26	274.3	504	160	291.5
黑龙江	114	63	83.6	1 409	820	98.2
上海	350	78	274.0	4 933	989	177.5
江苏	1 630	245	117.3	6 423	975	158.2
浙江	2 971	504	147.7	31 581	6 596	80.4
安徽	126	22	245.2	1 890	308	364.2
福建	638	107	97.3	5 589	1 078	77.3
江西	125	20	148.0	1 837	316	166.2
山东	1 373	518	260.3	44 690	12 535	161.9
河南	184	34	181.4	2 755	401	130.7
湖北	396	93	257.8	21 724	4 866	—
湖南	765	156	68.3	11 866	1 920	16.6
广东	1 609	285	320.9	49 091	8 878	376.1
广西	515	115	359.7	20 729	4 592	342.3
海南	1 385	170	23.0	26 103	3 246	10.5
重庆	504	79	93.6	27 610	6 376	280.1
四川	664	110	41.9	6 134	897	10.7
贵州	192	47	52.3	3 739	653	40.5
云南	389	71	137.6	6 482	1 163	139.4
西藏	—	—	—	—	—	—
陕西	56	13	63.7	964	189	56.5
甘肃	95	36	324.1	1 472	369	—
青海	68	43	251.9	734	498	317.0
宁夏	107	34	163.0	629	190	135.0
新疆	—	—	—	—	—	—

二、计量在交通运输中的作用

（一）提高能源利用效率

不断提升计量能力和水平，将有助于预估我国未来能源消耗的趋势，从而为国家制定交通运输能源领域的政策、调整能源利用结构、实现节能环保的交通运输发展路线提供科学合理可信的数据支撑和实践依据。当前我国车辆电气化替代是交通运输能源发展的重要方向，加快普及电动汽车、燃料电池汽车和氢能源汽车等新能源汽车燃料替代，需要计量在其中发挥作用。必须考虑到新旧产能转换过程中的风险问题，一方面是传统汽车行业的投资有效性问题，另一方面要防范新能源汽车产业及相关配套产业的低水平盲目发展，防止资源浪费，而这些都离不开计量。

1. 控制交通运输工具污染物排放水平

在交通能源污染产物中，车辆尾气排放是环境污染的重要来源之一，计量技术可以用于测量和监测车辆尾气排放的各项指标，包括废气成分、颗粒物排放等，有助于评估车辆的环保性能，并为制定车辆排放标准和控制措施提供科学依据。车辆尾气排放测量与控制是交通运输领域中的重要议题，旨在监测和控制车辆尾气排放的污染物，以保护环境和人类健康。计量技术在车辆排放测量与控制中发挥着关键的作用。首先，计量技术可以用于测量和监测车辆尾气中的污染物含量，如碳氢化合物、氮氧化物和颗粒物等。通过使用精确的传感器和测量设备，可以准确地测量和记录车辆排放的污染物浓度，从而评估其排放水平。其次，计量技术可以用于控制车辆的排放水平。例如，通过使用排放控制设备和系统，如催化转化器和颗粒捕集器等，可以有效降低车辆排放的污染物含量。计量技术可以用于监测和调整这些控制设备的性能，确保其正常运行并达到排放标准。此外，计量技术还可以用于评估车辆排放的影响。通过收集和分析排放数据，可以评估车辆排放对环境和空气质量的影响，从而制定相应的控制策略和政策。

2. 提高能源参数测量质效

在新能源汽车等领域，技术突破与创新往往也离不开计量的支撑。能源的利用效率往往与各个部件的能量损耗水平挂钩。例如，主减速器是汽车驱动的核心部件，作用是减速增扭和动力换向，其有两个圆锥滚子轴承。减速器装配时，需要对圆锥滚子轴承施加规定的轴向力，使轴承达到规定的负游隙，以提高轴承支撑系统刚度，减小齿轮啮合振动和噪声，同时保证轴承能平稳可靠地运转，以达到设计要求的寿命。在有关减速器的各个指标当中，减速器旋转力矩是减速器的一个重要指标，影响减速器的寿命、噪声和装配控制测量效率。是否能找到合适的计量方法对其进行计量测定，直接影响到减速器的能源使用效率。例如，动力电池作为新能源汽车产业的重要组成部分，直接决定着新能源能否得到高效利用。锂离子动力电池具有能量密度高、可长时间利用、自放电率低等优点，近年来被广泛应用于交通、智能电网等领域。其中，电池的荷电状态、电池充放电控制、电池参数测量、电池组均衡控制、电池寿命估计、故障诊断等的计量，既是评价电池质量的基础，也是现阶段我国电池研发领域取得创新发展所面临的难点。只有数据采集的可靠性和安全性等方面得到保证，才能提高能源利用效率。

（二）优化交通运输空间结构和类型结构

1. 优化交通运输空间结构

从空间维度来看，我国交通运输可以划分为海、陆、空三个领域，又可以划分为城市交通与乡村交通，以及不同行政区域间的交通等。计量水平的不断提升，将有助于进一步挖掘我国交通运输在空间分布上的规律以及值得改进的方面，包括城乡区域交通运输协调发展的路径、轨道交通与区域城际交通系统协调发展的路径等。交通需求的不断增加与资源的约束将成为长期的矛盾，需要不断创新计量技术才能解决根本性的问题。物联网和人工智能所构建的智能交通运输系统可以实现车辆、收费站、车库等基础设施联通，缓解交通拥堵，预防事故，减少排放。在北斗导航、5G、实时大数据分析等的计量支持下，可以实现车辆管理和各类应急处置；智慧交通和智慧物流的推行，大数据、互联网、人工智能、区块链等新技术与交通行业的深度融合，能够使得交通运输的现代化更进一步；借助边缘计算和机器学习等方法，能够更加合理地规划出行和运输计划，从而提高交通运输的空间利用率，有效疏通交通运输梗阻。

2. 优化交通运输类型结构

从运输方式手段来看，交通运输涉及公路、铁路、水路、航空、管道运输，其中涵盖了陆、海、空等相关领域，它们之间既存在着配合与协作，又存在着可以互相取代的竞争关系。从行业维度来看，交通运输业与建筑、能源、电力、通信、邮政、旅游等众多行业的融合发展日益紧密，逐渐成为众多行业的基础支撑。由此可见，交通运输业的发展规划需要在计量的支持下与其他行业的发展相适应，调整不同运输类型之间的结构，优化不同类型运输方式的配置，使之适应于我国行业发展的实际需求。

新一代信息技术进一步推动了产业升级与融合发展。随着天空、水中、陆地与地下融合协同的多式联运网络的形成，交通系统与电力、通信等系统深度融合。交通基础设施网与运输服务网、信息网、能源网融合发展，形成了更为复杂的工程系统。交通业与邮政业、现代物流业、旅游业、通用航空产业、应急产业等的快速融合发展，加速了新业态新模式的形成，在法律、规则等不完善的前提下，解决接口和系统风险传递等问题需要计量在其中发挥作用。

信息化发展为交通行业计量水平的提高提供了巨大的机遇，5G、北斗系统、人工智能、大数据等新信息技术给交通运输领域注入动能，推动交通基础设施数字化、智能化、绿色化的升级改造。提升计量管理能力将有效化解交通运输数据风险、隐私风险、网络安全风险等一系列新的风险。

（三）提高交通工作人员能力水平

1. 强化交通工作人员技术培养质效

计量水平的不断提高，不仅会影响我国交通运输实际布局与制度设计，还将直接关系到交通领域相关工作人员的工作能力与水平。计量能力与水平的不断提高，将会促进更多公路、铁路、水运和空运等专用计量器具计量技术委员会的建立与发展，培养出一批又一批交通运输领域计量专业人才，这些人才将会直接带动我国交通运输各个领域的发展。同时，加强计量技术人员专业项目自主考核试点的建设，可以优化对交通行业从业人员的管理路径，从而优化交通机构工作人员管理体系。计量水平的提升也将利于有关单位和技术组织更加深入贯彻计量法律法规和技术规范，研究出具有中国特色的计量人才培养道路，深化交通行业相关工作人员对计量工作的认知理解。

2. 发挥交通工作人员主观能动性

随着计量水平的提升，交通运输领域工作人员将发挥其主观能动性，主动研习计量专业知识，提高自己的专业素养，在平时的工作中时刻提高警惕，端正思想，认识到自己肩负的职责与使命，同时重视自身职业道德的培养，对于因为一时的利益关系而选择数据造假所产生的后果做到心中有数，能够胜任各种艰巨且复杂的交通计量任务，使得国家交通运输工作人员与交通运输基础设施发展相互协调。

(四) 提升交通运输服务供给质量

1. 推动交通运输服务研究领域创新

创造性深化是强化交通运输计量保障水平的首要赋能手段。计量是加快建设交通强国，实现交通运输发展向世界一流水平迈进这一目标的必然要求。计量研究有助于延伸交通运输与交通安全基础理论领域，打破某些关键核心交通运输服务技术国际化垄断的现状，打造富有自主性成果的交通运输科研仪器装置，创建高质量交通运输服务供给科研创新基地，提高交通运输检校能力研究水平，使其在全球范围内具有较强竞争力。

2. 完善交通运输服务体系

计量是实现交通运输体系科学化、合理化、规范化的重要保障和不竭动力。计量能够聚焦于交通运输领域工程体系、装备运作体系、运输服务体系等重要体系的需求，助力完善交通运输部门标准体系，健全交通运输技术规范体系，强化交通运输各个体系之间的联系，从而保障试验检测仪器设备计量数据的溯源性、一致性和准确性。

3. 赋能交通运输基础设施

交通运输基础设施是提升交通运输计量保障能力的根基。计量将加快交通运输计量服务基础设施建设，推动我国交通运输领域计量站、国家产业计量测试中心和各级别区域计量站建设，打造出功能齐全、覆盖面广、溯源清晰的计量服务基础设施网络，为提升计量技术能力和服务水平保驾护航。计量还能为公路工程检测仪器计量检定站、水运工程检测设备计量站、交通建设工程检测设备计量站等重要交通服务设施水平的提升提供支持，加强民生性、基础性和公共性计量基础设施建设，推动建设国家计量数据分析中心，推进建设国家监测装备产业计量测试中心，提供“计量—标准—检验检测—认证认可”全链条、一站式服务。应充分发挥计量与标准、检验检测和认证认可的协同作用，为推动交通运输高质量发展提供一体化质量基础设施服务。

(五) 强化交通运输监管

要提升交通运输行业的监管能力，也需要计量在其中发挥作用。加强贯彻交通领域中的计量法，能够进一步健全交通运输领域监管机制，完善交通行业管控制度，创造性地发展出新型监管模式，强化交通运输行业中计量技术人员、工作人员、计量基础设施、计量设备用具的管理和计量数据的监管，使计量得到的结果数据透明化，使交通运输行业的工作能够健康有序开展。应研究出一套科学合理的交通运输监管机制，在交通工程开发、交通安全保障、交通污染物监控、交通行政部门执法等方面强化计量监管，用计量武装交通行业监管。应研究建立交通运输计量数据监管服务平台，强化计量数据监管，推进诚信计量建设。同时，计量能够加强社会对于交通运输领域的监督力度。在法治化不断推进、多种监督类型逐渐相互贯通的今天，监督对于交通运输领域问题有效解决的推动作用越来越明显。计量将在交通运输领域中有效地发挥作用，加强交通运输工作的舆论关注度，增强公众对交通运输工作的科学认知程度。公众只有深入理解计量工作，才能更加高效地监督交通运输领域计量工作是否合理合法，计量工作对于交通运输领域问题的解决起到了应有的作用。对于计量检定的宣传，我国一些工作制度尚不完善，不仅是社会公众，而且很多相关领域工作人员对计量检定工作没有形成正确的认知。要想让计量检定的工作品质得到提高，就要让公众对计量检定工作有更好的了解。通过多媒体和新技术新平台做好社会推广和社会宣传，将有助于强化民众对交通运输领域计量检定工作的认知，交通运输和交通安全相关部门在开展计量检定工作时则会更加顺畅。

三、计量在道路交通安全中的作用

在交通数据的分析方面，计量技术可以结合统计学、数据挖掘、机器学习等方法，对与交通安全相关的各种数据进行处理和分析，提取有价值的信息，为实现交通安全保驾护航。通过对事故发生时的各种参数、交通工具安全性能情况、道路安全级别等的计量分析，可以揭示交通运行安全的规律和趋势，准确识别交通风险所在位置，为交通安全规划和交通安全管理提供科学依据。通过交通数据分析，还可以对现有交通基础设施进行安全评估和预测。通过对历史交通事故数据的分析，可以识别出事故高发区域和高风险路段，为提高交通安全和预防事故提供参考。结合实时交通数据和预测模型，可以进行交通拥堵预测和交通事故预警，及时采取措施，降低交通风险。通过对交通工具各种安全参数的计量检验，能够及时发现交通工具存在的安全隐患，从而为维修、整改、返厂提供依据。

（一）优化交通事故数据的采集

交通事故数据是道路安全评价的重要依据。高质量数据对于道路交通事故的有效监控、评价及预防至关重要，因此有必要提升计量能力和水平，使之为交通事故数据的采集提供技术支持。目前，主流方法是通过交通警察对事故现场进行勘察，以及对相关道路使用者和目击者采访调查，形成事故报告。现场调查时，往往通过卷尺或其他简单测量工具进行现场手绘制图，并结合事故现场进行完善，在测量过程中或重绘草图时可能产生偏差。为了提高事故现场数据采集的速度和质量，多种现代计量技术被用于事故现场数据采集。全站仪的使用大幅提升了事故发生点的识别精度。利用机器人全站仪和GPS，结合摄影测量技术，可以在保证定位精度的前提下大幅减少采集时间。在事故场景构建方面，使用事故现场视频数据和3D技术重建事故现场，准确性高且易于操作。随着无人机技术的发展，研究人员将无人机技术应用于交通事故数据收集和事故场景重建，显著提高了工作效率。此外，研究人员还利用照片和视频等数据来分析交通事故。交通事故计量技术的发展将会大幅提升交通事故数据信息获取的广度和可信度，提高交通事故数据的一致性，使数据信息资源集中，统一数据格式标准，提高数据系统的扩展性及数据的共享性。通过获取和分析高质量交通事故数据，将进一步强化各相关主体的责任意识、风险防范意识、质量意识，有效改善交通安全环境，有利于加大监管力度，依法依规严查深究，切实维护正常有序的交通安全环境，进一步推动交通安全建设。

（二）优化交通运行速度数据的采集

道路交通安全分析与评价是一项综合性较强的工作，不同的方法适用范围不同，数据的可得性、可靠性和经济性也存在较大差距。通过计量方法获得交通运行速度数据是开展营运阶段道路交通安全分析与评价的重要途径。其中一种运行速度实测方法是通过布设在道路上的感应线圈、微波雷达、红外线、视频检测器等，采集车辆通过道路某特定地点的运行车速或多个断面间的运行速度差。前者获取的是一种离散型的点速度值，反映了运行速度的时间变化特征，需要进一步采用算法或模型进行推算；后者获取的是两个不同观测点的点速度差值，反映了运行速度的空间变化特征。另一种运行速度实测方法是利用安装了定位终端的车辆，获取车辆ID、时间戳、经纬度、行驶方向、行驶速度等信息的浮动车数据（FCD）。FCD具有精度高、覆盖范围广、建设周期短、采集成本低、全天候采集等优点。数据经过处理，可以获取整个道路动态、实时、全方位的交通运行状态信息。数据分析时，需要利用空间几何、路网拓扑关系或路段分割法等道路匹配算法对缺失数据进行插补和估计。运行速度数据在交通安全中具有十分重要的价值。根据不同场景来选择合适的交通运行速度评价方法，可以确保分析与评价结论准确可靠。随着计量技术的发展，各种先进传感器技术和计量工具的应用将会促进道路交通安全的数据采集和评价方法取得新的突破。

(三) 优化交通工具性能数据的采集

交通工具性能测量与评估是交通运输领域中的关键任务，旨在对交通工具的性能数据进行准确测量和客观评估，以确保交通工具的安全性、可靠性。交通工具安全性能数据测量涵盖多个方面，包括交通工具的加速性能、制动性能、操控稳定性、排放水平、维修参数等。通过使用专业的测量设备和测试方法，可以对这些性能指标进行准确的测量和评估。交通工具安全数据评估的目的是提供有关交通工具安全性能的客观数据和信息，以帮助消费者、制造商和相关机构作出决策。例如，消费者可以根据车辆安全性能评估结果选择更为安全的车型，从而倒逼车辆制造商根据评估结果改进产品设计和生产过程，以提升车辆的安全性能和竞争力。此外，相关机构和监管部门可以依据安全数据评估结果制定相关政策和标准，以确保交通运输的整体安全性。同时，高水平的计量将有助于相关制造商对交通运输工具进行维修整改。例如，作为飞机“心脏”的航空发动机，在修理过程中具有检测零部件数目多、检测过程复杂、检测精度要求高、检测空间受限等特点，若航空发动机修理过程中采用效率低下的计量模式，将会导致测量精度不高、测量效率低、对人员技能和经验依赖较高等问题，制约航空发动机修理质量和效率。只有不断创新，开发出更加准确高效的计量方式方法，才能在航空发动机修理现场采集到高质量的安全数据。在交通工具安全数据测量与评估方面，计量技术发挥着重要的作用。通过使用精确的测量设备和准确的测量方法，可以获得可靠的交通工具安全性能数据，消除主观误差和不确定性。同时，通过计量技术还可以提供标准化的测量程序和规范，确保测量结果的可比性和可重复性。

交通工具安全性能测量与评估是确保车辆安全性的关键环节。通过应用计量技术，可以实现安全性能的准确测量和客观评估，为消费者、制造商和相关机构提供可靠的数据和信息，促进交通工具技术的持续改进和创新。随着交通运输领域的发展和技术的不断进步，计量技术在交通工具安全性能测量与评估中将发挥更重要的作用。随着智能交通系统和自动驾驶技术的兴起，计量技术可以应用于车辆的感知和控制系统的测量与评估，以确保智能交通系统的安全性和可靠性。此外，随着环境保护意识的增强，计量技术还可以用于车辆的排放测量和环境影响评估，以促进绿色交通和可持续发展，实现环境友好与安全。

计量在交通工具安全性能数据的采集与分析中起着重要作用，将为交通管理者、交通规划者和驾驶员提供决策支持和安全保障。

（四）优化驾驶行为数据的采集

驾驶行为数据采集方法主要有自我报告数据、碰撞事故调查数据、模拟驾驶试验数据、自然驾驶试验数据、路侧检测数据五种方法。可用于测量驾驶行为数据的方法具有多样性，且难以界定哪种方法采集的驾驶行为数据的一致性水平最高，计量在所有驾驶行为数据采集方法中都发挥了重要的作用：驾驶行为数据采集时长和样本量的确定需要计量相关理论提供依据；驾驶人自我报告数据与客观试验的检测和校正需要计量提供技术支持，否则可能导致评价结果产生偏差；平衡数据的准确性与隐私保护之间的关系也需要计量发挥作用，以确保驾驶员的个人隐私得到充分尊重和保护。

（五）优化交通运输流量数据的采集

交通流量是交通运输系统的重要指标，也是交通安全评价的重要参数。通过传感器、摄像头等设备可以对道路上的车辆流量进行实时监测和统计。这些数据可以用于分析交通拥堵情况、进行交通状况预测以及为交通规划和优化提供决策支持。交通流量计量与分析是交通数据采集与分析的重要组成部分，主要关注道路上车辆的数量和流动情况，以评估交通拥堵、优化交通信号控制、规划道路建设等。交通流量的测量通常通过交通计数器、交通摄像头、感应器等设备来进行。这些设备可以实时记录车辆通过的数量和时间，并以数据形式存储。采集到的交通流量数据可以用于分析交通状况，包括车流量的峰值和谷值、拥堵程度、道路使用率等。此外，还可以通过对不同时间段和地点的数据比较，了解交通流量的变化趋势和交通需求的差异。进行交通流量数据分析时，可以应用各种统计方法和模型来提取有用的信息。常见的分析方法有平均车速分析、车辆密度分析、交通流量分布分析等。这些分析可以帮助交通规划者和交通管理者了解交通状况，确定交通瓶颈和拥堵区域，并制定相应的交通管理策略。此外，交通流量数据还可以用于与其他交通数据进行关联分析。例如，与道路网络数据、交通事故数据、交通信号数据等进行整合分析，可以更全面地了解交通系统的运行状况和问题所在，有助于制定更有效的交通规划和管理方案，提高道路的通行效率和交通安全性。交通流量计量与分析在交通管理和规划中具有重要意义，通过准确测量交通流量并对其进行分析，可以为交通系统的优化和改进提供科学依据，缓解交通拥堵，提升交通安全，改善交通效率。

第二节　计量在交通运输和交通安全中的典型案例

【案例一】计量在车载无线通信终端测试中的应用

一、案例背景

V2X 无线通信技术将“人-车-路-云”等单元以一定的机制机理统合起来，不仅能够获取交通运输车辆更多的数据，还能助力立体化智能化交通体系的创建，促进汽车和交通服务的新范式创新，对于提高交通质效、节约资源、控制污染、降低事故发生率、提升交通管理能力和水平具有重要意义。

根据国际频谱管理制度，5.9 GHz 为全球主流的 ITS 专有频谱，两种主流的 C-V2X 无线通信技术路线（LTE-V2X 和 5G-V2X）都可以提供覆盖面积宽阔、大带宽的通信能力，满足丰富的车联网应用场景。我国的车载无线通信采取 C-V2X 技术，2018 年 11 月，工信部发布了《车联网（智能网联汽车）直连通信使用 5 905—5 925 MHz 频段管理规定》，确定了基于 LTE-V2X 技术的车联网（智能网联汽车）直联通信的工作频段及使用要求。对这一频段开展抗干扰的共存研究，对于保障智能网联汽车的安全运行具有很好的指导意义。

目前我国 C-V2X 产业体系正在不断成熟，在芯片模组方面，大唐、华为、高通、移远等企业已对外提供基于 LTE-V2X 的芯片模组。在软硬件设备方面，华为、大唐、星云互联、东软等厂商已经可以提供基于 LTE-V2X 的 OBU、RSU 硬件设备，以及相应的软件协议栈。为此，某机构向国家智能网联汽车产业计量测试中心（以下简称“中心”）提出了车载无线通信终端抗干扰测试服务需求，重点关注车载无线通信终端位置、系统间干扰水平、抗干扰能力的情况。

二、服务产业升级措施

根据客户的测试服务要求，中心进行了详细的测试需求分析、测试方案设计、测试系统搭建以及测试实施。

（一）测试需求分析

经过与客户进行深入且全面的沟通与交流，中心准确地理解和把握了客户对于项目的各项需求与预期。在这个基础上，中心对客户的需求进行了详尽的分解和细致的分析，确保每个细节都符合客户的要求。在分解的过程中，识别并确定了一系列关键的问题和挑战。

这些关键问题涵盖多个方面，包括测试对象、测试参数以及测试条件。在测试对象方面，主要集中在车载 OBU 终端和路测 RSU 终端，这两个终端是实验的重点，其性能和稳定性直接影响着整个实验的可靠性和准确性。在测试条件方面，中心仔细考虑了工况条件模拟、测试场地及终端安装等多个因素。工况条件模拟是为了重现实际运行环境中可能遇到的各种情况，从而确保实验结果具有实际应用价值。测试场地的选择是为了提供一个可控制和标准化的环境，保证测试结果的可靠性。

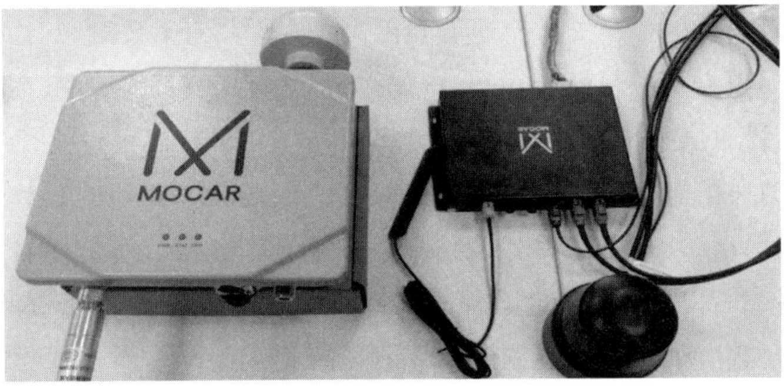

图 7.3　测试终端（车载 OBU 和路测 RSU）

（二）测试方案和系统搭建

中心精心设计了包括实验室测试法和外场测试法在内的两种测试模式。

实验室测试法主要利用相关测试设备来模拟外场测试的工况条件。主要的测试系统由 LTE-V 通信终端（包含智能车载 OBU 和智能路测 RSU 两部分）、无线信道仿真仪、干扰信号源以及车联网测试分析软件四部分组成。LTE-V 通信终端采用了基于 LTE-V 技术标准实现的专用短程通信技术。测试内容涵盖单一频点系统容量测试、系统内多频点共存干扰测试和系统间干扰共存测试。

外场测试法主要通过将测试终端搭载在车辆和路测基础设施上来进行真实工况测试。主要的测试系统由 LTE-V 通信终端（包含智能车载 OBU 和智能路测 RSU 两部分）、测试车辆以及车联网测试分析软件三部分组成。此外，围绕通信质量测试及考评，中心构建了包括 V2V 通信、I2V 通信和 V2X 系统干扰的通信场景。测试场地涵盖封闭道路（包括中心内部测试道路和临港测试场）

和城区试验场地（如上海嘉定区万立城和宝安公路）。

中心通过这两种测试模式，全方位地评估和分析了通信终端在各种场景和环境下的性能和稳定性，以确保最终的产品在各种实际应用场景中具有优异和可靠的性能。

（三）开展测试服务

在综合考虑了上述测试方案和系统搭建的基础上，中心精准地针对企业特定的需求进行了系列测试服务。在专门的测试场地内，构建了 OBU、RSU 通信链路，以进行深入的抗干扰通信性能测试。其中，时延和丢包率是主要的观测数据。

首先，在中国电信地球站附近，中心进行了实际基站 V2V 车载通信终端通信质量测试。这一测试旨在评估车载通信终端在实际网络环境中的通信性能和稳定性。然后，中心在两台测试车辆上分别放置了一对 V2X 通信终端，进行了详尽的点对点 V2V 车载通信终端通信质量测试。通过这一测试，中心能更准确地评估 V2V 通信在动态环境中的性能。接下来，中心将 RSU 安装在路侧，将 OBU 安装在测试车辆上，以进行点对点 I2V 通信终端通信质量测试。这一测试有助于中心更全面地了解 I2V 通信在实际交通环境中的表现。中心还针对一对 V2X 通信终端进行了点对点 V2V 系统抗异系统干扰性能测试。这一环节主要评估 V2V 系统在面对其他通信系统干扰时的稳定性和可靠性。最后，在实验室环境中，中心使用一对 V2X 通信终端和信道模拟器搭建了点对点通信链路，进行了单一频点系统容量测试、系统内多频点共存干扰测试以及系统间干扰共存测试。这些测试有助于中心更深入地了解 V2X 通信终端在不同频点和不同系统环境中的性能。

通过这些细致且多方位的测试，能够全面而深入地了解 V2X 通信终端在各种条件下的性能，进一步优化和完善相关产品和系统，确保其在实际应用中的高效、稳定和可靠，以满足日益严格和多样化的行业需求。

三、服务成效

中心以其前瞻性和创新性，针对当前 C-V2X 领域的行业需求，进行了一系列深度的改进和完善。中心通过细致入微地对现有测试系统进行完善，确立了一套全新的、系统化的车联网测试方法。这套测试方法和测试系统能够全面满足各类要求。该测试系统和测试方法的建立，不仅有效解决了车联网领域中一系列共性技术难题，更为我国车联网产业的发展提供了坚实的技术支持。

（一）具有较强的科学性

中心结合行业动态和发展趋势，对C-V2X的测试需求进行了深入研究，使得测试系统和方法更加贴合实际，更具科学性和有效性。

（二）具有较强的规范性

通过改进和完善，车联网测试方法更为系统化和标准化，有助于提高测试的准确性和可靠性。

（三）具有较强的可操作性

通过提供操作性强、具有一定指导意义的测试案例，中心进一步丰富了车联网领域的测试内容和形式。

四、案例应用推广价值

该测试系统和方法的应用推广，将极大推动车联网技术的发展，助力我国车联网产业的持续繁荣。它将助力我国车联网产业实现技术创新，提高行业整体水平，推动相关产业链的优化升级，最终实现产业结构的调整和优化。同时，还将为相关企业和研究机构提供更为准确和实用的测试方案，推动行业标准的完善和发展，进一步加强我国在全球车联网产业中的竞争地位。

【案例二】计量在电动汽车换电站校准中的应用

一、案例背景

动力电池的快速补能是新能源汽车在当前发展过程中遭遇的一大技术难题。这一问题的存在降低了新能源汽车的使用效率和用户体验，成为制约新能源汽车市场发展的重要因素。动力电池充电技术作为新能源汽车的核心技术之一，其发展水平和应用效果直接影响着新能源汽车的性能和市场接受度。

随着科技的持续进步和研发投入的不断加大，动力电池充电技术已取得了明显的进展。现阶段的充电技术已经能够实现在30分钟内将电池的电量从30%充至80%，这在一定程度上缓解了用户的充电焦虑。尽管充电速度得到了显著提升，当前的充电速度仍无法完全满足用户对于充电速度的期望和需求，特别是在长途驾驶和紧急情况下，用户对于充电速度的需求更为迫切。

在这样的背景下，一种全新的快速补能模式——换电模式因应市场需求而生。这一模式的提出和应用，旨在通过更加快捷、便利的方式解决用户的充电问题，以提供更优质的驾驶体验。换电模式不仅有助于解决用户在行驶过程中可能遇到的电量不足问题，还有望进一步推动新能源汽车市场的发展，提高新能源汽车的市场渗透率。

二、服务产业升级措施

动力电池的快速补能在新能源车的应用场景中是一大难题，这一问题的解决是推动新能源汽车更广泛应用的关键所在。随着动力电池充电技术的持续进步，一种新型的快速补能模式——换电模式正在逐渐成为现实。目前，换电站相关的计量测试方法还是一片空白。换电站的充换电质量和性能如何得到保证以及用户的换电安全如何得到保障，成为汽车公司急需解决的实际问题。

为了应对这一迫切需求，国家智能网联汽车产业计量测试中心（以下简称“中心”）着手研发了一套在不停站、不影响对社会提供换电服务的基础上，针对换电站的装配质量、换电模块、充电模组、移动小车等进行快速计量的校准方法。这套方法能够实现对换电站各个关键组件的精准校准，从而保障换电过程的安全和效率。中心还为客户提供了全方位的计量服务，确保换电模式能够在实际应用中得到可靠的执行。

电动汽车换电模式主要有三大市场优势：效率更高，换电速度远快于充电；解决了充电停车位的问题；车电分离业务，降低了用户的购车成本。从 2020 年开始，从中央到地方政府，几乎每月都会推出一项支持换电模式的相关政策。2020 年 5 月，换电站作为新基建的技术攻坚关键，首次被写入《政府工作报告》。2020 年 7 月 23 日，工信部对新能源换电模式做了详细的解读，表示正在加快制定《电动汽车换电安全要求》国家标准。

某汽车公司目前主要在华东和华南地区进行换电站的布局。换电站的充换电质量和性能如何得到保证、用户的换电安全如何得到保障，成为该公司迫在眉睫的一项待处理问题。

针对客户提出的以上问题，中心迅速组织专业团队开展换电站计量校准方法研究和相关计量标准器具的研制，随后，针对该客户开展了计量校准服务。

（一）电池换电模块 RGV 拧紧扭矩计量

拧紧扭矩质量关乎车辆安全。中心根据现场工况设计了校准方案并设计制造了专用校准工装，为客户进行了现场校准。

通过专用工装配合，可稳定实施目标扭矩的拧紧校准。整个校准过程控制在30分钟内，满足了客户对校准时间的需求。

（二）充电模组计量

上海新能源汽车换电需求较大，约每10分钟就有一台社会车辆的换电需求。充电模块的标定涉及整个换电站的服务，需要断电网接线操作。为了保障用户正常使用换电功能，需要在尽可能短的时间内完成标定，不影响换电站的对外服务，不向社会发停站公告。

中心组织相关技术人员着手调研，针对换电站这种新型综合型设备的特点，掌握技术要领，反复赴需求方研发中心，与换电站开发人员进行技术交流，开展模拟试验并论证，摸索现场计量的可操作性。最终，基于霍尔原理，搭建了高精度电能质量分析系统，只需后部充电柜组断电30分钟，用于搭建电气线路，其余校准过程中换电站无须断电，可正常向社会提供换电服务。校准模式针对不同电池充电工况，覆盖恒流充电、恒压充电模式。

（三）移动服务车计量

移动服务车配置包括车轮动平衡机、电瓶检测仪、防冻液冰点检测仪、轮胎花纹尺、扭力扳手、手持式数显充气表等计量仪器。

三、服务成效

中心针对当前市场中换电站的紧迫需求，开发了一套前沿的、满足特定客户需求的计量校准方法。这套方法能在不中断站点运作、不影响向社会提供持续的换电服务的前提下，对换电站的装配质量、换电模块、充电模组以及移动小车等进行快速且准确的计量校准。

该计量校准方法主要关注换电站在运作过程中的各个关键环节，确保每一环节都能达到预定的性能标准和操作要求，从而确保整个换电服务稳定、安全、高效。这套方法不仅能够提供一系列完善而细致的计量服务，更是在行业内首次确立了相关的技术验证手段，为该领域的科学研究和技术发展奠定了坚实基础。

该计量校准方法的开发和实施，极大地推动了换电技术及相关产业的发展，解决了该领域的一大技术难题，即在不影响正常运营的情况下对新型换电设备进行准确校准。这一突破性成就，不仅填补了该类新型设备校准的技术空白，更是实现了对相关技术标准和操作规程的优化升级。

四、案例应用推广价值

中心对新能源汽车领域进行深入研究和持续创新，通过实际行动推动了新能源汽车行业的发展。该计量校准方法的成功应用，也将促使更多相关领域的企业和机构关注到换电模式的重要性，进而投入更多资源进行技术研发和创新。该计量校准方法的推广和应用，将对换电站的标准化和规范化建设产生积极推动作用，进一步提高换电模式的实际应用价值。这不仅有助于推动我国新能源汽车行业的快速发展，也有助于实现节能减排的国家战略目标，推动经济绿色可持续发展。

中心针对当前新能源汽车领域中亟待解决的问题，开展了深入的研究和技术创新，成功研发出了一套适应市场需求、具有广泛应用前景的计量校准方法。此项技术的推广和应用，将在新能源汽车行业中产生深远的影响，对推动我国新能源汽车行业的全面发展，提高我国在全球新能源汽车领域的竞争力具有极其重要的意义。

该计量校准方法不仅具有较高的科学价值和实用价值，也具有较大的推广应用潜力和广阔的市场前景。它的成功实施和应用，将有力推动国内外相关领域的技术创新和产业升级，进一步促进新能源汽车换电服务市场的健康发展和繁荣。

【案例三】计量在氢燃料电池纯氢续驶里程测试中的应用

一、案例背景

2021年，工信部装备中心发布了《燃料电池汽车测试规范（试行版）》（以下简称《规范》），规定了包含燃料电池车纯氢续驶里程在内的多项参数，对燃料电池汽车产品提出了新要求。但是，针对燃料电池汽车纯氢续驶里程等相关参数，国内没有成熟的测试方法及对应的测试设备，这也使得汽车企业难以针对《规范》中的相关规定开展验证测试。国家高速列车产业计量测试中心（以下简称“中心”）针对客户提出的测试需求，积极开展了相关测试方法研究及测试能力建设，完成了全国首台涉氢底盘测功机的建设和应用，为客户提供了优质的技术服务，达到客户的预期要求，并形成了很强的示范效应。该项目不仅使中心的测试能力得到了广泛关注和认可，也为国家各部委开展燃料电池汽车示范应用提供了有力的技术支撑。

二、服务产业升级措施

2020年9月，五部门联合发布了《关于开展燃料电池汽车示范应用的通知》，重点提出“调整补贴方式，开展燃料电池汽车示范应用”。工信部装备中心在2021年发布了《燃料电池汽车测试规范（试行版）》，明确提出各生产企业及检测机构在进行燃料电池汽车示范应用工作中贯彻测试规范。《规范》中包括燃料电池系统额定功率、质量功率密度、体积功率密度、低温冷起动以及燃料电池汽车纯氢续驶里程等方面的测试方法。其中，燃料电池系统额定功率测试方法应按照相关规定，采用的测试平台应严格贯彻落实规定中所要求的加载方式方法，加载到申报额定功率后还应该保持相对恒定地运行60分钟。从某种程度上说，《规范》是财政部、工信部、科技部、发改委、国家能源局关于燃料电池汽车城市群示范实施的配套文件。《规范》的提出，也为开展燃料电池汽车示范应用提供了有力的支持。

作为高新技术企业，上海某汽车有限公司拥有商用车整车、新能源客车、纯电动货车、专用车、燃料电池货车生产资质，产品涵盖柴油、混合动力、纯电动、氢燃料等类型的公交客车、旅游客车、物流车、环卫车等各类车型。目前，该公司在燃料电池货车等涉氢新能源动力汽车方面具有较强竞争优势。《规范》的发布对该公司的燃料电池汽车产品提出了新要求，但是目前针对燃料电池汽车纯氢续驶里程等相关参数，国内没有成熟的测试方法及对应的测试设备，这也使得该公司难以针对《规范》中的相关规定开展验证测试。

该企业需求针对燃料电池保温车开展测试，测试样车照片如图7.4所示。

图7.4　样车照片

根据客户的测试需求及现有标准，中心对客户的测试需求进行测试方法研究、测试能力建设及测试的实施。

（一）测试方法研究

中心组织了相关技术专家对测试方法进行了研究，并对测试能力需求开展了调研。经过研究，中心确定了燃料电池汽车纯氢续驶里程的测试条件，对实验温度环境、机械运动部件用润滑油黏度、轮胎压力、照明、信号装置以及辅助设备、储能系统、磨合里程、底盘测功机设定、储氢系统压力等进行了详细的设定和论证。

制订燃料电池汽车纯氢续驶里程的测试方法如下：

M1、N1 类车辆和最大设计总质量不超过 3 500 kg 的 M2 类车辆，按照 GB/T 38146.1 规定的循环工况进行续驶里程测试，其他类型车辆按照 GB/T 38146.2 规定的循环工况进行续驶里程测试，在底盘测功机上进行。

按照公式计算燃料电池堆的输出总能量及动力电池的净能量变化量。

符合试验完结的条件时，挡位控制在原有状态不做改变，使车辆滑行至最低稳定车速或 5 km/h 后，踩下制动踏板完成停车操作。

燃料电池汽车纯氢续驶里程测试及数据记录要求如下：从整车起动开始采样，直至试验结束，总采样时间为 T（s）。采集参数包括燃料电池堆电压、燃料电池堆电流、动力电池电压、动力电池电流。

（二）测试能力建设

通过对测试方法进行研究并对测试能力需求开展调研，中心确定了能力建设方向，开展了相关设备采购及能力建设。

通过能力建设，中心建成了全国首个涉氢底盘测功机，在国内首次实现了涉氢底盘的自动化耐久测试，以模拟整车、车辆部件和润滑件等的寿命周期等。该测试系统满足欧洲 CE 符合性要求，并满足 EC 指令的基本要求。

（三）开展测试服务

中心针对企业的需求开展试验。测试过程如图 7.5 所示。

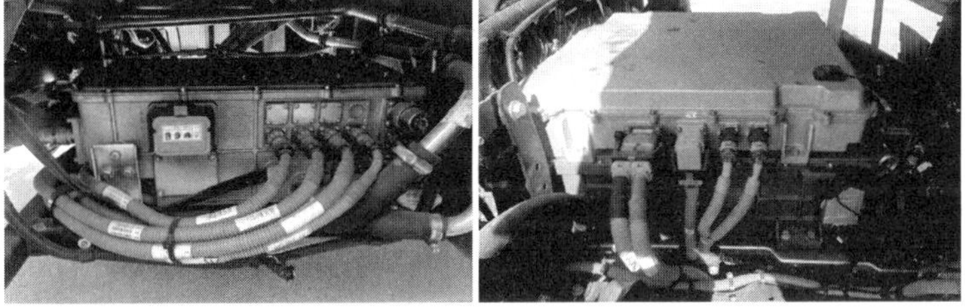

图 7.5　动力电池及燃料电池电堆电流电压采集

三、服务成效

中心将进一步完善计量技术能力，针对高速列车产品研发、生产、运营、报废全过程、全产业链，研究高速列车产业对计量技术、计量法规和计量管理等的应用需求及其特点、方式、内容、范畴和规律，提供高速列车产业关键领域关键参数，提供服务高速列车产业全产业链、全溯源链、全寿命周期的计量技术。

四、案例应用推广价值

中心基于工信部装备中心发布的《燃料电池汽车测试规范（试行版）》，根据客户提出的测试需求，积极开展了相关测试方法研究及测试能力建设，完成了全国首台涉氢底盘测功机的建设和应用，为客户提供了优质的技术服务，达到客户的预期要求，并形成了很强的示范效应，为国家各部委开展燃料电池汽车示范应用提供了有力的技术支撑。

【案例四】计量在 CRH2A 型动车组用橡胶缓冲器检修中的应用

一、案例背景

在《计量发展规划（2013—2020）年》中，明确阐释要在高科技产业、战略性新兴产业、现代服务业等经济社会重点领域，按照“全产业链、全溯源链、全寿命周期、前瞻性”的总体要求，研究具有产业特点的量值传递技术及产业关键技术和设备，构建国家产业计量测试服务体系。

中国中车作为高速列车产业装备的引领者，为积极响应国家产业计量测试服务体系建设的需要，进一步发挥国家高速列车产业计量方面的技术优势，做好国家高速列车产业发展的技术支撑，依托旗下龙头企业中车四方股份公司组织筹建国家高速列车产业计量测试中心。

高速列车的车辆连接主要通过车钩缓冲装置来完成，车钩缓冲装置的性能尤其是检修后的性能能否满足运营实际要求，直接关系到高速列车乘坐舒适性及全寿命周期的运营安全。

动车组车钩缓冲装置是高速列车系统中最重要的组成部件之一，主要由车钩、缓冲装置、车钩托架等组成。其中，缓冲装置主要由框接头、框体、橡胶缓冲器 1、橡胶缓冲器 2 等部分组成。橡胶缓冲器为片式组合结构，橡胶缓冲器 1、橡胶缓冲器 2 均由相同的橡胶片组成，但数量不同，每个橡胶片均由金属板和硫化橡胶组成。受橡胶状态所限，橡胶缓冲器的性能在使用过程中会逐渐下降。橡胶缓冲器性能下降，轻则会影响乘客的乘坐舒适性，重则在5 km/h连挂时，由于缓冲装置最大阻抗力高于车体强度，会损坏车体结构。

二、服务产业升级措施

（一）前期调研

CRH2A型动车组车钩缓冲装置并非国内原创，而是依据其他国家已存在的技术所研制的产品，因此对该装置进行高级检修的标准与要求也是照搬国际现存的标准与要求。其检修标准规定，橡胶缓冲器在运行120万公里（或3年）后便需要测度其自由高度。如果高于检修限值，便允许继续使用至240万公里（或6年），如果低于检修限值就必须将其置换，以确保符合要求。该检修方法易于理解、简洁明了，却存在成本高昂的问题。随着该领域研究的不断深化与发展，被更换的橡胶缓冲器是否存在过度检修，而继续使用的橡胶缓冲器能否被定性为真正的安全，急需更加科学高效的评估标准。

（二）研究方法

1. 疲劳试验方法

通过对橡胶缓冲器进行运营数据统计和疲劳试验研究，掌握其性能变化规律。首先对运行120万公里的橡胶缓冲器进行自由高度测量和统计，得出橡胶缓冲器自由高度的变化情况和基本自由高度水平，通过疲劳试验等效出疲劳载荷、试验次数和试验时间。将上述工况重复一次，可等效出运行240万公里的橡胶缓冲器自由高度数值。通过疲劳试验的方法可以获得橡胶缓冲器随着使用时间的变化所呈现出的性能状态变化趋势。

2. 纵向动力学仿真分析

通过纵向动力学仿真分析研究，可以评价橡胶缓冲器性能是否符合动车组实际运用的要求。按照橡胶缓冲器性能，计算5 km/h（最大连挂速度）连挂工况下缓冲装置的最大阻抗力。如果最大阻抗力低于车体强度，判断其符合运用要求；如果最大阻抗力高于车体强度，判断其不符合运用要求。通过橡胶缓冲器自由高度在0～240万公里运用过程中的变化规律，对运行已达到120万公里的自由高度为检修限值和低于检修限值的橡胶缓冲器性能进行研究，预测其继续运行到240万公里的自由高度和性能。

根据疲劳试验数据，统计分析结果，修正计算模型，提高动车组缓冲装置纵向动力学计算模型的准确性。选取不同动车组进行连挂试验，测试缓冲装置在不同连挂速度下的最大阻抗力，并与纵向动力学计算的最大阻抗力进行对比分析，平均偏差可控制15%以内。

三、服务成效

国家高速列车产业计量测试中心担任着对全产业链提供全面服务的重要角色。目标是深化计量技术能力，以适应高速列车在产品研发、生产、运营及报废全过程中的需求。专注于研究高速列车产业中的计量技术、法规与管理的应用需求及其特性、方式和范围，以提供关于产业关键领域关键参数的精确测量。服务范围覆盖高速列车产业的全产业链、全溯源链和全生命周期，为高速列车产业的持续发展提供技术支持。致力于实现更高效、更准确的计量技术应用，以推动高速列车产业的创新与进步。

通过选取不同车型、不同运营速度等级现车进行试验验证，得出橡胶缓冲器性能衰减规律，制定合理的检修限值，保证动车组的安全。修订检修规程中橡胶缓冲器自由高度的检修限值，为采用更高性能的橡胶缓冲器提供理论依据，为动车组修程延长创造条件。通过对动车组橡胶缓冲器的性能进行研究，对120万公里、240万公里橡胶缓冲器自由高度数据进行统计分析、疲劳试验、模型修正等，揭示出橡胶缓冲器的衰减规律，修订检修规程的限值，从而保证动车组的安全。

四、案例应用推广价值

该技术通过综合应用高速列车零部件的数据，并辅以疲劳试验和模型修正，探究并预测了零部件的衰减规律。通过这一方法能够更加精确地掌握零部件的使用状态和潜在风险，进而为动车组检修限值的精确修订提供可靠依据，不仅能够更加合理地配置和使用高速列车零部件，实现资源的优化分配和使用，也有助于显著提高动车组在实际运行中的安全性和稳定性。

该技术具有显著的应用价值和广泛的应用前景。在实际操作中，能够有效避免因零部件衰减导致的各类安全风险，确保动车组的平稳运行和乘客的生命安全。此外，通过对检修限值进行科学合理的修订，可以延长零部件和动车组的整体使用寿命，降低运维成本，进而推动铁路运输业的可持续发展。

该技术的广泛应用和推广，有望推动相关领域的技术创新和标准提升，为高速列车的安全稳定运行和铁路运输业的持续发展奠定坚实基础。

第八章　计量与特种设备和消防安全

在现代社会中，特种设备和消防安全是两个至关重要的领域，它们直接关系到人们的生命安全。特种设备包括各类涉及生命安全、危险性较大的、具有特殊用途和特殊工作环境的设备，如压力容器、电梯、锅炉等，由于其操作的复杂性和潜在的危险性，需要严格的安全管理和监控。消防安全也是一个复杂的系统工程，涉及火源管理、疏散通道、灭火设备等多个方面。在这两个领域中，计量起到了不可或缺的作用，为保障人员生命安全和财产安全提供了重要支持。

计量不仅能够提供准确和可靠的数据，还能够用于设备校准、性能评估和故障诊断。例如，在特种设备中，计量技术可以用于测量物理参数，如压力、温度等，以评估设备的运行状态和安全性。在消防方面，计量技术可以用于测量烟雾密度、温度、水压和水流量等，这些数据对于火势的判断和灭火策略的制定至关重要。

计量不仅仅是一种技术手段，还与法律法规紧密相连。在中国，有关特种设备和消防安全的法律法规，如《中华人民共和国特种设备安全法》和《中华人民共和国消防法》中的相关内容，都能够体现出计量的重要性。这些法律法规不仅规定了设备和系统必须符合的安全标准，还要求进行定期的计量检测，以确保其准确性和可靠性。

第一节　计量在特种设备评估与检测中的作用

特种设备包括但不限于压力容器、电梯、起重机、锅炉等，这些设备在工业、交通、医疗等多个领域有广泛应用。这些设备往往涉及高压、高温、高负荷等工作条件，因此对其进行准确的检测和评估是确保其安全运行的关键。

一、计量在特种设备评估中的作用

特种设备安全评估是对设备进行全面评估，以确定其是否符合相关安全标准和法规要求。计量在特种设备安全评估中发挥着重要作用。通过对设备的各项性能指标进行准确的测量和评估，可以确保设备的安全性能达到要求，并提供基于数据的决策支持和改进建议。

（一）精确测量物理参数

特种设备在运行过程中难免会出现一定的损耗或误差。在这种情况下，计量技术的应用成为确保设备安全运行的基础。在测量物理参数方面，计量有丰富的应用。

1. 实时监控与预警

实时监控特种设备的物理参数是一种高效的预防性措施，它能够实时捕捉到设备的异常行为或性能下降。例如，当一个压力容器的内部压力逐渐接近或超过其设计压力时，智能监控系统会自动触发预警，从而为操作人员提供宝贵的时间来采取紧急措施，防止可能的爆炸或其他严重故障。

2. 指导设备性能优化

通过精确测量特种设备的物理参数，如速度、压力、温度等，可以发现设备在哪些方面存在性能偏差。这些数据不仅有助于诊断问题，还可以用于指导性能优化措施。例如，在高精度制造过程中，通过实时监控设备的运行速度和承载能力，可以调整生产流程或设备设置，以提高生产效率和产品质量。

3. 诊断与维修设备故障

特种设备通常是高价值且不易替代的资产。当设备出现故障时，精确的物理参数测量成为诊断问题和进行有效维修的关键。例如，一个电动机突然停止工作，通过测量其电流和电压，可以迅速判断故障是由电源问题、电机自身缺陷还是控制系统故障引起的。

4. 检查设备安全合规性

特种设备必须遵守严格的安全标准和规定。通过对设备的物理参数进行精确测量，不仅可以确保设备在操作中的安全性，还可以避免由于不合规而导致的法律风险和罚款。

5. 记录与分析设备数据

长期和系统地记录特种设备的物理参数数据具有多重价值。这些数据不仅可以用于日常维护和性能优化，还可以作为事故调查和未来安全评估的重要依据。通过分析历史数据，可以识别设备可能存在的潜在问题，从而提前采取预防措施。

例如，在化工厂或炼油厂中，压力容器用于存储和处理各种化学品。这些容器通常都配有压力和温度传感器，以实时监控其内部状态。一旦传感器检测到压力或温度超过安全阈值，控制系统会自动调整或关闭相关设备，以防止可能的泄漏或爆炸。在港口或建筑工地，起重机械用于搬运重物。这些机械通常都配有速度和承载能力传感器。通过实时测量这些参数，操作人员可以确保机械在安全和有效的状态下运行。

（二）评估设备运行性能

在特种设备的安全和效率管理中，评估设备运行性能是一个关键环节。计量在其中起到了至关重要的作用，不仅涉及设备的物理参数（如压力、温度、速度等）的直接测量，还包括对设备运行性能的全面、多角度评估。

1. 评估设备全面性能

通过先进的计量技术，可以对特种设备的各项运行参数进行全方位、高精度的测量，不仅局限于基础的物理参数如温度、压力和速度，还能扩展到更为复杂的性能指标，包括但不限于振动频率、噪声水平和能效比。这样全面的评估有助于准确地把握特种设备的运行状况，从而作出更加明智的决策。

2. 优化设备运行参数

通过收集精确的运行性能数据，可以进一步优化特种设备的运行参数，不仅能提高设备的工作效率，还能有效延长其使用寿命。以电梯为例，通过对其运行速度和加速度的细致测量和数据分析，可以调整电梯的运行模式或者控制算法，从而实现更高的运输效率和乘客舒适度。

3. 预防性维护特种设备

持续监测设备的运行性能是预防性维护的关键，可以提前发现潜在的问题或故障，从而进行及时的维护或修理。不仅显著减少了设备的停机时间，还能大幅度降低因设备故障而可能导致的安全事故和相关成本。

4. 保障设备合规性与标准化

准确的运行性能数据是确保特种设备符合各种安全和性能标准的基础，对于设备通过各种认证和审查（如ISO认证或政府的安全审查）具有至关重要的意义。计量在这些规范和标准的制定与实施过程中起到了无可替代的作用。只有当量值传递和检验检测都是精确和可靠的，这些标准和规范才能真正发挥其预期的作用。

5. 跟踪设备长期性能

通过长期和系统地跟踪记录特种设备的运行性能数据，可以进行趋势分析，不仅能更准确地评估设备的整体性能状况，还能有效预测其未来的性能和可能需要的维护活动。这样的长期跟踪为设备的使用、保养和维修提供了强有力的数据支持。

例如，在大型商业建筑或住宅楼中，电梯的运行性能直接影响到人们的出行效率和安全。通过计量电梯的运行速度、加速度、制动距离等参数，可以全面评估其性能。如果发现某些参数不符合标准或存在异常，可以及时进行调整或维修。在现代制造业中，工业机器人被广泛应用。通过对其运动速度、精度、稳定性等参数进行测量和分析，可以确保机器人在最优状态下运行，从而提高生产效率和产品质量。

（三）评估特种设备能效

在特种设备的管理和运营中，能效评估是一个越来越受重视的方面。高能效不仅可以降低运营成本，还有助于减少环境影响。计量广泛用于评估设备的能效。

1. 精确测量设备能耗

通过计量技术能够精确地测量设备在运行过程中的能耗，包括但不限于电力消耗和燃料使用量。这些数据通常保存在特定的计量仪表中，以便于后续的能效评估。

2. 计算性能与能耗关联

通过计量技术能精确地测量设备的输出或性能，如生产量和速度。通过对这些数据进行综合分析，可以计算出设备的能效比，即单位产品所需的能量，从而进行更全面和科学的能效评估。

3. 优化设备运行参数

基于计量得出的能效数据，可以优化设备的运行参数。例如，通过调整电动机的运行速度，可以在不降低性能的前提下实现能耗的降低。

4. 评估设备环境影响

通过计量得出的能效数据，企业不仅可以评估设备的性能，还可以更准确地评估其对环境的影响，从而在需要时进行相应的改进。

5. 分析整体成本效益

能效数据也是进行成本效益分析的关键。通过比较不同设备或运行模式的能效和成本，企业能够作出更加合理和高效的投资和运营决策。

例如，在许多工业应用中，冷却系统是能耗的主要来源之一。通过计量，可以精确地测量系统的电力消耗和冷却效果（如温度下降幅度）。基于这些数据，可以计算出系统的能效比，并据此进行系统优化。在制造行业中，生产线上的各种机器（如注塑机、冲压机等）也是能耗的主要来源。通过计量，可以测量这些机器在生产过程中的实际能耗和输出。这些数据不仅可以用于日常的能效监控，还可以用于长期的能效改进计划。

（四）优化特种设备运行

在特种设备的管理和运营中，优化设备运行是提高生产效率、降低运营成本和确保设备安全的关键环节。通过长期的数据收集和分析，可以调整设备的运行参数，从而提高其性能和安全性。计量技术在这一过程中起到了至关重要的作用。

1. 实时监控与调整参数

通过先进的计量技术，可以实时监控特种设备的各种关键运行参数，包括温度、压力和速度等。这些实时数据不仅可以用于监控，还可以用于调整设备的运行状态，确保设备在任何时刻都能达到最优性能。

2. 分析设备长期性能

计量不仅能提供短期的数据，还能通过长期的数据记录和分析来揭示设备性能的长期趋势和潜在问题。分析设备长期性能有助于进行预防性维护以及制定长期性能优化策略。

3. 预防与诊断设备故障

计量得出的数据具有高度的可靠性和准确性，这使得计量成为故障预防和诊断的有力工具。通过对异常数据的及时分析，可以预防故障和事故，从而显著提高设备的可靠性和安全性。

4. 优化特种设备能效

计量技术在设备能效优化方面也发挥着重要作用。通过精确地测量设备的能耗和输出，可以计算出设备的能效比。这些数据为制定有针对性的能效优化策略提供了科学依据。

5. 整合流程与自动化

在复杂的生产环境中，计量数据不仅局限于单一设备，还可以用于多个设备和流程的整合和自动化。通过完备的机械整合和自动化，不仅可以提高生产效率，还能显著降低由于人工操作错误引发的风险，从而大大提高整体生产效率。

例如，在化学工业中，反应器是一个关键设备。通过计量，可以实时监控反应器内的温度、压力和化学浓度等参数。这些数据可以用于实时调整加热器、搅拌器和进料速度等，以实现最佳的反应效率和产品质量。在物流中心或港口，装载机械（如叉车、起重机等）的效率直接影响到整个物流系统的性能。通过计量，可以精确地测量这些机械的运行速度、载荷量和能耗等。这些数据不仅可以用于日常的性能监控，还可以用于设备的长期优化和升级。

综上所述，计量在特种设备的安全评估和运行优化中扮演着多重角色，其重要性不容忽视。从精确测量和性能评估，到故障诊断和设备校准，再到数据记录和合规性检查，计量都是确保特种设备安全和高效运行的关键因素。

二、计量在特种设备检测中的作用

在特种设备检测领域，计量的作用不容忽视。特种设备，如压力容器、电梯、锅炉等，直接关系到人们的生命和财产安全。因此，对这些设备的检测必须具有高度的准确性和可靠性。计量提供科学的测量和评估手段，为特种设备检测提供了坚实的基础。

（一）诊断特种设备故障

在特种设备的运行和维护中，故障诊断是一个关键环节。准确和及时的故障诊断不仅可以减少设备的停机时间，还可以避免可能导致的安全事故。在这方面，计量技术起到了至关重要的作用。

1. 定位与识别设备故障

当特种设备遭遇故障，通过测量多种物理参数（如温度、压力和电流）能为工程师提供关键信息，以快速定位故障源头。这种定位不仅提高了维修人员的工作效率，还有助于延长设备的使用寿命和提升其运行效率。

2. 预测与预防设备故障

通过对设备运行参数的持续监测和数据分析，可以预测和预防潜在故障。例如，一台电动机的温度持续上升，可能是一个预警信号，表明电机有可能即将出现故障。

3. 评估特种设备性能

通过计量，可以准确地了解设备在故障前后的性能变化，从而更精确地评估是否需要维修或更换设备。

4. 排查设备安全隐患

在某些情况下，设备故障可能会导致安全事故。通过计量手段的定期检查，可以及时发现安全隐患，并采取相应的预防措施，以确保生产和人员安全。

5. 分析设备成本效益

准确的故障诊断能够帮助企业更有效地分配维修资源。通过计量手段获取的精确数据，企业可以进行成本效益分析，以决定是修复还是更换故障设备，从而实现资源的最优配置。

例如，在工业生产中，锅炉是一个关键设备。如果锅炉出现故障，可能会导致整个生产线的停工。通过对锅炉内部的压力、温度和水位等参数进行计量，工程师可以快速地定位故障源，如水位传感器故障、燃烧不充分或是循环泵问题。在港口或建筑工地，起重机是不可或缺的设备。如果起重机出现故障，可能会严重影响工作进度。通过计量，可以测量起重机的电机电流、液压系统压力和钢丝绳张力等，从而准确地诊断故障原因，是电机问题、液压系统失效、控制系统问题，还是钢丝绳磨损。

(二) 定期校准设备误差

在特种设备的管理和维护中，定期校准是确保设备安全和高效运行的关键环节。

1. 保证设备的准确性与可靠性

通过计量手段定期校准，确保了特种设备测量参数（如压力、温度、速度等）的准确性和可靠性。定期校准不仅是确保设备正常、高效运行的基础，而且是预防事故和故障的关键环节。

2. 提升特种设备的安全性

计量在提升特种设备安全性方面起到不可或缺的作用。任何测量误差都可能导致安全隐患。例如，未经校准的压力传感器可能会误报或漏报压力读数，从而增加爆炸或泄漏的风险。

3. 优化设备性能

准确的计量校准是设备性能优化的关键。当传感器和测量设备都经过严格的校准，设备的运行参数可以更精确地调整，从而提高工作效率和设备性能。

4. 保证设备的合规性与标准化

特种设备需要符合严格的安全和性能标准。定期的校准和计量不仅是合规性的必要条件，还有助于设备的标准化，确保其在全球范围内的可用性。

5. 提高设备长期成本效益

尽管校准需要一定的时间和成本投入，但从长期看，它能有效减少由于设备故障或事故导致的额外费用和损失。因此，定期校准实际上是一种成本效益极高的投资。

在工业生产中，各种传感器和仪表用于监控生产过程。这些设备需要定期校准，以确保生产质量和安全。例如，一个用于测量液体流量的流量计如果没有经过准确的校准，可能会导致原料的浪费或产品质量问题。

定期校准在特种设备误差诊断方面具有重要作用，不仅有助于提高设备的准确性和可靠性，还是确保设备安全和合规性的关键环节。

(三) 记录与追溯客观数据

在特种设备的管理和运营中，记录与追溯客观数据是非常重要的一环。这些数据不仅可以用于设备的日常运营和维护，还可以在事故调查和安全评估中起到关键作用。计量技术为生成、存储和分析这些数据提供了可靠的基础。

1. 调查事故与追溯责任

在设备发生故障或事故后，详细和准确的历史数据成为事故原因分析和责任追溯不可或缺的工具。以压力容器爆炸为例，查阅之前记录的压力和温度数据，能够更精准地识别事故触发因素，有助于责任方的准确确定。

2. 提供预防性维护

长期的数据记录和分析不仅能预测设备可能出现的故障和问题，还能实施预防性维护措施。这样不仅能显著提高设备的可靠性和使用寿命，还能有效降低维护成本，避免突发事故。

3. 评估与优化设备性能

通过对收集的数据进行分析，企业可以对设备性能进行全面评估和优化。这种基于数据的分析能揭示设备性能的长期趋势，从而指导有针对性的调整和优化，提升设备效率。

4. 保障合规性

在多数行业和地区，特种设备的运营都需遵循严格的法规和标准。详细和准确的数据记录不仅是合规性检查的基础，还可能在法律诉讼和审计过程中发挥关键作用。

5. 数据驱动决策支持

准确和详细的数据记录为企业管理层提供了强有力的决策支持。这些数据可用于多个方面，包括成本效益分析、资源分配和风险评估，成为数字化决策的有效手段。

例如，在化学生产中，反应器的温度、压力和物料浓度等参数需要严格控制。通过长期记录这些参数，可以优化生产过程，提高产量和质量。如果发生事故或质量问题，这些数据可以用于追溯问题的根源，减少再次发生事故的概率。在食品加工行业，温度、湿度和卫生状况等都是非常关键的参数。通过计量和记录这些数据，不仅可以确保食品的质量和安全，还可以在出现问题时迅速找出原因，并采取相应的纠正措施。

(四) 检查设备是否合规

特种设备一般具有独特的应用场景，大部分国家和地区对特种设备有严格的安全标准和规定。计量是确保特种设备符合这些标准的基础。在特种设备的管理和运营中，确保设备符合各种安全和性能标准是至关重要的。这不仅是法律和规定的要求，也是确保设备安全和高效运行的基础。一方面，在制定这些安全标准的过程中，计量是必不可少的，通过收集大量样本数据可以对相关设备的合格标准进行准确规定；另一方面，检查这些设备是否合规也必须依靠计量手段，量值的精准传递才能保障设备的合规性检查切实落地，防止行政过程的无效化。在这些方面，计量技术起到了关键作用。

1. 核实设备安全标准

特种设备，如锅炉、压力容器和压力管道，通常需要遵守一系列严格的安全标准和法规。通过精确的计量手段，设备的各种物理参数（如压力、温度、速度等）可以被准确地测量和核实，以确保其符合安全标准。

2. 检验设备性能指标

除了安全标准，特种设备还需满足特定的性能指标。计量不仅能准确地评估设备的基础性能，如能效和响应时间等，还能评估设备的可靠性和持久性。

3. 形成合规性文档与证明

准确和可靠的计量数据是生成合规性文档和证明的基础。这些文档在设备的审计、认证，甚至法律诉讼中都具有重要价值。

4. 控制与保证质量

计量也起到控制和保证质量的作用。通过对生产过程中的关键参数进行持续的测量和监控，可以确保最终产品符合相关标准和规定。

5. 持续监控与改进

通过持续的测量和数据分析，设备的状态可以被监控。一旦发现偏离标准的情况，可以及时进行调整和改进，以维持设备的高性能和安全性。

例如，在化工或石油行业中，压力容器是常见的特种设备。这些容器需要遵守严格的安全标准。通过计量，可以精确地测量容器的内部压力、温度和其他关键参数，以确保它们符合安全标准。又如，电梯需要定期进行安全检查，以确保其符合安全标准和规定。需要对电梯的速度、加速度、制动性能等进行精确测量，只有当这些参数都符合标准时，电梯才能被认为是安全和合规的。

第二节　计量在消防安全防控和施救中的作用

烈火猛于虎，消防安全关系到每个人的正常工作和生活。准确、可靠的计量不仅能预防火灾，还能在火灾发生时提供关键信息，以便进行有效的灭火和疏散。

一、计量在消防安全防控中的作用

在现代社会环境中，消防安全的重要性日益凸显。特别是在高密度、高风险的居住和工作场所，火灾预防成为一个不可忽视的议题。通过对烟雾、温度等关键参数的精确测量，计量不仅能实时监测环境状态，还能为火灾预警提供数据支持。计量在消防日常预防中的作用不仅局限于实时监测，还包括长期的数据分析和风险评估。这些数据可用于优化现有的消防设施，制定更为合理的预防措施。从宏观和微观层面来看，计量都是消防安全体系中不可或缺的一环。

（一）日常检测烟雾和温度

在消防安全中，烟雾和温度的实时监测是十分重要的。这些数据不仅可以用于早期火灾的预警，还能在火灾发生后提供关键信息，以便进行有效的灭火和疏散。计量技术在这方面起到了至关重要的作用，确保了检测设备的准确性和可靠性。

1. 实时监测与预警

借助先进的计量技术，烟雾和温度传感器能够实时、精确地监测环境条件。一旦系统检测到异常情况，如烟雾浓度突然增加或温度异常升高，预警机制会被立即触发，以便加快应急响应和处理速度。

2. 保障传感器数据精度与可靠性

高精度的计量技术确保了传感器读数的准确性和可靠性，有助于防止误报和漏报，确保警报只在真正存在火灾风险的情况下被触发。

3. 校准与维护检测系统

为确保系统的长期准确性和可靠性，烟雾和温度传感器需要定期进行专业校准。在这一过程中，计量技术可以提供技术支持和依据。

4. 记录与分析数据

通过精确的计量，系统能够记录烟雾和温度的历史数据。这些数据不仅有助于事后的火灾调查，还可以用于进一步优化火灾预防措施和整体系统设计。

5. 遵守法规与标准

准确的计量是确保消防系统符合各种国家和地方法规以及标准的基础，也是保证公共安全的必要条件。

例如，在商业建筑如购物中心或办公楼中，烟雾和温度传感器通常分布在各个关键区域，如走廊、电梯井和停车场等。这些传感器需要经过严格的计量和校准，以确保它们在火灾发生时能准确地触发警报和启动灭火系统。在工业环境如化工厂或制造车间中，火灾风险较高。通过计量技术，可以更精确地评估这些环境中的烟雾和温度条件，从而更有效地制定和实施火灾预防措施。

（二）预防燃气泄漏

燃气泄漏是火灾和爆炸的常见原因之一，能否在泄漏刚刚开始发生时防微杜渐，体现着消防安全的能力和水平。然而，在消防安全的预防措施中，燃气泄漏检测常被忽视。燃气泄漏不仅可能导致火灾，还可能引发爆炸，因此，准确和及时的检测至关重要。在这一方面，计量技术起到了核心作用。

1. 实时监测与预警泄漏

通过采用高度敏感和精确的燃气传感器，能够实时监测燃气浓度，确保环境安全。系统具备智能分析功能，一旦检测到燃气浓度超过设定的安全阈值，会立即触发预警机制，并通过多渠道（如短信、应用通知等）通知相关人员，以便迅速采取紧急措施。

2. 保证检测设备的精度与可靠性

采用多重校验机制可以确保燃气检测设备的精度和可靠性。这一点尤为关键，因为它能有效防止误报和漏报，确保只有在真正存在燃气泄漏风险的情况下才会触发警报。

3. 定期校准与维护检测设备

为确保系统的长期准确性和可靠性，燃气检测设备需要定期进行专业校准。在这一过程中，计量提供了必要的技术支持，包括软件更新和硬件维护，以确保设备始终处于最佳工作状态。

4. 记录与分析检测数据

通过先进的计量技术，能够精确地记录燃气浓度的历史数据。这些数据不仅可以用于事后的事故调查，还可以用于数据分析，以改进燃气泄漏预防措施和优化系统设计。

5. 保障检测设备的合规性

准确的计量数据是确保燃气检测系统符合国家和地方安全标准的基础。这些数据可用于定期的审计和检查，以证明系统的合规性。

例如，在多单元住宅或公寓楼中，燃气泄漏是常见的安全隐患。很多厨房中安装了燃气泄漏探测器。这些探测器可以实时测量厨房内燃气的浓度，一旦浓度超过安全阈值，探测器会立即触发报警，并自动切断燃气供应，从而避免可能发生的火灾或爆炸。通过安装经过严格计量和校准的燃气检测器，可以实时监测每个单元的燃气浓度，从而及时发现和处理燃气泄漏问题。在石油、天然气或化学工厂等工业设施中，燃气泄漏的后果可能更为严重。在这些环境中，高度精确的燃气检测系统是必不可少的。这些系统通常会通过计量技术进行定期的校准和测试，以确保其长期的准确性和可靠性。地下停车场是一个封闭空间，如果有燃气泄漏，后果可能非常严重。因此，许多地下停车场装有燃气泄漏探测器。这些探测器不仅可以实时监测燃气浓度，还可以与通风系统联动，一旦检测到燃气泄漏，则自动开启通风系统，以降低燃气浓度。

二、计量在消防险情施救中的作用

在消防险情施救的过程中，很多时候，数据的准确性直接关系到施救行动的成功与否，高度准确和可靠的计量设备是不可或缺的。这些设备需要定期进行校准和维护，以确保其性能始终处于最佳状态。计量提供的精确数据不仅有助于消防人员作出更加科学的判断，还能为后续的风险评估和事故调查提供可靠的依据。

(一) 测量水压和水流量

水压和水流量的准确测量是自动喷水灭火系统效能的关键。如果水压过低或水流量不足，灭火效果会大打折扣，可能导致火势失控。在消防安全系统中，水压和水流量的准确测量是至关重要的，这些参数直接影响灭火系统，如消防栓和自动喷水灭火系统的效能。计量技术在其中起到了不可或缺的作用。

1. 实时监测与预警水压和水流量

利用高精度计量设备，消防水系统的水压和水流量可以被实时监测。一旦这些关键参数低于预定的安全标准，系统会自动触发预警机制，从而迅速启动紧急响应措施，确保人员和财产安全。

2. 评估消防水系统性能

通过收集准确的水压和水流量数据，专家可以对消防系统的性能进行全面评估。这些数据还可以用于模拟火灾情况，以测试系统在紧急情况下的灭火效能，从而提前发现并解决潜在问题。

3. 定期校准与维护测量设备

水压和水流量的测量设备需要定期进行专业校准。这是确保消防设备和系统长期可靠运行的关键环节。

4. 保证消防审核合格

准确的计量数据不仅是确保消防设备和系统符合地方和国家安全标准的基础，还可用于定期的审计和检查。这些数据为证明消防系统的合规性提供了有力证据。

5. 优化数据

通过对长期收集的水压和水流量数据进行深入分析，专家可以识别出可能影响系统性能的因素，并据此采取有针对性的优化措施，从而提升系统的整体性能。

例如，在高层建筑中，维持恒定的水压是一个挑战。自动喷水灭火系统需要定期进行水压和水流量的测试。这些计量数据不仅能用于系统的日常维护，还能在火灾发生时提供关键信息。如果水压或水流量低于标准值，系统会自动触发报警，以便及时进行修复。通过精确的计量设备，可以实时监测每一层的水压，以确保在火灾发生时，水可以有效地传输到所需的楼层。这些数据还可以用于优化水泵和其他设备的性能。在工业环境中，水流量的需求可能远高于普通建筑。在这些情况下，需要确保足够的水流量快速地传输到火灾现场。

(二) 测量风速和风向

在消防安全和应急响应中，风速和风向的准确测量具有重要意义，尤其是在大型公共场所和开放空地的火灾中。准确的风速和风向数据可以帮助消防人员更有效地控制火势和烟雾的扩散。风速和风向直接影响火势蔓延方向和速度，以及烟雾和有毒气体的扩散。计量在这方面起到了关键作用。

1. 实时监测与预警风速和风向

借助高精度风速和风向计量设备，消防部门能够在火场或潜在火灾区域进行实时风条件监测。这些设备不仅能够精确测量风速，还能捕捉风向的微妙变化。这些实时数据对于预测火势蔓延方向和速度以及制定针对性的灭火策略具有至关重要的作用。

2. 规划消防战术战略

准确的风速和风向数据是消防战术和战略规划的关键要素。这些数据可以指导人员部署，帮助确定最佳水源位置，以及规划疏散路线，从而最大限度地减少火灾带来的损害。

3. 评估险情环境影响

风速和风向不仅影响火势蔓延，还会影响烟雾和有毒气体的扩散范围。通过准确的计量数据，消防部门可以更有效地评估火灾对周围环境和居民的潜在影响，从而采取相应的防护措施。

4. 记录与分析历史数据

通过记录与分析风速和风向的历史数据，可以为火灾后进行深入的调查提供依据。这些数据也可用于改进灭火和预防策略，以提高整体的消防效率。

5. 校准与维护计量设备

为确保长期准确性和可靠性，风速和风向的计量设备需要定期进行专业校准和维护。这一过程通常由专业的计量技术人员进行，以确保设备始终处于最佳工作状态。

例如，在森林火灾中，风速和风向的变化可能迅速改变火势的蔓延方向。通过使用移动的高精度风速和风向计量设备，消防队可以实时调整灭火策略和人员部署，以最有效地控制火势。在涉及化学品或有毒物质的工业火灾中，风速和风向的准确测量尤为重要。这些数据不仅能用于灭火，还能用于评估有毒气体可能扩散到的区域，从而制定相应的疏散或隔离计划。在大型体育场中，特别是有开放式天篷的场所，风速和风向的测量是非常关键的。这些数据可以用于模拟火灾发生时烟雾和火势的可能扩散路径，从而有针对性地进行疏散和灭火。

准确和可靠的计量数据在预防火灾、应对火灾和事后调查中具有重要作用。计量不仅为消防部门提供了实时和准确的数据，还为灭火策略和环境保护提供了科学依据。计量不仅确保了消防系统的实时性能和长期可靠性，还是合规性和系统优化的关键。计量不仅提供了实时和准确的数据支持，还为火灾预防和应急响应提供了科学的依据。

第三节　计量在特种设备和消防安全中的典型案例

【案例一】超高压全自动活塞式压力计研发应用

一、案例背景

大连计量检验检测研究院有限公司（原大连市计量检测研究院）是我国最早建立的计量检定专业机构之一，是由政府计量行政部门依法设置的计量检定机构，现有职工 155 人，其中专业技术人员 108 人，具有高级职称资格人员 30 人（教授级高级工程师 5 人），拥有一支素质高、能力突出的专业检测队伍。

活塞式压力计是目前唯一能在宽量程范围内直接溯源至 SI 基本单位的压力计量核心装备，由于其优异的稳定性能被广泛应用于各计量机构、实验室以及生产或科研中，作为高精度计量标准器使用。高性能活塞式压力计，尤其是超高压全自动活塞式压力计长期被福禄克和威卡等国际品牌垄断市场，其价格十分昂贵。在我国军工、航空、航天等领域，美国和欧盟对其出口的高性能活塞式压力计实施禁运政策。近年来，随着我国制造业水平的提升，自控系统不断完善，核电、机车、船舶、能源、化工等大型企业压力计量仪器的测量范围和准确度不断提高，企业对高精度宽量程的压力计量器具的需求日益增多。为满足产业发展对计量测试的需求，自主研发超高压活塞式压力计计量设备意义重大。

针对传统超高压力活塞式压力计计量准确度差、活塞平衡稳定难、加压困难等难题，大连检验检测认证集团所属大连计量检验检测研究院有限公司与大连工业大学、大连普瑞森科技有限公司、陕西创威科技有限公司联合设计研发了高精准、高稳定、高效率的 500 MPa 超高压全自动活塞式压力计。

利用活塞防断保护和全气控换码机构、双级泵大流量加压系统，以及高效率精准测试压力敏感元件的双板结构式密封、串行矩阵板多孔安装等散件高效装拆机构和测试装置，集成研制出压力计量成套设备。该设备采用质量标称砝码后置计算压力的方法，建立了活塞有效面积精准定值技术，突破了制约 500 MPa超高压力高精准计量的瓶颈难题，大幅降低了计量系统的原理性误差。该设备于 2021 年 7 月投入示范应用，是东北地区计量性能最高的压力计量装置，为数十家大型重工企业、船舶制造企业、核电化工企业完成了高压压力计量溯源，为东北地区核电、机车、能源、化工等领域的超高压仪器的自主研发和计量提供了有力保障。

该成果获得了 2019 年度大连市技术发明一等奖，上榜 2021 年度“科创中国”先导技术榜单。

二、具体措施

传统活塞式压力计采用的等质量砝码、电动加载、人工辅助稳定等手段，不能满足高精准、高稳定、高效率的计量要求。高性能活塞式压力计长期依赖进口，严重制约了我国压力计量体系的自主可控。大连计量检验检测研究院有限公司与高校、企业联合自主设计制造的超高压全自动活塞式压力计解决了这一难题，实现了技术突破。

（一）计量原理与方法

为实现以最少的砝码数量组合出需要的质量，提出了二进制质量砝码和等质量砝码相结合的质量自由组合思想，进而提出了二进制质量砝码采用筒状结构、等质量砝码采用盘状结构的具体结构。通过筒状砝码实现砝码独立加载、互不影响，通过盘状砝码实现砝码质量顺序叠加。采用气动加码方式保证了砝码的高效加载。

为保证结构的最优化，提出了筒状砝码和盘状砝码之间进行质量分配的三个原则：① 盘状砝码质量＝所有筒状砝码质量之和；② 最高筒状砝码高度保证旋转过程中自身的稳定性；③ 所有砝码直径符合国家规程规定的砝码直径要求。保证了砝码快速加载，实现了仪器的高效计量。

发明了采用质量标称砝码后置计算压力的方法，建立了活塞有效面积精准定值技术，突破了制约 500 MPa 超高压力高精准计量的瓶颈难题，大幅降低了计量系统的原理性误差，计量不确定度降低到 0.009 4%以内，显著优于现有超高压活塞基准水平 0.02%的指标，不同压力点的输出误差较现有等质量砝码压力计降低了 3.93%～67.43%。

（二）关键技术

针对高精准活塞压力计量仪器不同压力等级的密封问题，通过聚四氟骨架实现调压器活塞杆运动过程中的动密封，通过橡胶圈实现聚四氟骨架和活塞筒壁之间的静密封，通过工程塑料/金属/陶瓷背衬（不同的压力等级采用不同的材料以及不同数量的密封件组合）实现密封支撑。此发明利用聚四氟材料摩擦系数小、橡胶圈变形量大、背衬抗变形能力强的特点，三者配合使用实现动静密封。同时，采用电化学机械复合精准光整加工技术实现调压器活塞杆表面的精密镜面加工，加工后的活塞杆形成高原状表面轮廓，起到抗磨减阻和保护密封件的作用，从而有效地实现了调压器运动灵活和高等级密封。

针对活塞和活塞筒偶件配合结构、高精度和高表面粗糙度等技术难点，开发了细长活塞偶件配对研磨及电化学机械复合精准加工技术，发明了压力控制摩擦力驱动砝码旋转的装置，通过专用技术装备实现了高硬度及弱刚性特征的活塞杆和细长孔活塞筒表面的大去除量和高效率精准加工。在此基础上，采用配对研磨技术，进行小去除量条件下的精研加工，进一步改善活塞和活塞筒的精度和表面粗糙度，并使活塞及活塞筒之间的配合间隙满足要求，解决了活塞和活塞筒加工难、配对精度低的问题。

提出了改进型线性二次最优控制方法，根据气体受压后压力缓慢释放的特性，设计了抵消高延迟环节影响的动态自适应闭环控制算法，以 PID 为核心来抑制活塞上下运动，设计模糊自适应控制器对 PID 参数进行自整定。同时，利用遗传算法优化 PID 参数，有效减少加压和压力调整过程的时长。针对活塞浮起后由于砝码或者托盘加工及装配误差引起的高度波动导致调压时间长的问题，采用双高度传感器反馈信号。为兼顾性能和复杂度，在调理电路中采用二阶巴特沃兹有源滤波器。同时，在程序中整合限幅平均滤波法和中位值平均滤波法，对采集的数值进行进一步的滤波。滤波的结果使测量值波动率大大降低，强化了控制算法的使用效果。解决了压力计核心部件的精密制造和稳定控制难题，有效提高了压力计的运行和计量稳定性，实现了 500 MPa 超高压条件下活塞在平衡位置的自动稳定，量产的 0.005 级活塞的下降速度、转动延续时间、灵敏度等指标均优于国家规程最高等级指标值。研究成果突破了高精准、高稳定活塞式压力计的关键技术。

（三）成套装备开发

发明了活塞防断保护和全气控换码机构，开发了双级泵大流量加压系统，发明了高效率精准测试压力敏感元件的双板结构式密封、串行矩阵板多孔安装等散件高效装拆机构和测试装置，集成研发的压力计量成套装备，换码时间小于 3 s（其他国内外同类产品≥10 s），实现了大流量高压力输出条件下，压力计与应用级敏感元件之间 1∶100 的高效率测试标定。研究成果为大批量制造高精度压力仪表提供了高精准、高稳定和高效率的成套计量新装备。

三、具体成效

（一）关键技术突破

针对高精准活塞压力计量仪器不同压力等级的密封问题，发明和研制了复合式密封技术，实现了调压器活塞杆表面的精密镜面加工，攻克了调压器运动灵活和高等级密封难题。提出改进型线性二次最优控制方法，利用遗传算法优化 PID 参数，有效缩短了加压和稳压时间。

（二）成套装备研发

使用活塞防断保护和全气控换码机构，利用双级泵大流量加压系统，开发出高效率精准测试压力敏感元件的双板结构式密封、串行矩阵板多孔安装等散件高效装拆机构和测试装置，集成研发的压力计量成套装备，为大批量高精度压力仪表提供了计量支撑。

（三）案例应用成效

1. 测得准

发明了高精准、抗污染、易维护的镜面级砝码，采用质量标称砝码后置计算压力的方法，显著提高了计量精准度，大大降低了测量不确定度。

2. 测得稳

针对全自动计量仪器的系统压力及砝码位置匹配时读数需要解决的多信号协调控制难题，研制了基于模糊自适应参数整定和算术平均滤波法的控制系统。更新的技术使得 500 MPa 超高压条件下活塞平衡位置自动稳定，活塞各项指标均有提高。该控制系统精度高、反应快、适应性强，不同工况模式下活塞稳定浮动的读数时间小于 10 s。

3. 测得快

为实现以最少的砝码数量组合出需要的质量，采用了二进制质量自由组合和等质量顺序组合，实现快速加载。优秀的密封和控制技术，使换码速度大大加快，工作效率显著提高。

该设备采用二进制筒状结构砝码和等质量盘状砝码相结合的新型结构，通过气动加码方式实现了砝码的高效加载。

四、案例应用推广价值

500 MPa 超高压全自动活塞式压力计的示范应用，为大连地区压力计量产业发展提供了强有力的支撑，解决了大连地区多家大型重工企业、机车船舶制造企业、核电化工企业等高压压力计量溯源困难的难题，打破了进口品牌的垄断地位，同时，新型全自动活塞式压力计工作效率高，为大连计量检验检测研究院有限公司服务地方产业发展提供了计量技术支撑。

（一）解决高精度高压计量器具溯源难题

大连某大型重工企业对 400 MPa 以上高精度压力传感器、数字压力计等一直有需求。多年来，由于溯源困难、到外地溯源耽误工期等原因，只能在本地对部分量程段进行校准。500 MPa 超高压全自动活塞式压力计的示范应用使得企业计量器具量值溯源不再是难题。由于压力高、接口特殊等原因，盘锦某钻探公司的钻井压裂车上钻探用高压传感器的检测一直是一项难题。大连计量检验检测研究院有限公司接到该企业检测需求后，根据企业具体要求，量身定做相应接头，为其快速解决难题。本溪某核酸制药企业均质机压力表一直无从溯源，大连计量检验检测研究院有限公司第一时间为其制作配套接头，圆满完成检测业务。

（二）打破进口品牌垄断地位

目前，自动化程度高的进口超高压活塞式压力计价格昂贵，每台二三百万元，该项目研发的产品与国外同类产品相比，成本可降低约 30%。高压活塞的密封技术、稳定技术等一直由国外品牌垄断，该项目产品的核心技术拥有自主知识产权，打破了进口活塞技术的壁垒。在原有产品的基础上，实现产品的小型化、智能化、模块化和网络化等，简化了操作流程，提高了工作效率。全自动活塞式压力计的研制符合国家的战略要求，研制的产品可替代原有产品的市场份额。作为原级标准仪器，可服务于国家、地方乃至军工尖端装备的研制生产，成功解决了我国高性能压力计量关键仪器“卡脖子”的难题，实现了我国压力计量仪器和技术的自主可控，在一定程度上助推了国内高端零部件、控制元器件、密封元器件、执行元器件等基础配套行业的技术进步。

（三）服务地方产业发展

该产品的研发和示范应用，使大连地区压力计量上限由 250 MPa 扩展到 500 MPa，能力由 0.02 级提升到了 0.005 级，为大连地区企业计量器具的量值传递提供有力保障，完善了产业计量测试服务体系，发挥了“计量保障民生、检定助力发展”的作用，全面提升了计量测试服务能力供给，满足了产业高质量发展需求。

超高压全自动活塞式压力计的研发及技术创新，解决了高性能压力计量标准器知识产权的国产化，直击实际检测应用中超高压力计量准确度低、活塞稳定难、砝码沉重、检测慢等痛点。实践中，要根据计量行业特点，优化设计更加合理的计量产品，充分考虑各行业应用情况，帮助企业提升能力，支撑产业转型升级，使计量检测在企业技术能力提升、技术创新、产品升级、产业转型升级、工艺过程控制和产品质量提升方面发挥重要作用。

该项目是“产、学、研”合作的一次成功尝试，更是计量科研成果转化应用的典型，既提升了企业的技术能力，也培养了人才，更为科研找到了方向。后续会围绕产品实际应用需求进一步加强计量测试技术的研究，加强计量测试技术与产品研发、生产的融合，加强计量技术成果转化，为企业增加核心竞争力，为社会输送更多计量人才，为计量行业发展进步作出贡献。

【案例二】报警器耐久性腐蚀试验

一、案例背景

随着人们环保意识的不断提高，环境监测的仪器设备大量出现，部分仪器设备或其零部件工作环境较为恶劣——高温、高湿、烟尘、腐蚀性等。这些仪器除了需要计量溯源外，其关键零部件还应经过严苛的性能试验，如高低温温度交替试验、盐雾试验、跌落试验等，以验证其可靠性。也有仪器设备经常处在腐蚀环境中，而腐蚀环境中耐久状态测试的相关实验设备较少，难以满足客户需要。

陕西力源仪器设备检测有限公司位于西安市航天基地工业二路 299 号，经工商行政管理局注册登记，是陕西省市场监督管理局（原陕西省质量技术监督局）授权的法定计量检定机构，授权号：（陕）法计 610000128 号，并于 2016 年 10 月通过中国合格评定国家认可委员会认可（注册号 CNASL 9406）。2018 年 11 月，陕西省首家省级材料试验机计量器具型式评价实验室挂牌成立。2019 年 8 月，经陕西省市场监督管理局批准成立陕西省建设工程产业计量测试中心。

2020 年 6 月，美国霍尼韦尔企业委托为其生产的报警器进行耐腐蚀试验。2020 年 8 月，开始仪器设备耐久性腐蚀实验装置的研发。2020 年 9 月，确定方案，购买设备材料并制作。2020 年 10 月，装置试运行。经过不断试验和改进，现阶段装置已能正常运行，并为客户做了数次腐蚀试验，获得了客户的好评。

仪器设备耐久性腐蚀实验装置是陕西力源仪器设备检测有限公司自主研制开发的为评估仪器设备或器件对恶劣环境适应性程度的装置，主要部件有腐蚀实验箱、高低温湿热实验箱、多合一浓度传感器和气体控制箱等。参照的标准有 GB 4715—2005 和 UL 268：2016。

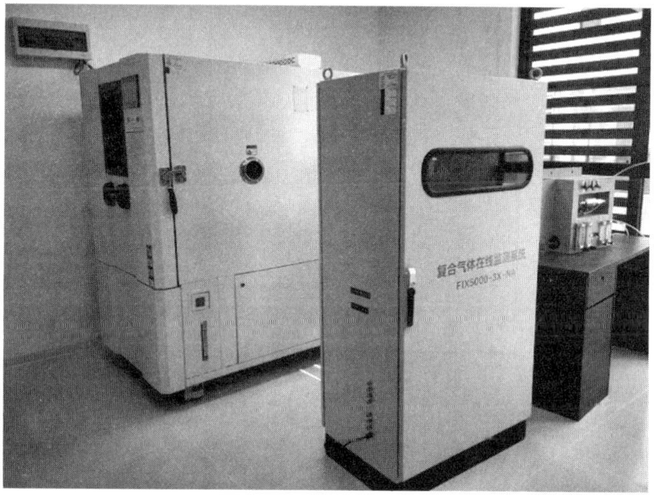

图 8.1　仪器设备耐久性腐蚀实验装置

二、具体措施

（一）腐蚀实验箱

腐蚀实验箱是腐蚀实验的发生容器，内部尺寸为 160 mm×650 mm×650 mm，共 3 只，每只腐蚀实验箱内部空间约 67.6 L。腐蚀实验箱采用亚克力材质，具有强耐酸碱腐蚀性，可承微压。其他形状及体积的腐蚀实验箱可根据需要定制，最高可承压 400 kPa。另外，其透明度好，便于实验过程中实时监测被测样品的状态变化，便于在箱内放置监测仪表，读取样品实时温湿度。箱内放置风扇，保障箱内实验气体环境均匀且满足标准要求。

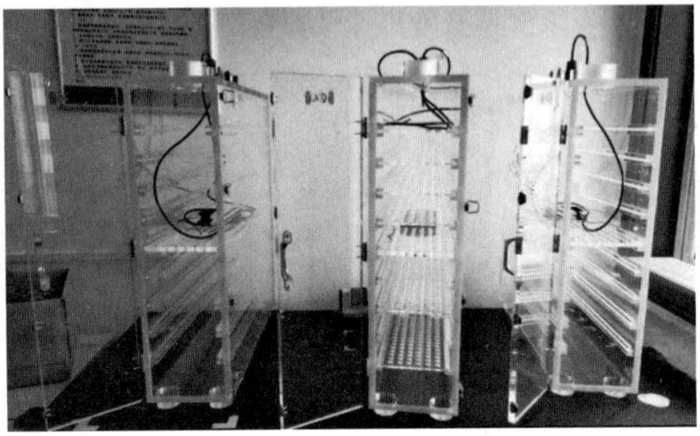

图 8.2　腐蚀实验箱实物

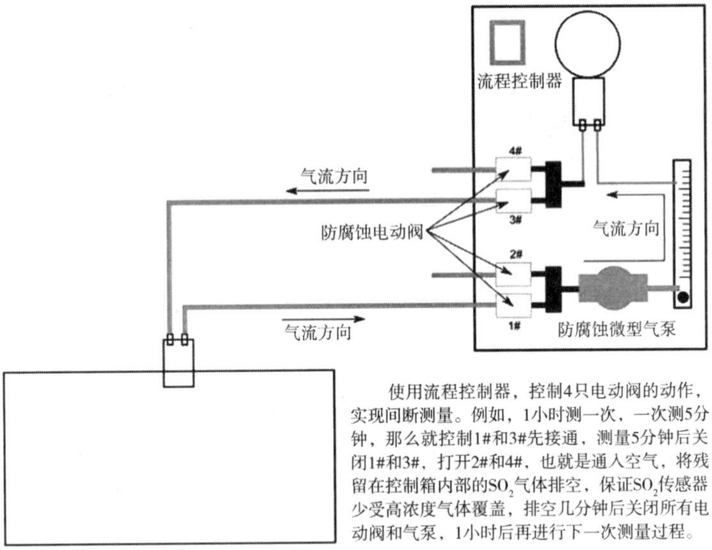

图 8.3　气体检测系统和腐蚀实验箱连接示意图

（二）高低温实验箱

该实验箱可以精准地控制实验温湿度。高低温箱为实验提供恒温恒湿的环境，避免环境温度变化对实验结果产生影响。该实验箱具有温湿度可调节范围广、分辨力高以及数值准确等特点，其内部构件统一使用 316 不锈钢材质，耐腐蚀性强。

（三）多合一浓度传感器

三合一浓度传感器可实时监测腐蚀实验箱中的气体浓度，防止因泄露或管路异常等导致气体浓度不满足实验要求的情况，保证实验环境真实可靠。多合一浓度传感器有很好的兼容性，针对腐蚀箱内的不同腐蚀气体，可以实时监测其浓度，确定是否需要补气或者换气，最大程度地保证实验的可靠性，且能为部件提供准确可靠的腐蚀环境，便于分析腐蚀的原因。

（四）气体控制箱

气体控制箱分别控制 3 个腐蚀实验箱中的气路，可以做到单一或混合，配合气体发生器，将混合好的气体均匀、平稳地送至腐蚀实验箱内，实现密闭的腐蚀气体环境，确保密封，实现气体环境的准确有效。

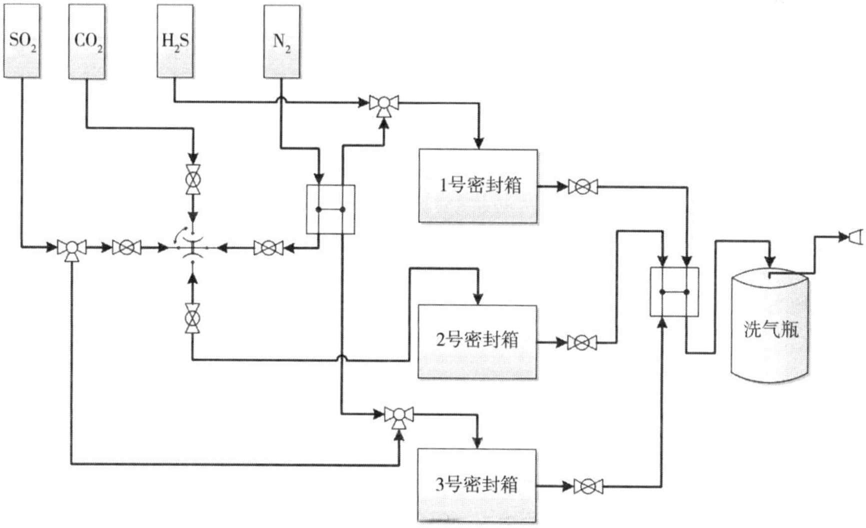

图 8.4　多路气体控制箱原埋图

三、具体成效

从需求评审到技术对接到最终的实验过程评价，霍尼韦尔技术人员多次参与，与陕西力源仪器设备检测有限公司技术及实验人员积极沟通。通过对实验装置及实验方案细节进行更加贴合实际操作的改进，最终，腐蚀实验装置圆满验收并投入使用。装置自 2020 年底研制完成以来，已给客户做过多次试验，为客户测试了相关元器件的耐腐蚀性能，解决了测不了、测不准的测试难题，为其产品性能验证提供了依据。

（一）案例技术成效

1. 模块化定制

腐蚀实验装置由几个模块部件组成，在方便检查的同时，针对不同的需求可实现定制，避免了集成后出现的模块不可变、空间局限、无法兼容不同形式和尺寸的样品等问题。

2. 自动替换对比实验

可实现不同腐蚀环境之间的对比实验（最多可以3组对照），腐蚀气体可以是单一的也可以是混合的，实验过程中不用拆卸，通过气体控制箱自动替换，保持腐蚀实验箱内部独立密封，避免高浓度腐蚀气体泄漏对实验人员及环境带来危害。

3. 兼容其他实验标准

为其他实验提供独立的恒温恒湿或高低温交替的实验环境。

4. 自动校准

多合一浓度传感器具有自动校准功能，可用标气对传感器进行校准。

（二）案例应用成效

1. 普遍性

腐蚀实验装置的研发来源于客户公司生产活动的客观需要，是为满足客户的个性化需求而研发的。在研发的过程中，考虑到普遍性，加入模块化设计，可以在一定程度上满足不同客户的需求。

2. 经济性

腐蚀实验装置在为客户验证产品性能的同时，也为公司带来了经济利益。设备的研发必须满足某些需求，在经济发展中寻求生存与发展的空间，这样才能有足够的生命力。

3. 合作性

现阶段，技术机构、高校、企业是孤立关系，相互结合的难度很大。应采用更方便、更有效的沟通方式，使之相互结合。

四、案例应用推广价值

该装置可为客户产品进行腐蚀耐久性试验，为客户改进产品提供依据，确保客户产品在腐蚀条件下的产品寿命。

【案例三】高压釜温度校准方法研究

一、案例背景

高压釜由本体、高压釜釜盖、循环风机、加热器、冷却装置、电控柜等部分组成，通过对温度和压力两个参数进行控制，可以形成升温加压、保温保压、降温降压三个阶段。高压釜设备如图 8.5 所示。

图 8.5　高压釜设备

高压釜温度校准是腐蚀试验前重要的准备工作，是保障锆铪材腐蚀性能检测数据准确可靠的重要基础。高压釜主要用于腐蚀试验，其广泛应用于核工业领域。核工业锆铪材腐蚀性能检测时，检测结果受到试验温度准确性的很大影响。如何在高压条件下对温度进行校准是目前研究的关键和难点。

目前，国内暂无高压釜温度校准方法的研究及报道，主要是针对高压釜检测方法进行相关研究。高压釜校准主要参照 GB/T 9452—2012 和 HB 5425—2012 进行，存在测不了、测不全、测不准等诸多问题。为了保证锆铪材腐蚀试验用高压釜性能准确可靠，余泽利等对高压釜温度在线校准技术进行了研究，设计出一种在线校准装置，实现了高压釜温度均匀性、轴向温度梯度、径向温度梯度、温度稳定度在线校准，确定了高压釜有效加热区大小。[①] 该方法研究成功后，能满足锆铪材腐蚀性能检测所用高压釜有效加热区校准的需求，对保障核工业锆铪材腐蚀性能检测的准确性和可靠性具有重要意义。

高压釜温度校准方法研究，旨在解决高压腐蚀条件下高压釜温度校准技术难题，保障腐蚀试验检测结果的准确性和可靠性。

该案例主要研究内容包括：高压釜温度校准装置研制，径向温度梯度、温度稳定度、温度均匀性、轴向温度梯度、有效加热区大小等项目校准方法研究。规定了锆（铪）腐蚀试验用高压釜釜体介质分类、实施条件和校准周期、校准装置、校准方法、有效加热区的评定、校准证书和管理。

二、具体措施

（一）需求分析

高压釜腐蚀试验是对锆、铪等有色金属材料在一定的压力、温度、水介质中进行抗腐蚀性能测试。目前，高压釜恒温区的计量没有校准规范，实际计量测试过程中，按照热处理炉的相关检测方法进行，不能有效满足高压釜准确计量的客观需求。因此，需要开展高压釜多参数耦合条件下恒温区立体测量技术研究，突破技术短板，形成校准规范，确保高压釜计量测试的准确性和可靠性，进而保障腐蚀性能检测结果的准确性，从检测计量角度为行业的发展奠定坚实的数据基础。

（二）技术难点

腐蚀试验用高压釜有效加热区测定时，高压釜内为高压水或高压水蒸气，不仅要确认釜内温度是否满足腐蚀试验条件的要求，还要确认釜内压力是否满足腐蚀试验条件的要求。目前可参照的测定方法不能完全满足检测试验用高压釜有效加热区测定的需求，需要开展高压釜多参数耦合条件下恒温区立体测量技术研究，突破技术短板，形成校准规范。

（三）解决方案

制定腐蚀试验用高压釜校准规范。

---

① 余泽利，房永强，白新房，等．核工业用高压釜温度测试方法［J］．金属热处理，2022，47（8）：301-306.

1. 测量范围

该方法适用于（室温～700 ℃）整个或部分温度范围使用的腐蚀试验用高压釜的校准。

2. 校准装置

高压釜与校准装置的装配方式如图 8.6 所示。

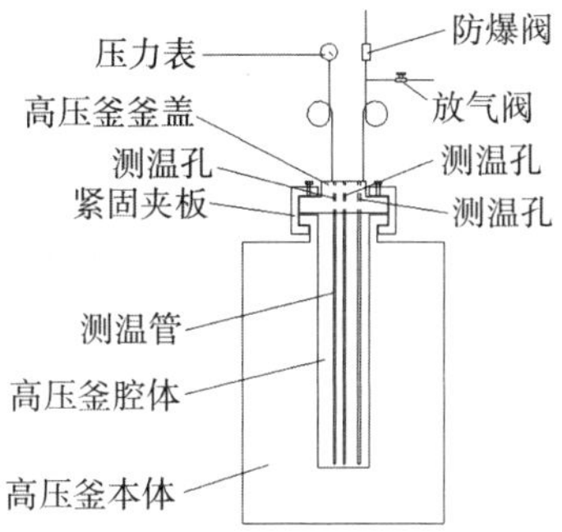

图 8.6　高压釜与校准装置装配简图

3. 测量标准器的选择

测量标准器及技术指标见表 8.1。

表 8.1　测量标准器及技术指标

序号	测量标准器名称	测量范围/℃	技术要求
1	测温仪器	0～1 000	不低于 0.02 级，至少 6 通道
2	铂铑 10-铂热电偶	0～1 000	I 级
3	铂电阻	−100～450	不低于 A 级

4. 校准温度点的选择

根据客户要求选择实际的、常用的温度，也可以选择推荐的校准温度。推荐的校准温度见表 8.2。

表 8.2　推荐的校准温度

序号	校准温度/℃	腐蚀介质要求	压力要求/MPa
1	335	二级纯水	13.7±1.4
2	360	二级纯水	18.7±1.4
3	400	水蒸气	10.3±0.7
4	500	水蒸气	10.3±0.7

5. 校准点数量和位置

基于高压釜在不同介质、不同温度下有效加热区明显不同，采用直插法进行测温时，最小间隔 L 可以使用 30 mm，也可根据用户指定的间隔，推荐使用 50 mm 的间隔进行有效加热区测定。

校准点数量依据有效加热区使用要求确定。校准位置在高压釜轴线方向，从测温管底部逐渐向上，直至温度传感器测量端距离高压釜釜盖底部小于 $2L$ 时为止。在径向方向，从测温管至高压釜内壁选择合适的位置进行测定，测温管距离高压釜内壁不小于 10 mm，具体见表 8.3。

表 8.3 高压釜校准点数量和位置

釜体内径 φ/mm	轴向	径向	传感器数量/支
≤150	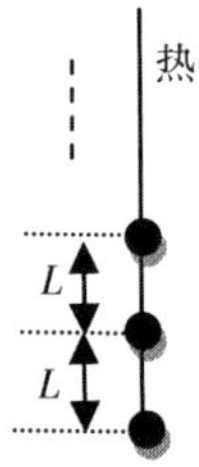	—	≥1
>150	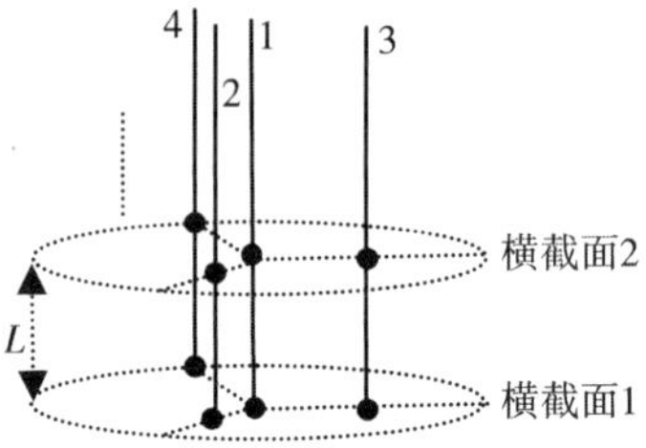	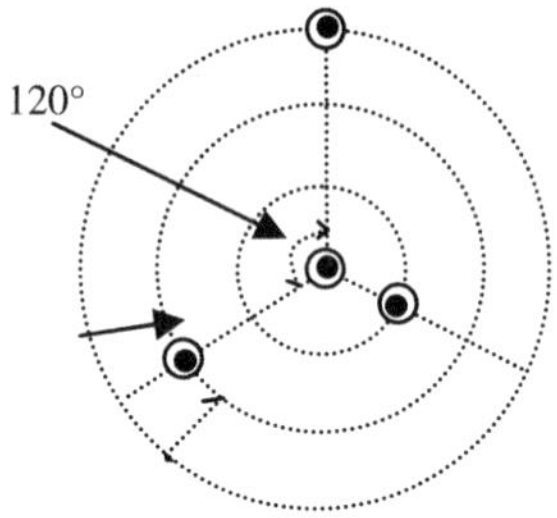	≥4

6. 校准方法

校准通常在空载状态下进行。校准前依据表 8.2 选择合适的腐蚀介质加入高压釜内，依据高压釜体内径尺寸选择校准点数量和位置。根据高压釜的实际情况，必要时可选择使用专用校准装置（特制高压釜釜盖）。将温度传感器测量端分别插入各个测温管底部，做好初始位置标记，对所有温度传感器进行编号，温度传感器参考端引出釜外，依据编号分别与测温仪器各通道连接，通电升温，将高压釜的控温仪表按需要设定温度值，不得降温检测。

当高压釜温度达到校准温度点，压力满足表 8.2 要求时，稳定 30 min，确定达到热稳定状态后开始读数。在 20 min 内，每隔 2 min 测量各测温点温度 1 次，至少测量 10 次。每次记录各个测温点的温度应在 1 min 内完成。测温管底部温度点测量完成后，将各温度传感器测量端沿着高压釜轴线方向向测温管口方向移动距离 L，恒温至少 2 min 后记录数据。重复上述测量过程，直至温度传感器测量端距离高压釜釜盖底部小于 $2L$ 时停止移动。

7. 数据处理

一是温度均匀性。按公式（8.1），求得测温仪器在规定的测温区各测温点测得的最高、最低实际温度和测温区中心（监控）点实际温度，按公式（8.2）和（8.3），求得温度均匀性。

$$t_{pn}=\frac{1}{m}\sum_{i=1}^{m}t_{ij}+t_{xj} \tag{8.1}$$

$$\Delta\theta_{+}=t_{\mathrm{pmax}}-t_{\mathrm{p}} \tag{8.2}$$

$$\Delta\theta_{-}=t_{\mathrm{pmin}}-t_{\mathrm{p}} \tag{8.3}$$

式中：$\Delta\theta_{+}$，$\Delta\theta_{-}$ 为温度均匀性,℃；t_{pn} 为测温仪测得各个测温点的实际温度,℃；m 为测量次数，次；t_{ij} 为第 j 个测温点的瞬时温度值,℃；t_{xj} 为温度传感器在第 j 个测温点的修正值,℃；t_{pmax} 为式（8.1）求得的各测温点实际温度的最大值,℃；t_{pmin} 为式（8.1）求得的各测温点实际温度的最小值,℃；t_{p} 为式（8.1）求得的高压釜测温区中心（监控）点的实际温度,℃。

二是温度偏差。经校准，取测温仪器在规定的测温区各个测温点上测得的最高、最低实际温度与标称温度之差作为温度偏差，按公式（8.4）和（8.5）计算。

$$\Delta t_{+}=t_{\mathrm{pmax}}-t_{\mathrm{b}} \tag{8.4}$$

$$\Delta t_{-}=t_{\mathrm{pmin}}-t_{\mathrm{b}} \tag{8.5}$$

式中：Δt_{+}、Δt_{-} 为炉温上、下偏差,℃；t_{b} 为标称温度,℃。

三是温度稳定度。经校准，取测温仪器在测温区中心（监控）点上测得温度的最大值、最小值与平均值之差作为温度稳定度，按公式（8.6）和（8.7）计算。

$$\delta_{+}=t_{\mathrm{h}}-t_{\mathrm{p'}} \tag{8.6}$$

$$\delta_{-}=t_{\mathrm{l}}-t_{\mathrm{p'}} \tag{8.7}$$

式中：δ_{+}，δ_{-} 为温度稳定度,℃；t_{h} 为高压釜测温区中心（监控）点 m 次测量的温度最大值,℃；t_{l} 为高压釜测温区中心（监控）点 m 次测量的温度最小值,℃；$t_{\mathrm{p'}}$ 为高压釜测温区中心（监控）点 m 次测量的温度算术平均值,℃。

四是轴向温度梯度。按式（8.1）计算实际温度，求得测温区内相邻横截面各轴线上两点温差绝对值的最大值，按式（8.8）求得轴向温度梯度。

$$\Delta T_a = \max \mid t_{k(n+1)} - t_{kn} \mid \tag{8.8}$$

式中：ΔT_a 为测温区内相邻横截面各轴线上两点温差绝对值的最大值，℃；$t_{k(n+1)}$ 为温度传感器 k 在横截面 $n+1$ 上测量的实际温度，℃；t_{kn} 为温度传感器 k 在横截面 n 上测量的实际温度，℃；k 为温度传感器编号，$k=1, 2, 3, 4, \cdots$。

五是径向温度梯度。按式（8.1）计算实际温度，求得测温区内各横截面上相邻两点温差绝对值的最大值，按式（8.9）求得径向温度梯度。

$$\Delta T_r = \max \mid t_{(k+1)n} - t_{kn} \mid \tag{8.9}$$

式中：ΔT_r 为测温区内各横截面上相邻两点温差绝对值的最大值，℃；$t_{(k+1)n}$ 为温度传感器 $k+1$ 在横截面 n 上测量的实际温度，℃；t_{kn} 为温度传感器 k 在横截面 n 上测量的实际温度，℃。

六是有效加热区。假定测温区内温度均匀性、温度稳定度、温度偏差、轴向温度梯度、径向温度梯度均在腐蚀试验条件规定的范围内，即满足技术要求，则该空间为此试验条件下的有效加热区。

三、服务成效

（一）产品技术成效

一是制定有色金属行业规范《腐蚀试验用高压釜校准规范》1 项，合理有效地完善了我国在高压釜温度校准工作方面的不足，弥补了高压釜温度校准方法在我国计量校准领域的空白，促进了国家科技产业发展，带动了社会经济发展。二是申请发明专利《一种高压釜温度校准装置及方法》1 件，申请专利号：202010865982.6。三是申请实用新型专利《一种高压釜温度校准装置》1 件，已授权，专利号 ZL 202021795682.7。四是发表中文核心论文《核工业用高压釜温度测试方法研究》1 篇。

（二）产品应用成效

设计出有色金属产业急需的高压釜温度校准装置一套，突破了有色金属产业链中高压釜温度校准技术瓶颈，解决了高压高温腐蚀条件下温度测不了、测不全、测不准的技术难题，完善了产业量传溯源体系，提升了科技创新服务能力，为产业新产品预研提供了良好的计量技术支撑，推动了产业技术升级。

四、案例创新点及应用推广价值

（一）技术推广价值

1. 装置整体设计

该案例设计了一种高压釜温度校准装置。该装置设置了测温管，测温管底部通过密封板密封，保证高压釜腔体在温度校准过程中的密封性，以实现高压下的温度校准，设计巧妙，结构简单，使用效果好。

2. 测温控设计

该案例采用的温度校准装置设置了中心测温孔和多个偏心测温孔。偏心测温孔在高压釜釜盖上的设置规则可以使温度传感器在测温管内工作时，实现高压釜径向全范围温度梯度的校准，操作简便，使用效果好。

3. 规格结构设计

该案例中测温管的粗细、测温孔的大小和数量可以根据高压釜腔体的大小设计，不同型号和不同规格的温度传感器均可用于该装置，结构简单，适用范围广。

4. 计量方法设计

该案例将测温管伸入高压釜腔体内，记录各个温度传感器在测温管内不同高度的温度值，再通过一定的规则计算得到高压釜温度校准的各个指标，以实现高压釜轴向全范围温度梯度的校准，操作简便，使用效果好。

高压釜温度校准方法的研究，能够完善有色金属产业链结构，弥补核工业用锆铪材腐蚀试验用高压釜计量校准空白，促进科技产业发展，带动地区经济发展，更好地服务企业。该案例推广到企业后，预计可为企业降低成本 15%，每年增加经济效益至少 100 万元。

（二）经济社会效益

该案例主要针对有色金属产业链中高压釜温度校准存在测不了、测不全、测不准的难题，研制了一种专用校准装置，实现了高温高压条件下的温度在线校准，解决了有色金属产业计量关键技术，保障了锆铪材腐蚀性能检测数据的准确性和可靠性。

由于目前高压釜属于非标定制，存在规格尺寸差异，针对不同规格的高压釜，需要制作不同规格的校准装置，导致校准成本增加，第一次校准周期相对较长，但后续校准成本减少，周期缩短，彻底解决了检不了的问题。随着科学技术的进步，高压釜将实现标准化生产。该研究可为高压下的温度计量校准提供科学依据和技术基础。

总的来说，高压釜温度校准方法的研究弥补了国内该计量校准领域的空白，解决了产业计量技术难题，促进了科技创新和产业发展，推动了产品质量提质升级。高压釜温度校准方法的研究在国内属于首创，具有较高的社会效益和经济效益，值得在全国范围内推广。

【案例四】三代核电厂防火封堵技术国产化研发及应用

一、案例背景

大型先进压水堆核电站国家重大科技专项是《国家中长期科学和技术发展规划纲要（2006—2020年）》确定的16个重大科技专项之一。核电厂防火封堵系列材料及柔性密封材料主要是用来封堵各类贯穿件空洞或应对较大相对位移，以确保防火、屏蔽、密封等系统功能的完整性，是核电厂防火屏障的重要组成部分。这些材料长期被国外垄断，且采购价格昂贵，不利于我国核电站良性有序发展以及核电“走出去”战略的实施。针对“国和一号”等三代核电厂防火封堵及柔性密封材料应用需求，技术攻关团队通过设计研究、配方优化、试验验证、第三方检测等方式，建立材料设计技术体系，研制开发国产系列材料及施工工艺，实现了相关产品的国产化，满足“国和一号”等三代核电厂防火封堵及柔性密封材料的各项技术要求。

国家核电核岛装备产业计量测试中心（以下简称“产业中心”）根据我国核电设计和建设经验，协助烟台金润核电材料股份公司建立了三代核电厂柔性密封材料及防火封堵材料技术路线、设计技术体系，尤其在防火、屏蔽和密封性能试验验证、检验检测方面，提供了一流的检测设备以及检测人员，切实帮助企业解决了“卡脖子”问题，实现了设计自主化和材料国产化。应用该项目成果产品的工程项目创造经济效益约2亿元，预期“十四五”期间市场总额约6亿元。该项技术摆脱了同类产品长期依赖进口的局面，填补了国内空白。

二、具体措施

（一）需求分析

为紧密衔接烟台金润核电材料股份公司研发及计量测试需求，产业中心技术人员深入企业内部调研挖掘，细致查找和梳理检不了、检不全、检不准的痛点难点，共梳理出以下需求：

一是“三代核电厂防火封堵系列材料国产化研发及工程应用”项目研发过程中的技术路线设定。

二是防火、屏蔽和密封性能的试验验证、检验检测方面缺乏检测设备及检测人员。

三是在材料鉴定过程中，国内无相关标准能够覆盖核电厂的各类工况、区域环境的试验构件测试工况。

（二）技术难点

因国内无相关标准能够覆盖核电厂各类工况、区域环境的试验构件测试工况，且研制的防火封堵材料需对空开口、贯穿孔洞、建筑缝隙等进行密封和填塞，应使其在规定的耐火时间内与相应构件协同工作，以阻止热量、火焰和烟气蔓延扩散。耐火极限需从 1.5 h 提升至国际上最严苛的 3 h，耐辐照剂量和抗事故冲击速率要求提升 10 倍以上，柔性密封材料需应对事故下安全壳的大位移以确保非能动系统边界完整性，并防止放射性泄漏。

（三）解决方案

为满足核电安全和材料鉴定要求，产业中心对企业的技术需求进行了全面调查和梳理，针对国内无相关标准能够覆盖核电厂各类工况、区域环境的试验构件测试工况的难题，技术人员联合企业进行攻关，对国内外相关法规、标准和行业经验进行调研，结合我国核电环境工况、设计结构等要求以及现场应用经验反馈，帮助企业设定技术路线，推动企业建立符合我国核电厂发展现状的防火封堵系列材料的技术体系。

三、具体成效

根据三代核电厂设计工况和环境条件以及行业应用经验反馈等，提升了部分技术指标，如对断裂强力、接缝强力、耐温性、耐水渗透性等进行合理提升，依托项目工程造价下降了 40%以上。该项目中，企业取得 4 项专利授权，国家重大专项组验收 1 项、核电行业协会科学技术成果鉴定 1 项，获得电力科技成果金苹果奖 1 项、国家电力投资集团科技进步奖 1 项、山东省科学技术奖二等奖，具有完全自主知识产权，原材料和生产设备全部国内采购，摆脱了封堵材料长期依赖进口的局面，极大地提高了核电设备与材料的国产化率。

四、案例应用推广价值

（一）技术推广价值

1. 帮助企业建立技术研究路线图

为解决“卡脖子”问题，实现设计自主化和材料国产化，产业中心技术人员将实验室建在企业内部，根据我国核电设计和建设经验，帮助企业建立技术研究路线图，并应用于研究实践，推动我国防火封堵系列材料国产化，得到了国内三代核电厂的认可。

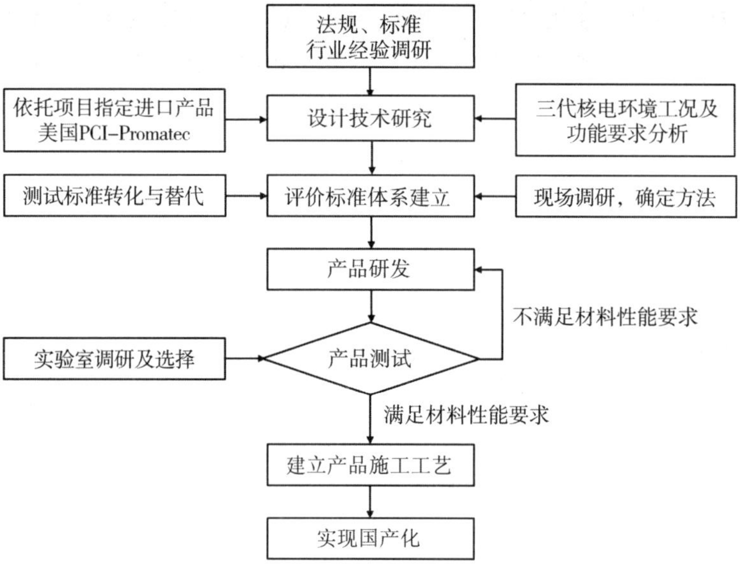

图 8.7　三代核电厂防火封堵系列材料国产化研发技术路线图

2. 帮助企业建立核电厂防火封堵材料自主设计技术体系

考虑高能管道破裂、飞机撞击等引起的超压、龙卷风、系统水淹等各类极端事故工况的影响，同时对国内外测试标准和方法进行对比分析，提出覆盖全厂范围 15 种典型测试构件的方案，特别是设计了涵盖“国和一号”各类极端条件的贯穿件孔洞封堵试验测试工况和评价方法。项目通过了目前国际上最严苛的 3 h 耐火极限与消防水冲击测试，最终建立了三代核电厂防火封堵材料自主设计技术体系。

（二）迈向核电大国

该项目研制的国产化防火封堵材料及柔性密封材料能满足“国和一号”等

三代核电设计要求，已用于国内及国外核电建设工程，打破了国外技术垄断，填补了国内空白，提升了产品竞争力，有利于产品在国内外的推广应用。所研制的三代防火封堵系列材料已经应用于巴基斯坦 K2/K3 项目，田湾核电站 5、6 号机组，海阳核电站 1、2 号机组，福清核电站 5、6 号机组，国核示范工程项目，霞浦项目，军工项目等。该项目成果系列产品由于优异的性能以及广泛的适用性，不仅适用于核电工程，还适用于电力、军工、船舶等领域，如发电厂、化工厂的变电站、电缆沟、高层建筑的电缆井等。另外，在军工、船舶中的一些特殊密封、防辐射、防火隔离等领域，也可以得到拓展应用。作为通用产品，其应用前景十分广阔。

近年来，通过消化吸收国外先进技术，大力推进自主创新，中国核电关键设备和材料的自主化、国产化取得了重大突破，发展壮大了一批核电配套装备和零部件生产企业，逐步掌握了关键设备设计、制造的核心技术。国内核电装备制造业产品供应链已全面覆盖国内建设的各类核电堆型，核电装备制造能力达到国际先进水平。在碳达峰、碳中和的背景下，核能作为近零排放的清洁能源，将具有更加广阔的发展空间。产业中心与涉核高校、科研院所、应用企业联合攻关，解决企业测试领域“卡脖子”难题，极大地推动了行业企业产品质量及整体技术水平的提升，为我国“国和一号”“华龙一号”等三代核电机组“走出去”战略的实施扫清了相关材料技术壁垒，促使我国实现由“核电大国”向“核电强国”的转变。

第九章　计量在“碳达峰”与“碳中和”中的作用

随着全球气候变化问题日益突出，减少温室气体排放成为全球关注的重要议题。为了实现碳减排目标，各国纷纷提出了“碳达峰”和“碳中和”的承诺，并采取了一系列措施。计量作为衡量和监测手段，在实施碳减排政策和评估碳减排效果中发挥着重要作用，通过精确的数据和准确的计量方法，可以为各国制定和调整碳减排政策提供科学依据，推动全球碳减排目标的实现。本章重点介绍计量在测量、监测和验证碳排放量，碳减排效果评估，碳交易和碳市场等方面的意义，探讨计量在“双碳”目标中如何发挥作用。

第一节　计量在“碳达峰”与“碳中和”中的意义

一、建立计量标准，准确测量与监测碳排放量

广义的碳计量概念可以理解为能源使用、碳排放管理等过程涉及的使用、监测、核查、交易等活动中与测量或量化有关的所有计量问题，包括技术和管理两方面的内涵[①]。在实现“碳达峰”和“碳中和”的过程中，准确测量和监测碳排放量是至关重要的。通过建立准确可靠的测量方法和系统，可以对能源生产与消费、工业制造、交通运输、建筑和农业等领域的碳排放源进行精确的排放量测量和监测。计量可以确保数据的可比性和一致性，为制定碳减排政策和评估碳减排效果提供科学依据。

---

① 陈卫斌，陈蕙予．构建碳计量技术创新体系 以更好服务于国家低碳发展战略的探索与思考［J］．中国计量，2022（9）：22-27.

（一）计量和标准是做好碳排放统计核算工作的重要基础

1. 做好计量领域的检定与校准工作

检定与校准工作能够确保测量设备和方法的准确性和可靠性。通过对测量设备进行检定或校准，可以提高测量结果的精度和可信度。通过认证机构的认证，可以验证测量结果的可靠性和符合性。

2. 收集与处理计量数据

碳数据是推进碳减排的基础，也是编制国家温室气体排放清单、进行碳交易、征收碳关税的焦点。通过建立统一的数据收集标准和方法，确保碳排放数据的准确性和可比性，提供数据处理和分析的方法，整合和解读数据，可以监测和评估碳排放情况。截至 2023 年 9 月 22 日，全国碳排放配额累计成交量为 2.82 亿吨，累计成交额为 137.22 亿元，碳单价报收 75.34 元/吨。上海环交所的数据也表明，与全国碳交易市场首日收盘价相比，碳单价有所变化。截至 2022 年 7 月 15 日，全国碳市场已上线一周年，碳排放配额累计成交量为 1.94 亿吨，累计成交额为 84.92 亿元。

中国提出了“双碳”目标，即力争在 2030 年前达到碳排放峰值，并在 2060 年前实现碳中和。这些目标的实现在很大程度上依赖于碳排放交易和其他环境政策的有效实施。碳排放强度下降、碳达峰、碳中和是我国庄严的承诺，没有碳计量的基础数据，就无法科学完成碳减排、碳达峰、碳中和的评估①。

3. 制定计量标准和指南

计量领域制定了一系列标准和指南，用于指导碳排放量测量和监测工作。这些标准和指南包括测量方法、数据收集要求、数据处理和分析等方面，帮助各行业和组织按照统一的规范进行碳排放量的测量和监测，为制定碳减排政策提供科学依据，推动碳减排工作有效进行。计量的不断发展和创新将进一步提升碳排放量测量与监测的精度和效率，促进碳减排目标的实现。同时，计量促进了标准与指南的制定和应用。标准与指南提供了统一的测量方法、数据处理和报告要求，确保不同组织和行业的碳排放量测量与监测结果的一致性和可比性。

4. 提供测量方法与测量设备

计量提供了多种测量方法和设备，用于准确测量不同来源和行业的碳排放

① 肖晖，恽烨，缪春凤．构建碳计量技术体系 服务国家低碳发展战略［J］．中国计量，2021（3）：58-60.

量。例如，通过气体分析仪、燃烧分析仪等设备，可以测量工业过程中的碳排放量。通过车载尾气监测设备，可以测量交通运输领域的碳排放量。

尽管计量在碳排放量测量与监测中发挥了重要作用，但仍面临一些挑战，包括数据的可获得性和质量、测量方法的标准化、数据处理和分析等。进一步加强国际合作，制定统一的标准与指南，推动计量技术的创新和应用，对于提高碳排放量测量与监测的准确性和可靠性具有重要意义，有助于支持碳减排行动和制定科学的碳减排政策，推动可持续发展和应对气候变化的全球合作。

（二）加强精准碳测量与核算，打牢碳排放数据基础

1. 核算碳排放，为“双碳”提供数据支撑

为实现“双碳”目标，精确的碳排放计量与核算成为关键环节。碳计量即碳排放量计量，通常也称作碳盘查或编制温室气体排放清单。这一过程涉及基础术语、碳排放计量监测、产品碳足迹、组织碳排放、项目碳减排、碳排放管理、碳排放评估、低碳技术装备等多个方面的标准体系建设。

国家重点研发计划项目正在为碳排放监测数据质量定“标尺”，这对评估双碳政策执行情况、制定减排控制策略具有重要作用。电网排放因子作为企业核算碳排放量时的关键参数，亟待细化。企业可以通过参考现有的 12 个碳排放数据库，更准确地计算和报告自身的碳排放量，为实现“双碳”目标提供数据支撑。

“碳达峰”和“碳中和”是各国碳减排的目标，每个国家碳排放量是否达到峰值、是否归零，需要国际互认的碳清单数据作为支撑。因此，需要加强精准碳测量在“双碳”工作中的基础作用，实现碳数据国际互认，促进国家高端仪器仪表自主研发和技术革新。

2. 加强碳测量的基础作用，规范碳市场交易

加强精准碳测量在“双碳”工作中的基础作用，对于提升碳市场公平交易十分重要。碳市场方面，国际上强调数据质量要满足“报告的 1 吨必须是排放的 1 吨”。直接排放测量法不仅能够有效地避免数据作假问题，还能够大幅提升碳数据质量。不同国家间碳交易市场的链接是大势所趋，而精准的碳数据是未来我国碳市场和国际碳市场进行链接的前提条件。

在碳计量与核算中，确保数据的准确性和可靠性是一个关键挑战。因此，加强数据收集和监测能力，提高计量技术的精确性和可靠性非常重要。此外，还需要建立统一的计量标准和指南，以确保计量结果的一致性和可比性。通过

这些努力，可以更好地评估碳减排措施的效果，推动“双碳”目标的实现。

二、支撑碳减排效果的准确评估，推动碳减排目标的实现

计量在评估碳减排效果方面起着关键的作用。通过比较不同时间段或不同政策措施下的碳排放量数据，可以评估特定减排行动的效果和影响，识别和量化碳减排潜力，评估不同减排策略的可行性和效益，并为政策制定者提供决策支持。同时，计量还可以用于建立减排目标和指标体系，监测和报告减排进展情况，推动碳减排目标的实现。

（一）全面评估碳足迹，为减少碳排放提供指导和建议

碳足迹是一个用于衡量人类活动对环境影响的概念，特指由某个特定活动或累计活动所产生的温室气体总排放量。这些温室气体通常是二氧化碳，也包括甲烷和其他气体。碳足迹的计量通常会考虑个人、组织或产品在其生命周期中产生的碳排放。碳足迹受到多种因素的影响，包括能源种类、发电活动、使用的材料等，这些因素也可能因地点或产业而有所不同。减少碳足迹有助于缓解全球气候变化。选择碳足迹较低的生活方式和用品，如少吃肉、使用可再生能源等，是每个人都能参与的环境保护行动[①]。

碳足迹的核算通常划分为几个不同的层次或范围，以精确地量化温室气体排放。核算范围通常包括：直接排放（范围一），来自组织自己运营的设备或者生产过程的排放，如公司车队、生产过程中产生的排放等。间接能源排放（范围二），产生于组织所购买的电、热、冷或蒸汽等形式的能源。这些能源在外部进行生产，但其排放被算作组织的间接排放。其他间接排放（范围三），包括组织的供应链、产品使用阶段、废弃阶段等涉及的排放。这部分排放通常是数据收集的重点。不同的国家和行业可能有自己特定的组织碳排放边界划分方法。核算方法基于ISO的《生命周期评价原则与框架》等国际标准进行[②]。

计量技术可以用于评估个人、企业和产品的碳足迹。通过对各个环节的测量和计算，可以全面评估碳足迹，并为减少碳排放提供指导和建议。

① 黄祖辉，米松华．农业碳足迹研究——以浙江省为例［J］．农业经济问题 2011，32（11）：40-47+111.

② 韩艳．企业碳会计核算体系的构建研究——基于碳足迹视角［J］．财会通讯，2020（17）：118-121.

(二) 评估减排措施的效果

计量技术可用于评估和监测碳减排措施的效果。通过对减排措施实施前后的碳排放量进行对比和分析，比较其在碳减排方面的贡献，并根据评估结果进行调整和优化。

1. 精准计量碳排放

精准的碳排放数据是实现“双碳”目标的关键支撑，有助于政府更准确地制定和调整相关政策。

在有组织的企业排放领域，明确哪些活动和资产应包括在企业的碳足迹中，是计算组织碳足迹的首要步骤。其次是收集与碳排放相关的所有数据，如能源消耗、原材料使用等。这需要有关部门统计能源活动、工业生产过程等的相关基础数据。然后，使用合适的核算方法和排放因子进行计算。工业其他行业企业的温室气体排放通常基于分品种的化石燃料燃烧量、单位燃料的含碳量和碳氧化率来计算。最后，确定基准年的碳排放量，作为以后减排行动的参考点。高质量的企业碳排放信息披露有助于提高气候风险管理，同时也是 ESG（环境、社会和公司治理）可持续发展披露中的重要组成部分。通过以上步骤，企业不仅可以精准测量碳排放，还可以更好地管理和降低碳排放。

在无组织的日常公众消费领域，可利用已有的在线碳足迹计算工具。这些工具通常会根据个人日常活动（如交通方式、食物消费等）估算碳排放。一些产品已开始标明其生命周期内的碳排放量。通过电力、水、燃气等账单可估算家庭能源消费产生的碳排放。利用公共交通或绿色交通工具，避免使用燃油车辆，可有效降低碳排放。尽量选择本地、有机或低碳足迹的食品，避免高碳足迹食物如红肉，可降低碳排放。使用能够实时监测能源消费的智能家居设备，可更精确地了解碳排放。参考或利用由社区或政府发布的公开碳排放数据，可进行更全面的个人碳足迹评估①。通过综合运用以上方法，个人和家庭可以更精准地了解和控制自己在日常公众消费领域中的碳排放。

2. 制定减排措施的评估指标和计量方法

计量技术可用于制定减排措施的评估指标和计量方法。通过制定合适的评估指标和计量方法，可以量化减排措施的减排效果，从而进行有效的评估。在减排措施效果评估中也涉及数据分析和模拟。通过对收集到的数据进行分析和

① 张传远，王芳，苏雪莲，等．计量在碳达峰和碳中和目标实现中的技术支撑作用［J］．中国计量，2022（10）：28-29.

建模，模拟不同减排措施的效果，并对其减排潜力和影响进行评估，然后比较实际减排效果与预期目标，可以评估减排措施的实施情况，并生成相关的报告和指导意见。

减排措施效果评估面临一些挑战，如数据的可获得性和质量、指标的选择、计量方法的标准化等。因此，进一步加强数据收集和监测能力、制定统一的评估指标和计量方法，推动计量技术的创新和应用，对于提高减排措施效果评估的准确性和可靠性具有重要意义，有助于优化减排策略，推动可持续发展，实现碳中和目标。

（三）数据分析与建模

计量技术可用于数据分析和建模，以评估不同减排措施的效果。通过收集和分析相关数据，可以建立模型，以预测和评估减排措施的碳减排效果，并为决策提供科学依据。

一是收集和整理数据。计量技术可用于收集、整理和处理与碳减排相关的数据，包括碳排放数据、能源消耗数据、行业数据等。通过准确、全面地收集和整理数据，可为后续的数据分析和建模提供基础。

二是清洗和处理数据。计量技术可用于清洗和处理收集到的数据，去除异常值，修正错误数据，并进行数据格式转换和统一。数据清洗和处理是保证数据质量和准确性的重要环节，可为后续的数据分析提供可靠的数据基础。

三是数据分析和建模。计量技术在数据分析和建模过程中发挥着关键作用。通过统计分析、回归分析、时间序列分析等计量方法，可以揭示碳排放与各种影响因素之间的关系，并对碳减排措施的效果进行定量评估。同时，通过建立数学模型和仿真模拟，可以预测和优化碳减排效果。另外，还需要加强计量技术与其他领域的交叉应用，如气候模型、经济模型等，以综合评估碳减排措施的综合效益和可行性。

四是分析减排效果的不确定性。计量技术可用于对碳减排效果的不确定性进行评估。在数据分析和建模过程中，不可避免地存在着不确定性，如数据误差、模型假设等。通过不确定性分析，可以量化不确定性范围，提供结果的可信度评估。

总的来说，计量在碳减排效果评估中起着至关重要的作用。准确测量和监测碳排放量，评估减排措施的效果，推动碳减排行动的实施，有助于实现碳达峰和碳中和目标，促进可持续发展和应对气候变化的全球合作。

三、有利于规范碳交易和碳市场，为碳市场的健康发展提供支持

（一）测量与核算碳排放量，确保交易公平

通过准确测量和核算碳排放量，企业和组织可以参与碳交易，实施碳排放权交易和碳减排项目。计量技术可以确保交易的公正性，为碳市场的健康发展提供支持。

“碳交易市场”一词来源于《京都议定书》框架的相关规定，是进行温室气体排放权交易的市场。目前，为积极应对全球气候变化带来的环境风险、促进绿色低碳发展，北京、上海、广东、深圳、重庆、天津、湖北、福建等地区经国家发展和改革委员会批准开展碳排放权交易试点，主要涵盖电力、钢铁、化工、建筑、有色金属、造纸等关键行业。这些行业因其自身特点在碳减排方面具有巨大的潜力。

计量技术可用于测量和核算碳排放量，确保碳交易的基准和准确性。通过准确测量碳排放量，可以为碳交易提供可靠的数据基础，确保交易的公平、公正和透明。碳排放量测量与核算是指通过计量技术对碳排放源进行准确测量和核算，以确定碳排放的数量和来源。在碳交易和碳市场中，准确测量和核算碳排放量是确保交易公平和有效的关键步骤。在碳排放交易中，有以下测量方法：一是基准测量，指建立一个初始的碳排放基准，通常参照国际或国家标准；二是使用碳排放测量设备，如流量计、热量计等，进行实时或定期监测；三是排放因子法，指通过行业或企业活动数据与相应排放因子进行计算，以估算碳排放量；四是生命周期分析，考虑产品从生产到废弃的整个生命周期内的碳排放；五是利用云科技整合不同数据源，包括供应链和生产流程，以更全面准确地进行碳排放测量。

遵循由政府或行业组织发布的碳排放测量和报告指南，实现碳交易数据的国际互认，计量的作用不可替代[①]。

（二）准确监测和核查碳配额分配，促进碳减排目标的实现

在全球气候变化的背景下，碳排放已经成为各国都需要关注的重大议题。如何准确地检测和核查碳排放、合理地分配碳配额，成为促进碳减排目标实现

---

① 张传远，王芳，苏雪莲，等．计量在碳达峰和碳中和目标实现中的技术支撑作用［J］．中国计量，2022，(10)：28-29.

的关键因素。

碳配额分配是减少碳排放的有效途径之一。通过为企业和个人设定碳排放上限，迫使他们采取减排措施。合理的配额分配可以有效地减少碳排放，促进经济可持续发展。准确的碳排放检测是实现碳减排目标的前提。目前，碳排放的检测主要有两种方式：基于测量的方式和基于计算的方式。基于测量的方式通常更准确，但成本较高；基于计算的方式更为经济，但准确性稍差。无论哪种方式，其核心都是要获取准确的数据，以便进行准确的配额分配和长期监控。碳排放的准确核查是确保碳配额有效实施的重要环节。

核查机制不仅需要第三方独立核查机构的参与，还需要一套完善的核查标准和程序，这样才能确保各方的碳排放数据真实、准确。随着科技的进步，新的检测和核查技术不断涌现。例如，云计算和大数据技术可以用于收集和分析碳排放数据，提高数据准确性。区块链技术则可以用于确保数据的不可篡改性。政府政策和国际合作也是促进碳减排的重要因素。各国政府应建立相应的法律法规，推动碳配额交易市场的发展。同时，国际合作可以促进碳减排技术和经验的共享，加速碳减排进程。

准确的碳排放检测和核查是实现碳减排目标的基础。通过高度准确的计量、严格的核查以及合理的碳配额分配，不仅能够减少碳排放，还能促进经济的可持续发展。因此，建立和完善这一机制应成为全球碳减排工作的重中之重。

通过计量技术，可以实现对碳配额分配和使用情况的准确监测和核查，促进碳减排目标的实现，有助于推动碳交易和碳市场的发展，引导单位和个体采取有效措施减少碳排放，为实现“碳达峰”和“碳中和”目标作出贡献。

(三) 监测与监管碳市场，确保碳市场的公平

计量技术可用于碳市场的监测和监管，确保交易的合规性和有效性。通过对碳交易数据的收集、整理和分析，可以监测市场供需情况、价格波动等，并进行市场监管和风险管理。碳市场监测与监管是指对碳交易市场的运行和交易活动进行监测和监管，以确保碳市场的公平、透明和有效运行。

计量技术通过收集、整理和分析交易数据，对碳交易进行实时监测和分析，包括交易量、交易价格、交易参与者等信息，以评估碳市场的运行情况。通过建立碳市场数据管理系统，监管部门和市场参与者可以跟踪和记录碳交易活动的相关数据，包括交易记录、配额使用情况、碳排放量等，以支持监管和决策制定。监管部门通过计量技术进行核查和验证，对碳市场参与者的交易行为、

配额使用情况和碳排放数据进行监测和审核，以确保市场的合规性和数据的准确性。建立适用的计量方法和评估准则，可以确保碳交易的准确性、公正性和一致性，为市场参与者提供公平的交易环境。

通过计量技术，可以实现对碳市场的监测和监管，确保碳交易的公平性、透明性和有效性。这有助于激励碳减排措施的实施和推广，促进碳市场的发展和繁荣，为实现“碳达峰”和“碳中和”目标提供支持。

（四）评估与认证碳信用，确保减排行为的真实性和可信度

计量技术可用于评估和认证碳减排项目的可信度和效果。通过测量和核算碳减排项目的实际减排量，可评估其对碳市场的贡献，并进行碳信用认证，提高项目的市场竞争力。碳信用评估与认证是指对企业或个人在减排和碳管理方面所取得的成绩进行评估和认证，以确保其减排行为的真实性和可信度。

一是碳排放量测量与核算。通过采用准确的测量方法和仪器，可以对碳排放源进行监测和测量，计算出准确的碳排放量，并作为评估和认证的依据。

二是数据收集与处理。包括能源消耗数据、生产过程数据、交通运输数据等。通过采用标准化的数据收集和处理方法，可以确保数据的准确性和一致性，为碳信用评估提供可靠的数据基础。

三是校准与认证。通过对测量设备进行定期校准和验证，可以确保测量结果的准确性和可比性，从而提高碳信用评估的可信度和可靠性。

四是标准与指南。计量技术在制定碳信用评估与认证的标准与指南方面发挥着重要作用。通过建立适用的评估准则和认证标准，可以确保碳信用评估与认证的一致性和公正性，为企业和个人提供可信的碳信用认证。

通过计量技术，可以确保碳信用评估与认证的准确性和可信度，为企业和个人提供可靠的碳信用证明。这有助于激励更多的企业和个人参与碳减排行动，促进碳市场的发展和繁荣。同时，碳信用评估与认证的推广也有助于加强碳减排管理的有效性和可持续性，为实现“碳达峰”和“碳中和”目标提供支持。

（五）碳市场数据分析与决策支持

计量技术可用于对碳市场数据进行分析和建模，为决策者提供科学依据。通过对碳市场数据的统计分析、趋势预测等，可以帮助决策者制定合理的碳交易策略和政策措施。碳市场数据分析与决策支持是指利用计量技术对碳市场数据进行分析和解读，为相关机构和企业提供决策支持和政策指导。

一是数据收集与整理。计量技术可用于收集、整理和处理碳市场相关的数

据，包括碳排放交易数据、碳配额分配数据、碳市场价格数据等。通过采用标准化的数据收集和处理方法，计量技术可以确保数据的准确性和一致性。

二是数据分析与建模。计量技术可用于对碳市场数据进行分析和建模，以揭示数据中的关联关系和趋势。通过采用统计分析、模型构建和预测技术，计量技术可以帮助相关机构和企业理解碳市场的运行规律，并为决策提供科学依据。

三是决策支持系统。通过整合和分析大量的碳市场数据，可以为相关机构和企业提供及时准确的决策支持。

四是政策评估与优化。通过建立合适的评估指标和模型，可以评估政策的实施效果，发现问题，改进政策，以促进碳市场的稳定和可持续发展。

通过计量技术，可以提高碳市场数据的分析能力和决策支持水平，为政府、企业和投资者提供准确的数据参考和科学的决策依据。这有助于促进碳市场的健康发展和碳减排目标的实现，推动低碳经济的转型与发展。

计量技术在碳交易和碳市场中发挥着重要作用，确保了交易的可靠性、公平性和有效性，推动了碳减排目标的实现。随着碳市场的不断发展和完善，计量技术在碳交易和碳市场中的作用将进一步加强。

四、有利于技术创新与发展

在实现“碳达峰”和“碳中和”的过程中，技术创新和发展是关键因素。计量作为支撑技术创新和发展的基础，为碳减排技术研发和碳减排方案制定提供了有效支撑。通过引入先进的计量技术和方法，可以提高测量精度和准确性，降低成本和能耗，推动低碳技术的应用和推广。计量在碳捕集、碳储存和碳利用等领域的技术研发中发挥着重要作用，帮助实现碳减排和资源循环利用的目标。

（一）开发清洁能源技术，推动可持续发展

清洁能源技术是实现碳减排的关键技术之一。通过技术创新可以促进可再生能源（如太阳能、风能、水能等）的开发和利用，以替代传统的化石燃料能源，降低能源消耗和碳排放。

太阳能和风能是两种主要的清洁能源。太阳能技术将太阳能转换为电能或热能，包括光伏发电和太阳热利用。风能技术则将风力转换为电能，通过风力发电设备实现。这些技术在能源生产中减少了对化石燃料的依赖，减少了温室

气体的排放。

此外，其他清洁能源技术如水力发电、生物质能、地热能等也在能源领域发挥着重要作用。这些技术通过利用自然资源或可再生资源来产生能源，减少了对有限资源的消耗和对环境的污染。

除了能源领域，清洁能源技术还广泛应用于交通运输、建筑和工业等领域。例如，电动汽车和混合动力汽车利用清洁能源驱动，减少了汽车尾气排放。建筑领域采用节能建筑设计和可再生能源供电系统，降低了能源消耗和碳排放。工业领域采用清洁生产技术和能源管理系统，提高了资源利用效率和环境保护水平。

然而，清洁能源技术在应用和推广过程中仍面临一些挑战，如技术成本高、能源存储和输送的问题、政策支持不足等。为了应对这些挑战，需要加大对清洁能源技术的研发投入，降低成本，改善能源存储和输送技术，制定相应的政策和激励措施。

展望未来，清洁能源技术将继续发展并得到广泛应用。随着技术的进步和经验的积累，清洁能源将更加成熟和可靠，成为能源供应的重要组成部分。这将有助于实现碳减排目标，推动可持续发展，构建更加清洁和绿色的未来。

（二）创新能源效率技术，减少能源损耗和浪费

能源效率技术可以提高能源利用效率，减少能源浪费和碳排放。通过技术创新和改进，可以开发出更高效的能源系统、节能设备和智能控制系统，从而实现碳减排的目标。

通过改进能源系统和设备，优化能源使用方式，能源效率技术可以实现更多的能源输出和产出，同时减少能源损耗和浪费。

1. 工业领域

能源效率技术包括高效燃烧技术、余热回收技术、节能设备和系统等。通过提高工业生产过程中能源利用的效率，可以减少能源消耗和碳排放。例如，采用高效的锅炉和燃烧设备、优化能源供应链、实施节能措施等，可以显著降低工业部门的能源消耗和环境影响；采用 LED 照明和节能灯等高效照明技术，可以减少能源消耗，延长照明设备的使用寿命；使用高效能源的家电和工业设备，如高效冰箱、空调和机械设备等，可以降低能源消耗；采用智能能源监测和控制系统，实时监测能源使用情况，可以提供数据分析和优化建议，帮助机构和企业提高能源效率。

2. 建筑领域

能源效率技术包括节能建筑设计、节能设备和控制系统等。通过采用优良的隔热材料、高效的供暖和制冷设备、智能控制系统等，可以降低建筑物的能源需求，减少碳排放。同时，建筑能源管理系统可以实时监测和控制能源使用，提高能源利用的效率。通过热能回收技术，将工业生产、暖通空调和废热转化为可再利用的能源，可以提高能源利用效率。通过工艺改进和优化，可以减少能源浪费和损耗，提高生产效率和能源利用效率。

3. 交通运输领域

能源效率技术包括高效发动机和动力系统、轻量化材料、智能交通管理系统等。通过采用高效的车辆和交通管理措施，可以降低交通运输过程中的能源消耗和碳排放。例如，推广电动汽车和混合动力汽车、改善道路规划、优化物流运输等，都可以提高交通运输的能源效率。能源效率技术的应用还可以通过政策支持和激励措施来促进。例如，制定能源效率标准和认证机制、提供能源效率补贴和优惠政策、建立能源管理体系等，都可以推动企业和个人采用能源效率技术。

能源效率技术的发展和应用有助于实现能源可持续发展和低碳经济转型。通过政策支持、技术创新和投资促进，能源效率技术可以在各个领域推广应用，减少能源消耗，降低碳排放，并为可持续发展作出贡献。然而，能源效率技术的广泛应用还面临一些挑战，包括技术成本、市场推广和意识转变等方面的难题。因此，需要加强政府、企业和社会各方的合作，推动能源效率技术的创新和应用，实现可持续发展的目标。

展望未来，随着对能源资源需求的增加和能源消耗压力的加大，能源效率技术将发挥越来越重要的作用。通过持续的技术创新和推广应用，能源效率技术有望实现进一步的突破，为减少能源消耗和碳排放作出更大的贡献。

（三）推动碳捕集与储存技术的发展和应用

通过碳捕集与储存技术可以将工业排放的二氧化碳捕集并储存起来，以减少大气中的温室气体浓度。通过技术创新可以改进碳捕集和储存技术的效率和成本，开发出更安全可靠的储存方法。

碳捕集与储存技术是一项关键的能源技术，旨在减少二氧化碳等温室气体的排放，以应对气候变化。该技术主要包括三个步骤：碳捕集、运输和地下储存。

首先，使用不同的技术和方法从排放源（如发电厂、工厂等）中捕集和分离出二氧化碳。目前常用的碳捕集技术包括化学吸收、物理吸收、膜分离和吸附等。这些技术可以将二氧化碳从燃烧过程中的废气中分离出来，以防止其释放到大气中。

接下来，捕集到的二氧化碳需要进行运输，通常通过管道、船舶或卡车等方式将其输送到地下储存地点。在运输过程中，需要确保二氧化碳的安全，以防止泄漏和环境污染。

最后，二氧化碳被注入地下储存层，如地下盐水层、油田或煤矿等地质层。通过合适的地质储存，可以长期储存二氧化碳并防止其再次释放到大气中。

然而，碳捕集与储存技术也面临一些挑战。首先，技术成本较高，包括捕集、运输和储存的成本。其次，地质储存的可行性和安全性需要进行充分的评估和监测。此外，还需要建立相关的政策和法规，以促进碳捕集与储存技术的应用和推广。

在未来，碳捕集与储存技术需要进一步研究和创新，以降低成本、提高效率，并探索更多的储存地点。同时，政府、企业和国际社会需要加强合作，共享经验和技术，加大投资和政策支持，推动碳捕集与储存技术在全球范围内的广泛应用。

综上所述，碳捕集与储存技术在应对气候变化和实现碳减排目标方面具有重要的作用。应进一步研究和创新，加强国际合作与政策支持，推动碳捕集与储存技术的发展和应用，为建设低碳可持续的未来作出贡献。

(四）改进电动交通工具技术，促进能源可持续发展

电动交通工具是减少道路交通碳排放的有效手段。通过技术创新可以提升电动汽车的续航里程、充电速度和充电基础设施建设，推动电动交通的普及和发展。电动交通工具技术是一种关键的能源效率技术，通过替代传统燃油驱动的交通工具，减少碳排放和环境污染。

一是电动汽车。电动汽车采用电池驱动系统，使用电能作为动力源。相比传统燃油车辆，电动汽车具有零排放、低噪声和高能源利用效率等优势。随着电池技术的发展和成本的下降，电动汽车的市场份额逐渐增加。

二是混合动力车辆。混合动力车辆结合了内燃机和电动机两种动力系统，以提高燃油效率和减少排放。混合动力车辆可以利用制动能量回收和电动机辅助驱动等技术来降低燃油消耗，在某些情况下可完全依靠电动驱动。

三是电动公交车和物流车辆。公交车和物流车辆通常具有固定的路线和停靠点，便于充电设施的布置和管理。电动公交车和物流车辆的推广应用可以显著降低城市交通的碳排放和空气污染。

四是充电基础设施。为了支持电动交通工具的普及，充电基础设施的建设至关重要。充电站的布置和管理需要考虑充电速度、充电接口的标准化以及充电设备的可靠性等因素。随着电动交通工具的增加，充电基础设施的发展也面临着挑战和机遇。

电动交通工具技术的应用有助于减少交通领域的碳排放和环境污染，促进能源可持续发展。然而，电动交通工具技术也面临一些挑战，包括电池的续航里程和充电速度的提升、充电基础设施的建设和管理、价格成本的竞争力等方面。因此，需要加强科研和创新，加大对电动交通工具技术的支持和投资，以推动其在交通领域的广泛应用。

（五）创新可持续农业技术，降低碳排放，提高农业生产效率

农业是重要的碳排放来源，通过可持续农业技术可以减少农业活动的温室气体排放。通过技术创新可以改善农业生产方式，包括有机农业、精准农业和农业废弃物利用等，以降低碳排放，提高农业生产效率。

一是有机农业。有机农业是一种基于生态学原理和循环农业原则的农业生产系统。有机农业避免使用化学合成的农药和化肥，倡导自然肥料和生物防治，注重土壤保护和生态平衡，旨在实现可持续的农业发展。

二是水资源管理。合理的水资源管理是可持续农业的关键，包括节水灌溉技术、雨水收集利用、地下水管理等，以最大限度地减少水资源的浪费和污染，确保农田的合理供水。

三是耕作方式改进。采用保护性耕作和精细农业技术，如减少耕地翻耕、覆盖作物残留物、定向施肥等，可以减少土壤侵蚀，保持土壤水分和营养，提高土壤质量和农作物产量。

四是秸秆资源化利用。将农作物的秸秆转化为能源或有机肥料，可以减少农田秸秆焚烧带来的空气污染，并为农业提供可再生的能源和肥料资源。

五是温室技术。通过温室技术可实现一种控制环境条件的种植方式，有助于减少气候变化对农作物产量的影响，同时可节约水资源，减少农药使用，延长种植季节。

六是生物多样性保护。保护农田周边的自然生态系统，包括建立生态廊道、

保护野生动植物等，有助于维护农业生态平衡，提高农作物的抗病虫害能力。

可持续农业技术的应用有助于降低农业对环境的负面影响，保护生态系统的健康，提高农作物的产量和品质，实现农业的可持续发展。然而，可持续农业技术的推广和应用仍面临一些挑战，包括技术普及和培训、政策支持和市场推动等。只有加强研究和创新、提供培训、建立政策和经济激励措施，才能推动可持续农业技术的广泛应用。此外，国际合作和知识共享也是促进可持续农业技术发展和应用的重要方面。通过国际合作，可以加强技术交流和经验分享，推动全球范围内的可持续农业发展。展望未来，随着对可持续农业需求的日益增长和技术的不断创新，可持续农业技术将发挥更大的作用，实现农业的生态化、智能化和可持续化，为粮食安全和环境保护作出贡献。

（六）发展循环经济技术，减少碳排放和环境负荷

循环经济技术可以促进资源的高效利用和废弃物的再利用，减少资源消耗和环境污染。通过技术创新和发展，可以实现废弃物的资源化利用和产业链的闭合循环，减少碳排放和环境负荷。

循环经济是一种可持续发展的经济模式，旨在最大限度地回收利用资源、减少废弃物产生并减少对环境的影响。循环经济技术涉及资源的有效管理、废物的再利用和再循环，以及产品设计和制造过程的优化。

一是废物回收与再利用。通过废物回收和再利用技术，将废弃物转化为有价值的资源。例如，通过回收废旧纸张、塑料和金属等材料，进行再加工和再利用，减少对原始资源的依赖。

二是生物质能源利用。将农作物残渣、木材废料等生物质转化为能源，如生物质燃料和生物气体，以替代传统的化石燃料，减少碳排放和对有限资源的依赖。

三是循环设计与生产。通过优化产品设计和制造过程，降低资源消耗和废物产生。例如，采用可拆卸组件和材料，以方便产品维修和再利用。

四是智能物联网技术。利用物联网技术和传感器监测可控制资源的使用和废物的产生，实现资源的高效利用和废物的减少。

五是水循环利用。通过水循环利用技术，如雨水收集和废水再利用，将废水转化为可再利用的水资源，降低对淡水资源的需求。

循环经济技术的应用可以减少资源的浪费和环境的污染，促进可持续发展。随着对资源需求的不断增加和环境问题的日益严重，循环经济技术将发挥越来

越重要的作用，推动经济向可持续发展的方向转型。

技术创新与发展是实现碳减排目标的关键，通过持续的研发和推广应用，可以不断提高技术效能、降低成本，并为碳达峰和碳中和提供更广泛的解决方案。此外，技术创新还可以推动产业升级和经济转型，促进绿色经济的发展，为经济增长和环境保护提供双赢的机会。

然而，技术创新与发展也面临一些挑战，包括技术成本高昂、市场推广难度大、政策支持不足等。因此，需要政府、企业和研究机构共同努力，加大对碳减排技术创新的投入，提供政策支持和激励措施，加强国际合作与知识共享，共同推动碳达峰和碳中和目标的实现。

展望未来，随着技术的不断进步和应用的推广，计量在碳达峰和碳中和中的作用将进一步凸显。通过精确测量、有效监测和准确评估，可以实现对碳排放和碳减排效果的全面掌握和精细管理，为推动碳减排工作提供科学依据和决策支持。同时，技术创新也将推动碳减排技术的发展和应用，加速碳达峰和碳中和目标的实现，为构建可持续发展的低碳经济作出积极贡献。

五、有利于强化国际合作与知识共享

计量作为国际标准和质量认证的基础，为不同国家和地区的碳减排工作提供统一的框架和参考。通过国际合作，各国可以共同推动计量技术的发展，共享实践和经验，加强数据共享和交流，实现全球范围内的碳减排目标。

(一) 构建国际合作机制，推动全球各国共同努力

各国通过多边和双边合作机制加强合作，分享经验和技术，制定共同的行动计划。以下是一些重要的国际合作机制：

《联合国气候变化框架公约》(UNFCCC)：UNFCCC是一个多边合作机制，旨在协调全球各国共同应对气候变化。其下设有各种谈判和会议，包括年度联合国气候变化大会(COP)，各国可以在这些平台上参与讨论并达成共识。

《巴黎协定》巴黎协定是UNFCCC下的一个重要文件，于2015年通过并于2016年正式生效。协定的目标是通过全球减排努力，将全球气温升高控制在2 ℃以内，力争不超过1.5 ℃。

联合国可持续发展目标(SDGs)：联合国提出17个可持续发展目标，其中包括应对气候变化的目标。各国应通过共同努力实现这些目标，推动碳减排和可持续发展。

区域合作机制：许多地区都建立了区域合作机制来推动碳减排和可持续发展。例如，欧盟的碳市场系统和碳排放交易体系就是一个区域合作机制，旨在通过碳交易和减排措施促进碳减排。

跨国合作项目：各国通过合作项目，在特定领域共同推进碳减排和可持续发展。这些项目涉及技术合作、资金支持、经验分享等方面。

国际合作机制为各国提供了平台，共同应对气候变化挑战。通过合作与协调，各国可以分享经验，加强技术转让和能力建设，共同实现碳达峰和碳中和目标。同时，国际合作也有助于推动碳市场的发展和气候变化问题的全球治理。

（二）共享知识与转让技术，促进技术的跨国转让和采纳

各国通过共享最佳实践、技术创新，促进技术的跨国转让和采纳，包括通过国际合作项目和倡议，支持发展中国家在低碳技术和可持续发展方面的能力建设。

一是知识共享平台。建立知识共享平台可以促进各国之间的信息交流和经验分享。这些平台可以提供有关碳减排技术、可持续发展实践和政策措施的信息，帮助各国更好地了解和应对气候变化挑战。

二是技术转让机制。为了促进技术转让，各国可以建立相应的机制和合作框架。这些机制可以涉及技术合作、技术转让、专利许可等方面，为发展中国家提供获得和采用先进环境保护技术的机会。

三是资金支持。为了促进技术转让和知识共享，国际社会可以提供资金支持。这些资金可以用于技术研发、技术示范项目、技术培训和能力建设等方面，帮助发展中国家提升碳减排和可持续发展的能力。

四是国际合作项目。通过跨国合作项目和倡议，可以促进知识共享和技术转让。这些项目可以涉及多个国家和利益相关方，在特定领域共同推进技术创新和应对气候变化。

五是知识共享和技术转让。通过共享成功案例、最佳实践和创新技术，各国可以相互借鉴经验，提高自身的碳减排能力。此外，技术转让有助于促进经济发展和可持续增长，为发展中国家提供机会，推动全球碳减排和可持续发展的进程。

（三）通过资金支持和援助，促进全球碳减排的合作

发达国家通过资金支持和援助，帮助发展中国家实施减排措施和应对气候变化，包括提供财政援助、技术援助和能力建设支持等。以下是关于资金支持

与援助的重要方面：

一是国际气候资金。国际社会设立了一系列气候资金，旨在支持发展中国家实施碳减排和应对气候变化的行动，通过财政支持、技术转让、能力建设等方面的援助，帮助发展中国家应对气候变化挑战。

二是跨国合作项目。通过跨国合作项目，各国可以共同筹集资金，并将其用于特定领域的碳减排和可持续发展项目。这些项目涉及清洁能源、能源效率、可持续农业等方面，旨在促进低碳经济发展和减少温室气体排放。

三是私人投资和企业合作。私人投资和企业合作也可以为实现碳达峰和碳中和目标提供资金支持。通过吸引私人投资和建立公私合作伙伴关系，可以加速清洁技术的推广和商业化，推动低碳经济的发展。

四是发展援助。发达国家可以通过发展援助计划向发展中国家提供资金支持。这些援助计划可以包括技术转让、能力建设、项目支持等方面，帮助发展中国家实现碳减排和可持续发展目标。

资金支持与援助的目标是帮助发展中国家应对碳减排的挑战，促进全球碳减排的合作。通过资金支持和援助，可以提供所需的资源和资金，帮助发展中国家实施碳减排项目，推动低碳经济发展，并实现可持续发展目标。同时，这也促进了发达国家和发展中国家的合作与共赢，共同应对全球气候变化挑战。

(四) 加强信息透明度，推动碳减排和可持续发展的共同进步

各国共享碳排放、能源消耗和环境质量等数据，加强信息透明度，可以为决策制定和监测提供准确的基础数据。

一是碳排放数据共享。各国需要共享碳排放数据，包括工业、能源、交通等领域的碳排放量。这些数据可以用于评估国家的碳减排进展，制定相应的政策和措施，并进行国际间的比较和合作。

二是温室气体清单报告。国家需要定期报告其温室气体排放清单，包括二氧化碳、甲烷等主要温室气体的排放量。这些报告应当透明、准确，并遵循国际公认的计量和报告准则，以便进行国际间的比较和监测。

三是监测、报告和验证机制。建立有效的监测、报告和验证机制，确保国家所报告的数据准确可靠，并进行独立的验证，有助于提高数据的可信度和透明度，促进国家间的合作和信任。

四是数据共享平台和国际合作机制。建立数据共享平台和国际合作机制，促进各国之间的数据共享和合作，可以加强数据的利用，促进经验交流，加快

碳减排和可持续发展的进程。

数据共享与提高透明度的重要性在于提供可靠的数据基础，支持决策制定和政策执行，促进国际间的合作与交流。通过共享数据和提高透明度，可以更好地评估和监测碳减排进展，识别问题，并采取相应的行动，推动全球碳减排目标的实现。此外，数据共享和提高透明度还有助于促进技术创新和经验分享，推动碳减排和可持续发展的共同进步。

（五）构建跨国合作项目，共同应对全球气候变化和环境挑战

各国通过合作项目和倡议，在特定领域共同推进碳减排和可持续发展。例如，通过跨国能源互联网合作，推动清洁能源的共享和交易。

一是技术合作与共享。不同国家可以开展技术合作与共享，共同研发和推广低碳技术，包括共同开展研究项目、技术交流与合作，促进技术的创新和应用。

二是资金支持与投资。跨国合作项目可以吸引国际资金和投资，用于支持低碳项目和可持续发展项目的实施，包括来自发达国家和国际组织的资金支持，以及私人部门的投资。

三是资源共享与协同行动。不同国家可以共享资源和经验，共同开展碳减排项目和可持续发展项目，包括共同利用清洁能源、共享技术和管理经验，以及开展协同行动以提高整体效益。

四是政策对话与合作。跨国合作项目可以促进不同国家之间的政策对话和合作，推动碳减排政策的制定和实施，包括经验交流、政策对比和合作机制的建立，以加强国际间的合作和协调。

跨国合作项目通过整合各国资源和优势，促进经验分享和合作，加速碳减排和可持续发展的进程，为各国提供了更广阔的合作平台和机会，共同应对全球气候变化和环境挑战。

国际合作与知识共享在实现碳达峰和碳中和目标的过程中具有重要意义。通过加强合作与共享，各国可以共同应对气候变化挑战，实现可持续发展的目标。同时，国际合作也有助于促进技术创新和经济转型，推动全球绿色经济的发展。

第二节　计量在“碳达峰”与“碳中和”中的典型案例

本节将探讨计量技术在碳达峰和碳中和中的实际应用案例，并分析其对减排措施的影响。通过研究不同行业和不同地区的实际案例，深入探讨计量技术在能源消耗、排放量测量、碳排放清单编制等方面的应用。通过对这些实际案例的研究，深入了解计量技术在碳达峰和碳中和中的实际应用情况，揭示其对碳减排目标的重要作用。

【案例一】先行先试，服务城市天然气计量产业发展——以输差及能量计量技术服务助力企业节能降耗

一、案例概况

（一）案例背景

天然气是一种清洁的能源，其排放的二氧化碳和其他污染物相对较少，符合我国绿色低碳经济的方针。随着经济的快速发展和环境保护需求的提高，天然气需求逐年增长。天然气主要用于工业生产和居民生活，在国民经济中正发挥越来越大的作用。我国的天然气供应来自多个途径，包括国内生产、管道进口和液化天然气进口。我国正在加速天然气基础设施的建设，包括储存设施、输气管道和接收站，以保证供应稳定。目前，我国已发展成为年消费量超过3 000亿立方米的天然气大国。其中，城市燃气消费量达到 1 226.27 亿立方米，较 1978 年的 6.9 亿立方米增长了近 200 倍。随着我国“碳达峰”和“碳中和”目标的提出，“十四五”期间天然气还将迎来新的更大的发展机遇期。

天然气贸易是各国都极为重视的国际贸易之一。天然气输差是决定天然气经营单位输气成本的重要指标。企业是否能够有效地对天然气输差进行管控直接决定着天然气企业的运营成本，进而影响企业的市场核心竞争力。过去粗放的体积计量方式已不能适应我国天然气高质量发展的内在需求。

（二）案例简介

针对上述问题，新疆维吾尔自治区计量测试研究院（以下简称“新疆计量院”）从企业实际计量问题出发，创新计量服务模式，组建了技术服务团队，

从城市燃气供给、输送、销售各个环节入手，开展计量精准服务，全方位、全产业链提供计量技术支持，形成了一整套有效的输差技术服务方案，提供覆盖设计、选型、使用、维护、现场核查等全过程的个性化计量服务模式，为企业降低输差比例，解决输差难题，达到节能降耗、提质增效的目的。同时，新疆计量院积极响应国家提出的建立天然气能量计量计价体系的号召，紧跟天然气计量计价方式变革的时代步伐，打造国产化能量计量解决方案，推动计量转型升级。

二、案例具体做法

(一) 案例详情

新疆计量院专注于城市天然气输送偏差（输差）管理，并从其特点出发，将其划分为两大主要环节。第一个环节称为上游天然气输差管理，主要涉及供应单位的计量站与城市天然气运营单位计量站之间的门站计量差异。第二个环节则是下游或终端天然气输差管理，即从城市天然气运营单位的计量站到最终用户的计量表之间的计量偏差。

减少输差是城市天然气运营企业面对的一大挑战。影响输差的因素复杂多变，包括系统层面和人为层面的因素，也包括偶发和持久性的影响因素。从宏观角度来看，影响城市天然气输差的主要因素包括计量设备的准确性、管道网络的质量与维护、施工和工程质量、抄表准确性以及人为破坏等。

对于输差管理来说，不仅需要高度精确的计量设备和健全的管网系统，还需要规范的施工操作和准确的数据抄录，更不可忽视防止人为破坏的安全措施。这些方面的综合管理有助于有效降低城市天然气输差，提高整体运营效率。

(二) 具体成效

1. 节能减排

以临界流文丘利喷嘴法气体流量标准装置、气体流量计温压检测装置、气相色谱、便携式气体超声流量计、标准数字压力计组成的天然气全参数检测装置和现场核查设备，达到国内领先水平，填补了温压检测领域方面的国内空白，可实现新疆燃气集团每年约 3 000 台件的天然气流量计的量值溯源工作。流量计的周期检测工作为整个天然气流量输差的降低作出了很大的贡献，为乌鲁木齐市节能减排作出了重要贡献。

截至目前，共完成燃气公司在用工业型气体流量计的再检数量达 4 500 余台，超过总量的 65%。在对流量计进行检定的同时，完成了清洗、更换配件、误差调整等工作，保证了流量计在后续的使用过程中计量性能的稳定、可靠。

2. 投资收益情况

投资近 50 万元，研发并制造了流量计的温压检测设备，投入使用、运行良好，实现了对流量计全参数的检测目的。同时，购置了近 10 万元的现场流量计温度、压力核查标准设备，用于现场流量计在线全参数的核查工作。制定并发布了 JJF（新）21—2018《天然气流量计全参数测量校准规范》，已于 2019 年 1 月 15 日实施，弥补了国内在该方面的空白，为检测工作提供技术标准支撑。

自 2017 年开始，计量技术服务的实施有效降低了燃气企业的输差。根据统计数据，2017 年底查找出原因并解决的天然气输差量达 1 700 万立方米，占总输差量的 21%，折合人民币 2 300 万元。2018 年查找出原因并解决的天然气输差量约 2 000 万立方米，占总输差量的 25%，折合人民币 2 700 万元。2019 年、2020 年、2021 年找回天然气输差量分别约 1 600 万立方米、1 400 万立方米、1 200万立方米。截至目前累计为公司降低输差超过一亿万立方米，挽回经济损失超过 1.4 亿元。

技术服务的实施有效降低了燃气企业生产运营成本，为城市天然气供给、运输、销售等环节的计量交接提供了公平、公正的社会环境。该计量服务模式和方案具备可复制性和可持续性，具有巨大的推广价值和意义，有助于帮助全疆乃至全国燃气企业有效降低燃气输差，提高经济效益。新疆计量院发挥新燃集团天然气输差及计量技术服务的示范引领作用，以点带面，示范推广，规划到 2025 年在全疆各大燃气公司以效益引导，采取多方合作模式深入推广该项技术服务，全部推行后，形成年输差额降低 3 000 万立方米。

3. 环境和社会效益

5 年来，新疆计量院在公平、公正、公开的原则下，先后为天然气计量纠纷赴现场勘察 26 人次，提供针对性技术方案 15 次，出具调解说明函 13 次，涉及燃气量 1 200 余万立方米。此外，在技术服务过程中，新疆计量院先后与燃气公司开展业务、技术交流 17 次，直接、间接培训管理技术人员 240 人次。同时，新疆计量院联合燃气公司赴内地气体流量计厂家进行学习交流，涉及流量计轴承参数、型式评价、涡轮流量计注油、工标况流量差异等众多技术问题，大幅提高了计量队伍业务能力。

该项目研究成果将进一步规范全疆天然气计量市场，可以为新疆以及与“一带一路”沿线国家顺利开展天然气贸易交接提供理论及技术支撑。

三、案例创新点及推广价值

（一）模式创新

从着眼于计量器具本身的计量检测模式转变为着眼于解决企业计量问题的计量服务模式，计量服务把计量器具的关注点从实验室转移至企业应用现场，分析、解决、保证计量器具在应用过程中的准确性和可靠性。了解企业在计量器具的选型、安装、管理、维护等全生命周期过程中的实际需求和存在问题，有针对性地提供计量技术支持，帮助企业树立计量管理意识、培养计量管理人员、健全计量管理制度、提高计量管理能力，实现降低输差、降本增效的目的，体现计量服务社会的价值。

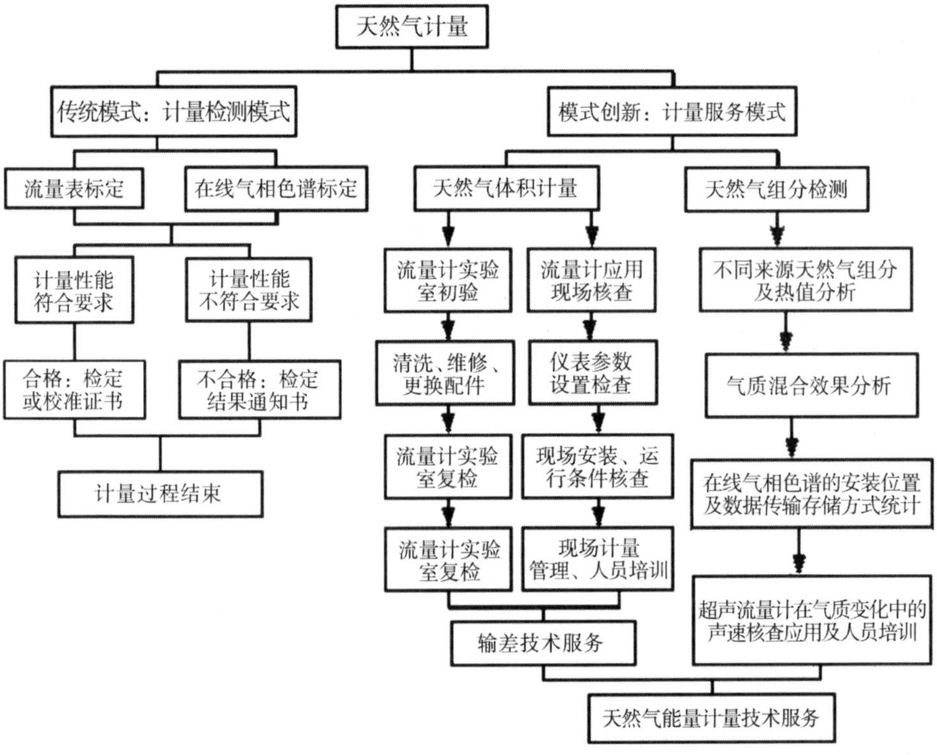

图 9.1　本项目的技术服务内容与传统计量相比的模式创新

（二）管理创新

气体流量计计量检测是技术服务的一个重要环节。基于检测装置检测能力与检测需求之间的突出矛盾，为扩大检测能力，以租赁的方式把企业检测装置纳入计量管理体系，全要素、全过程接受新疆计量院计量管理，由专业技术人员开展检测，针对性地进行计量技术服务。在保证检测效率和质量的同时，促进计量技术服务的顺利进行。

（三）技术创新

根据 GB/T 19205—2008《天然气标准参比条件》的规定，天然气计量时，使用的压力和温度参比条件分别为 101.325 kPa 和 20 ℃。天然气流量计在实际计量工作时，极少处于标准状态，若未正确进行温压补偿，计量结果将与实际值存在一定偏差。

针对目前气体流量计“工况检测、标况结算”检测与需求脱节的问题，创新性地制定气体流量计全参数检测技术标准——JJF（新）21—2018《天然气流量计全参数测量校准规范》，填补了国内空白，并研制了配套的检测设备。天然气流量计温度、压力检测装置如图 9.2 所示。

图 9.2　天然气流量计温度、压力检测装置

（四）方法创新

1. 数据分析方法

对各环节应用的气体流量计分阶段、分批次检测，创新性地开展相关实验测试，分析气体流量计的计量误差随使用年限的变化，分析清洗前后气体流量计的计量误差变化等，从各方面查找和降低输差。对气体流量计进行基础数据采集，编制燃气计量器具管理、燃气大数据管理、用户数据管理软件平台，为

流量计选择、流量计维护、流量计工作预警提供技术依据。

2. 在线核查方法

由于施工条件困难、施工人员计量知识缺失等因素，燃气公司的众多气体流量计存在安装不规范、不合理等问题，导致计量存在严重误差。本项目创新性地利用技术手段对气体流量计进行在线核查，方法为采用标准在线测量设备对天然气流量计进行定期核查和关键时间点核查，以实现对计量误差的定量分析，并分析流量计的计量性能稳定性和准确性，同时获得这些问题的改造方案，消除严重计量误差问题。同时，分析经实验室检测合格后的气体流量计在实际使用过程中的计量状态，分析气体流量计选型的合理性、安装状态的规范性、环境条件的适应性等。

3. 样本实验方法

创新性地开展现场安装对气体流量计计量误差的影响实验。对现场气体流量计安装不规范的典型样本进行采集归纳、制作样本模型并进行计量性能实验，定量分析计量误差，制定针对性的改造技术方案。利用专业知识对计量纠纷问题进行分析和测试，还原气体流量计真实的计量数据，保证燃气公司和用气企业的利益，维护新疆计量院作为全疆法定计量技术机构的权威性和公正性。同时，针对锅炉房、加气站用户进行现场实验，对异常用气量进行核查。

4. 贸易结算方法

天然气计量方式主要有体积计量和能量计量。体积计量是我国当前采用的主要贸易交接计量方式。油气管网设施开放后，混输的天然气热值品质不同，采用能量计量方式有利于准确计量，体现公平，减少结算纠纷，有利于天然气行业健康发展和我国天然气市场的国际化进程。为确保天然气贸易计量的准确性，需要对计量设备进行精细化管理以及监测，从生产工艺现场的计量分析设备管理和监测、设备运行状态管理和监测，到天然气组成数据的实时采集分发等环节入手，将天然气由体积计量时的每立方米（m^3）计价调整为能量计量时的每吉焦（GJ）计价，对天然气能量计量方式进行了初步尝试。

（五）推广价值

项目关键技术与装备已在和田新捷燃气、喀什火炬燃气等企业推广应用。城市天然气输差及计量技术服务实现了天然气经营单位输差的大幅降低，提高了计量设备的受检率，通过清洗、维修等方法提高了计量设备的检定通过率，节约设备成本约30%。同时，项目实施过程中，各单位计量操作人员的技术业务素质、计量管理水平和责任心均大幅提高，能在按时完成抄表的同时，检查气表有无损坏，读数是否异常，动态监控各计量站点输差变化，对于输差波动异常的各计量站点，能及时查找原因，提出解决办法，并积极落实整改。

此外，通过几年的数据积累，将在接下来的工作中实施科技数字化战略，进一步搭建天然气流量计全生命周期数据管理平台，打造数字化系统，深化平台数据应用，助力企业节能降碳、降本增效，服务政府“双控”“双碳”工作。

城市天然气输差及计量技术服务涉及多学科、多领域，涵盖了从设计、安装到调试的各个环节、众多方面，施工现场工程需求复杂多样，现有的技术服务水平仍不能完全满足生产发展的需要。城市天然气输差和计量技术服务仍有很多实际的工作需要完成，还有大量的技术问题有待解决，亟须计量专业人员针对现场实际情况，因地制宜地开展计量保障工作，并制定行之有效的计量监管方案。

该项目在后续推广过程中，在设计搭建天然气流量计全生命周期数据管理平台时，需充分加强与企业及政府相关部门的沟通协调，及时发现并解决问题，有效服务企业节能降碳和政府“双碳”工作。

【案例二】计量促进北京城市副中心行政办公区节能降碳管理

一、案例概况

（一）案例背景

北京市深入贯彻习近平生态文明思想和习近平总书记对北京重要讲话精神，准确把握新时代发展特征，实施党政机关全面节约战略。市发展改革委、市市场监管局、市机关事务局等11家单位印发的《北京市进一步强化节能实施方案》中提出，要加强能耗计量监测，率先推动副中心行政办公区各单位实现电耗实时监测并接入平台，深化数据分析利用，做好节能评估诊断，强化问题整改，推动能效持续提升。

（二）案例简介

北京城市副中心行政办公区节能降碳大数据管理平台利用5G、物联网、云计算等新一代信息技术，实现副中心行政办公区各机关单位能源和碳排放数据及时、准确监测，为节能管理工作提供多方位、可视化的数据信息查询和决策支持服务，帮助用能单位和能源管理单位查找自身存在的问题，达到进一步科学用能、节能降碳的目的。

二、案例做法与取得成效

（一）案例详情

1. 需求分析

为落实首都科学发展重大战略决策，自2018年以来，北京市级机关单位陆续迁至城市副中心行政办公区。由于各单位能源计量器具品牌型号不一，各楼宇自动化监控平台独立运行，能耗数据不能统一采集，无法实现办公区节能减碳集中和精细化管理需要，需建设集“监、管、调、统”功能于一体的行政办公区节能减碳平台，保障办公区能源安全平稳高效运行，强化党政机关能耗定额约束，发挥节能降碳表率作用。

2. 技术难点

一是完成副中心行政办公区能源计量和数据采集装置物联网组网技术方案研究、数据传输规范、数据接口技术研究和软件开发。二是建立能源计量器具标识规范和能源计量数据有效性智能化识别技术，完善计量装置管理、计量数据共享和计量数据质量保障等平台应用的技术支撑基础。三是建立能耗能效分析模型，多维度多层次开展分析评价，建立监测数据和节能运行指标之间的对应关系，形成基准数据和先进值对标数据，通过数据比对实现对用能过程和环节的精细化诊断和评价。

3. 解决方案

一是党政机关能源资源数据实时采集监测。利用物联网技术实现传感器选型，数据采集、传输和存储的技术研究和系统集成，对北京城市副中心行政办公区各机关单位、各用能系统、重点用能区域的用能量和碳排放量实时采集监测，满足行政办公区能源规划、调控、节能减排的需求。

二是用能单位能源资源消耗、能源利用效率及碳排放评价。开展多层次的能耗能效及碳排放评价技术研究，对所管理的机关单位实行能耗、水耗统计分析，定额管理和排名，探索推进基于能耗定额的用能预算管理模式。在线分析主要用能系统和重点用能设备的能效水平和限额执行情况，指导运行人员调整运行方式，达到节能目的。

三是集中办公区能源资源的数据预测及预警诊断。基于能源系统的监测数据，利用大数据和深度学习算法，建立能源系统正常运行的模型并设置突发预警诊断机制，及时报警，锁定问题区域。模拟同类建筑的用能模型，对规划新建办公区进行能耗预估以及用能系统和设备选型指导，为编制能源费用预算、合同能源管理项目节能量预测给予技术支持。

（二）具体成效

北京城市副中心行政办公区节能降碳大数据管理平台以图、表等可视化形式直观展示各单位、各部门用能状况和指标完成情况，通过深度挖掘数字资源，全方位分析各级用能系统的能耗和碳排放特征及水平，结合双控目标和定额标准，找准薄弱环节，精准施策，达到节能目的，减少能源费用支出。

三、案例创新点及应用推广价值

（一）机制创新、筑牢基础

建设北京市公共机构能源计量中心，围绕公共机构能源计量关键共性技术领域开展技术研究、标准制定、数据分析、能效测评、人才培养等相关工作，利用北京市的节能减碳和能源计量科研技术资源，组建了项目建设专家咨询和服务团队，为北京城市副中心行政办公区节能降碳大数据管理平台建设提供了保障机制。

（二）技术创新、数据赋能

综合运用5G、大数据、物联网等新一代信息技术，促进能源计量、能耗定额、能效管理、碳排放核算等技术规范、数据标准、管理指标等融合应用，依托北京城市副中心行政办公区各机关用能单位应用场景，实现重点用能设备能效实时监测诊断，多维度和多层次能耗能效及碳排放评价，重点用能系统及设备运行多目标优化，为大型党政机关集中办公区一体化和精细化节能减碳管控提供技术支撑。

（三）推广价值

充分挖掘数据价值，通过多种形式服务北京城市副中心行政办公区，各能源管理部门开展能源消费强度与总量的“双控”和“双碳”情况分析，保障节能降碳工作部署，支撑能源管理规范编制。帮助各单位不断发现设备缺陷和管理漏洞，寻找降碳潜力，提高各单位能源利用效率，降低财政成本，减少温室气体排放。推动碳达峰、碳中和各项重点任务落到实处，加快党政机关实现绿色低碳发展。

北京城市副中心行政办公区节能降碳大数据管理平台未来还将向节能检测、能源计量新产品应用、人员培训等专业技术服务延伸，促进标准化与信息化融合，利用标准化手段促进平台规范统一建设，确保项目成果在不同类型的公共机构可复制推广和产业化应用。

【案例三】煤气能量计量技术

一、案例概况

（一）案例背景

鼓风机是一种气体输送装备，在污水处理、暖通、造纸、动力电池等行业应用广泛。传统鼓风机采用电动机驱动，转动时由于轴承摩擦，导致了机械损耗、摩擦噪声、轴承磨损、轴承润滑剂泄漏等一系列问题。采用气悬浮轴承的鼓风机，利用流体动压原理将转子悬浮在空中，依靠空气润滑，所以气悬浮鼓风机的损耗更小，运行噪声更低，无固废污染排放，轴承几乎终生免维修。近年来，国家大力发展气悬浮鼓风机产业，将其列入节能技术装备目录。气浮轴承技术被国外严格封锁，从设计、制造到应用，遇到了大量测不了、测不准、测不全的难点痛点问题，既没有经验借鉴，又没有统一标准，成为制约产业发展的瓶颈。

（二）案例简介

中车株洲电机有限公司自主研制了具有完全知识产权的节能环保新装备——气悬浮高速离心鼓风机。由产业发展需求牵引计量需求，由计量需求推动能力建设，从无到有，从小到全，对新型装备研制提供了服务支撑，助力新产业突破。

二、案例做法及取得成效

（一）案例详情

1. 需求分析

气悬浮高速离心鼓风机，由高速永磁电机、气悬浮轴承、气体驱动部件组成，在特种材料、气浮轴承、高速电机、整机效率等方面存在计量需求，见图 9.3。

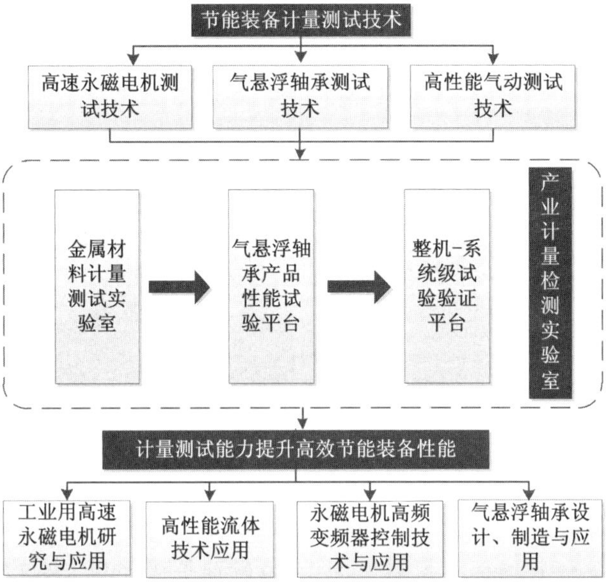

图 9.3　主要计量需求

2. 技术难点

气悬浮鼓风机涉及机械设计、摩擦学、材料学、表面处理、流体力学、系统科学等多学科综合，当前支撑产业创新的计量能力非常薄弱。

一是设计阶段，对机械仿真和流体仿真的验证技术。

二是制造阶段，对气浮零件微米级尺寸、三维姿态、抗磨涂层表面等的测量需求，对表面处理工艺控制、材料一致性检测方法、箔片成形测试规范等的方法需求。

三是出厂阶段，高速转子-永磁电机-叶轮-蜗壳的匹配与气动效率测试。

3. 解决方案

一是建成产业计量检测实验室、金属材料实验室（图 9.4），配置了机械性能、成分分析、金相分析、热性能分析、加工工艺验证、材料尽限应用研究的测量设备。

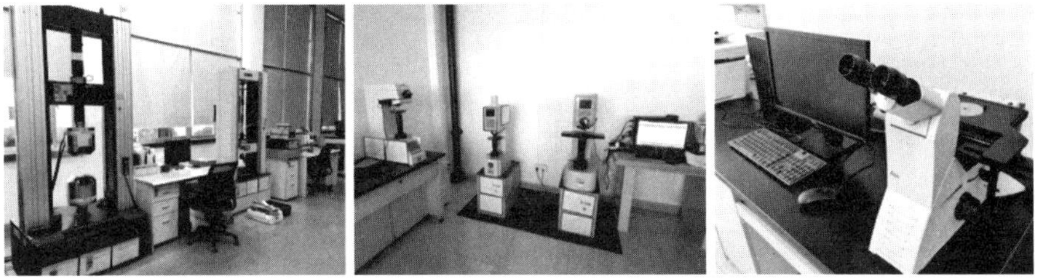

图 9.4　金属材料实验室

二是建成气悬浮轴承试验平台（图 9.5），可完成悬浮轴承关键零件的静态测试、轴承整机的动态性能测试，服务产品设计验证、质量检验、出厂检测，支撑仿真验证。

图 9.5　气悬浮轴承实验室和高频变频器控制试验系统

三是建成高速永磁电机-气悬浮鼓风机-高频永磁变频器的整机-系统级试验平台（图 9.6），使我国拥有了自己的 10 万转速等级/500 kW 功率等级的高速转子-高性能叶轮转子动力学研究、高速永磁电机关键结构设计、高频永磁变频器控制技术的试验验证平台。

图 9.6　气悬浮鼓风机整机-系统级试验平台

（二）具体成效

1. 创新计量测试方法

图 9.7　创新工艺验证方法对箔片加工进行质量控制

依托金属材料实验室，开发了箔片材料加工工艺验证方法等计量新方法，形成箔片不锈钢常用材料计量测试能力；围绕气浮轴承产品试验过程计量，形成了《空气轴承润滑机理验证方法》等一批企业级测试规范和工艺质量控制文件；制定了《气悬浮鼓风机性能测试试验大纲》等。

2. 研制专用测量设备

先后研制了抗磨涂层测量器具、箔片精度测试设备、气悬浮轴承与轴承-转子系统、高速永磁电机试验系统等计量测试专用装备，开发了气悬浮鼓风机空气管道的专用测试工装，实现了设计、制造、质控、交付全过程的计量测试能力。

图 9.8 自研的气悬浮轴承与轴承-转子系统的测试平台

3. 提升产业核心竞争力

依托建设的产业计量测试能力，中车株洲电机有限公司先后攻克了工业用高速永磁电机研究与应用，高性能流体技术应用，永磁电机高频变频器控制技术与应用，气悬浮轴承设计、制造与应用等关键技术，研发出高效节能气悬浮鼓风机，性能指标达到国外产品同等水平，培育和提升了核心竞争力。

三、案例创新点及应用推广价值

（一）创新点

构建了气悬浮鼓风机全产业链的计量测试能力，为产业突破提供服务支撑；面对国外技术封锁，研究创新了设计验证、材料检测、零件加工、组装调试、整机性能测试的一系列检测方法和测试规范；自主研制了材料检测、加工过程测量、零件关键尺寸、整机性能测试的一系列专用测量设备。

(二) 推广价值

依托建立的产业计量测试能力，定期为客户进行期间核查和测量结果质量控制，持续追踪产品质量性能的稳定性；利用收集的计量测试数据，进一步提高产品的寿命和降低产品能耗，促进各行业应用场景的节能减排，具有巨大的社会经济价值和应用推广价值。

1. 社会经济价值

在国家“双碳”战略指引下，新一代 75 kW 气悬浮高速离心鼓风机（图 9.9）已成功应用于株洲枫溪污水处理厂。该产品日处理 10 万吨污水，服役质量稳定可靠，节能效果显著，低噪声，零油污污染。按照国内都市及城镇污水处理规模，可应用于国内 80%以上城市和地区的污水处理市场。

图 9.9　气悬浮鼓风机应用现场

以 75 kW 气悬浮鼓风机为例，对比其与传统罗茨鼓风机全生命周期（按 5 年）综合成本，如表 9.1 所示。

表 9.1　产品节能测算表

产品类型	功率/kW	采购成本/万元	电费/（万元/年）	年维护费用/万元					全生命周期总费用/万元
				1 年	2 年	3 年	4 年	5 年	
罗茨鼓风机	75	5	49.275	0	0.35	0.95	0.40	0.60	56.575
气悬浮鼓风机	75	20	34.492	0	0.16	0.17	0.20	0.25	35.272

若一个污水处理厂按 4 个生化池、每池配 6 台气悬浮鼓风机、按 50%配置备用机计算，则一个厂需配置 36 台鼓风机。按住建部《2020 年城乡建设统计年鉴》数据“2020 年全国城市污水处理厂 2 618 座”计算，则全国共需94 248

台鼓风机。按鼓风机 5 年寿命期、每台气悬浮鼓风机较罗茨鼓风机节省 20 万元计算，总共可节省 188.5 亿元。

2. 应用推广价值

随着生活品质不断提高，污水尤其是城市污水处理量快速增加，采用气悬浮鼓风机代替传统的罗茨鼓风机是行业发展的必然趋势，而国内该类先进设备还非常少，污水处理厂对其需求越来越大。近年来，国家产业政策倡导节能降耗、清洁生产，气悬浮鼓风机也将发挥不可替代的关键作用。如采用滚动轴承的罗茨鼓风机，按轴承润滑剂泄漏量为 5 克/年计算，则全国每年泄漏在污水中的油渍/油雾颗粒总量近 500 千克；中期定保时按 20%比例更换轴承，则将产生 37 000 个废轴承，按每个轴承残余 50 克润滑剂，则将产生 1.85 吨废剂。以此计算，采用罗茨鼓风机在 5 年产品生命周期内将产生 2 吨废剂，其中 3%～5%直接与污水混合形成新的污染；而气悬浮鼓风机以空气为润滑剂，无有害排放。不仅如此，在飞机/坦克/舰船用空气循环机以及特种部队单兵作战电源等方面，国外已大量采用气悬浮鼓风机作为输气的核心动力，但对中国严格封锁。由此可见，实现气悬浮鼓风机完全国产化，打破外国的技术和市场垄断，不仅是发展节能环保事业、提升先进装备水平的需要，更涉及国防安全，具有重大应用推广价值。

【案例四】油气回收检测仪校准装置

一、案例概况

(一) 案例背景

加油站的油品挥发可造成挥发性有机物（VOCs）排放显著增大。银川市经过 8 年的大气污染攻坚战，二氧化硫、氮氧化物已经不是首要污染物，目前的主要问题是夏季的 O_3（臭氧）污染，以及秋冬季的细颗粒物 $PM_{2.5}$、PM_{10} 污染，而形成臭氧污染、细颗粒物污染的主要原因就是 VOCs。VOCs 是 $PM_{2.5}$、PM_{10}、O_3 产生的前体物。加油站挥发出的油气是一种典型的 VOCs，被环保部门列为重要的治理对象。为了防止油气向环境空气中逸散，需要使用油气回收装置。油气回收装置的效率需要通过油气回收检测仪来测定，回收检测仪的准确性关系到油气回收装置的回收效率判定，对油气回收系统的评价至关重要，以保证油气回收装置高效、可靠地运行，防止加油站油气向环境逸散。

(二) 案例简介

目前，加油站已普遍安装油气回收装置，以减小 VOCs 无组织排放，但是对于回收装置实际回收效率是否达标并没有成熟的校准装置。

本项目旨在集成创新一种油气回收检测仪校准装置，确保油气回收装置正常运行，回收措施有效，提升加油站 VOCs 无组织排放的可持续治理能力。项目计划对宁夏中石油、中石化等 300 座加油站进行推广示范应用，以此促进加油站及周边环境空气治理，符合科技成果服务民生需求。

综上所述，本项目采用的技术稳定可靠，装置轻便，操作简单，应用前景广阔，经济及社会效益明显。

二、案例做法及取得成效

(一) 案例详情

油气回收检测仪校准装置采用一体化设计，内部集成流量标准器、压力标准器、大气压力计、温度计、湿度计及可调转速动力源等，实现对油气回收检测仪的校准。其工作原理如图 9.10 所示。

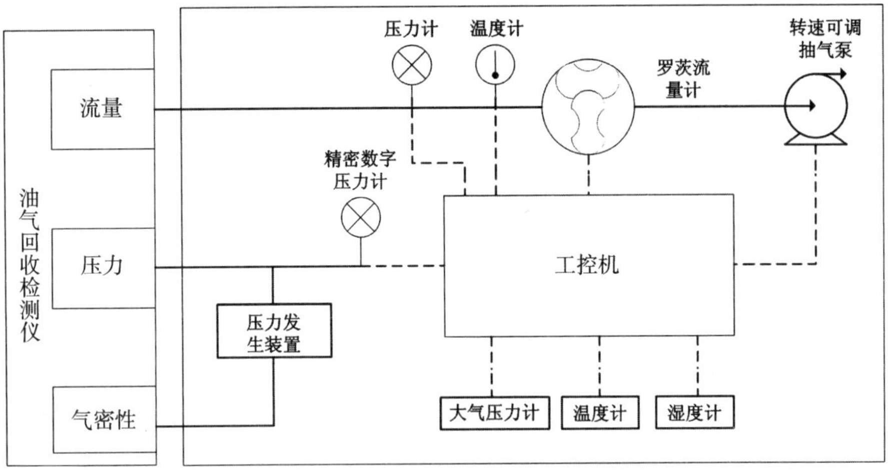

图 9.10 油气回收检测仪校准装置原理图

1. 油气回收检测仪校准装置硬件配置

流量校准部分：采用罗茨流量计作为流量标准器，通过可调转速动力源控制校准流量点，实现流量的校准。

压力校准部分：采用精密数字压力计作为压力标准器，配合压力发生装置实现压力的校准。

计时误差校准：采用标准秒表作为计时标准器，实现对计时误差的校准。

表 9.2　油气回收检测仪校准装置的参数

项目	测量范围	分辨力	最大允许误差
罗茨流量计	6～260 L/min	0.01 L/min	±0.5%
数字压力计	0～5 000 Pa	1 Pa	±0.05%FS
大气压力计	860～1 060 hPa	1 hPa	±2.5 hPa
温度计	−20～50 ℃	0.1 ℃	±0.2 ℃
湿度计	20%～90%RH	1%RH	±5%RH
秒表	1 ms～9 999.9 s	1 ms	± $(T\times10^{-5}+0.01\ \mathrm{s})$

2. 油气回收检测仪校准装置软件部分

基于嵌入式软件开发，实现流量控制、流量测量、压力测量等功能。在软件算法中引入流量的温度压力修正，通过软件实时修正，保证流量测量的准确性。软件的整体设计按照 GB 20952—2020《加油站大气污染物排放标准》、JJF 1948—2021《油气回收检测仪校准规范》等标准，并结合油气回收检测仪的实际使用情况进行匹配开发，极大地还原油气回收检测仪的工作状态，保障仪器校准的准确性。

软件通过对相关标准的学习，能够完成对校准结果的自我判定，并能够对校准数据进行统计汇总，导出校准数据报表。

软件设计了计量校准功能，能够通过计量溯源完成该装置的自我校准，以保证该装置的计量准确性。

同时，软件预留了后台监管机制，后期可基于物联网技术建设数据监控中心，通过数据监控中心的云控制功能可以实现仪器的远程校准、测试数据的远程监控和查询等功能。

图 9.11 为油气回收检测仪校准装置的现场操作示范。

示范应用时，对油气回收检测仪进行校准。打开电源，预热 30 min，通过可调转速动力源将转速调到相应的流量点，连接被校准的油气回收检测仪，用标准的流量计校准流量。密封性校准的原理是用一个替代喷管与气液比适配器连接，产生一个 1 245 Pa 的表压，开启秒表计时。在接触面和其他潜在的泄漏点喷上泄露探测溶液，应没有气泡生成，并且在 3 min 内，真空压力应保持在 1 230 Pa以上。时间校准时，被校油气回收检测仪进入测量界面，油气回收检测仪显示的时间刷新时，同步启动标准秒表计时。校准方法依据 JJF 1948—2021《油气回收检测仪校准规范》。

图 9.11 油气回收检测仪校准装置现场示范应用

（二）具体成效

实现了对油气回收检测仪的校准，保证了油气回收检测仪的计量准确性。

通过宁夏计量质量检验检测研究院区域计量示范作用，带动本行政区内环境监测第三方公司油气回收检测仪的校准工作，逐步在全国建立起油气回收检测仪的计量溯源工作，以保证国内加油站油气回收装置的回收效率符合标准要求，保护生态环境安全。

三、案例创新点及应用推广价值

（一）创新点

采用一体化设计思路，内部集成流量标准器、压力标准器、大气压力计、温度计、湿度计及可调转速动力源等，实现对油气回收检测仪流量、压力、气密性、时间等参数的校准。

1. 硬件部分

采用高精度气体容积式流量计作为流量标准器，当气体流过流量标准器时，内部机械运动件在流体动力作用下，把流体分割成单个已知回转体积的气室，并进行重复不断的充满排空，通过计算循环次数，得到气体的累积流量。同时，该装置在设计时增加了温度和压力修正功能，通过实时的状态修正以保证流量测量的准确性，并通过可调转速动力源来实现流量校准点的精准控制。

2. 压力部分

采用数字式压力传感器，管路中的压力直接作用在压力传感器的膜片上，膜片会产生与压力成正比的位移，使传感器的电阻产生变化，并转换输出一个电信号，通过对输出电信号的测量以实现压力的测量。

3. 软件部分

基于嵌入式软件开发，实现流量控制、流量测量、压力测量等功能。在软件算法中引入流量的温度压力修正，以保证流量测量的准确性。

软件设计了计量校准功能，能够通过计量溯源完成该装置的自我校准，以保证该装置的计量准确性。同时，软件预留了后台监管机制，后期可基于物联网技术建设数据监控中心，通过数据监控中心的云控制功能可以实现仪器的远程校准、测试数据的远程监控和查询等功能。

（二）推广价值

1. 有效改善空气环境质量

油品挥发可造成 VOCs 排放显著增大。VOCs 具有致癌性，作为臭氧的前体物，在光照作用下同氮氧化物等作用产生臭氧，影响空气质量，直接威胁群众健康。如果油气回收装置的检测仪能够定期校准，保持量值的准确，则油气回收系统的回收率可以满足国标的要求，达到 95%以上。

2. 减少安全隐患，保障国民安全

油气化学性质活泼，极易挥发。若油气回收检测仪不能准确地评价油气回收系统的回收效率，将造成大量的油气挥发。当油气聚集到一定浓度，遇明火或者静电时有爆炸的危险，对加油站及周边居民造成极大的安全隐患。

3. 减少经济损失，节约能源

2019 年，中国的原油加工量已达到 6.5 亿吨。对于轻质油品，特别是汽油，在装卸、储存和销售的过程中，会排放大量的油气，造成一定程度的资源浪费。通过油气回收装置，既减少了油气对环境的污染，又实现了油气的回收再利用。实现油气准确回收的前提是油气回收装置量值溯源满足要求，这就需要对油气回收检测仪校准装置进行技术研究和推广应用。

第十章　计量与军民融合和国防建设

国防现代化和综合安全是国家长期稳定发展的重要支撑。计量作为一种精确可靠的测量和评估方法发挥着至关重要的作用。国防军工计量在我国计量事业中占据重要地位，同时也是现代化建设不可或缺的基础技术之一。它不仅是军工核心能力的关键组成部分，还对国防科技的自主创新发挥着重要作用。国防计量已经成为国防科技工业中军民融合发展的重要领域。

第一节　计量在军民融合与国防建设中的重要地位

国防科技的进步和国防工业的强大是涉及国家安全和军队战斗力的关键领域。国防系统中的计量工作构成了国防科技工业和武器装备发展的重要技术基础和支持保障。在我国，国防计量工作已经融入国防和军队建设的各个层面，特别是在支持国防科学研究、提升军工产品质量和军民融合等方面发挥着不可替代的作用。聂荣臻元帅曾指出，国防尖端技术需要关注“开门七件事”，其中便包括计量技术。

国防军工系统中一系列新的、重大型号工程试验通常都涉及庞大、复杂、多功能和多参数的综合技术系统。这些试验需要一个多功能、多参数、高水平和高精度的综合计量系统来提供支持，进行测试和评估。例如，卫星总装测试和卫星发射基地的综合试验、火箭推进器的全面测试、航空飞行器型号研制中的计量保证工作模式研究和型号计量师系统的建立、导弹的全程飞行试验和导弹靶场的实地测试、海军舰船的实时监测等，如果没有综合的计量测试保障，实际工作将变得异常困难。

一、计量是推进先进军事科技装备发展的保障

随着世界军事格局的演变和高新技术的不断发展，现代化武器装备系统变得越来越庞大和复杂。在这些武器装备中，越来越多的装备涉及量值参与控制。这些武器装备涵盖众多工艺技术领域，不仅要求具备卓越的战术性能和可靠性，还强调武器之间的协调配合。因此，它们对国防军工计量保障的依赖程度逐步上升，对国防军工计量工作提出了更高的要求。可以预见，随着装备更新速度的不断加快，装备科研和生产过程中需要使用的新型计量器具和测量设备将会不断涌现，测量范围将越来越宽，技术指标将越来越高，其检定、校准所需计量技术规范的更新也将越来越快①。

（一）计量在先进军事科技装备研制中发挥着关键的支撑作用

计量在先进军事科技装备研制中提供了准确性和可靠性的技术支持。

1. 测量与校准设备

一是计量机构提供高精度的测量设备，用于对各种装备和仪器的参数进行测量和校准。这些设备包括但不限于测量仪器、传感器、测试设备和实验室仪器。通过使用这些精密设备，可以确保装备的各项参数（如温度、压力、电流、质量等）能够被精确测量和校准，从而保证装备的性能和精度。二是计量机构提供标准，用于确保测量和校准的一致性。标准是测量和校准的基准，确保了测量结果的可比性和可靠性。计量机构维护和制定各种测量和校准的国际、国家或行业标准，包括测量单位、校准程序和测试方法等，确保各种装备和仪器的测量结果与其他地方的测量结果具有一致性。三是计量机构提供校准服务，用于调整和验证各种装备和仪器的性能。通过定期的校准，装备的性能可以得到维护和改进，从而确保其长期稳定性和可靠性。四是计量机构在质量控制和质量保证方面起到重要作用。计量工作有助于确保生产和研究过程中的装备和仪器具有良好的性能，有助于降低生产成本，减少故障率，提高效率，并最终实现更高的客户满意度。

2. 采集与分析数据

一是计量机构负责数据采集。通过使用先进的测量设备和仪器，对装备的各项性能参数进行准确测量和记录，包括装备的尺寸、重量、速度、功率、温

---

① 国防军工计量：为装备发展保驾护航［EB/OL］. 四川省国防科学技术工业办公室网 . http：//www. scjg. gov. cn/news/4128. html.

度、压力等关键参数。通过确保数据的准确性和可重复性，为装备研制提供可靠的基础数据。二是计量机构进行数据分析。通过使用先进的数据分析工具和方法，对采集到的数据进行处理和解释，包括数据的清洗、筛选、统计分析、趋势分析等多个环节。通过对数据的深入分析，能够发现性能方面的问题、趋势和潜在改进点。三是计量机构提供科学依据。基于数据采集和分析的结果，为装备的设计、优化和改进提供科学依据。这些依据包括性能参数的范围、稳定性、可靠性、安全性等，有助于确保装备在设计和生产阶段能够满足预期的技术要求。四是计量机构进行问题排查。如果在数据分析过程中发现异常或不符合预期的情况，计量机构将协助研发团队进行问题排查，使用科学的方法来识别问题的根本原因，并提出解决方案，以确保装备性能的稳定性和可靠性。

3. 评估与验证效能

一是计量机构负责开发和维护装备的数据采集系统。数据采集系统包括各种传感器、数据记录设备和监测工具，用于实时采集装备的性能参数、工作状态和环境条件等数据。计量机构负责确保数据采集系统的可靠性和准确性，以便在装备运行过程中实时获取数据。二是计量机构负责制定数据采集计划和方法。计量机构根据装备类型和用途，制定数据采集的计划，明确需要采集的参数和频率；开发采集方法，确保数据的准确性和一致性，包括采集点的布置、传感器的选择和校准等。三是计量机构进行数据分析和解释。计量机构不仅采集数据，还对数据进行分析，以了解装备的性能趋势、异常情况和优化机会，使用统计工具和模型来识别问题并提供解决方案。数据分析还包括对装备的健康状态监测，以便提前发现潜在故障并采取预防措施。四是计量机构与研发团队和工程师紧密合作，为装备的改进和优化提供技术支持。数据采集和分析工作为决策提供了科学依据，有助于装备的设计、制造和维护，提高装备的性能、可靠性和效率。

（二）计量是先进军事科技装备测试与评估中的重要环节

在装备研制过程中，装备测试与评估是至关重要的环节。计量在装备测试与评估中发挥着重要的作用，确保装备的性能和可靠性达到设计要求，并提供科学的数据支持。

1. 确定测试计划与方法

一是计量专家与装备研制团队合作，共同制定测试计划。根据装备的功能要求、技术规范和性能指标，确定测试的范围、目标和时间表，确保测试计划与装备的设计和制造保持一致。二是计量专家确定测试方法和技术。根据装备的特点和测试目标，选择适当的测试方法和技术，包括实验室测试、场地测试、模拟测试等，以确保测试的准确性和可重复性。三是计量专家制定测试方案和流程。通过制定测试的步骤、设备、材料和环境条件，确保测试的可比性和一致性，包括测试样品的准备、测量参数的设定、数据采集和分析等。四是计量专家负责测试设备和仪器的校准和维护。通过定期的校准和维护工作，保证测试结果的准确性和可信度。

2. 提供测试设备与标准

一是计量机构负责提供各种测量设备。这些设备包括传感器、计量仪器、实验室设备等，用于对装备的各项性能参数进行测量和监测。这些设备必须具备高度的精确性和可靠性，以确保测试结果的准确性。另外，计量机构提供与测试设备相关的标准，这些标准明确了测试的方法、程序和要求，以确保测试结果的一致性和可比性。这些标准通常由国际标准化组织（ISO）等机构制定，并由计量机构负责实施。三是计量机构提供相关的测试系统和设施，包括实验室、测试场地、模拟环境等，以确保在适当的条件下进行测试。例如：对于飞机装备，需要模拟飞行环境；对于电子设备，需要无尘室等特殊环境。

3. 采集与分析数据

一是计量专家负责制定数据采集计划。在测试开始之前，通过与装备研制团队合作，制定详细的数据采集计划，明确要测试的参数和性能指标，以确保测试的全面性和科学性。二是计量专家进行数据采集。使用精确的测量设备和仪器，按照计划收集与装备性能相关的各种数据，包括温度、压力、速度、功率等多个方面的数据。三是计量专家负责数据处理和分析。通过使用专业的软件工具，对采集到的数据进行处理和分析，以提取有关装备性能的信息，评估数据的准确性和一致性，排除潜在的误差来源。四是计量专家进行性能评估。通过对测试数据的分析，评估装备的性能表现，确定其是否符合设计要求和性能标准；识别性能上的弱点和问题，并提供改进建议。

（三）计量在先进军事科技装备质量控制与认证中发挥着关键作用

在装备研制过程中，装备质量控制与认证是确保装备性能和可靠性的重要环节。计量在装备质量控制与认证中发挥着关键作用，提供科学的数据支持和技术保障。

1. 确定测试计划与方法

一是计量专家协助制定测试计划。通过与装备研制团队一起分析装备的功能需求和技术规范，确定测试的范围、目标和关键指标。这需要充分的专业知识和经验，以确保测试计划的全面性和准确性。二是计量专家选择适当的测试方法和技术。根据测试计划的要求，选择合适的测试方法、仪器和设备，确保测试过程的科学性和准确性。包括对测试仪器进行校准和验证，以保证测试结果的可靠性。三是计量专家确定测试参数和测量方案。通过制定测试参数和测量方案，包括采样方法、测试条件、数据采集频率等，以确保测试的可重复性和可比较性。四是计量专家进行不确定度评估。通过进行不确定度评估，确定测试过程中可能存在的误差和不确定性，并采取措施减小不确定度，以提高测试结果的可信度。

2. 提供测试设备与标准

一是计量机构提供多样化的测试设备和仪器。在装备性能测试中，不同类型的装备可能需要不同的测试设备和仪器，用于测量各种性能参数。计量机构提供多种测试设备，以满足各种装备测试的需求，包括传感器、测量仪器、试验台和测试台等。二是计量机构确保测试设备的准确性。计量机构负责对测试设备进行定期的校准和验证，以确保其性能稳定并符合标准要求，保证测试结果的可信度。三是计量机构提供符合标准的测量仪器。装备性能测试通常需要遵循特定的标准，以确保测试的一致性和可比性。计量机构提供符合标准的测量仪器，以满足测试过程中的法规和规范要求。四是计量机构支持测试方法的制定。除了提供测试设备和仪器，计量机构还协助研究和制定测试方法，以确保测试过程的科学性和准确性，包括确定测试参数、测量方法和数据采集方式等。

3. 评估与验证效能

一是计量专家选择合适的测量方法和技术。在装备性能测试中，不同类型的装备可能需要使用不同的测量方法和技术。计量专家根据装备的性能参数和测试需求，选择合适的测量方法，并确保测量方法的科学性和准确性。二是计量专家进行准确的数据采集。数据采集是测试过程中的关键步骤之一。计量专家使用精确的测量仪器和设备，按照事先制定的测试计划，对装备的性能参数进行准确的测量，确保数据采集过程符合测试方法和标准的要求，以消除误差和不确定性。三是计量专家进行数据分析和解释。采集到的数据需要进行深入的分析和解释，以获得有关装备性能的详细信息。计量专家使用统计和分析工具，对数据进行处理和分析，以识别潜在问题或趋势。计量专家通过验证数据的准确性和一致性，排除可能的误差和干扰因素，进行数据的质量控制，确保数据采集和分析的过程是可重复的。

（四）计量在先进军事科技装备性能评估与优化中发挥着关键作用

开展军事计量测试设备国产化发展研究具有重要意义，有助于突破对国外技术的依赖，同时也能确保武器装备计量信息的安全性。装备性能评估与优化是装备研制过程中的重要环节，而计量在其中发挥着关键作用。

1. 测量与分析性能指标

一是性能指标的测量需要使用高精度的测量仪器和工具。计量专家负责确保这些测量仪器在校准和维护方面处于最佳状态，以保证测量的准确性和稳定性。例如，在评估装备的速度时，计量机构可能使用精确的计时设备，以毫秒或亚毫秒的精度测量装备的运行时间，这样的准确度有助于确定装备的实际速度和响应时间。二是性能指标的测量需要精心制定的测试方法。计量专家负责确保测试方法的科学性和可重复性。计量专家可能会设计标准测试程序，包括装备的操作步骤、测量参数的选择以及数据记录和分析的方法，以确保不同时间和不同地点的测试结果具有可比性，为装备性能的评估提供一致性的依据。三是性能指标的测量和分析需要考虑装备的实际工作环境和使用条件。计量机构可能会进行现场测试，以模拟实际使用情况，并考虑外部因素对装备性能的影响。这种综合性的方法有助于更准确地评估装备在实际工作中的表现。

2. 采集与处理数据

一是数据采集需要使用合适的数据采集方法和技术。计量专家负责确保数据采集过程的科学性和可行性。通过选择合适的传感器和测量设备，收集与装备性能相关的数据，如温度、压力、速度、电流等。这些测量设备必须经过校准和验证，以确保其测量结果的准确性。二是数据采集通常需要在实际使用环境中进行。计量机构可能会在现场进行数据采集，以模拟真实的工作条件，包括在装备操作过程中记录数据、监测性能参数的变化，以及在装备受到不同负荷或环境条件影响时进行数据采集。这有助于确保采集到的数据具有实际的参考价值。三是数据处理。计量专家使用高级的数据处理工具和技术，对采集到的数据进行清洗、校正和筛选，以去除潜在的错误或噪声。然后，进行数据分析，包括统计分析、趋势分析、关联分析等，以得出对装备性能的定性和定量评估。

3. 建立模型与仿真

一是计量专家负责建立装备性能的数学模型。这些模型通常基于物理原理、工程知识和实验数据，用数学方程和模拟算法来描述装备的工作原理和性能特征。模型的准确性对于仿真结果的可信度至关重要，计量机构负责确保模型的数学基础和假设是科学合理的。二是计量机构基于建立的模型开展装备性能的仿真工作。仿真系统通过将模型与计算机技术相结合，模拟装备在虚拟环境中的运行情况，包括装备在不同工作条件下的响应、性能参数的变化以及与外部环境的交互等。仿真的过程可以涵盖多个方面，如装备的结构、电子元件、控制系统等，以全面评估装备的性能。三是计量机构通过模型建立与仿真对装备性能进行全面评估，包括装备的工作效率、响应时间、资源利用率、稳定性等。这些评估结果可以用于优化装备的设计和性能参数，以满足特定应用需求。

二、计量是推动国防产业高质量发展的基石

国防军工计量作为国防科技产业不可或缺的技术基础，是军工核心实力的重要组成部分。我国一直以来高度重视军事计量工作，早在新中国成立初期，就将军事计量技术列为发展国防尖端武器装备的“开门七件事”之一。技术规范是军队计量管理部门、计量技术机构和部队装备使用保障单位开展检定、校准、测试和技术能力比对等计量工作的基本依据，主要文件形式包括国家计量检定规程、国家计量校准规范、国家标准、国家军用标准、部门（行业）标准等，具有明显的军民融合特征，已经成为当前军民融合起步早、程度深、成效好的领域之一。

新时代以来，军民融合战略已成为国家层面的重要战略，旨在深化国防科技工业改革，形成军民融合深度发展格局，构建一体化的国家战略体系和能力。这一战略已经成为国防军工领域的重要指导方针。

（一）计量在国防科技研发中的支撑作用

计量在国防科技研发中发挥着关键的支撑作用。

1. 确定测量与测试计划

一是计量为国防科技研发提供高精度的测量方法，包括各种物理、化学和工程领域的测量技术，用于测量和记录关键参数。这些参数对于评估武器系统、通信设备、导航系统等的性能至关重要。二是计量机构提供先进的测试设备和仪器，包括高精度的测量仪器、传感器、实验室设备等，用于进行各种类型的测试和实验。例如，雷达系统的性能测试、导弹飞行轨迹的模拟试验、防护装甲的弹道测试等，都依赖于精密的测试设备。计量机构负责确保这些设备的准

确性和可靠性，以满足国防科技研发的需求。三是计量专家与国防科技研发团队合作，确保测试过程中的正确操作，进行数据分析。通过培训研究人员使用测量仪器和设备，可以提高研究人员的技术水平和实验技能，有助于确保测试过程的科学性和可靠性。四是计量机构在数据处理和分析方面发挥了关键作用。计量专家协助研究团队处理测试数据，进行数据挖掘和分析，从大量的测试结果中提取有用的信息，有助于评估技术性能、发现潜在问题和改进方案。

2. 校准与认证设备

国防科技研发中的测量设备和测试系统需要进行定期的校准和认证，以保证其准确度和可靠性。计量机构提供校准和认证服务，确保研发过程中使用的测量设备和测试系统符合准确性要求。一是计量机构提供测量设备的校准服务。包括对各种仪器、传感器和测量工具的定期校准，以确保测量结果准确可靠。例如，雷达系统中的距离测量设备、导弹导航系统中的惯性导航仪器等都需要进行定期校准。计量机构通过标准测试方法，为这些设备提供可追溯的校准服务，确保设备的性能一直保持在可接受的水平。二是计量机构进行测试系统的认证。测试系统的认证涉及整个测试过程的准确性和可靠性，包括测试方法、数据采集系统、数据处理流程等。计量专家通过审查和验证测试系统的设计和操作，确保其满足国际和国家标准的要求，保证测试结果的可信度和可比性，使研发工作更具科学性。三是计量机构提供认证后的报告和证书，用于确认测量设备和测试系统的合规性。这些报告和证书是国防科技研发项目中的重要文件，可以作为技术评估和决策的依据。认证机构的专业性和中立性确保了认证结果的客观性和可信度。

3. 处理与分析数据

一是计量机构提供数据处理工具。这些工具可以用于数据清理、转换、存储和检索，以确保数据的质量和 致性。例如，对于传感器产生的实验数据，计量专家可以开发数据处理算法，识别和校正异常值，确保数据的准确性和可靠性。此外，还可以建立数据库系统，使数据易于管理和访问。二是计量支持数据分析方法的开发。数据分析在国防科技研发中涵盖多个领域，包括统计分析、模型建立、机器学习等。计量专家可以与科研团队合作，制定适合特定问题的数据分析方法。例如，在飞行器性能评估中，可以开发模型来分析飞行数据，以评估飞机的性能和稳定性。在情报分析中，可以使用机器学习算法来识别模式和趋势，帮助决策者作出预测和决策。三是计量专家在数据质量管理方面提供支持。通过建立数据质量控制系统，可以监测数据采集过程中的误差和不一致性，确保数据的可信度和可用性。这对于国防科技研发中对数据准确性和可靠性要求极高的项目尤为重要。

（二）计量为军事科研实验与测试提供支撑

军事科研实验与测试是国防建设和军事技术发展的关键环节，而计量在军事科研实验与测试中发挥着重要的作用。

1. 提供测量设备与技术

一是计量机构提供高精度的测量设备。在军事科研实验与测试中，通常需要测量温度、压力、速度、电磁信号等。计量机构提供了精密的传感器、仪器仪表和测量设备，这些设备具有高度的准确性和稳定性，可以确保实验数据的可信度。例如，用于测量飞机性能的气动力学测试仪器能够精确测量气流参数，以评估飞机的飞行性能和稳定性。二是计量机构支持数据采集和处理。在军事科研实验与测试中，大量的数据需要被采集、记录和分析。计量机构提供数据采集系统和技术支持，确保数据的实时采集和精确存储。此外，通过开发和使用高级数据处理工具和算法，可以从海量数据中提取有用的信息。这对于评估装备性能和发现潜在问题至关重要。三是计量机构提供测试系统和标准。军事科研实验与测试通常需要建立复杂的测试系统和实验环境，以模拟实际作战场景或特定条件。计量机构设计和提供测试系统，确保测试过程的可重复性和可比性。此外，通过制定军事测试标准，能够确保测试方法的科学性和准确性，使得不同实验室之间的测试结果具有可比性。

2. 校准与认证设备

军事科研实验与测试所使用的测量设备和测试系统需要进行定期的校准和认证，以保证其准确度和可靠性。计量机构提供校准和认证服务，确保实验与测试所使用的测量设备和测试系统符合准确性要求。第一，校准是确保测量设备和仪器准确性的关键步骤。在军事科研实验与测试中，使用的测量设备必须具有高度的准确性，以确保实验和测试结果的精确性。计量机构负责对这些设备进行定期的校准，通过比对设备的测量结果与已知标准值，检查设备是否准确。如果设备存在偏差或误差，应进行相应的调整和校正，以确保设备的准确性，有助于科研人员作出准确的科学判断。第二，认证是对测量设备和测试系统性能的全面评估。计量机构进行认证工作时，会对设备进行严格的测试和评估，以确保其性能在规定范围内，达到了设计和技术要求。认证包括对设备的各个方面进行综合性的检查，包括准确性、可靠性、稳定性、灵敏度等。只有通过认证的设备才能用于军事科研实验与测试，这确保了测试结果的可靠性和可重复性。第三，定期的校准和认证工作有助于延长测量设备和测试系统的使用寿命。通过保持设备的准确性和性能，可以减少设备的损坏和故障，从而降低维护和修理的成本，提高设备的可靠性和持久性。这对于军事科研实验与测试的顺利进行至关重要，因为任何设备的故障都可能导致数据不准确或实验失败。

3. 评估与验证技术

一是性能评估。计量专家会对新技术或装备的性能进行全面评估，包括精确测量其速度、精度、可靠性、效率等关键性能指标。通过各种测试和实验，可以深入了解装备的工作原理，评估其是否满足军事任务需求。二是技术可行性分析。计量机构进行技术可行性分析，考察新技术或装备是否符合军事规范和标准，是否具备可操作性和可维护性，关注新技术的创新性和前瞻性，以确定其在未来军事应用中的价值。三是验证实验和测试。计量团队设计和执行验证实验和测试，以核实新技术或装备的性能和功能。这些测试可能包括模拟战场环境下的应用测试、耐久性测试、通信和协同性能测试等，以确保装备在军事操作中的可靠性。四是合规性评估。计量机构评估新技术或装备是否符合国家和国际的军事规范和法规，确保装备的设计和使用不会违反任何法律要求，以保障军事行动的合法性和道义性。

（三）计量在军事创新和技术评估中的作用

军事创新和技术评估是国防科技研发的关键环节，计量在其中扮演着重要的支撑角色。

1. 提供技术评估标准与方法

一是标准制定。计量专家参与军事技术领域的标准制定工作，确保这些标准与国际标准和最佳实践保持一致，协助制定评估项目的基准和指导方针，确保评估过程合乎科学原则。二是指标体系开发。计量机构开发评估项目所需的指标体系，涵盖技术性能、可靠性、效率、安全性等多个方面。这些指标帮助评估人员客观地衡量技术创新的成功程度。三是评估方法制定。计量专家制定评估方法，包括数据采集、试验程序和性能测试等，确保评估方法的科学性，以及在不同条件下的可复制性。四是评估指南编制。计量机构编制评估指南，为评估人员提供操作指导和最佳实践建议。这些指南使得评估过程更加系统化和标准化，确保了评估结果的准确性和可比性。五是质量控制。计量专家关注评估过程中的质量控制，确保数据采集和测试过程的准确性和可信度。通过开展校准和认证工作，确保评估设备的性能稳定可靠。

2. 处理与分析数据

一是数据整合。计量专家整合来自不同源头的数据，包括实验室测试数据、实地观测数据、模拟数据等，确保数据的一致性和可比性，使数据能够在同一分析平台上进行处理。二是数据清洗与预处理。计量机构提供数据清洗和预处理方法，以去除错误数据、异常值和噪声。这有助于提高数据的质量和可信度，减少因数据质量问题导致的分析错误。三是特征提取与选择。计量专家协助军事科研人员从复杂的数据集中提取重要的特征和指标，帮助确定哪些特征对于技术评估和决策支持最为关键。四是数据分析方法。计量机构提供各种数据分析方法，包括统计分析、机器学习、模型建立等，根据具体问题的需求，选择合适的分析方法，以揭示数据中的模式、趋势和关联。五是可视化与报告。计量支持数据可视化和结果报告的制作，使用图表、图像和报告文档，将分析结果以清晰的方式传达给军事决策者和科研团队。六是决策支持。计量机构的数据分析不仅仅是为了呈现数据，还为军事科研人员提供决策支持，帮助解释数据的含义，提供建议，以帮助军事科研人员作出科学和客观的决策。

3. 进行技术可行性评估

一是技术经济分析。计量专家利用技术经济分析方法，对军事创新项目的成本和效益进行评估，综合考虑项目的研发成本、生产成本、运营成本以及项目带来的经济效益，以确定项目是否在经济上可行。二是风险评估。计量机构帮助识别和评估军事创新项目可能面临的技术和市场风险，分析不确定性因素，包括技术难度、市场需求、竞争环境等，以确定项目的风险水平。三是技术可行性评估。计量专家对军事创新项目的技术可行性进行深入评估，考察项目所涉及的关键技术、资源可用性、研发时间和技术创新度，以确定项目是否在技术上可行。四是市场分析。计量机构进行市场分析，评估军事创新项目在市场上的潜在受众和竞争情况，研究市场需求、潜在合作伙伴和市场规模，以确定项目的市场潜力。五是可行性报告。计量专家编制可行性报告，将评估结果清晰地呈现给决策者。这些报告包括成本效益分析、风险评估、技术可行性和市场分析，为决策提供全面的信息。

三、计量是深入贯彻军民融合战略的基础

军民融合是国家发展的重要战略，计量在军民融合中发挥着关键的支撑作用。计量可以促进军民技术的转化与应用，实现军民标准的统一，促进军民人才的培养和交流。在军民技术转化与应用方面，计量支撑产品研发设计、生产制造、运维保养等过程，确保军民技术的准确性、可靠性和安全性。计量可以对军事装备、军用材料和军事系统进行测试、评估和认证，确保其符合国家标准和要求，同时也为民用产品的研发和应用提供可靠的技术支持。在军民标准与规范统一方面，计量可以促进军民标准的统一与互认，消除技术壁垒，提高产品质量和安全性。通过建立军民标准的桥梁，可以促进军民技术的交流与合作，推动军民融合的深入发展。2017 年，国务院办公厅发布的《关于推动国防科技工业军民融合深度发展的意见》指出，当前和今后一个时期都是军民融合发展的战略机遇期，也是军民融合从初步融合向深度融合过渡、实现跨越式发展的关键时期，国防科技工业领域具备巨大的军民融合潜力。该意见强调国防科技工业应促进技术基础资源在军民领域的共享，尤其强调国防科技工业应推动军民计量资源的互通和共享。该意见还鼓励国防计量机构充分发挥专业优势，为国民经济建设提供服务，并积极吸纳其他计量技术机构参与国防科技工业的发展。这些指导原则对于国防军工计量机构军民融合深度发展具有重要的指导意义①。在这一指导方针下，国防军工领域的三级计量机构应该如何顺应潮流发挥更为重要的作用，值得相关从业者进行前瞻性研究和深入思考。

（一）军民技术转化与应用是军民融合的重要内容

军民技术转化与应用是军民融合的重要内容之一，而计量在这一过程中扮演着关键的角色。无论是在军事领域还是在民用领域，计量对技术的成功开发和部署都起到不可或缺的作用。

1. 测试与评估技术

计量可以通过各种测试和评估方法对军民技术进行准确的测量和评估，确保其性能和质量符合要求，包括对军用设备、军事材料和军事系统进行性能测试、耐久性测试、可靠性评估等，以确保其在实际应用中的可靠性和安全性。一是性能测量与验证。计量提供了准确的测量方法和仪器，用于对军用设备、

① 宋一罡，高万忠，杨世杰，等．军民融合国防军工三级计量机构发展思考［J］．计测技术，2018，38（S1）：187-189.

军事材料和军事系统的各项性能参数进行定量测量和验证，包括测量装备的速度、精度、可靠性、效率等方面的性能指标，以确保其性能符合设计和质量标准。二是耐久性测试。通过在极端条件下模拟设备的长时间运行，检验其在恶劣环境和重复使用下的耐久性，有助于确定设备的寿命和可靠性，为维护和维修提供依据。三是可靠性评估。计量专家通过数据分析和模拟，评估设备在不同工作条件下的可靠性水平。这种评估有助于确定设备的故障率、维修需求和性能退化情况。四是安全性测试。计量用于测试和评估军事技术的安全性，包括对设备的安全性能和潜在风险进行分析，有助于确保军用设备和系统在使用中不会对人员和环境造成危害。

2. 校准与认证设备

一是仪器设备校准。计量机构提供高精度的校准服务，用于验证和调整测量仪器和设备，以确保其测量结果的准确性和可靠性。这对于各种领域的研究和生产过程都至关重要，特别是在军事技术的开发和应用中。二是确保数据的准确性。通过校准确保测量数据的准确性，对于军民技术的性能评估和验证非常关键。准确的数据可以提供可靠的技术依据，有助于作出明智的决策。三是合规性认证。计量支持技术的合规性认证，确保军民技术符合国际、国家或行业的技术标准和法规。合规性认证对于产品的市场准入和竞争力至关重要，尤其是在出口和国际市场上。

3. 分析数据与建立模型

一是问题识别。通过数据分析可以识别潜在问题或缺陷，有助于发现和解决技术开发中的问题。通过监控数据，可以检测到性能下降或异常行为，进而采取纠正措施。二是优化设计。通过数据分析和建模，可以优化军民技术的设计。通过模拟不同设计参数的影响，可以找到最佳设计方案，以提高性能、降低成本或满足特定需求。三是改进措施。基于数据分析的结果，可以提出改进措施，包括材料选择、工艺改进或性能优化。这些改进有助于技术的不断演进，以满足新的挑战和需求。

（二）军民标准与规范统一是军民融合的重要任务

军民标准与规范统一是军民融合的重要任务之一，能够促进军民技术的互通互用、资源共享和协同发展。在实现军民标准与规范统一的过程中，计量发挥着重要的作用。

1. 制定与修订标准

一是国际互认与互用。制定统一的计量标准有助于实现军民技术的国际互认与互用。不同国家和地区采用相同的测量方法和技术标准，能够更容易地交流和合作，有助于推动全球技术创新和发展。二是降低交流和合作的壁垒。统一的计量标准降低了交流和合作的壁垒。不同组织和实体遵循相同的标准，降低了合作中的不确定性和风险，有助于促进技术合作和项目的顺利进行。三是促进技术创新和提高竞争力。制定和修订适用的计量标准可以促进技术创新和提高竞争力。通过鼓励各方不断改进技术和产品，以满足标准要求，有助于提高技术水平和产品质量。

2. 检定与校准设备

一是保证准确性和可靠性。计量通过检定与校准工作，保证了军民技术的准确性和可靠性。通过比较实际测量结果与已知准确值，从而确保技术设备、测量仪器和系统的性能符合规定的标准和要求。二是质量控制和改进。建立统一的校准体系和检验方法有助于质量控制和改进。在生产过程中对各类产品和设备进行准确的测量和校准，能够提高产品性能，减少产品缺陷和故障率，降低维护成本。三是提高市场竞争力。检定与校准能够确保产品和设备的准确性和可靠性，有助于提高军民技术在市场上的竞争力。消费者更愿意购买经过检定和校准的产品，因为它们具有更高的质量和性能保证。

3. 交换与共享数据

一是数据标准化。计量通过标准化计量单位和数据格式，有助于军民之间建立通用的数据标准。这意味着不同组织和领域可以使用相同的度量标准来描述和记录数据，减少了数据混乱和不一致性。二是提高数据的互操作性。统一的计量标准有助于提高数据的互操作性。这意味着不同系统和平台可以更轻松地交换和共享数据，无论是在军事作战中还是在民用应用中，都能更加高效地使用信息。三是提高信息流通效率。统一的计量单位和数据格式有助于提高信息流通的效率。军事和民用组织可以更快速、准确地传递关键信息，这在紧急情况下尤其重要。

（三）军民技术转化与应用是促进军民融合发展的重要方面

1. 进行准确测量和评估

一是质量控制和技术改进。计量有助于质量控制和技术改进。通过定期测量和评估，可以识别技术中的问题和瓶颈，并采取措施进行改进。二是支持军民技术转化。计量为军民技术转化提供了关键的支持。当军事技术需要在民用领域得到应用时，准确的测量和评估数据可以向民用部门和市场提供可信度和安全性的保证，从而促进技术的广泛应用。三是遵从国际标准。计量有助于确保军事技术符合国际标准和协议，这对于国际军事合作和技术交流至关重要，能够确保技术在国际社会中的可信度和接受度。

2. 助力高新技术军转民应用

一是技术转化和创新。通过对军事技术的准确测量和评估，技术开发者能够更好地了解其潜在民用应用领域，通过创新思维，将技术应用于民用产品或服务的开发中。二是产品质量控制。计量在确保军事技术应用于民用领域的可靠性和安全性方面发挥着关键作用。计量通过确保民用产品的质量符合相关标准和法规，提高了产品的竞争力和市场接受度。三是标准制定和认证。计量在制定和认证民用产品标准方面起着重要作用。计量可以提供准确的测量方法和技术指标，以确保产品符合行业和国家标准。同时，认证机构可以依赖计量数据来审核产品的合规性。

3. 保护知识产权和支持技术转让

一是保护知识产权。计量可以为军事技术的知识产权保护提供重要的支持。通过准确测量和评估军事技术的技术特征、性能和创新价值，可以为专利申请、商标注册和著作权保护提供科学依据，有助于确保技术创新的合法性和保护知识产权，防止侵权和不当竞争。二是技术转让和合作。计量促进了军民技术的技术转让和合作。准确的技术测量数据可以用于技术评估和验证。此外，计量有助于解决技术转让过程中可能出现的技术障碍和不确定性，有利于技术合作的顺利进行。三是技术评估和验证。在军民技术转化过程中，计量可以为技术评估和验证提供支持。通过准确测量军事技术的性能和特性，可以验证技术在民用领域的适用性和可行性，为技术买家和合作伙伴提供重要的参考信息，有助于其作出明智的决策。

(四) 计量在军民标准与规范统一中发挥着重要的作用

军民标准与规范统一是指在军民融合发展过程中，统一和协调军用和民用领域的标准和规范，以促进军民技术的互通和互用。这一举措旨在加强军民融合，实现资源的共享和互补，提高技术创新和发展的效率。

1. 提供测量数据和技术支持

一是数据驱动的标准制定。计量为军民标准的制定提供了坚实的数据支持。通过准确测量军民技术的性能指标、参数和特征，计量机构能够提供可靠的数据，使标准制定者能够依据科学证据来确立标准的技术要求。这有助于确保军民标准的科学性和可行性，使其能够满足实际需求。二是跨领域标准。军民标准和规范通常涵盖多个领域，包括技术、安全、环境等。计量技术可以帮助标准制定者理解不同领域的技术要求和互相关联的因素，确保标准的全面性和一致性。这对于涉及多个领域的复杂系统和技术非常关键。三是标准的不断更新。随着技术的不断发展，标准也需要定期修订，以反映最新的技术趋势和最佳实践。计量提供了对新技术的测量和评估方法，有助于标准的更新，确保军民标准的及时性和适应性。

2. 促进军民标准互通互用

一是标准对比分析。计量机构通过对比分析军民标准，确定它们之间的相似性和差异性，有助于识别可以进行技术转化和应用的领域。例如，一项军用标准可能包含了民用领域所需的技术，反之亦然。通过标准对比分析，可以发现潜在的军民技术转化机会。二是技术转化和应用。计量为技术转化提供了科学依据。一旦确定了军用技术在民用领域或民用技术在军用领域的应用机会，通过计量技术可以验证和测量技术的性能和质量，以确保技术满足相应领域的标准和要求。这种技术转化有助于资源的共享和技术的双向传递。三是标准一致性测试。计量在标准一致性测试中发挥着关键作用，可以确保军用技术在应用于民用领域时满足相关的民用标准。同样，当民用技术应用于军用领域时，也需要进行标准一致性测试，以确保其在军用环境中的适用性和安全性。

3. 提供技术支持和服务

一是提供标准化测试方法。计量机构提供标准化的测试方法，这些测试方法是基于科学原理和国际标准制定的，可以确保测试过程的准确性和可重复性。企业和机构可以依赖这些测试方法来评估其产品和技术是否符合军民标准的性能和质量要求。二是提供设备校准服务。计量机构提供设备校准服务，以确保测量仪器和设备的准确性和可靠性。这对于需要精确测量的产品和技术非常重要，特别是在军用领域。通过定期的校准，企业和机构可以确保其使用的测量设备能够提供准确的测试结果。三是支持质量控制和改进。计量能够支持企业和机构的质量控制和改进。通过在生产过程中使用标准化的测试方法，可以实时监测产品的性能和质量。如果存在问题，可以迅速采取措施进行改进，确保产品满足军民标准的要求，有助于提高产品的质量和可靠性。

第二节　计量在军民融合与国防建设中的典型案例

【案例一】计量结合北斗卫星导航系统服务超大城市交通治理

一、案例背景

数字化时代，精准的数据已成为推动经济社会发展的重要基础和赢得市场竞争优势的关键所在。目前，移动互联网、电子支付、导航与位置服务三大基础技术日趋成熟，共享经济更是进入爆发式发展阶段，成为中国经济转型发展的突出亮点。其中，共享自行车高速发展，共享自行车成为越来越多人生活中不可缺少的一部分。

共享自行车的出现解决了城市出行中的“最后一公里”问题，但由于其无序增长，也给群众的生活带来了挑战。为了更有效地管理共享自行车，出现了电子围栏技术，这是一项利用北斗卫星定位和大数据技术来划定虚拟停车区域的新技术。通过在共享自行车上安装卫星定位设备，监测共享自行车是否停放在指定区域内，其核心是高精度卫星定位测量技术。对于电子围栏这一新技术能否达到城市管理的要求，政府部门和公众一直争论不断。

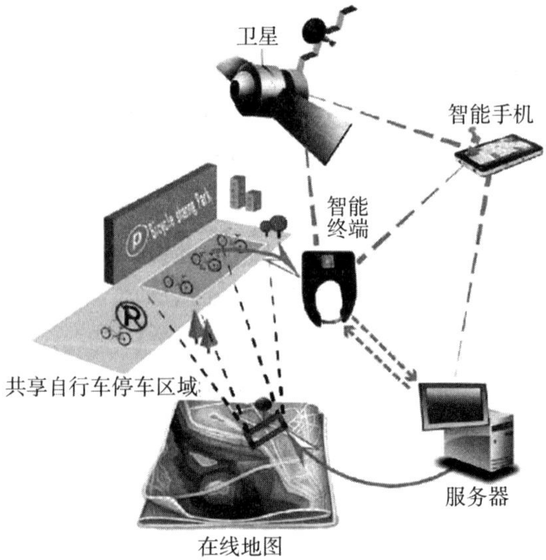

图 10.1　基于卫星定位技术的共享自行车电子围栏管理系统

科学有效地对共享自行车进行治理，对电子围栏技术进行比较全面客观的评价，对于共享自行车行业意义重大，同时，对于北斗卫星导航系统在整个导航与位置服务产业中的推广应用也具有重要示范作用。

二、案例实施措施

（一）案例简介

北京市计量检测科学研究院国家卫星导航定位与授时产业计量测试中心（以下简称“中心”）积极参与了京津冀北斗卫星导航区域应用示范项目和《京津冀协同推进北斗导航与位置服务产业发展行动方案（2017—2020年）》的制定工作。在得到北京市交通委、经信委等管理部门的推荐和支持后，中心作为战略合作单位，承担了主要共享自行车公司和政府监管平台的研发过程测试、技术方案验证和质量提升咨询服务。中心积极参与到试点工程中，不仅承担了多家共享自行车公司的智能车锁功能检查和定位误差计量测试服务，更是全程参与电子围栏的设置、技术方案评价、平台建设等系统工程，为政府有关政策法规文件的起草提供了重要的依据。

（二）案例详情

1. 需求分析

2017年9月，《北京市鼓励规范发展共享自行车的指导意见（试行）》发布，与之前的征求意见稿相比，强调了对企业线下运营和停放管理等方面的要求。同时，在总量调控的发展原则中新增了“对车辆实行动态平衡”的要求。北京市交通部门联合各相关部门、各区管理部门、行业协会和共享自行车企业，在广泛的调查研究基础上，结合北京市情况，制定了《共享自行车系统技术与服务规范》（以下称简《规范》）和《自行车停放区设置技术导则》（以下简称《导则》）。

在《规范》和《导则》研究制定的过程中，为了实现共享自行车的智能动态管理调度和政府的有效监管，约束共享自行车用户文明停车，同时满足共享自行车行业对于硬件成本和运营管理成本的控制需求，经过多方论证，最终具备卫星定位功能的共享自行车智能车锁和电子围栏方案获得通过，该方案已于2017年6月开始在北京通州区、朝阳区、东城区等多地试点。

该技术方案的实现过程分为三个步骤。第一步，由市政规划部门在试验区县划定2 000多个路边停车区域，与行政区划边界一起作为电子围栏的边界信息，通过高精度差分定位技术将边界映射到共享自行车监管 GIS 系统的高分辨率电子地图上。第二步，将企业申请、政府批准的一定数量的共享自行车投放到试点区域，将投放车辆的 ID 导入监管平台数据库并在地图上以红色图标标记，未包含在此数据库中的车辆在地图上表示为黑色，以此实现共享自行车投放量的配额管理。第三步，用户停车时，根据定位车锁和用户手机的定位信息判断用户是否将车辆停车入栏。如入栏，则用户锁车后会正常结算本次骑行订单费用；如判断未入栏，则会在用户手机上报警，提示用户将车辆停放到位，否则将以继续计费或扣除用户信用分的方式进行惩罚。以此有效约束用户，实现文明停车。同时，监管平台根据停入围栏车辆的信息判断围栏的当前车辆数量，并周期性地将此数据与事前设置的各围栏额定容量进行比较，对于超量围栏和缺车量较大的围栏，将向管理系统上报，随后由平台指派运维部门及时调度车辆，实现车辆的动态监管。

2. 技术难点

在该案例中，卫星定位模块的定位准确度、设备成本、功耗、可靠性等都是影响电子围栏入栏结算管理方式能否大规模推广的关键因素。

同时，平台利用卫星定位时空数据进行智能调度的算法、入栏判断准确度的控制也是重要的技术基础。综合考量政府监管要求、平台服务质量和用户方便使用等多方面需求，是实现共享自行车行业高质量发展的重点和难点。

三、服务成效

近年来，中心积极参与了“京津冀北斗卫星导航区域应用示范项目”，并与北京市交通委紧密合作，完成了交通综合治理专项任务。同时，积极参与了政府政策文件的制定，如《京津冀协同推进北斗导航与位置服务产业发展行动方案（2017—2020 年）》，以推动北斗技术的规模化、大众化和高精度应用。在北京市交通委、经信委等管理部门的推荐下，在相关技术规范的起草和试点运行过程中，中心作为公共平台的战略合作单位，负责为美团、青桔、哈啰等运营平台公司和共享自行车政府监管平台提供研发过程测试、技术方案验证和质量提升咨询服务。

中心还积极参与到入栏结算试点工程中，不仅为 3 家共享自行车公司的智能车锁提供了功能检查和定位误差计量测试服务，还结合多年卫星定位技术研究经验，为企业定位数据处理算法和电子围栏入栏判断算法的改进和提升提供了专业技术方案，同时，全程参与电子围栏系统及其辅助定位设备的设计、安装设置、服务效果评价、平台建设等系统工程，为电子围栏系统在智慧交通行业规模化应用奠定了技术基础，为政府有关政策法规文件的起草提供了重要的技术依据。

四、案例创新点及应用推广价值

中心与主要共享自行车公司开展技术合作，对公司智能定位锁的北斗定位芯片、终端进行了测试，并对电子围栏逻辑判断算法提供了关键参数的验证试验。同时，经过与大学及技术机构的反复论证，验证了电子围栏监管方案的可行性并提出了技术改进建议。在此基础上，中心还编制了电子围栏关键参数测量规范，研发了测试专用装置，设计了共享自行车的模拟测试标准场景，研发了通州典型围栏实景测试场景，协助共享自行车企业和监管平台运营企业解决了电子围栏测量中的一系列问题，包括低定位精度、容易受到复杂环境干扰、车辆与电子围栏数据不匹配等问题。通过改进措施，不仅提高了共享自行车的定位精度，还优化了共享自行车与电子围栏数据的匹配，为应对共享自行车乱停乱放问题提供了有力的技术支持。

该案例是计量支撑卫星导航技术和电子围栏技术在城市精细化治理领域的一项探索，同一技术框架经过二次开发后，还可服务于渔业和畜牧业、智能无人系统、老人和儿童健康监测、宠物和贵重物品追踪等多个应用场景，为促进生产力发展、社会基础设施高效管理和保障人民生命健康提供技术支撑。

要想将计量测试服务有机融入产业发展中，支撑、保障、引领产业发展，就需要深入了解产业的实际需求，不人为割裂计量技术指标与其他性能指标的关系，不单纯用准确度等计量技术指标来表征性能好坏，而是要从影响产品或服务质量的关键参数入手，从可量化的用户体验指标的评定与检测等多方面，以量值为核心，建立较为完整并可持续完善的验证评价体系，帮助产业解决技术瓶颈。

由于不是传统的计量校准项目，中心在服务模式和工作模式上加大创新力度。首先，调研梳理关键参数，按照“产业技术调研→确定关键特性参数→智能功能参数量值溯源技术研究→高精度测试系统研制→检测方案验证→测试系统结构和性能优化→国际国内交流及比对验证→制定技术规范→建立技术评价系统”的技术路线，将计量测试活动有机地嵌入共享自行车的全产业链之中，逐渐形成带有鲜明计量特色的、以量值为核心的综合评价服务体系。其次，加强计量大数据分析、过程控制等嵌入式计量测试技术的研究与应用。在共享自行车的服务过程中，产业计量工作和具体的平台软硬件开发测试过程高度融合，借助计量手段提高共享自行车智能锁产品设计、研发及生产质量，引导企业及产业重视计量工作，使产业计量在智能锁、位置服务平台等核心设备和系统的研发设计、测试、生产过程控制和试运行等各环节发挥重要作用。

【案例二】北斗时空计量基准精准赋能无人驾驶技术发展

一、案例背景

无人驾驶技术是未来智能交通的核心技术之一。目前，各类施工中使用的工程车率先规划使用无人驾驶技术。通过在大型施工车辆机械上安装卫星导航（测量位置、时间）、惯性导航（测量姿态、振动）等多种传感器设备，实时感知作业机械工况，自动调整作业机械运行状态，实现精细化作业和智能管理。各导航传感器的准确度、可靠性，特别是测量结果的一致性直接影响到工程车辆的作业控制，从而直接决定无人驾驶工程车的施工质量和进度。如果无人驾驶工程车的综合性能和使用效果得不到有效测试和验证，将严重影响其研发和使用。

二、案例实施措施

（一）案例简介

北京市计量检测科学研究院国家卫星导航定位与授时产业计量测试中心（以下简称“中心”）与厂家及使用单位一起，分别在实验室和施工现场进行了详细调研和试验，解决了坐标系参数不统一、利用点坐标界定作业边界、卫星双天线侧向等一系列问题，对大型工程车的智能终端、测量软件、基准点设置、参考点计算等进行综合计量检测和验证评估，提升了整个系统的定位精度，提升了航向测量的准确度。经过实验室计量测试，大型工程车无人驾驶系统的定位精度与标准接收机误差小于 1 cm，经现场测试验证，大型无人驾驶工程车碾压条带宽度和碾压遍数的统计准确率超过 99%，完全满足了工程车在大坝、公路等基础建设施工中的要求，推进了无人驾驶技术在智能交通领域的发展。

近年来，基于卫星导航和多传感融合导航的智能驾驶技术成为行业研究热点，其在交通物流、精准农业、工程建设、城市管理等领域的应用推广，以及高精度的位置服务与传统行业的深度融合，将为国家社会经济发展和创新创业注入新活力。

（二）案例详情

1. 需求分析

无人驾驶智能压实作业系统采用高精度卫星定位技术、实时压实度测算技术以及云计算技术，用于自动化施工作业，包括道路和大坝地基的施工。该系统能够实时获取压路机的位置信息和振动轮的加速度信息，并通过云端计算来实时监测施工过程中的压实遍数、压实轨迹、行车速度、振动状态以及压实度等，并以图形化的方式向所有施工参与方展示。在出现施工不合格情况时，系统会自动向各参与方发送警报信息，从而实现对压实质量全过程的实时监控，多方共享施工信息。

在施工过程中，为了增强路基和路面的强度以及确保路面质量，必须对路基和路面的各个结构层进行有效的压实。传统的路面碾压工艺存在一些问题，如无法实时监测和记录碾压速度、碾压遍数和碾压区域等关键参数，可能导致漏压或过压的问题。随着卫星导航和互联网技术的不断发展和普及，智能工程作业技术得以应用，解决了这些问题。通过在大型施工车辆机械上安装卫星导航（测量位置、时间）、惯性导航（测量姿态、振动）等多种传感器设备，实时感知作业机械工况，自动调整作业机械运行状态，实现精细化作业和智能管理。各导航传感器的准确度和可靠性直接影响到工程车辆的作业控制，从而直接决定施工质量和进度。

工程机械智能终端采用多星座 RTK 差分定位技术，具备多通道卫星追踪功能，可以同时支持北斗、GPS、GLONASS、Galilco 等多个卫星导航系统。此外，它应用双天线定向技术，可以通过多种方式（如电台和 4G 无线网络）传输校正数据，通过高精度坐标解算实现高精度的测向和定位功能。

在基础建设项目（如大坝和公路建设）中填筑碾压是至关重要的工序。在填筑碾压过程中，质量控制是整个工程质量管理的重要组成部分。然而，传统的人工统计方法难以准确计量碾压遍数、碾压振动方式和碾压速度等施工参数。智能驾驶系统通过在填筑碾压机械上安装两个 GNSS 天线，并应用相关的空间算法，能够精确统计碾压遍数、碾压速度等施工过程参数，不仅可以实现远程施工监测，还可以为机械操作员提供准确的施工导航，显著提高作业效率，降低质量控制成本。

2. 技术难点

中心受四维卓识信息技术有限公司委托，对其研发的系统进行了现场测试和验证。在首次测试时，检测人员所使用的标准高精度接收机和工程机械智能终端同时连接同一参考站接收相同 RTK 改正数据，但得到的测量结果误差较大，不符合施工技术要求。经过对影响测量结果要素的逐一摸排，发现每种型号工程机械智能定位终端测量软件的坐标系和执行机构定位参数的设置是互不相同的，这就造成测试过程中使用的标准接收机与被测接收机坐标系不统一，无法直接获得定位偏差、航向偏差等测量结果。

在验证碾压条带宽度、碾压条带搭接宽度、重复碾压遍数的过程中，中心技术人员又发现了新的问题。由于终端的高精度定位结果是 2 组点坐标，而在作业管理和施工结果统计系统中体现的是作业面积和碾压遍数，如何在地图上界定作业边界直接影响了施工的效率和成本。

3. 解决方案

针对第一个技术难点，中心技术骨干详细准确地测量了接收机坐标系到载体坐标系的三参数转换参数，通用应用局部椭球拟合法解决了 CGCS 2000 与 WGS 84 的转换。重新设置测量坐标系改正参数后，经过 2 天的测试验证，整个系统的定位精度与标准接收机误差小于 1 cm，测试结果满足系统设计要求。

针对定位参数如何转换成作业质量评估参数的技术难点，中心技术人员经过对定位数据的稳定性进行分析，与开发公司技术人员共同设计了作业装置参考点的计算方法。同时，在作业统计软件系统中将该点设为基准点。由于作业机械装置的宽度一定，只要保证航向测量的准确度就可以大大提高作业面积统计的准确度。因此，建议企业在使用卫星双天线测向数据的同时，增加惯性传感器的测向数据进行平差。使用新的测量方案后，经过现场测试验证碾压条带宽度和碾压遍数，统计准确率超过 99%。

三、服务成效

利用北斗时空基准赋能鄂州机场数字工程中心，工作人员可通过数据平台对施工现场进行全天候、全工况监管。例如，桩基上安装了前端数字设备，对桩基施工过程中的打桩次数、成孔深度、倾斜度等进行精准监测，施工精度能达到厘米级，有效遏制了质量问题及安全隐患。

鄂州机场是全国首个全过程数字化建设的机场。鄂州机场工程全面应用数字化建造技术，具有“三全”特点：全阶段，数字化建造技术涵盖工程设计、施工、运维等各阶段工作；全专业，数字化建造技术应用实现建筑、机电、弱电等专业全覆盖；全参与，数字化技术应用实现设计、施工、监理、造价等相关单位全参与。

不同于按照平面图纸施工的传统模式，鄂州机场工程根据三维模型指导施工，这类似于在电脑中先搭建一座机场，再调整模型进行3D打印，是数字孪生技术在基建领域的生动应用。北斗精准的时空数据是支持数字孪生技术落地的重要基础。新建数字工地系统，对工地的人、机、料、法、环监控都离不开时空数据的数字化管理。利用人脸识别、智能安全帽等技术，对施工过程中涉及的所有人员进行实名制管理、考勤管理；利用视频智能分析等技术对运输车辆及施工机械进行管理；通过视频监控、智能拌和站监控等技术对施工涉及的材料进行管理。新建施工数字化监控系统，对工程施工进行数字化、精细化管理。对道面工程中的推土机、挖土机、强夯机等施工器械及结构工程中的桩基机、塔吊、升降机等施工器械进行改造，在每台设备上安装传感器，对施工工艺进行全面深度监控。采集施工过程数据并实时传输到后台分析处理，运用监控大屏幕进行可视化管理。通过深入应用数字化监控技术，有效提升工程进度和质量。

四、案例创新点及应用推广价值

导航计量作为新兴的计量学科，需要紧跟产业发展需求，不断加强计量科技创新服务的力度和深度，将先进的计量技术更广泛更深入地应用于产业发展的各个方面，特别是要注重为产业的新技术、新应用、新业态服务，为提升产业的服务效能及产品质量提供技术支撑。产业计量一站式质量服务的模式，大大加快了企业研发产品的周期，降低了研发测试成本，为产品快速投入市场提供了支持，获得了多家企业的一致好评，赢得了客户的信任，为未来推广产业计量服务奠定了基础。

该案例是计量支撑卫星导航技术、自动驾驶技术、互联网大数据技术等在大型基础设施建设领域的一项探索。该项成果可广泛应用于铁路公路、机场港口、桥梁隧道等大型交通和建筑工程应用场景，为提高施工效率，降低建造成本发挥重要作用，同时也可为工程完工后的运行维护管理提供重要数据和技术支撑。

无人驾驶和智能无人系统技术已进入井喷式发展阶段，在导航定位传感器、组合导航多源融合算法、控制器响应速度和鲁棒性等方面还有较大提升空间。中心将紧跟产业发展步伐，不断加强计量科技创新服务的力度和深度。目前，全国多地建立了无人驾驶汽车专用测试区。可以预见，大规模无人驾驶已经离我们越来越近。中心在将根据交通物流、精准农业、数字工程等与人们日常生活息息相关的无人驾驶应用场景中的计量测试需求，不断创新计量测试技术，支撑新产品新技术的快速转化落地。

【案例三】民机供电特性参数测试计量及校准技术研究

一、案例背景

电源系统地面模拟集成试验是民机系统集成试验中的关键试验项目之一，也是民航规章规定的必须完成的符合性验证试验。电源系统地面模拟集成试验以飞机电气系统为主要研究对象，主要验证电源系统供电特性、与用电设备之间的匹配性以及电气系统故障和保护特性等。电气系统地面模拟试验参数体系架构图如图 10.2 所示。

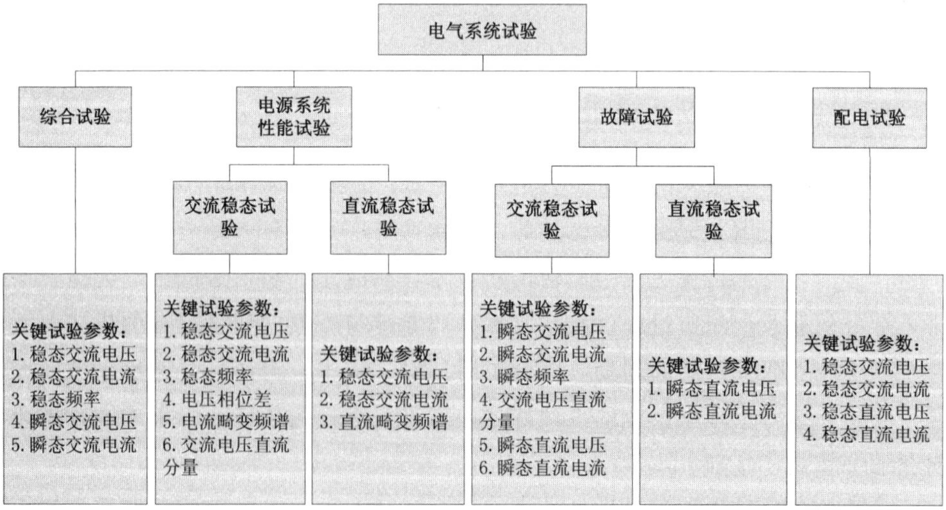

图 10.2　电气系统地面模拟试验参数体系架构图

鉴于国内尚不具备飞机供电特性参数的现场校准方法和规范，故开展了其测试及校准技术研究，保证飞机地面集成与飞机试验过程中电源测试数据的准确性和溯源性。

二、案例实施措施

（一）案例简介

本项目开展飞机供电特性参数校准技术研究，主要包括建立宽幅变频交流供电特性参数校准系统（通过测试结果与被校参数标准值的分析、比对，能够完成相应技术指标校准的系统）以及建立机载供电系统特性参数测试及校准系统（能够完成试验中对供电系统进行大规模实时数据采集与测试系统现场校准的测试系统）。

（二）案例详情

1. 需求分析

建立国内行业共享的宽幅变频交流供电特性参数校准规范、机载供电特性参数校准规范和机载供电特性参数测试规范，实现飞机地面集成与飞机试验过程中电源测试数据的准确性和溯源性。

2. 技术难点

本项目主要的技术难点：一是宽幅变频交流和机载供电特性参数校准方法研究和校准装置设计，二是机载供电特性参数测试方法研究和测试系统设计，三是宽幅变频交流和机载供电特性参数测试方法的地面验证及其相应的测试方法和校准关键技术研究的符合性验证。

3. 解决方案

研究内容分成四个阶段，相应的技术工艺路线如图 10.3 所示。

第一阶段：民机供电特性参数评估，以适航规章 CCAR 25.1301、1309 和 1351 条款为基础，对民机供电特性技术指标进行综合评估。

第二阶段：校准/测试方法建立，包括宽幅变频交流供电特性参数校准方法研究、机载供电特性参数校准方法研究和机载供电特性参数测试方法研究。

第三阶段：校准/测试系统建立，包括宽幅变频交流供电特性参数校准系统研究、机载供电特性参数校准系统研究和机载供电特性参数测试系统研究。

第四阶段：试验验证，包括宽幅变频交流供电特性参数测试/校准方法的地面试验验证及其相应的测试方法和校准关键技术研究的符合性验证。

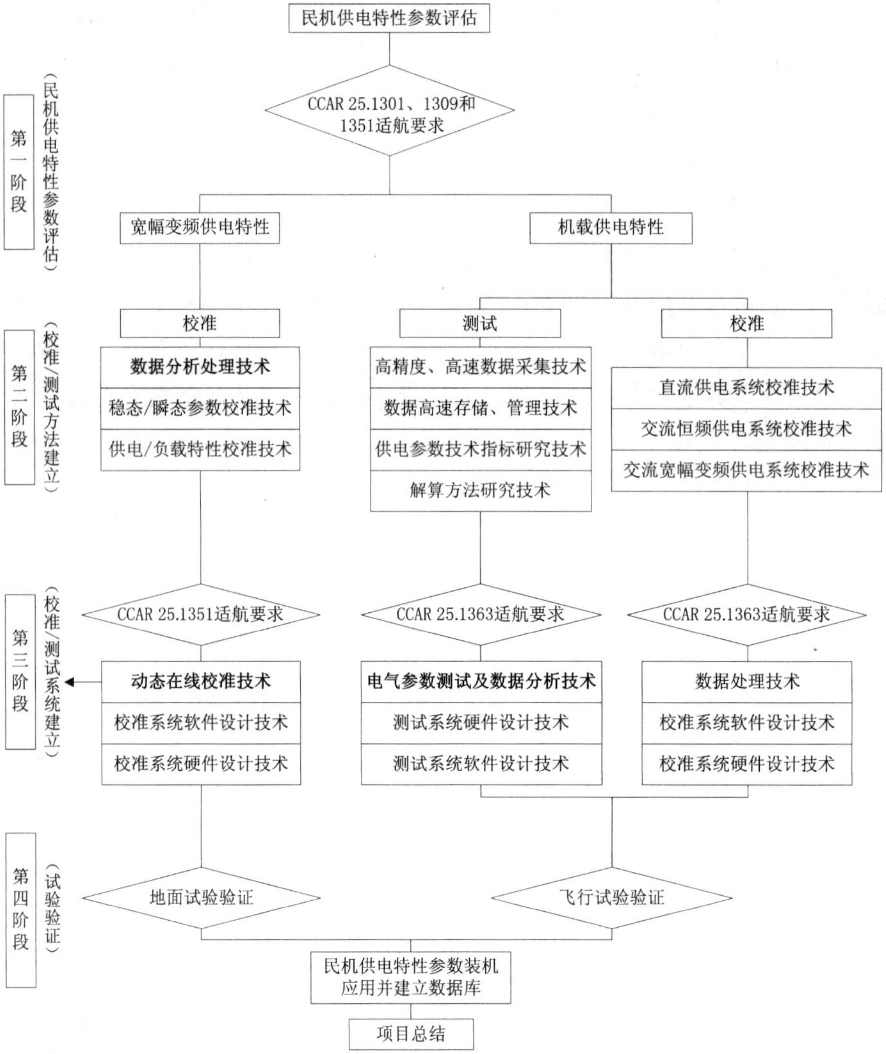

图 10.3　总体研究技术路线图

三、服务成效

通过宽幅变频交流供电特性参数校准技术研究，确定用于民用飞机电网测试系统校准的稳态参数、瞬态参数等电气信号类型和技术指标；通过机载供电特性参数测试及校准技术研究，掌握大规模实时数据采集的测试方法、测试系统现场校准方法；完成机载供电特性参数测试方法的验证及其相应的测试方法和校准关键技术研究的符合性验证，满足飞机地面集成和飞机试验过程中电源测试数据的准确性和溯源性的需要。

四、案例创新点及应用推广价值

(一) 为多种飞机供电特性参数校准建立了系列技术储备

1. 宽幅变频交流电源供电特性动态在线校准技术

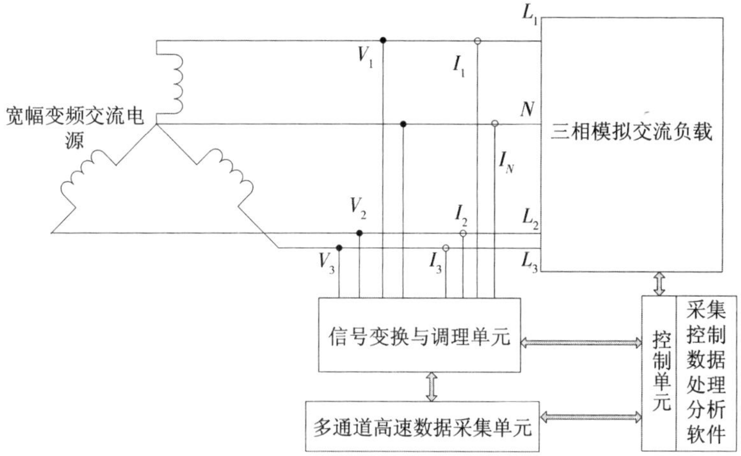

图 10.4 宽幅变频交流电源供电特性动态在线校准原理示意图

在线校准技术采用基于 PXI 总线的现场校准装置以及结合校准测试流程的数据采集处理分析软件，实现了小型、便携、远程控制采集和高采样率的校准装置硬件系统。

2. 数据分析处理及挖掘技术

通过数值分析、仿真建模，得出频率变化对输出功率的影响、三相不平衡对输出功率的影响、负载的开断对宽幅变频交流电源供电特性的影响。在校准中，根据实际输入数据和采样数据，用最小二乘线性拟合方法，推导公式，得出参数之间的关系。

3. 基于以太网的飞机电气参数测试及数据分析技术

为确保飞机的电力供应质量符合要求，需要对飞机供电系统在不同工作状态下的各种特性参数进行精确测试。本项目将网络技术与虚拟仪器相结合，构建实时数据传输系统，实现大规模实时数据的采集、解算与测试系统现场校准。

(二) 为我国相关军用和民用飞行装备的发展提供了参考

1. 突破了国外的相关技术封锁

进行了变频条件下供电系统特性参数测试方法与校准方法的研究，有助于及早发现和解决多电飞机在设计、生产、装配和调试过程中可能出现的问题。同时，相关研究有望突破国外的技术封锁，为我国民用飞机的发展提供有益参考。

2. 满足了相关实验测量准确性和溯源性的需要

在完成测试的基础上，通过试验验证，结合实验波形和数据，对航空电源电气信号的特性参数进行校准定标和评估，满足了飞机地面与飞行试验供电特性测量准确性和溯源性的需要。

3. 填补了我国在民用飞机供电特性参数测试及校准领域的空白

传统的实验室校准是无干扰计量，而原位、现场计量能够最大限度地还原被测设备的实际工作环境，更接近被测设备的真实状态。民机研制地面模拟试验大量使用航空专用测试设备，具有多参数综合参量、体积大、重量大以及不方便拆卸等特点，考虑到实际使用环境的影响，现场校准是民机航空专用测试设备溯源的主要形式。通过民用飞机供电特性参数测试及校准技术研究，能够提升我国民机供电特性参数测试及校准的整体能力，同时，可以促进电力系统、电子产业、民用应用的快速发展，对提高国防军工科研生产单位的产品质量和科研生产水平，保障我国的军用设备、军用测试设备的可靠使用有着重要的意义。

【案例四】计量测评服务车载毫米波雷达行业

一、案例背景

毫米波雷达作为智能网联汽车的重要环境感知传感器，以其出众的全天候工作能力及精准的速度探测能力脱颖而出，近年来得到了越来越广泛的应用。4颗角雷达+1颗前向雷达的感知方案成为目前智能网联汽车的标准配置。随着市场需求进入爆发期，车载毫米波雷达供应商和产品种类迅速增加，形成了群雄逐鹿的局面。对毫米波雷达产品进行有效的评价成为主机厂和ADAS系统集成商共同关心的问题。

二、案例实施措施

（一）案例简介

针对市场发展和客户需求，国家智能网联汽车产业计量测试中心（以下简称“中心”）积极开展相关测试方法的研究和测试能力的建设，建成了国内首个车载毫米波雷达测试实验室，并牵头制定了地方标准DB31/T 1315—2021

《车载毫米波雷达探测性能测试方法》。基于该标准，中心为某汽车技术有限公司开展了毫米波雷达测评，测试雷达产品的探测性能，并横向对比测试结果，提供毫米波雷达的产品性能测评报告。该项目不仅使中心的测试能力得到了广泛关注和认可，同时为毫米波雷达行业的发展提供了有力的技术支撑。

（二）案例详情

1. 测评活动概览

本次毫米波雷达行业测评由中心发起，北京理工雷科电子信息技术有限公司为本次测评提供了雷达目标模拟器，共计 16 家毫米波雷达生产企业报名参与本次测评活动。

本次测评活动于 2021 年 7 月开始策划，通过专家讨论确定了测试方法并广泛征询行业内各单位意见。

2021 年 7 月 30 日，由中心召开了线上启动会，共 19 家参与单位 20 余专家代表参加了会议，随后活动进入测评实施阶段。

测评实施阶段从 2021 年 9 月开始至 2022 年 7 月结束，历时近 11 个月，在各雷达厂商和北京理工雷科电子信息技术有限公司的大力支持下，成功完成了 12 家样品的测试。

2. 测评方法研究

本次行业测评依据 DB31/T 1315—2021 展开车载毫米波雷达探测性能参数对比测试。采用的样品均为 77 GHz 前向毫米波雷达，带宽不超过 1 GHz。测评从距离探测能力、角度探测能力和速度探测能力三个方面来评价毫米波雷达的性能，涵盖单目标和多目标的探测能力。根据行业均值和主机厂需求指标，对最远探测距离、距离探测精度、距离分辨力、最大探测速度、速度探测精度、角度范围、角度精度等各个探测性能作出星级评价。行业均值指所有比对产品测试后得到的均值。主机厂需求指主机厂对供应商提出的雷达指标要求。接着根据每个产品在距离探测、速度探测和角度探测三个方面的得分，得出产品的综合得分和排名。

3. 测评结果

本次测评依据地方标准对毫米波雷达产品进行各项参数测试后，横向比较了各样品的性能，接着对所有测评参数按照行业均值和主机厂性能要求两个标准进行评分。根据各雷达样品在各项测评参数上的得分，对雷达样品给予相应的星级。参评样品的综合评分见图 10.5。

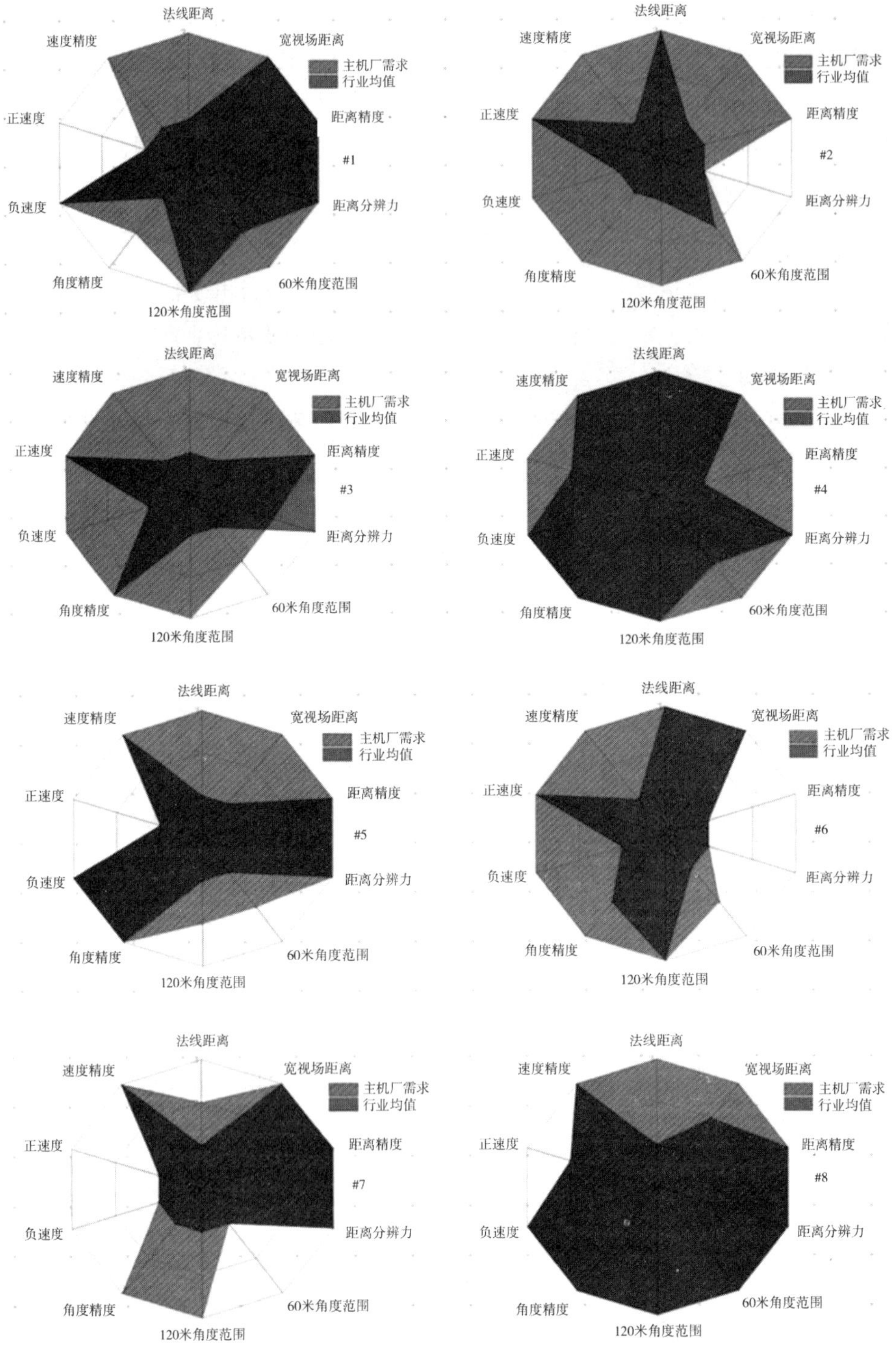
法线距离
宽视场距离
主机厂需求
行业均值
距离精度
#1
距离分辨力
60米角度范围
120米角度范围
角度精度
负速度
正速度
速度精度
法线距离
宽视场距离
主机厂需求
行业均值
距离精度
#2
距离分辨力
60米角度范围
120米角度范围
角度精度
负速度
正速度
速度精度
法线距离
宽视场距离
主机厂需求
行业均值
距离精度
#3
距离分辨力
60米角度范围
120米角度范围
角度精度
负速度
正速度
速度精度
法线距离
宽视场距离
主机厂需求
行业均值
距离精度
#4
距离分辨力
60米角度范围
120米角度范围
角度精度
负速度
正速度
速度精度
法线距离
宽视场距离
主机厂需求
行业均值
距离精度
#5
距离分辨力
60米角度范围
120米角度范围
角度精度
负速度
正速度
速度精度
法线距离
宽视场距离
主机厂需求
行业均值
距离精度
#6
距离分辨力
60米角度范围
120米角度范围
角度精度
负速度
正速度
速度精度
法线距离
宽视场距离
主机厂需求
行业均值
距离精度
#7
距离分辨力
60米角度范围
120米角度范围
角度精度
负速度
正速度
速度精度
法线距离
宽视场距离
主机厂需求
行业均值
距离精度
#8
距离分辨力
60米角度范围
120米角度范围
角度精度
负速度
正速度
速度精度

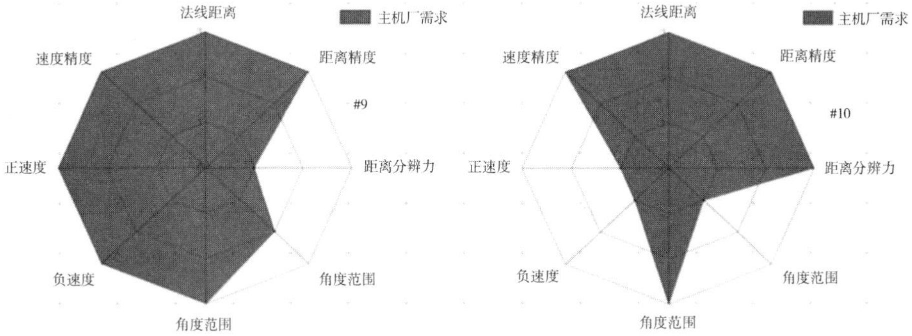

图 10.5 参评样品的综合评分

三、服务成效

中心面向智能网联汽车技术的发展和测试验证的需求，积极开展了车载毫米波雷达相关测试方法研究及测试能力建设，完成了全国首次毫米波雷达行业测评活动，为客户提供了优质的技术服务，达到客户的预期要求，并形成了很强的示范效应。

四、案例创新点及应用推广价值

这一案例引起了广泛的关注和认可。中心规范了许多计量测试和评价方法，初步具备为智能网联汽车产业提供全面测试技术服务的能力，涵盖产业链的各个环节，贯穿产品整个生命周期，并支持全量值的溯源体系，这对我国智能网联汽车产业的创新和高质量发展具有重大意义。同时，这一案例还为毫米波雷达行业的发展提供了有力的技术支持。随着智能汽车的不断发展，毫米波雷达已经成为汽车标配硬件，车辆上搭载的毫米波雷达数量不断增加，推动了整个毫米波雷达市场的高速增长。随着智能汽车的普及，毫米波雷达的需求量将继续扩大。该案例的应用推广，能够为相关企业在产品设计、生产、售后等全生命周期中的测试和验证等提供技术支撑。

第十一章　计量与市场监管和秩序规范

2023 年 5 月 30 日，市场监管总局发布《检验检测机构资质认定评审准则》（2023 年第 21 号）。为落实《质量强国建设纲要》关于深化检验检测机构资质审批制度改革、全面实施告知承诺和优化审批服务的要求，市场监管总局修订了《检验检测机构资质认定评审准则》，已经 2023 年 5 月 15 日总局第 9 次局务会议通过，自 2023 年 12 月 1 日起施行。

中央全面深化改革委员会第二十三次会议强调，“要从制度建设着眼，坚持立破并举，在完善市场基础制度规则、推进市场设施高标准联通、加快要素和资源市场建设、推进商品和服务市场高水平统一、提升监管治理水平等方面出台有效的政策举措”。① 加强市场监管基础制度建设，是建立统一开放竞争有序的现代市场体系的客观需要，同时也是构建全国统一大市场过程中极其重要的环节。在现代社会中，市场监管与秩序规范是维护公平竞争、保障消费者权益、促进经济发展的重要任务。计量作为一项关键的技术手段和管理工具，在市场监管和秩序规范中发挥着重要作用。计量通过产品质量监督、计量标准制定、检测检验认证等，维护市场秩序，保障产品质量，促进公平竞争和可持续发展。随着科技的不断进步和社会的不断发展，计量技术在市场监管与秩序规范中的创新应用日益增多。强化市场监管与秩序规范，需要计量的赋能与助力。

---

① 习近平主持召开中央全面深化改革委员会第二十三次会议强调加快建设全国统一大市场提高政府监管效能 深入推进世界一流大学和一流学科建设［EB/OL］．(2021-12-17)［2022-09-14］http：//www.gov.cn/xinwen/2021-12-17/content_5661684.htm.

第一节　计量在市场监管与秩序规范中的作用

在市场监管与秩序规范中，计量作为一项重要的技术手段和管理工具，发挥着关键的作用。无损检测技术的应用可以实现对产品的非破坏性检测，提高检测效率和准确性。智能计量技术的应用可以实现对计量过程的自动化和智能化管理，提高监管的效率和准确性。区块链技术的应用可以实现产品信息的可追溯性和不可篡改性，增强市场秩序的透明度和信任度。此外，其他创新的计量技术，如大数据分析、人工智能等，都有助于加强市场监管和秩序规范。

一、为市场秩序规范提供技术支持

（一）把关产品质量，确保产品合格性

计量在产品质量监督中发挥着关键的作用，涉及对产品质量特征的测量、评估和验证，确保产品的合格性，检测产品的质量缺陷，提高质量管理水平，促进技术创新和质量改进，确保产品符合质量标准和法规要求。产品质量监督是确保市场上产品质量符合相关标准和要求的重要任务。良好的产品质量监督能够保障消费者的权益，促进公平竞争，维护市场秩序，推动经济的健康发展。产品质量监督是确保产品在设计、生产、销售和使用过程中符合质量标准和法律法规要求的重要环节，对于保护消费者权益、促进经济发展、维护市场秩序和提升企业竞争力具有重要意义。政府、企业和相关机构应加强对计量在产品质量监督中的应用和推广，提升产品质量监督的效能和水平，保障消费者权益，维护市场秩序和公平竞争环境。

1. 量化产品质量特征

计量可以对产品的各项质量特征进行准确的量化测量。例如，对产品尺寸、重量、力学性能、电气性能等进行测量，以确保产品符合规定的质量标准。通过计量，可以客观、准确地描述和评估产品的质量特征，为产品质量监督提供依据。

2. 保障市场生产效率

在市场经济快速发展的今天，企业日益增多，产品的种类也在不断增加，对产品的生产效率与生产质量均提出了较高的要求。在追求生产速度的同时，

往往会产生诸多生产质量问题。通过计量检测技术能够迅速找到影响质量的环节，从而保障企业生产质量与生产效率。

3. 确保产品合格性

计量有助于确保产品的合格性。通过对产品进行计量检测，可以验证产品是否满足质量标准和法规要求。例如，在食品安全领域，可以对食品的成分、营养价值、污染物含量等进行测量，确保食品的安全性和合格性。计量可以帮助发现和检测产品的质量缺陷。通过对产品进行计量分析，可以发现产品中存在的质量问题和缺陷，如尺寸偏差、材料不合格、功能故障等。这有助于及早发现问题并采取相应措施，防止不合格产品流入市场，保障消费者权益。

4. 提高企业质量管理水平

计量有助于提高企业的质量管理水平。构建完善的市场秩序与机制、推动企业的良性竞争、保障企业的产品可以有效迭代更新是市场监督管理的根本目的。通过建立适当的计量体系和质量控制措施，企业可以对产品质量进行全面的监控和管理。例如，通过使用精密计量设备、建立稳定的测量程序、使用准确的数据分析方法，企业能够更好地控制产品质量，并及时调整生产过程，提高产品的一致性和稳定性。

5. 促进技术创新和质量改进

计量有助于促进技术创新和质量改进。通过持续的计量研究和技术创新，可以提升测量方法的准确性、灵敏度和效率，为产品质量的评估和监督提供更好的工具和手段。同时，计量也可以为企业提供数据分析和质量改进的依据，帮助企业发现产品质量问题的根源，并采取相应的改进措施。这有助于提高产品质量水平，降低不合格品率，增强企业的竞争力。

（二）稳固市场秩序，确保贸易通畅

计量检测技术对于市场监管与秩序规范具有重要意义。通过应用先进的计量技术，可以提高测量的精度、范围和效率，支持新兴领域和创新产业的发展，促进国际合作和贸易畅通，提升市场监管的能力和效果。政府、行业组织和科研机构应加强对计量技术的支持和投入，推动相关研究，培养高素质的计量人才，建立健全创新体系和合作平台，促进计量技术的转化和应用，为市场监管与秩序规范提供更强大的支持。同时，各方应加强合作与交流，共同推动计量技术的发展，不断提升市场监管的水平和效能，实现经济的可持续发展。

市场监管是对市场中的产品进行监督和规范，从而保护消费者的合法权益，

促进企业的发展，规范市场秩序。计量检测技术作为一种技术手段，为市场监管提供了确切可靠的数据支持，在市场监督管理过程中发挥了十分重要的作用。通过计量检测技术，可以更好地检测市场中产品的质量，从而为市场监督管理工作提供一定的数据支持，使市场监督管理人员能够更快速地发现问题，从而进行纠正，稳定市场秩序，使市场能够良好运行。计量可以为市场监管提供更准确、高效、可靠的手段，提升监管的科学性和有效性。

1. 提高测量效率和准确性

计量技术可以提高测量的效率和自动化水平，减少人为误差和时间成本。通过不断提高测量仪器和设备的精度和准确性，可以使测量结果更加可靠和准确。高精度的计量技术可以确保对产品质量和特性的准确评估，进而促进市场的规范化和公平竞争。同时，自动化测量系统和智能化仪器设备的应用，可以实现对大批量产品的快速检测和评估，提高市场监管的效率。

2. 支持新兴领域和创新产业的发展

计量技术可以拓展测量的范围和能力，使其适用于更广泛的领域。新的计量技术可以突破传统测量方法的局限性，实现对复杂参数和特性的准确测量，满足市场对多样化产品和服务的需求，从而推动新兴领域和创新产业的发展。新兴领域如人工智能、物联网、生物医学等，对测量技术的需求日益增长。通过运用计量技术，可以支持这些领域的发展，推动技术创新和产业升级。

3. 促进国际合作和贸易畅通

计量技术对国际合作和贸易畅通具有重要意义。国际贸易中的技术壁垒和标准差异会影响产品的市场准入和竞争力，通过计量技术，可以提高产品的符合性，降低技术壁垒，促进国际贸易合作。

二、计量标准引导公平竞争

计量标准是用于衡量和评估物理量的基准或参照物，它规定了测量方法、设备和程序，确保测量结果的准确性、可比性和可信度。计量标准在市场秩序规范中起着至关重要的作用，为产品和服务提供了统一的计量基准，保障了市场交易的公平性和可靠性。

计量标准在市场秩序规范中具有重要的作用。首先，计量标准为市场交易提供了公平竞争的基础，通过确立统一的衡量标准，保障公平竞争，保护消费者权益，维护市场秩序，支持质量管理和促进技术创新。计量标准的制定和应用为市场交易提供了可靠的基准和参考，确保了交易的准确性、可比性和可信度，能够防止不正当的计量行为和欺诈行为的发生。其次，计量标准在市场监管中起到了引导和规范的作用，为监管部门提供了衡量和评估产品及服务质量的准则，使监管工作更加科学和有效。计量标准的制定和执行能够提高市场秩序的规范性和透明度，减少市场不确定性和风险。

此外，计量标准还为企业和消费者提供了保障。计量标准可以作为产品设计、生产和检测的参考依据，帮助企业确保产品的质量和合规性，为企业的质量管理和质量改进提供指导，推动产品质量的提升，推进技术创新。政府、行业组织和相关机构应加强对计量标准的制定和推广，提高标准的科学性、公正性和可行性。企业和消费者应积极遵守计量标准，增强对标准的认知和应用，共同维护市场秩序，推动经济的健康发展。对消费者来说，计量标准提供了可信的计量结果，增强了消费者对产品的信任。通过计量标准的合理制定和有效应用，能够建立起公正、公平、有序的市场环境，为社会经济的可持续发展提供有力支持。

（一）统一计量标准，保障市场公正

1. 保障公平竞争

计量标准确立了公平竞争的基础，有助于维护市场的秩序和稳定。通过制定统一的计量标准，可以避免因为计量的不一致性而引发的争议和纠纷。标准化的计量方法和程序保证了计量结果的准确性和可比性，减少了市场交易中的不确定性，促进了交易的公平顺利进行。通过制定统一的计量标准，所有参与市场交易的企业和机构都按照同样的计量标准进行测量，确保了公平竞争的环境。

2. 统一度量单位

计量标准定义了度量单位的基本概念和具体定义，确保了不同领域和不同国家之间的计量结果可以进行比较和交流。例如，国际单位制（SI）是一套被广泛接受的计量标准，定义了长度、质量、时间、电流、温度等基本物理量的单位，确保了计量结果的一致性和可比性。

（二）遵循计量标准，保障质量可靠

1. 保证测量结果的可靠性

计量标准指导测量方法和程序的制定。计量标准规定了如何进行测量、如何选择适当的仪器设备和操作步骤，以确保测量结果的准确性和可重复性。计

量标准是确保测量结果可靠性的重要依据。计量标准规定了测量过程中所应满足的要求，如设备的精度、环境条件、校准和验证等。遵循计量标准，可以获得可靠、可比和可验证的测量结果，增加人们对测量数据的信任和依赖。通过制定标准化的测量方法，可以降低不确定度和测量误差，提高测量结果的可靠性。

2. 支持质量管理和质量改进

计量标准在质量控制和质量管理中起着关键作用。计量标准规定了产品质量特征的度量方法和要求，为企业提供了质量控制的基准。计量标准为企业的质量管理和质量改进提供了重要的依据和参考。遵循计量标准，企业可以对产品的质量进行准确评估和控制，识别和改进质量问题，提高产品的质量水平，确保产品的质量符合规定的标准和要求。

（三）计量标准推动市场产品发展

1. 计量标准保障市场产品质量

目前，我国已经有了相对完善的计量法律规定。计量标准的调控与规定，可以促使企业确保产品质量，并且满足国家相关标准，促使市场监督管理工作顺利进行。就企业而言，如果企业自身没有构建完善的计量管理工作体系，不够重视国家对计量标准的调控与规定，很难保障产品的质量，也很难保障市场监管期间的审核效果。企业只有通过标准化的计量检测，保证产品的质量，才能够确保市场中的产品达到质量标准的要求，从而维护消费者的权益。

2. 计量标准促进技术创新和产品发展

通过制定科学准确的计量标准，可以推动新领域的研究和发展，促进科学研究的深入和技术创新的实现，为新技术的应用和产品的开发提供可靠的基准。计量标准推动了新材料、新能源技术、生物医学等领域的创新和发展。标准化的计量方法和程序为技术创新提供了便利，降低了技术交流和合作的难度，推动了技术创新和产品发展的进程。

三、助力产品检测检验

检测检验认证是指通过对产品、服务或过程进行测试、检验和评估，确认其符合相应的标准和要求。检测检验认证在市场监管中发挥着重要的作用，可以确保产品的质量、安全性和合规性，促进公平竞争，维护市场秩序。

计量在检测检验认证中扮演着重要角色。首先，计量提供了准确和可靠的测量结果作为检测检验的基础。无论是对产品的尺寸、重量、成分等物理特性进行测量，还是对产品的安全性、功能性进行评估，都需要依赖准确的计量结果。其次，计量在检测检验设备校准和方法验证中起到关键作用。通过对检测检验设备进行校准，可以保证测试结果的准确性。同时，计量可以确保测试方法的科学性和可靠性。另外，计量在检测检验结果的解读和数据分析中发挥着关键作用。计量专家可以对检测结果进行统计分析和解读，判断产品是否符合相应标准和要求，为市场监管提供科学的依据。

（一）保障检验的可靠性和客观性

1. 确定测量方法和程序

计量提供了科学准确的测量方法和程序，用于对检测对象进行测量和评估。计量机构通过研究和发展测量技术，建立了一套科学的测量方法体系，包括测量原理、仪器设备选择、样品准备等，确保了检测的准确性和可靠性。

2. 提供可溯源的测量结果

计量机构通过建立可溯源的测量体系，确保检测结果的可靠性和可溯源性。计量标准的建立和维护，以及测量仪器的校准和认证，保证了测量结果的准确性，并且测量结果能够溯源到国家或国际计量标准（基准）。

3. 确定合格性和不合格性

计量提供了判断检测对象是否合格的依据。通过对产品进行检测和测试，可以验证其是否符合质量标准和技术要求，从而判断其是否合格，防止低质量和不安全的产品进入市场，保护消费者的权益。计量标准的制定和应用为评估和判定产品是否合格提供了可靠的依据，确保了检测结果的客观性和公正性。

（二）支持质量控制和质量改进

计量对质量控制和质量改进起到重要支持作用。通过运用计量技术，可以发现产品或生产过程中存在的问题和缺陷，为质量改进提供依据。同时，计量还可以提供精确的测量数据，用于监测和控制质量指标，确保产品的稳定性和一致性。应用计量技术可以实现对产品质量的全面监管，提高监管效能，减少质量风险，保障消费者的权益。计量技术在产品质量监管中有着广泛的应用。例如，随着物联网和大数据技术的发展，可以通过远程监测和数据分析，实时监控产品的质量状况，及时发现问题并采取措施。同时，应用新型的传感器技术和无损检测技术，可以实现对产品质量特征的快速、准确测量和检测。政府和监管机构应关注计量技术的发展和创新，鼓励企业采用先进的计量技术，推动质量监管的现代化和智能化。同时，产业界应积极参与创新，加强与科研机构和标准化组织的合作，共同推动计量技术在产品质量监管中的应用，促进产业的可持续发展和市场的良性竞争。

此外，计量技术在产品溯源和反伪造方面也有创新应用。通过使用标识技术、防伪技术和追溯系统，可以对产品的生产、流通和消费过程进行全程监控和记录，确保产品的质量和可追溯性，防止假冒伪劣产品流入市场。计量技术在产品质量监管中发挥着重要的作用，并且不断进行创新应用，以满足日益复杂和多样化的市场需求。

1. 非接触式测量技术

传统的测量方法可能需要接触样品或物体进行测量，随着非接触式测量技术的发展，如光学测量、激光测量、红外测量等，可以实现对产品的非接触式测量，避免了对样品的破坏或干扰，提高了测量的精度和可靠性。

2. 多参数综合测量技术

某些产品的质量评估需要考虑多个参数的综合影响，传统的单一参数测量方法无法全面评估产品的质量。因此，发展多参数综合测量技术，综合分析多个参数的测量结果，可以更全面地评估产品的质量和性能。

3. 分析数据与建立模型

计量技术结合数据分析，可以从大量的数据中提取有用的信息，并建立相应的模型来预测产品的质量。通过分析数据和建立模型，可以实现对产品质量的预测、优化和控制，提高产品质量监管的效率和准确性。

4. 无损检测技术

传统的质量监管中，常常需要对产品进行破坏性检测，而无损检测技术则可以在不破坏产品的情况下进行质量评估。例如，超声波检测、X 射线检测、红外热成像等无损检测技术可以用于检测产品内部的缺陷、材料组成等，提高产品质量的监管效果。

5. 远程监测技术

随着物联网和远程监测技术的发展，可以通过传感器和远程监测系统对产品进行实时监测。远程监测技术可以用于对产品在生产、运输、储存等过程中的关键参数进行监测，及时发现异常情况并采取相应措施，确保产品质量的稳定和可靠。

（三）提高市场竞争力和信誉度

1. 增强企业产品市场竞争力

通过应用计量技术，可以提高检测检验的精确性和可靠性，增强市场监管的效力，保护消费者的权益，促进贸易畅通和技术创新，有助于维护市场的秩序和公平竞争环境，同时也可以提高企业产品的市场竞争力。

2. 增强消费者认可度

准确的测量结果和评估证书，能够增加消费者对产品的信任和认可度。通过对产品的检测和认证，消费者可以获得可靠的产品信息和质量保证，对产品的质量和安全性更有信心，提高消费者的满意度。还可以避免虚假宣传和欺诈行为，减少不合格产品流入市场，促进公平竞争，维护市场秩序，帮助企业开拓市场和提升品牌形象。

四、创新市场监管与秩序规范的管理方式

（一）助力市场监管中的数据分析与智能决策

通过数据分析和智能决策，对大量的监管数据进行采集、存储和分析，可以提供更全面、更准确的市场监管信息，可以发现市场中存在的问题和风险，并提供决策支持。利用人工智能、机器学习和数据挖掘等技术，能够实现对监管数据的智能分析和预警，有助于提高市场监管的效率和精确度，帮助监管部门优化资源配置、提高监管效能。同时，通过数据分析和智能决策，也可以预测市场趋势和问题，及时采取措施，提高市场监管的反应能力和决策效果。

随着数据科学和人工智能的迅速发展，计量技术在市场监管中的数据分析和智能决策中扮演着越来越重要的角色。政府和监管机构应注重引入计量技术，建立完善的数据分析和智能决策体系，加强数据的收集、整合和处理能力，培养专业的数据分析人才，加强与科研机构和行业组织的合作，共同推动计量技术在市场监管中的创新应用。通过数据驱动市场监管，可以提高监管的精确性、效率和智能化水平，实现市场的稳定发展和经济的可持续增长。

1. 收集和整合数据

计量技术可以用于收集和整合市场监管所需的数据，包括产品质量数据、市场行为数据、消费者反馈数据等。通过合理的数据收集和整合，可以建立全面的市场监管数据库，为后续的数据分析和智能决策提供基础。

2. 清洗和预处理数据

计量技术可以用于对收集到的数据进行清洗和预处理，去除异常值、填补缺失值、进行数据标准化等。这样可以保证数据的准确性和一致性，为后续的数据分析和智能决策提供高质量的数据基础。

3. 分析和挖掘数据

运用数据分析和挖掘方法，可以从海量数据中发现隐藏的关联、规律和趋势。通过统计分析、机器学习和数据挖掘等技术，可以发现市场中的异常情况、违规行为、消费者需求等重要信息，为市场监管决策提供科学依据。

4. 预警和风险评估

计量技术可以应用于建立风险预警模型和风险评估方法，通过对市场数据进行实时监测和分析，可以及时发现潜在的风险和问题，并采取相应的预警和防范措施。这有助于提高市场监管的敏捷性和效果，减少质量风险和安全隐患。

5. 支持智能决策

计量技术可以应用于智能决策支持系统，通过数据模型、优化算法和决策规则，辅助决策者进行智能决策。基于市场数据的实时分析和预测，可以为决策者提供准确的决策建议和方案，帮助其作出更合理、更科学的决策。

(二) 移动计量应用为市场监管提供便捷

计量技术在市场监管与秩序规范中具有广泛的创新应用。新技术的引入和应用，可以提升监管的科学性、准确性和效率。计量技术的创新应用不仅为监管部门提供了更强大的工具和手段，也为市场参与者提供了更安全、公平和可靠的市场环境。

移动计量应用是计量技术在市场秩序规范中的又一个创新应用方向。通过移动设备和无线通信技术，监管人员可以实时进行计量检测和数据采集，提高监管的时效性和灵活性。同时，移动计量应用还可以为消费者提供便捷的查询和比较服务，增强消费者的知情权和选择权。

随着移动技术的迅猛发展，计量技术在市场秩序规范中的移动应用越来越受到重视。移动应用可以使计量技术更加灵活、便捷地应用于市场监管和秩序规范中。

1. 提高执法和监管效率

一是移动计量设备。传统的计量设备通常较为庞大且不易携带，随着移动计量设备（如便携式计量仪器和移动 App）的发展，监管人员可以随时随地进行计量检测和评估，这样可以提高监管的灵活性和效率，及时发现并处理市场中的质量问题。

二是移动数据采集和传输。通过移动设备和无线通信技术，监管人员可以实时采集市场数据，并将数据传输到中心数据库进行分析和处理。移动数据采集可以避免传统纸质记录的烦琐和错误，提高数据的准确性和时效性，为市场监管提供及时的数据支持。

三是移动执法和监管。移动应用可以帮助监管人员实现移动执法和监管，通过使用移动设备进行现场检查和取证，监管人员可以记录现场情况、拍摄照片、采集证据等，提高执法和监管的效率和便捷性。

四是移动数据分析和预警。通过移动应用的数据分析功能，监管人员可以实时监测市场数据，进行数据分析和预警。移动应用可以通过数据模型和算法，快速分析市场趋势、异常情况等，并向监管人员发送预警信息，以便他们采取相应的行动。

2. 促进监管资源的共享和整合

建立移动监管平台，将计量技术与移动技术相结合，可以实现监管资源的共享和整合。监管人员可以通过移动监管平台进行信息查询、监管任务分派、数据共享等，提高监管工作的协同性和效能。移动应用可以使计量技术更加灵活和高效地应用于市场秩序规范，加强对市场的监管。政府和监管机构应加强对移动计量技术的应用和推广，培养监管人员的技能，建立健全移动监管平台和机制，提高监管的响应速度和覆盖范围，促进市场秩序的规范化，维护公平竞争的环境。同时，应加强对移动应用的安全性和数据保护的管理，确保敏感信息的安全和隐私的保护。通过充分发挥计量技术在移动应用中的优势，可以为市场监管提供更强大的支持，实现市场的健康发展和社会的可持续进步。

第二节　计量在市场监管与秩序规范中的典型案例

在市场监管与秩序规范中，计量作为重要的技术手段和管理工具，发挥着关键的作用。随着技术的不断发展，计量技术将更加智能化、高效化和精准化，为市场监管提供更多的工具和手段。同时，随着人工智能、大数据分析等技术的应用，计量技术将更好地支持决策制定和风险评估，提高市场监管的能力和效果。此外，国际合作与经验交流也在市场监管与秩序规范中起到重要的作用，促进全球市场的有序发展。

【案例一】统一磁测样柱标准，解决企业与客户分歧

一、案例概况

（一）实施背景

材料磁性能的测量受到各种因素的影响，对于同一批材料，不同的设备、不同的人员、不同的环境条件下测量，都可能导致结果不一致。企业与客户之间常常由于没有确定测量条件，因双方测量结果不同而引起纠纷。

（二）案例简介

在国家磁性材料产业计量测试中心（以下简称“中心”）开展“世界计量日”活动期间，宁波合盛磁业有限公司向中心反映了企业遇到的困惑：有些国外客户是以成品磁性能测试数据为检测标准，这与企业用毛坯测量的数据有较大偏差。磁材生产企业为了满足客户测试要求，需要提高毛坯磁性能，增加了生产成本。同时，出口仍然存在风险。企业希望中心能提出一个比较权威的标准供企业参照，也可以说服客户确定合理的评价标准。

中心指派专人对接企业，共同制定试验方案，由企业进行样品的加工制作，送至中心进行比较试验，中心利用实验数据分析，给出专业建议。

二、案例做法及取得成效

（一）案例详情

1. 需求分析

磁材企业在进行磁材贸易的时候仅规定了交货时要求达到的性能牌号，未对测量样品、测量方法或者测量仪器进行规定，导致在验货时常常因测量结果不一致而引起纠纷，企业希望由权威的第三方进行测量，帮助解决纠纷。

2. 技术难点

单个样品磁性能检测已有比较成熟的测量方法，本条例中的技术难点在于需要确定测量毛坯料、标样、产品样磁性能存在的差异。这种差异对于不同坯料、不用产品是不一样的。

3. 解决方案

中心就企业遇到的问题进行了集中讨论，认为坯料测量与产品测量的差异是客观存在的。我们无法改变这种情况，只能通过试验来研究测量结果之间存在的关系。

中心建议企业将同一块样品分别加工成毛坯大块样、标样、产品样，然后利用高精度的磁测设备对三种样进行测试，得到磁性能测量曲线图，比对数据如表 11.1 所示。

表 11.1　标样、坯柱、成品数据比对

样品牌号	编号	T/℃	B_r/Gs	H_{cB}/kOe	H_{cJ}/kOe	$(BH)_{max}$/MGOe	备注
45H 标样	3-1	20.7	13.64	13.11	17.62	44.65	Φ10 mm×10 mm
	3-2	20.7	13.68	13.15	17.10	44.90	
	3-3	20.7	13.63	13.11	17.99	44.61	
	平均值	20.7	13.65	13.12	17.57	44.72	
45H 坯柱	1-1	20.7	13.63	12.81	16.34	44.43	Φ43 mm×25 mm
45H 环形成品	2-1	20.7	13.25	12.69	16.15	42.64	Φ43 mm×Φ25 mm×4.5 mm 表面有镀层
	2-2	20.7	13.25	12.70	16.72	42.65	
	2-3	20.7	13.19	12.69	15.93	42.39	
	平均值	20.7	13.23	12.69	16.27	42.56	

从测量结果可以看出，Φ10 mm×10 mm 标样测得的磁性能指标是最高的，坯柱与成品测得的磁性能指标相对偏低。其中，成品测得的磁性能是最低的。企业可以根据测量结果与客户沟通因测量不统一引起的差异，确定统一的测量方法。

材料磁性能与原材料、生产工艺等相关，磁性能测量又与测量仪器、测量条件、测量方法等相关，为了确保磁性能测量的准确性，中心和宁波合盛磁业、宁波金鸡强磁、宁波科宁达等公司进行了磁性能测量比对。

（二）具体成效

中心通过试验证实了同料不同形磁材测得的磁性能不一致，并为企业分析了产生这种现象的原因。企业可以用真实测量数据与客户进一步沟通，确认本批次产品是否达到合同要求。

国内磁材企业在进行对外贸易时，应明确规定测量样本、测量机构甚至测量设备，将企业对外贸易风险降到最低。

三、案例应用推广价值

（一）推广价值

在服务企业的过程中，中心坚持以实测数据说话，并让企业全程参与到试验过程当中，告知企业在测量时应当注意哪些问题，指导企业在确定技术指标时应该确认哪些事项。

近几年，宁波多家磁材企业因出口贸易纠纷向中心求助，这些企业的产品多是出口欧美国家，双方在签订合同时仅仅确定了性能指标，并未对测量样本进行事先约定。国内企业用坯料测得的性能达到要求，而国外客户用成品测得的性能达不到要求，导致双方产生贸易纠纷。最终，国内磁材企业不得不降价处理甚至被退货。中心每次遇到企业有类似交易时，都会提醒国内磁材企业在进行对外贸易时明确规定测量样本、测量机构甚至测量设备，将企业对外贸易风险降到最低。

（二）行业示范作用

很多企业在签订合同时未考虑到计量测试的特殊性，仅规定了简单的性能指标，从而导致测量结果产生分歧，甚至引起贸易纠纷，被降价或被退货是常有的事情。中心不仅解决了企业技术上的问题，还利用计量测试技术帮助企业解决了商务上的问题。

【案例二】郑州市磨料磨具产业计量器具校准

一、案例概况

（一）实施背景

产业计量不同于法治计量。磨料磨具产业内的企业以中小型企业为主，绝大部分企业计量意识薄弱，无专职计量管理人员，计量器具管理混乱；产业内的高新技术企业，为节省成本，在进行高新技术企业认定、质量体系认证时也只对极少部分计量器具进行认证。郑州市是磨料磨具的发源地，也是磨料磨具产业的核心聚集区和集散地，其计量测试水平有效反映了全国磨料磨具企业整体计量测试水平。以郑州市为试点，开展专项产业计量器具校准提升行动，将为全国范围内磨料磨具产业计量器具的校准提升提供借鉴和参考。

（二）案例简介

为做好磨料磨具产业计量工作，服务郑州市磨料磨具产业高质量发展，打造地方特色品牌，为全国磨料磨具质量提升提供基础支撑，国家磨料磨具质量检验检测中心（以下简称“中心”）积极探索，不断创新计量服务方式。2019年，在郑州市市场监督管理局的指导支持下，制定了郑州磨料磨具产业专项计量提升计划，以政府买单、上门服务的方式，通过三年时间实现对郑州市全部磨料磨具企业计量器具的摸排、校准，掌握郑州市磨料磨具企业真实计量器具情况和管理水平，发现并解决郑州市产业内企业共性计量测试难题，建立郑州市磨料磨具企业计量器具数据库，为以后持续动态管理打下基础。

二、案例做法及取得成效

（一）案例详情

郑州磨料磨具产业专项计量提升计划拟通过三年的时间，对郑州市辖区内所有磨料磨具代表性企业的计量器具开展摸排、校准，了解企业的真实计量测试需求，建立郑州市磨料磨具产业计量器具档案信息库，掌握郑州市磨料磨具企业真实计量测试水平。主要校准计量器具如下：

1. 产业专用计量器具

拍击式标准筛振筛机、磨具洛氏硬度计、磨料堆积密度测定仪、磁性物分析仪、磨具光滑极限量规、单颗粒抗压强度测定仪、砂轮圆跳动仪、超硬磨料粒度试验筛、喷砂硬度机、砂轮回转强度试验机、磨具制造过程中的温度测量器具等。

2. 通用计量器具

内径表、杠杆表、塞尺、刀口尺、指示表、非自行指示秤、数字指示秤、电子天平、砝码、机械天平、模拟指示秤、外径千分尺、通用卡尺、温度显示仪、环境试验设备、箱式电阻炉实验筛等。

（二）具体成效

通过三年持续计量校准行动，服务企业208家，基本实现郑州市磨料磨具企业全覆盖，产业内企业计量人员配置率、计量器具受控率、计量器具校准符合率大幅提升（见图11.1）。产业计量不断深入企业，加深了企业对计量的认知，提升了企业计量器具的准确性，促进了企业产品质量提升，支撑了郑州市特色产业高质量发展和质量强市建设。

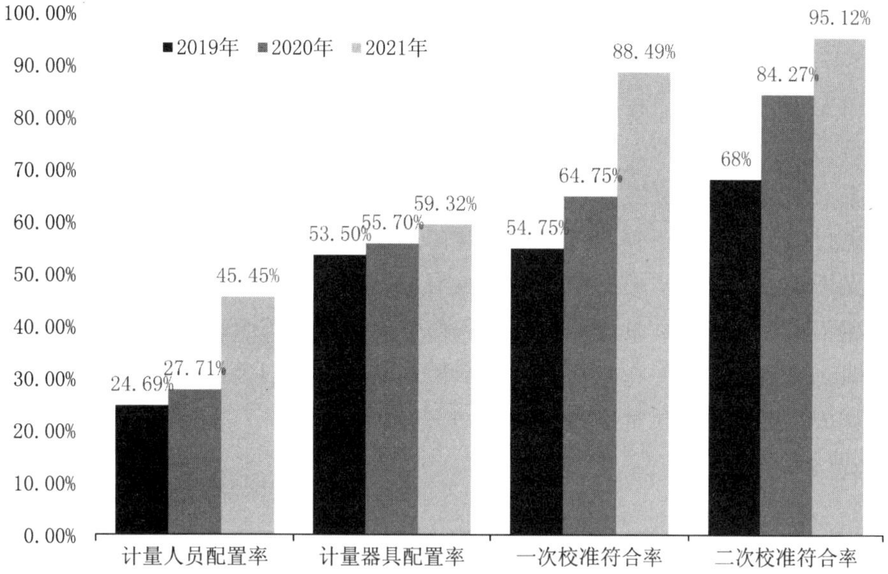

图 11.1　郑州市磨料磨具产业计量器具校准结果

通过此次行动，建立了郑州市磨料磨具产业计量器具档案，为以后的持续动态管理奠定了基础；了解了代表性企业对压力、温度、热电等方面的共性计量测试需求，搜集到产业在原材料测试、磨具应用性能测试方面的共性技术难题，为中心建设提供了方向指引。下一步，中心将根据产业需求，加强在这些方面的资质能力扩项与技术研发，满足产业的迫切计量测试技术需求，引领产业计量测试技术进步。

三、案例应用推广价值

（一）推广价值

中心以主动上门提供免费计量校准服务的方式，开创了国内产业计量测试中心服务企业新模式，有效响应《市场监管总局关于加强国家产业计量测试中心建设的指导意见》（国市监计量〔2020〕72号）中提出的“积极探索产业计量服务新思路、新模式”要求。

1. 服务思路创新

为掌握产业真实计量测试水平，选择核心聚集区为试点，以政府买单的方式开展全覆盖、公益性的计量器具校准服务，提升试点区磨料磨具产业计量测试水平，支撑试点区磨料磨具产业高质量发展；建立试点区产业计量器具档案库，掌握真实计量测试水平和共性计量测试需求。

2. 服务模式创新

改变传统等企业送校收费的服务模式，主动上门，免费服务，深入企业开展校准活动，解决企业实际生产应用中遇到的计量测试难题；与一线从业人员广泛开展交流，搜集真实的产业共性计量测试需求，为中心建设指引方向。

通过郑州市磨料磨具产业计量器具校准行动，实现了郑州市全域范围内企业计量器具的校准，掌握了郑州市磨料磨具企业真实计量测试水平；提升了企业计量人员配置率、计量器具受控率、计量器具校准符合率，促进了郑州市磨料磨具企业质量提升。将此活动在各个聚集区乃至全国范围内推广，将有效促进我国磨料磨具企业质量提升。

（二）行业示范作用

三年持续计量校准行动，中心技术人员先后深入企业 300 余家，对 208 家企业的计量器具开展了计量校准，掌握了郑州市磨料磨具产业真实计量测试水平，了解了我国磨料磨具产业计量测试现状。下一步，中心将继续加大产业计量的宣传力度，促进产业计量测试传播，不断推进产业高质量发展。

【案例三】磨料磨具产业技术服务试点企业建立

一、案例概况

（一）实施背景

我国是磨料磨具大国，国内相关企业 8 000 余家，产值上千亿，在全球举足轻重；但产业内 95%的企业为小微企业，对计量测试认识不足，同时受制于企业规模和利润，难以配备专门的计量测试装备和技术人员，造成企业产品质量稳定性差，竞争力不足。多数企业的计量检测技术不能满足研发和生产需要，部分仪器未能有效校准，测量准确性难以保证；研发产品的性能尚不能通过检验直接鉴定，必须到用户使用现场验证，影响产品研发进程；检测技术手段不完善，原材料质量把关不严，导致产品质量不稳定；难以有效联合产业优势资源，严重影响了产业的高质量发展。

（二）案例简介

为更好地服务磨料磨具产业，国家磨料磨具质量检验检测中心（以下简称

“中心”）全面梳理产业资源，选取部分对质量较为重视的优质企业设置技术服务试点企业，为企业提供计量测试技术服务，计量器具供应、管理服务，产品质量提升、工艺优化、性能改进服务等，解决企业生产过程中遇到的测不准、不能测、测试效率低等计量测试难题，将计量测试服务融入企业生产全过程。同时，与技术服务试点企业进行联合技术开发、项目申报，共同攻克产品设计、研发、生产、应用全寿命周期中的计量测试难题，促进企业计量测试技术进步，支撑企业新产品研发，提升企业的核心竞争力。

二、案例做法及取得成效

（一）案例详情

中心对全国10余个产业聚集区80余家企业进行了实地调研，经产业专家论证，确定在刚玉类普通磨料、金刚石微粉超硬磨料、复合片超硬材料制品、磨料筛分检验工具等领域率先建立一批试点企业，为其提供综合计量测试服务。主要服务如下：

1. 计量器具校准、质量控制

为企业提供各类计量器具校准服务，保证计量器具的准确性；指导企业关键工序的检验检测工作，辅助企业进行各项质量控制工作，保证产品质量。

2. 计量器具、测试装备选择

为企业提供各类计量器具、测试装备的选用方法，供应部分计量测试装备，助力企业自身硬件实力建设。

3. 人员培训

在计量校准、检验检测、标准等方面对企业相关人员进行培训，提升企业自身质量控制水平。

4. 技术提升

为企业提供产品质量提升、工艺优化、性能改进等服务，增强企业竞争力；与企业在计量校准、检验检测、质量提升等方面进行联合技术开发，联合申报项目、制修订行业标准和计量标准规范、发布专利论文等，为企业培养技术人员，增强企业的综合竞争力。

（二）具体成效

目前，已在金刚石滚轮、磨料粒度筛、白刚玉普通磨料、金刚石复合片、CBN超硬磨料等多个产品领域设立技术服务试点企业（部分企业见表11.2），对试点企业进行挂牌，并提供计量测试服务，促进了企业产品质量提升，起到良好示范效应。其中，试点服务企业河南联合精密材料股份有限公司、富耐克超硬材料有限公司通过技术指导和自身质量控制水平提升，分别荣获2021年人造金刚石微粉、超硬磨料立方氮化硼产品的全国企业标准“领跑者”和国家级专精特新“小巨人”称号。

表11.2 技术服务试点企业

序号	试点企业	所属领域	服务时间	设立时间
1	沭阳县泰克超硬磨料磨具有限公司	超硬磨具-滚轮	2020年10月—2021年10月	2020年10月
2	新乡新航丝网滤器有限公司	普通磨料-筛网	2022年3月—2023年2月	2022年2月
3	荥阳龙升磨料有限公司	普通磨料-白刚玉	2022年3月—2023年2月	2022年3月
4	河南联合精密材料股份有限公司	超硬磨料-人造金刚石微粉	2022年4月—2023年3月	2022年4月
5	富耐克超硬材料股份有限公司	超硬磨具-复合片	2022年4月—2023年3月	2022年4月
6	郑州市昊运新材料科技有限公司	普通磨料-白刚玉	2022年8月—2023年7月	2022年7月
7	新乡新航丝网滤器有限公司	普通磨料-筛网	2023年3月—2024年2月	2023年3月

三、案例创新点及应用推广价值

（一）推广价值

技术服务试点企业模式改变了传统服务模式和运行机制，为企业提供一站式综合计量测试服务，促进了企业计量测试水平和科研实力的提升，增强了企业的核心竞争力。

1. 服务模式创新

中心改变传统等企业送校、送检的服务模式，主动深入企业生产一线，开展计量测试技术服务，将产业计量深入产品设计、研发、生产、应用全寿命周期，解决企业实际生产应用中遇到的计量测试难题，促进企业质量提升。

2. 服务内容创新

中心突破传统仅限于计量校准、检验检测的服务内容，增加计量测试装备供应、人员培训、质量提升、联合技术开发等服务内容，以提升企业综合竞争力为目标，支撑企业持续高质量发展。

通过设立技术服务试点企业，为企业提供综合计量测试服务，解决了企业计量测试装备不足、计量测试人才缺乏等引起的产品质量稳定性差等问题；通过人员培养、联合技术开发，提升了企业的科研实力，增强了企业的综合竞争力。

目前，部分技术服务试点企业荣获全国企业标准“领跑者”和国家级专精特新“小巨人”称号，为产业树立了质量标杆，引领了产业质量提升。

（二）行业示范作用

技术服务试点企业的设立，解决了重点领域重点产品面临的共性计量测试问题，提升了业内产品整体质量控制水平。在开展服务的过程中，中心技术人员走出实验室，走进企业现场，深入一线了解产业实际需求，解决了产品全寿命周期的计量测试问题，成功培育了一批优质企业。下一步，中心将持续推进技术服务试点企业工作，推进产业整体质量提升。

【案例四】进口汽车前瞻技术风险评估服务

一、案例概况

（一）实施背景

随着全球化和技术的快速发展，进口汽车业务日益增多。在这个背景下，前瞻技术风险评估成为确保汽车质量和安全的关键环节。这项技术主要涉及对进口汽车可能面临的多种风险因素，如产品缺陷、安全隐患和环境影响进行系统性的评估。

计量在这一过程中具有至关重要的作用。首先，精确的计量数据能为风险评估提供可靠的基础，使得评估结果更为科学和准确。此外，计量也有助于制定更有效的风险管理策略，例如，在全生命周期的各个环节进行投资环境分析、尽职调查和项目估值等。

目前，前瞻技术风险评估正逐渐从传统的纸质文件和基本的数据分析转向电子文档、网页、多媒体等多样化的信息渠道，使得风险识别和管理更加全面和高效。计量技术的发展是推动前瞻技术风险评估向更高水平演进的关键因素。

（二）案例简介

为了进一步推动进口机动车质量安全监管的改革，更好地贯彻党中央、国务院深化“放、管、服”改革的要求，更好地满足人民群众迫切盼望高质量的进口汽车产品供给的要求，上海海关于2021年8月提出了上海海关进口机动车风险评估专项项目。进口汽车前瞻技术风险评估是上海海关进口机动车风险评估专项的子项目。该项目主要是针对目前逐步推广应用的汽车辅助驾驶系统，聚焦汽车辅助驾驶系统的重要环境感知传感器毫米波雷达，监控毫米波雷达性能指标，研判毫米波雷达相关风险来源，科学展开毫米波雷达风险评估。该项目的完成将助力进口汽车前瞻技术风险信息的收集，有效实施进口机动车前瞻技术风险监测和预警，提升风险预警和反应决策的准确性、科学性、有效性、权威性。

二、案例做法及取得成效

（一）案例详情

为了满足上海海关进口机动车风险评估专项项目要求，产业计量测试中心（以下简称“中心”）制定了汽车毫米波雷达性能监测评价方案；实施了进口汽车毫米波雷达性能监测实验并形成了相关风险监测评估报告及工作建议。

2021年10月至11月，中心成立专家组，在多年智能汽车环境感知传感器检测实验的基础上，经多方调研，根据信息产业部发布的《微功率（短距离）无线电设备的技术要求》和工信部发布的《汽车雷达无线电管理暂行规定》，以及国标GB/T 36654—2018《76 GHz车辆无线电设备射频指标技术要求及测试方法》和上海市地标DB31/T 1315—2021《车载毫米波雷达探测性能测试方法》，完成对汽车毫米波雷达性能监测评价方案的制定。2021年12月至2022年1月，开展了进口汽车毫米波雷达性能检测实验，对5个不同品牌毫米波雷达产品进行了射频性能、探测性能的监测实验，根据上述实验结果，于2022年3月形成了进口汽车前瞻技术风险检测评估报告和工作建议。

（二）具体成效

在项目技术研究中，以基于毫米波雷达的进口机动车测试技术研究为基础。关键技术包括：毫米波雷达测试方法和技术指标的制定；通过各类风险源分析

（电磁辐射、雷达干扰、目标识别、目标探测等）构建基于毫米波雷达的风险评价方案；结合车载毫米波雷达的测试以及典型车载应用场景，提出机动车整车类前瞻技术综合评价方案（风险类型、等级和发生概率等），并实施进口汽车毫米波雷达性能监测试验。

1. 毫米波雷达测试方法和技术指标的制定

本次上海海关进口汽车前瞻技术风险监测项目中，毫米波雷达性能检测方案主要依据 DB31/T 1315—2021《车载毫米波雷达探测性能测试方法》制订。该方案主要包括以下内容：

一是单机探测性能测试方法：探测范围、雷达抗干扰能力、检测精度、多目标跟踪能力、分辨力等。

二是外层覆盖件测试方法：穿透损耗、反射率、均匀性。

三是雷达组合系统探测性能测试方法。

2. 风险源分析及风险评价方案

中心通过对进口机动车前瞻技术风险分析，主要确定了以下风险源：

一是由大规模装备带来的电磁辐射风险。

二是由大规模装配带来的雷达干扰风险。

三是由产品功能不足引起的目标探测风险。

四是由产品失效引起的目标探测风险。

3. 开展进口汽车毫米波雷达性能监测试验

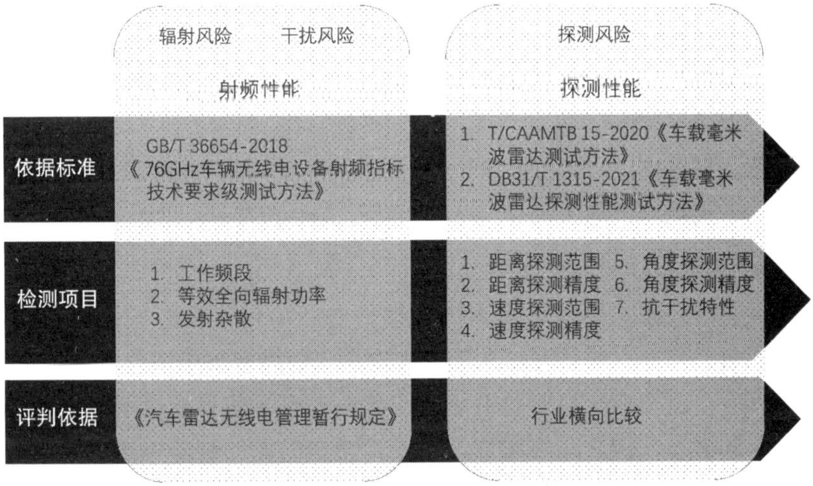

图 11.2　进口汽车前瞻技术风险评估方案

根据上述风险源分析，对进口机动车的车载毫米波雷达进行风险评价测试。通过抽检的方式，对进口车辆安装的车载毫米波雷达的射频性能和探测性能进行测试，检验其射频性能指标是否符合国家《汽车雷达无线电管理暂行规定》。对于没有统一性能指标要求的探测性能，本方案采取多品牌样品测试并横向比较的方法，分析比较车载毫米波雷达在探测范围、探测精度和分辨力上的性能，反映目前的行业概况，为风险评估提供数据基础和依据。

三、案例应用推广价值

（一）推广价值

在当前的汽车产业中，前瞻技术风险评估是非常重要的，它能预测和评估汽车的性能、安全性以及环境友好性等。

1. 提高安全性

雷达无线电射频指标技术可以更精确地检测障碍物和其他车辆，从而提高行车安全。

2. 提高效率

通过高级的数据分析，前瞻技术风险评估能更准确地预测车辆性能，帮助节省燃料和减少排放。

3. 提升用户体验

雷达无线电射频指标技术支持的前瞻技术风险评估能实现更精细的驾驶辅助功能，如自动泊车、自动巡航等。

4. 推动标准化

该技术能促使产业标准的形成，进而推动整个汽车行业的健康发展。

5. 增强竞争力

对于进口汽车来说，先进的雷达无线电射频指标技术和前瞻技术风险评估，是其在竞争中脱颖而出的关键。

（二）行业示范作用

中心基于上海海关进口机动车风险评估专项项目，聚焦车载毫米波雷达，积极开展了相关测试方法研究，并针对性地从大规模装备带来的电磁辐射风险、雷达干扰风险，以及由产品功能不足、产品失效引起的目标探测风险等角度进行了风险源分析和评价方案的制订，开展了相应的监测试验，达到了项目预期要求，并形成了很强的示范效应，为进一步推动进口机动车质量安全监管的改革贡献了力量。

第十二章　计量与数据可信度和法律争议

在当今数字化时代，数据的产生和应用日益广泛，数据的可信度和法律争议成为一个重要的议题。计量作为一种科学的测量方法，具有关键的作用，能够在确保数据可信度和解决法律争议中发挥重要作用。本章将详细介绍数据可信度与法律争议的定义，探讨计量在数据可信度和法律争议中发挥的作用。

在数据可信度方面，需要建立完善的数据质量管理体系，包括数据采集、处理、传输和存储等各个环节的质量控制措施。同时，在数据采集和测量中，需要不断创新和改进计量方法和技术，以提高数据的准确性、可重复性和可溯源性。在解决法律争议方面，计量技术在法庭证据鉴定和法律规范制定中的应用非常重要，通过应用计量方法，可以提供客观、科学的数据证据，帮助解决法律争议并确保公正的司法决策。

第一节　数据可信度和法律争议的概念界定

一、数据可信度的概念界定

数据可信度指的是数据的准确性、完整性、一致性和可靠性，即数据所包含的信息与现实情况一致，并且能够被广泛接受和信任。数据可信度是评估数据质量的重要指标，反映了数据的可信程度和可用性。数据可信度要求数据具有准确、可靠、完整、一致、可重复等特性。在计量和数据分析等领域，数据可信度是评估数据质量和可靠性的重要指标之一，其含义包括以下几个方面：

第一，准确性。数据的准确性是指数据与所代表的现实情况或真实值的一致性。准确的数据应与实际情况相符合，误差或偏差可控。第二，可靠性。数据的可靠性是指数据的稳定性和一致性。可靠的数据应该能够在重复的测量和采集过程中得到相似的结果，不受随机误差或测量误差的影响。第三，完整性。数据的完整性是指数据所包含的信息全面和完整。完整的数据应包含所有必要的信息，没有遗漏或缺失。第四，一致性。一致的数据应该在不同的条件下具有相似的结果，不受环境变化或数据源的影响。第五，可重复性。数据的可重复性是指数据在相同的条件下能够被重复采集和测量，得到相似的结果。可重复的数据应该具有良好的稳定性和可再现性。

综上所述，数据可信度是指数据具有准确性、可靠性、完整性、一致性和可重复性等特性。保证数据的可信度对于计量和数据分析的准确性和有效性至关重要，是科学研究和决策制定的基础。

（一）设备可信度

可信设备是指那些具有对外数据通信接口的设备，其功能实现和运行表现都基于可靠的工艺参数，并且其功能和技术性能已通过第三方检测认证，确保输出数据的真实性和不可篡改性。这类设备可以细分为专业设备和通用设备两大类。专业设备主要涉及专门用于检测特定参数的检测仪器或自动化检测设备，主要用于产品特定性能参数的测试和检测。通用设备更多是指边缘网关，其功能主要是采集与专业设备或其他环境参数相关的数据，并将这些数据传输到云端。对于专业设备来说，其核心传感器和输出数据必须经过第三方的检测和认证。此类设备需按照设备性能指标，依据一定的评价标准接受第三方的现场评估，并需要定期或者不定期进行重新评估和认证。通用设备应配备可信赖的操作系统、可靠的应用程序、独一无二的可信标识以及数据加密功能。一旦通用设备完成了第三方的现场评估，就可以直接从云端下载并绑定相应的可信 App。此外，通过物联网、SaaS 平台能够对这些设备进行实时的监控。

（二）数据采集可信度

采集数据的种类包括时间数据、空间数据以及生产制造数据。

时间数据：这类数据由可信的边缘网关产生，其会根据互联网同步时钟来确定数据采集的具体时间点。

空间数据：这类数据来自外部位置传感器，揭示数据采集所在的空间坐标，包括绝对位置和相对位置。绝对位置是指在地球上的具体坐标，可以由北斗、

GPS或移动基站等来定位；相对位置是在特定生产制造环境中的位置，可以通过UWB、蓝牙、Wi-Fi和激光等室内定位系统来确定。

生产制造数据：包含供应链数据、加工数据以及质量检测数据，这些数据用于综合评估产品的质量和性能。

采集数据可以通过边缘网关以及专门的设备或传感器，利用总线、直接数字量或模拟量来完成。

评价标准分为技术评价和业务评价。技术评价针对拥有唯一标识的单一工业产品、工艺流程或批次物料进行，通过可信设备和边缘网关来进行数据采集和传输，之后，这些数据会被存储在云端，并以某种加密算法或数据签名的方式存储在联盟链中，确保数据的溯源性。业务评价则由第三方进行现场评价，通过激活的可信设备，由可信的SaaS平台实时监管。在实时监管时生成的数据被视为可信数据。同时，这些可信专用设备都具有唯一标识。

（三）数据流通与展示可信度

各方利用特定软件从可信标识处获得相应的业务标识，进而访问可信的SaaS平台，并获取相关数据，再将这些数据与区块链上的数据签名做对比，从而确认数据的可靠性。

数据流通与展示包由产品/服务唯一性ID＋业务唯一性ID＋业务数据包组成。

评价标准：以数据的准确性为根本，实施数据的横向信任评估。这种横向信任评估主要是为了解决数据流通的可信度问题。利用区块链等先进科技手段，确保数据的完整性和可追溯性，从而在多方之间建立数据交换、共享等各个环节的信任。这样的数据具备不可篡改、可追踪、多方可信以及可检测认证等特点。

（四）产品可信度

表12.1 产品可信度阶段评估细则

产品可信度评价各阶段	评价对象	目的	标准内容
产品进货检验评价	生产主体从外部采购的各种用于产品生产和加工的原材料	使采购的原材料能够满足生产所规定的各种数据指标，从而保证产品的高质量	可信检验员工、可信检验项目、可信检验方式以及检验数量和判定标准

续表

产品可信度评价各阶段	评价对象	目的	标准内容
产品过程检验评价	制造生产产品过程中的关键环节或节点	保证半成品在各个环节都能满足可信检验标准，使得产品制造流程正常运行	关键控制点、产品工艺控制要求、关键控制参数、可信检验方法和检验数量或频率及判定标准
产品例行检验评价	生产的最后环节中产品的核心参数	用快速检验评价指标保证最后环节产出的产品满足可信检验标准	实施地点必须是生产的最后环节不再需要进一步加工或制造、等效的检验技术或方法、核心参数及判定标准
产品确认检验评价	在整批次产品移交或销售前，随机从中抽选出的产品	确认产品是持续符合现有产品标准的，可以用于实践活动	核心参数在现有的产品标准是如何规定的、传统的检验技术或方法与可信制造的评价方法如何关联、实施检验的实验室能力要求
产品型式检验评价	选取具有代表性的规格和型号产品，由第三方技术机构现场随机抽取合适数量并进行封样，在第三方技术机构自有的实验室进行法规级别的检验评价	保证制造的产品满足现有监管法规的所有要求，全面评定产品能否全面达到完全可信的判定	以现有产品监管的法规文件为准绳

(五) 标识 (展示) 可信度

可信标识附着在工业产品上面，包括硬件或软件植入两种方式，具备一定约束条件下的唯一性、不可移动性。

硬件：易撕毁加密二维码、易撕毁 NFC（芯片）、加密芯片等。

软件植入：对于具备智能芯片的产品，可事先在智能芯片的存储器中植入一段 ID 程序，通过平台进行统一解释，以满足工信部标识解析体系的要求。

二、计量相关法律争议的概念界定

(一) 民事纠纷

依据《中华人民共和国民事诉讼法》的规定，出现民事纠纷时，当事人可以自行协商处理；协商不成，可以向人民调解委员会申请调解；调解不成，可以申请仲裁或者向人民法院起诉。

1. 民事纠纷处理方式

协商解决。双方当事人在平等自愿的基础上，通过友好协商、互谅互让达成和解协议，进而解决纠纷。

调解解决。在有关组织（如人民调解委员会）或中间人的主持下，在平等、自愿、合法的基础上分清是非、明确责任，并通过摆事实、讲道理，促使双方当事人自主达成协议，从而解决纠纷。

仲裁解决。纠纷当事人根据纠纷前或者后达成的仲裁协议或合同中仲裁条款向仲裁机构提出申请，由仲裁机构依法审理，作出裁决，并通过当事人对裁决的自觉履行或由一方向人民法院申请强制执行而使纠纷得以解决。

诉讼解决。纠纷当事人一方依法向人民法院起诉，由法院依法审理，作出判决或裁定，通过当事人对生效裁判的自觉履行或人民法院的强制执行而解决纠纷。

法律依据：

《中华人民共和国民事诉讼法》第三条：人民法院受理公民之间、法人之间、其他组织之间以及他们相互之间因财产关系和人身关系提起的民事诉讼，适用本法的规定。

《中华人民共和国仲裁法》第二条：平等主体的公民、法人和其他组织之间发生的合同纠纷和其他财产权益纠纷，可以仲裁。

《中华人民共和国人民调解法》第十七条：当事人可以向人民调解委员会申请调解；人民调解委员会也可以主动调解。当事人一方明确拒绝调解的，不得调解。

2. 民事纠纷诉讼证据种类

书证。凡是用文字、符号、图画在某一物体上表达人的思想，其内容可以证明待证事实的一部或全部的，称为书证。

物证。凡是用物品的外形、特征、质量等证明待证事实的一部或全部的，称为物证。

视听资料。凡是利用录像、录音磁带反映出的图像和音响，或以电脑储存的资料来证明待证事实的证据，称为视听资料。

证人证言。诉讼参加人以外的其他人知道本案的有关情况，应由人民法院传唤，到庭所作的陈述，或者向人民法院提交的书面陈述，称为证人证言。

当事人陈述。当事人在诉讼中向人民法院所作的关于案件事实的叙述，称为当事人陈述。

鉴定结论。人民法院审理民事案件，对某些专门性问题，指定具有专业知识的人进行鉴定，从而作出科学的分析，提出结论性的意见，称为鉴定结论。

勘验笔录。人民法院审判人员为了查明案情，对与争议有关的现场或者物品，亲自进行勘查检验，进行拍照、测量，将勘验情况和结果制成笔录，称为勘验笔录。

（二）计量纠纷

1. 仲裁检定

仲裁检定即当计量纠纷的双方在相互协商不能解决纠纷的情况下，或双方对数据争执不下时，最终应以国家计量基准或社会公用计量标准检定的数据来判断。仲裁检定是用计量基准或社会公用计量标准所进行的以裁决为目的的计量检定活动。仲裁检定可以由县级以上人民政府计量行政部门直接受理；也可以根据司法机关、合同管理机关、涉外仲裁机关或者其他单位的委托，指定有关的计量检定机构进行。我国实行两级仲裁检定制。上一级政府计量部门进行的仲裁检定为终审仲裁检定。

2. 计量调解

计量调解指县级以上人民政府计量行政部门根据仲裁检定的结果，在分清责任的基础上，通过说服工作促使双方当事人互相谅解，自愿达成协议的活动。计量调解虽然不是处理计量纠纷的必经程序，但却贯穿于处理纠纷的全过程。对计量纠纷进行调解，一般在仲裁检定以后进行。

法律依据：

《中华人民共和国计量法》

第二十三条：制造、销售未经考核合格的计量器具新产品的，责令停止制造、销售该种新产品，没收违法所得，可以并处罚款。

第二十四条：制造、修理、销售的计量器具不合格的，没收违法所得，可以并处罚款。

第二十五条：属于强制检定范围的计量器具，未按照规定申请检定或者检定不合格继续使用的，责令停止使用，可以并处罚款。

第二十六条：使用不合格的计量器具或者破坏计量器具准确度，给国家和消费者造成损失的，责令赔偿损失，没收计量器具和违法所得，可以并处罚款。

第二十七条：制造、销售、使用以欺骗消费者为目的的计量器具的，没收计量器具和违法所得，处以罚款；情节严重的，并对个人或者单位直接责任人员依照刑法有关规定追究刑事责任。

第二十八条：违反本法规定，制造、修理、销售的计量器具不合格，造成人身伤亡或者重大财产损失的，依照刑法有关规定，对个人或者单位直接责任人员追究刑事责任。

第二十九条：计量监督人员违法失职，情节严重的，依照刑法有关规定追究刑事责任；情节轻微的，给予行政处分。

第三十条：本法规定的行政处罚，由县级以上地方人民政府计量行政部门决定。

第三十一条：当事人对行政处罚决定不服的，可以在接到处罚通知之日起十五日内向人民法院起诉；对罚款、没收违法所得的行政处罚决定期满不起诉又不履行的，由作出行政处罚决定的机关申请人民法院强制执行。

第二节　计量在数据可信度和法律争议中的作用

一、计量在数据可信度中的作用

计量对于数据可信度具有重要的意义。通过应用计量方法和技术，可以提高数据的准确性、一致性和可比性，保证数据的可信度和可用性。在数据采集、校准、验证和模型建立等方面，计量都发挥着关键的作用，为数据的可信度提供了科学的支持和保障。

(一) 提高数据采集与测量的水平

计量可以用于数据采集和测量过程中，确保数据的准确性和可靠性。数据采集是指从现实世界中获取数据的过程，包括使用各种方法和工具，如问卷调查、实地观察、实验设计、传感器技术等，来收集所需的数据。在数据采集过程中，需要确保采集到的数据具有代表性，能够反映出所研究或监测对象的真实情况。通过选择合适的测量仪器、制定标准的测量程序和方法，可以有效地减少人为误差和系统误差，提高数据的精确性和可信度。数据测量是指将采集到的数据进行量化和记录的过程。在数据测量中，需要确定适当的测量指标和测量方法，并使用合适的工具和设备进行测量。测量过程中要注意测量设备的准确性和可靠性，以及操作人员的技能和专业知识水平。此外，还需要进行数据的校准和验证，确保测量结果的准确性和一致性。数据采集与测量是获取和记录数据的过程，是数据可信度的重要组成部分。数据采集和测量的准确性和可靠性对于确保数据的可信度至关重要。因此，在设计数据采集方案时，需要考虑采样方法、样本大小、采集时机等因素，以确保数据的准确性和可靠性。

可见，数据采集与测量是确保数据可信度的重要环节。在进行数据采集和测量时，需要设计合理的采集方案，选择适当的测量方法和工具，进行数据的质量控制和质量保证。通过这些措施，可以获得准确、可靠的数据，为后续的数据分析和决策提供可信的基础。

（二）有利于数据校准与溯源

计量可以用于数据校准和溯源，即将所测量的数据与已知的标准进行比对和校准，确保数据的一致性和可比性。通过建立可靠的校准链和溯源体系，可以追溯数据的来源和测量过程，保证数据的可信度和可追溯性。

数据校准是指将测量设备与已知标准进行比较，并进行调整和校正，以消除测量误差。校准过程中需要使用已知准确度的参考标准来对测量设备进行校准，并记录校准结果和调整值。通过定期的校准，可以保证测量设备的准确性和可靠性，提高数据的可信度。数据溯源是指追溯数据的来源和测量过程，以保证数据的可靠性。数据溯源包括记录数据采集的具体过程、测量设备的规格和性能、操作方法和环境条件等信息。通过溯源，可以了解数据的产生过程，并追溯数据的准确性和一致性。

数据校准与溯源是确保数据可信度的重要手段，可以帮助验证数据的准确性、可靠性和一致性。通过数据校准和溯源，可以确保测量设备和方法的准确性，并将测量结果与国家或国际标准进行比较，以确保数据的可信度和可比性，为后续的数据分析、决策制定和法律争议解决提供可靠的数据基础。

（三）提升数据验证与误差分析的精确度

计量可以用于数据验证和误差分析，即对数据进行检验和评估，判断数据的合理性和可信度。通过应用统计分析和误差分析的方法，可以识别和排除数据中的异常值和误差，提高数据的质量和可信度。

数据验证是指对采集到的数据进行逐项检查和确认，以确保其准确性和一致性。数据验证包括对数据的逻辑性、完整性和一致性进行检查。在数据验证过程中，需要对数据进行合理性检查，比较不同数据项之间的关系和相互依赖性。如果数据存在异常或矛盾，需要进行调查和纠正。误差分析是对数据采集和测量过程中可能存在的误差进行定量分析和评估。误差分析可以帮助识别和衡量数据中的误差源，包括系统误差和随机误差。系统误差是由于测量设备、操作方法或环境条件等因素引起的固定偏差，而随机误差是由于测量过程中的不确定性和变异性引起的偏差。通过误差分析，可以了解误差的来源和影响，并采取相应的措施进行纠正和修正。数据验证与误差分析可以确保数据的准确性和可靠性。通过验证数据的完整性、一致性和合理性，并进行误差分析和校准，可以降低数据误差的影响，提高数据的质量和可信度，为后续的数据分析、决策制定和法律争议解决提供可靠的数据支持。

（四）提高数据模型预测的准确性

计量可以用于建立数据模型和进行数据预测，通过对历史数据的分析和建模，可以预测未来的趋势和变化，为决策提供可靠的依据。建立数据模型进行预测是在数据分析和决策支持中常用的方法，通过建立数学或统计模型来分析数据的关系，并进行未来趋势的预测。

数据模型是对数据关系和行为的数学或统计描述。数据模型可以是线性模型、非线性模型、时间序列模型等，具体选择的模型取决于数据的特点和分析目的。通过建立适当的数据模型，可以揭示数据之间的关系、变化规律和影响因素。数据预测是利用建立的数据模型来预测未来的趋势和结果。通过对现有数据进行模型拟合和参数估计，可以得到模型的参数和关系。然后，使用拟合好的模型来进行预测，帮助决策者作出科学的决策和计划。

1. 提高数据准备效率

数据的质量和可信度对于建立准确的模型和进行可靠的预测至关重要。在建立模型之前，需要对数据进行预处理、清洗和校验，确保数据的准确性和一致性。需要保护数据的隐私和安全，防止未经授权的访问和篡改。同时，还需要确保数据的完整性和可靠性，防止数据的损坏和篡改对计量结果产生影响。计量能够加强数据隐私保护和安全管理，有助于制定相应的政策和措施，保障数据的可信度和安全性。

2. 提高模型选择效率

选择适当的数据模型是实现准确预测的关键。应根据数据的特点和分析目的，选择合适的模型类型和方法，进行模型参数的估计。

3. 提高模型评估效率

对建立的模型进行评估是确保预测准确性的重要步骤。通过使用历史数据进行模型验证，可以评估模型的拟合优度和预测准确性。

4. 提高预测和解释效率

基于建立好的模型，可以进行预测和解释。将模型应用于新的数据，根据预测结果进行决策和计划。

数据模型与预测的重要性在于帮助决策者理解数据的变化和趋势，并作出相应的预测和决策。通过建立准确的模型，可以揭示数据背后的模式和规律，并为决策提供有力的依据。在建立数据模型与预测时，需要注意模型的局限性和不确定性以及数据的变化和外部因素的影响，综合考虑多个因素，进行合理的风险评估和决策分析。

（五）促进国际数据互通与标准互认

国际数据互通和标准互认的程度直接影响了全球范围内数据可信度的水平。计量标准的统一以及计量资源在各国之间的共享可以加强国际数据合作交流，促使世界各国共同研究和制定计量标准和方法，使计量在全球范围内一体化应用。同时，计量还能够推动标准互认和认可机制的建立，确保不同国家和地区之间计量结果的互认，从而提高数据可信度。

随着社会生产力的不断进步，计量在数据可信度领域中将发挥越来越重要的作用。计量将深化数据管理的研究与应用，推动数据的规范化和标准化，提高数据的可信度和可用性。同时，应加强数据可信度相关领域的人才培养和合作交流，培养更多具备计量专业知识和技能的人才，促进学术界、政府和企业之间的合作，共同推动计量在数据可信度中的应用与发展。

二、计量在解决法律争议中的作用

计量在法律争议解决中发挥着重要的作用。通过应用计量方法和技术，可以提供客观、科学的证据，帮助法庭作出公正的决策。计量在证据鉴定、法律规范支持、争议解决辅助工具和专家证词等方面发挥着关键的作用，为法律争议的解决提供了科学的支持和依据。应加强计量在法律领域的研究与应用，建立科学的计量标准和方法，加强计量专家的培养和评定，以确保计量在法律争议解决中的有效应用。随着科技的不断发展和创新，计量在解决法律争议中的作用将进一步扩大和深化。

（一）提高证据鉴定与分析水平

计量可以应用于证据鉴定和分析中，通过对相关数据和信息的测量和分析，可以判断证据的真实性和可信度。计量可以帮助法庭评估证据的准确性、可靠性和可重复性，从而提供客观、科学的依据来支持法庭的决策。

在法律争议解决中，证据的鉴定与分析是非常重要的步骤，用于评估和确定证据的可信度、可靠性和法律效力。通过对证据进行鉴定与分析，可以确定证据是否具有说服力，并对案件的结论产生重大影响。

证据分析是对收集到的证据进行分析和解释的过程。在证据分析过程中，需要运用逻辑和推理的方法，识别证据的重要性和相关性，并从中得出合理的结论。证据鉴定是对收集到的证据进行评估和验证的过程。在证据鉴定过程中，需要考虑以下几方面：其一，可信度评估。对证据的可信度进行评估，包括评估证据的来源、采集过程、完整性和一致性等因素。可信度评估有助于确定证据的真实性和可靠性。其二，客观性分析。对证据进行客观性分析，即对证据进行科学和逻辑分析，以确定证据是否符合法律要求和证明标准。其三，证据链分析。对证据进行链条分析，即确定证据之间的关联和相互支持关系，有助于构建完整的证据链，以支持案件的论点和主张。其四，专业意见和鉴定。在某些案件中，可能需要专业人士提供意见和鉴定，他们的专业意见和鉴定可以提供有关证据的专业解释和解读。

证据鉴定与分析在法律争议解决中扮演着重要角色，有助于确定证据的真实性、可靠性和法律效力。通过科学和系统的鉴定与分析，可以帮助决策者作出公正和合理的判断。

（二）为法律规范提供支持

计量可以用于支持法律规范的制定和实施。通过测量和评估相关数据和指标，可以为法律规范提供科学的依据和定量的标准。计量可以帮助界定法律条款中的模糊概念，明确法律规范的适用范围和标准，从而减少法律解释的主观性和争议性。

法律规范在争议解决过程中起着关键的支持作用。法律规范是指法律体系中的各种法律文件、法规和规范性文件，包括宪法、法律、行政法规、司法解释、行业标准等。这些法律规范为争议解决提供了法律依据和准则，为决策者提供了法律支持和指导。

1. 为法律依据提供支持

计量为法律争议的解决提供了具体的法律依据。《中华人民共和国计量法》作为一部成文的法律，为其他法律的制定提供了计量方面的依据，它明确规定了其他法律所涉及的权利和义务、法律责任、证据要求等方面中计量的规则和原则。决策者可以根据法律规范对争议进行评估和判断，并作出相应的决策。

2. 为法律解释提供支持

计量为法律条文的解释和解读提供了支持。司法解释、法院判例和行业标准等为争议的解决提供了指导。法律解释对法律条文进行解释和说明，有助于决策者理解和运用法律条文。

3. 为法律原则提供支持

一些普遍适用的法律原则需要计量在其中发挥作用，如公平原则、合同自由原则、公共利益原则等。这些法律原则为决策者提供了指导和准则，帮助决策者进行公正和合理的决策。

4. 为法律程序提供支持

计量在某些方面规定了争议解决的程序和要求，明确了诉讼程序、证据收集和鉴定、听证会和仲裁程序等方面的规定。决策者根据法律规范的程序要求进行相应的操作和决策，确保争议解决的合法性和合规性。

计量为决策者提供了法律依据、解释和原则，帮助他们在决策过程中依法行事。同时，计量保障了当事人的合法权益，确保争议解决的公正和公平。决策者在使用法律规范时需要理解其适用范围、解释和适用的灵活性，并遵守法律程序和要求，确保决策符合法律规定。法律规范也需要与实际情况相结合，充分考虑争议的具体情况和当事人的权益，寻求公正和合理的解决方案。

从整体来看，解决法律争议时，决策者需要综合考虑法律规范、专业知识和实际情况，进行权衡和判断。法律规范作为决策的重要参考和指导，为决策者提供了法律框架和原则，帮助他们作出明智和公正的决策。决策者还应注意法律规范的适用范围和限制，确保决策的合法性和合规性。综合利用法律规范和其他辅助工具，可以提高争议解决的效果。

（三）为争议解决提供辅助工具

计量方法和技术可以作为争议解决的辅助工具，帮助当事人和法庭进行定量分析和评估。在解决争议的过程中，除了法律规范之外，还可以借助一些计量辅助工具来辅助决策和解决争议。通过应用统计分析、数据模型和决策支持系统等，可以量化争议的相关因素和影响，提供客观的评估和预测，促进争议的解决。

1. 提供数据分析工具

数据分析工具可以帮助决策者对相关数据进行处理、分析和可视化。通过数据分析，可以发现数据的趋势和关联，从而提供更全面的信息支持。

2. 提供模拟和仿真工具

通过建立模型和模拟实验来模拟争议情境，可以预测不同决策对结果的影响。模拟和仿真工具可以帮助决策者更好地理解和评估不同决策的潜在后果。

3. 提供专家意见咨询工具

在复杂争议情况下，专家意见和咨询可以提供专业的技术、法律或行业知识。专家的意见和建议可以为决策者提供有价值的参考和指导。

4. 提供法律数据库和案例分析工具

法律数据库和案例分析工具提供了大量的法律文献和案例信息。决策者可以通过搜索和分析相关法律文献和案例，了解类似争议的判例和法律依据。

5. 提供调解与仲裁工具

调解与仲裁计量可以为争议双方提供独立、中立的第三方调解或仲裁服务。通过独立的程序和专业的调解员或仲裁员，为当事人提供科学合理的量化分析服务，帮助当事人达成解决争议的协议。

计量辅助工具可以帮助决策者在争议解决过程中获得更全面和准确的信息。决策者可以根据争议的具体情况和需要选择适当的辅助工具，结合法律规范和专业判断进行综合分析和决策。

（四）为专家证词提供支持

专家证词是指相关领域的专家提供的有关争议的相关事实、技术、科学或其他专业问题的证词。专家可以在法庭上提供专业证词，解释争议所涉及的方法和技术的原理，提供专业的数据分析和解释，帮助法庭理解和评估案件，作出对争议解决有效的正确判断和决策。在法律争议解决中，专家证词扮演着重要的角色，为决策者提供专业的意见和鉴定。计量可以有效强化专家证词的说服力与效能，为法律争议的解决提供帮助。

1. 为专家证词提供专业知识与解释

专家证词能够提供相关领域的专业知识和解释，帮助决策者理解案件中涉及的复杂专业问题。通过引入计量相关知识，可以使得专业知识与解释更加容易理解，决策者能够通过计量所显示的数据快速把握专家所提供的专业知识与解释中有利于解决争议的关键点。

2. 为专家证词判断证据可靠性

专家证词能够评估和解读相关证据的可靠性和科学性。专家能够对收集到的证据进行专业的分析和评估，判断证据的可信度和可靠性，为决策者提供专业的意见和建议。通过引入计量工具，可以获得客观数据并对证据可靠性进行评估，使得专家证词会更加具有说服力。

3. 为专家证词提供专业鉴定与意见

专家可以根据其专业知识和经验，对案件中涉及的技术、科学或其他专业问题进行鉴定和评估，提供专业的意见和结论。计量的引入能够使得专家作出的鉴定思路更加清晰，内容更加充实，结构更加立体，资料丰富，方法科学，分析客观。定性鉴定与定量分析互为补充，使得鉴定评估更科学。

4. 为相关证据进行解释和辩护

专家可以通过解释和说明相关证据的科学原理、技术特点和实际意义，帮助决策者更好地理解证据的含义和重要性。计量相关知识的引入能够明显提升证据的可信度和说服力，使得证据能够更加易于理解。专家证词通过提供专业的意见和鉴定，帮助决策者更全面、准确地评估案件，并作出符合法律要求和专业标准的决策。

第三节　计量在数据可信度和法律争议中的典型案例

【案例一】计量单位不一致产生的法律争议案件及其解决

一、案件概括

氩保气是精密仪器焊接环节中常用的一种特殊气体，市场上通常以瓶为单位计算售价。南京某特种气体厂合肥分厂（以下简称“气体厂”）故意利用合肥某汽车公司（以下简称“汽车公司”）审查上的疏忽大意，将合同中的计价单位“瓶”改为“升”，致使汽车公司多支付 370 万余元货款。对于该起买卖合同纠纷案件，安徽省合肥市中级人民法院（以下简称“合肥中院”）承接审理，结合计量相关知识充分分析了该起案件，判断得出案涉双方利益严重失衡，终审维持合肥高新技术产业开发区人民法院一审判决，由卖家返还多付货款。

二、具体案件经过

2014 年至 2017 年，汽车公司和气体厂之间一直存在买卖合同关系。双方约定，由气体厂向汽车公司提供氧气、乙炔、氩保气等特殊气体，且双方签订书面合同时约定了氩保气计量结算单位为瓶，价格为 38 元至 40 元每瓶，每瓶 40 升。2017 年，汽车公司因系统问题以及工作人员失误，以升为计量结算单位计算氩保气的货款并予以支付，导致汽车公司相较于合同约定的价格多支付数十倍的款项。2019 年双方续签合同时，汽车公司通过工作邮箱向气体厂发送了不可更改、加密的买卖合同，载明氩保气仍按瓶进行结算，瓶装单价为 31.9 元。气体厂收到合同文本后，为掩盖此前不当得利的事实并继续获取非法利益，通过另行打印合同最后一页的方式，将内容篡改为“氩保气的计量单位为升，单价为 31.9 元/升（不含税）”，并在加盖印章后交由汽车公司。

汽车公司工作人员收到气体厂篡改的合同后，未对文本进行核对即将合同文本盖章并送还气体厂，导致汽车公司按高于市场公允价值几十倍的价格支付氩保气货款。汽车公司诉请撤销其与气体厂签订的买卖合同，气体厂返还多支付的 370 万余元。气体厂对其行为进行辩解，申明双方签订的合同是根据一贯的交易习惯所形成的，并且气体厂也已经按照约定进行了供货，不存在超过几十倍收费的情况。

三、计量在案件中发挥的作用

合肥高新技术产业开发区人民法院一审查明，案涉双方长期存在氩保气等特种气体的交易行为。除案涉合同外，其他合同对氩保气的计价单位均是瓶（每瓶40 升）、单价为 38 元至 40 元不等，对其他气体的计价单位同样是瓶。案涉合同载明的氩保气计价单位却是升（每瓶 40 升）、单价为 31.9 元，而其他气体计价单位仍是瓶。在氩保气市场价格并未出现大的波动时，案涉合同载明的氩保气价格是双方交易习惯的 30 多倍，亦超出交易时的市场价格几十倍，甚至超出 2021 年气体厂通知调价价格的 17 倍之多，已经构成法律规定的利益失衡。

根据查明的事实，法院认为，气体厂利用了汽车公司的轻率。从内容上看，气体厂的修改系对汽车公司发出要约的实质性变更，且属于内容的重大修改。从形式上看，气体厂仅将价格表中的一处计价单位从“瓶”修改为“升”，从普通生活常识及一般经验法则来看，该修改行为具有高度隐蔽性，存在有意隐瞒修改行为的主观故意，造成汽车公司疏于审核。从意思表示上看，气体厂陈述该修改系应气体厂业务经理要求而作出的，但从汽车公司通过发送限制编辑合同文本的方式来看，其在发送的同时，已经表达出该合同内容不可更改或应经汽车公司同意后作出更改的意思表示。

综合修改内容、修改形式及意思表示等因素，结合双方交易习惯、合同邮件文本的限制编辑属性等情形，法院认为，汽车公司在加盖印章时虽存在经验不足或轻率行为，但气体厂显然背离了诚信原则的要求，具有利用各方面因素促成汽车公司忽视的主观恶意，进而实现双方利益显著失衡的不当目的。因此，一审判决撤销案涉双方签订的合同，气体厂返还汽车公司370万余元以及资金占用损失。

四、案件最终判决

气体厂不服一审判决，提起上诉。合肥中院二审认为，汽车公司支付的氩保气价格明显高于市场公允价值，气体厂据此获得的利益明显没有合理依据，双方利益严重失衡，且计价方式违背了双方的交易习惯，气体厂亦未能作出合理解释。故汽车公司主张案涉氩保气的交易显失公平，理由能够成立。

【案例二】计量在生态刑事案件中的应用

一、裁判要旨

森林资源刑事犯罪的破坏行为对森林生态系统安全构成严重威胁，也损害了森林生态系统固碳调节服务功能，造成森林资源碳汇价值损失。随着“双碳”目标的提出，碳汇补偿作为修复生态环境情节，已在各地法院的生态刑事案件中得到愈来愈多的运用。被告人缴交碳汇损失补偿金的行为，人民法院可作为其认罪认罚、悔罪的表现，予以酌情从轻处罚。

二、案件概括

公诉机关：福建省龙岩市新罗区人民检察院

被告人：陈长华

根据福建省龙岩市新罗区人民法院的审理调查，被告人陈某华在2020年12月9日至10日间，未经许可，非法指派工人砍伐位于龙岩市新罗区雁石镇龙康村“新竹坑头”山场的杉木。经龙岩市新罗区森林资源资产评估中心鉴定，陈某华非法砍伐的杉木蓄积量达到了31.606 4 m^3。2021年1月21日，陈某华主动到龙岩市公安局雁石森林派出所自首。在审查起诉阶段，陈某华在律师的见证下，与公诉机关达成了认罪认罚协议。因此，公诉机关建议对陈某华判处有期徒刑八个月，缓刑一年，并处以罚金。

2022 年 4 月 6 日，陈某华在新罗法院签署了《自愿修复补偿承诺书》，表明愿意对其行为造成的破坏承担修复和赔偿责任。新罗法院遵循龙岩市中级人民法院和龙岩市林业局的相关规定，函告龙岩市新罗区林业局。由该局指派林业专家制定了恢复林地植被的修复方案，并估算所需费用为 21 000 元。此外，还出具了《碳汇价值损失评定意见书》，评定陈某华非法砍伐行为导致的碳汇价值损失为 1 966.99 元。

之后，陈某华与新罗区林业局雁石林业站签订了《森林生态恢复补偿协议书》，同意按照修复方案，缴纳总额为 21 000 元的生态修复履约金，用以恢复林地植被，并支付 1 966.99 元的森林碳汇补偿金，以弥补其犯罪行为对森林碳吸收服务功能的损失。陈某华已经支付了这些款项，总计 22 966.99 元。

三、案件处理依据

2016 年 12 月 23 日，最高人民法院、最高人民检察院联合出台的《关于办理环境污染刑事案件适用法律若干问题的解释》第五条规定，行为人积极修复生态环境，确有必要判处刑罚的，应当从宽处罚。碳汇损失补偿是生态修复的重要内容，如何在森林刑事犯罪案件中引入森林碳汇补偿机制，量化生态环境服务功能损失的价值？福建新罗法院在审理陈某华滥伐林木案中，对上述疑难问题进行积极的探索，采用“六书”模式，规范森林碳汇补偿补偿机制良性运行，成功审结福建省首例森林碳汇补偿刑事案件。

（一）生态刑事案件中森林碳汇补偿机制的适用范围

根据 2020 年 3 月 6 日公布的《森林生态系统服务功能评估规范》，森林生态系统服务功能是指森林对生态过程或生态平衡的贡献，这些贡献以经济作为评价指标。森林生态系统服务功能具体包括保持土壤和固定林木养分的支持服务功能，维护水源、固碳释氧、净化大气和森林保护的调节服务功能，生物多样性和林木产品的供给服务功能，以及森林康养的文化服务功能。

森林碳汇服务功能主要涉及森林固碳释氧调节服务功能，即森林植物能够吸收大气中的二氧化碳，并将其存储在植被或土壤中，进而减小大气中温室气体的浓度。这一功能作为森林生态服务功能的重要组成部分，在吸收二氧化碳和释放氧气方面具有显著效果，其生态价值潜力巨大，远超过了简单的实物生产价值。

破坏森林资源的刑事犯罪行为严重危害了森林生态系统的安全，也影响了森林生态系统的固碳调节服务功能，导致森林资源碳汇价值的损失。碳汇补偿机制是指在审理此类刑事案件时，坚持生态保护为优先、被告人自愿悔罪补偿、相关部门协作分工的原则，为保护森林生态安全，尽快修复受损生态环境，并通过法律分析使被告人充分了解其犯罪行为对森林生态系统的破坏性，促使被告人采取重新植树、管护等绿化恢复措施，对其破坏的森林固碳调节服务功能进行补偿。

修复性森林碳汇补偿机制的适用范围包括：有意或无意焚烧林木、非法砍伐、滥伐林木、故意破坏林木等破坏性犯罪；非法采矿、破坏性采矿导致的森林资源破坏；非法占用农地、改变土地用途导致的森林资源破坏。

（二）生态刑事案件中碳汇价值损失金额的确定

在生态刑事案件中，统一的森林碳汇量测系统是至关重要的，对于评估森林固碳调节服务功能的损失具有核心作用。龙岩中院联同龙岩市林业局共同发布了《龙岩市关于在刑事犯罪案件中开展司法修复森林碳汇补偿机制工作指引（试行）》，基于恢复被损坏前的森林碳汇量来计算森林碳汇损失补偿金，其中，碳储量与固碳量（碳汇量）之间的换算系数固定为3.67。价值计算均采用直接市场法来进行。

联系本案，被告人陈某华砍伐杉木的碳汇损失按乔木类碳汇损失计量方法。森林碳储量：乔木林碳储量计算采用蓄积量转化法，采用《1996年IPCC国家温室气体清单指南》通用值核算公式：$C_{乔木}=V_f\times\delta\times\rho\times r$。式中：$C_{乔木}$为林木碳储量，单位为吨碳（tC）；$V_f$为林木蓄积量，单位为立方米（$m^3$）；$\delta$为林木蓄积换算成生物量的系数，也称生物量扩大系数，无量纲；ρ为容积密度，单位为吨每立方米（t/m^3）；r为含碳率，单位为吨碳每吨干物质（t/t）。δ取1.9，ρ取0.5，r取0.5。森林碳汇量（固碳量）：根据原子质量关系换算，每吨碳储量可换算为固碳量3.67吨。固碳量＝碳储量×3.67。单位：吨（t）。

碳汇价值核算：采用直接市场法，碳汇价值量＝碳汇量×CCER碳价。被告人陈某华砍伐的杉木达31.606 4 m^3，CCER碳价取35.7元/吨，故本案的碳汇价值为＝$C_{乔木}\times3.67\times$CCER碳价＝$31.6064\times1.9\times0.5\times0.5\times3.67\times35.7$元＝1 966.99元。

目前，国内尚未建立统一的森林碳汇计量监测体系，因此采取的计量方法主要考虑实用性和可操作性，同时符合自愿缴交碳汇损失补偿金的原则。龙岩市新林林业技术咨询有限公司提供的《森林刑事犯罪案件碳汇价值损失评定意见书》中的计量方法仅包括活体乔木碳储量，没有包括林下植物、枯落物、枯死木和土壤碳储量。

生态系统服务具有多样性和多价值性，但由于目前没有公认的核算方法，受数据收集限制，只能在一定程度上反映森林生态系统服务价值的变化。本案中使用的计量方法是由龙岩中院与龙岩市林业局邀请福建省师范大学碳中和研究院、地理科学学院的权威专家学者经过深入的研究和讨论而确定的，适合用于龙岩地区的森林碳汇损失计量。林下植物和土壤的固碳效益如何计入碳汇量以及如何计量，还需要进一步的研究和论证。

本案对于探索修复性森林碳汇补偿机制，推动建立全省统一和与国际接轨的森林碳汇计量、监测体系和标准，规范全省森林刑事案件中的碳汇损失价值都有着示范作用。

（三）生态刑事案件中森林碳汇补偿机制的运行程序

法院和林业主管部门在开展生态司法修复工作时，应依据现场调查、实地勘察、风险评估，根据被破坏森林生态系统的环境要素、林木林地类型、固碳功能损害程度等，形成可操作性的生态修复方案。通过陈某华的案例，可以总结出碳汇补偿机制的运行流程和步骤：

1. 签订承诺书——自愿悔罪

在处理符合生态修复机制的案件时，法院应向被告人清晰地说明恢复植被和林业生态的必要性和义务，要求其赔偿由于破坏森林所导致的固碳调节服务功能损失，并明确相关的法律责任和可能面临的刑事后果。此外，法院还需引导被告人自愿缴纳保证金和赔偿金，并签署自愿进行生态恢复和赔偿的承诺书，以此来表达他们真正认识到自己的罪行并表达悔罪。

2. 出具通知书——职能协同

在被告人签署了自愿进行修复并支付补偿的承诺书之后，由法院向林业主管部门发出正式的通知，指示林业主管部门指派两名具备相应资质的林业专业技术人员拟定“重新植树和恢复绿化”的方案，以恢复森林植被，并提供碳汇价值损失的评估意见书，明确被破坏的森林资源的碳汇价值。通知应详细列明基本案件事实、森林资源的破坏情况、评估的相关事宜，并应附上起诉书等相关文件。

3. 出具委托书——专业评定

林业主管部门出具委托书，委派两名具备专业资格的林业技术人员来拟定恢复计划，确认恢复保证金，并计算碳汇价值的损失。

4. 出具意见书——客观定量

受托方应在接到委托后的3个工作日之内，编制《森林刑事犯罪案件碳汇价值损失评定意见书》，并附上评定的依据和相关的技术资格证明文件。

5. 出具设计书——损害修复

具有资质的林业技术人员制定恢复植被和林业生产条件的《造林工程施工作业设计书》，并根据实际情况采取原地或异地恢复方式，充分发挥异地恢复的整体性、集中性和专业性，采取同质或异质恢复。

6. 出具缴费通知书——统筹管理

被告人根据林业主管部门作出的恢复植被和林业生产条件方案所需的恢复费用的等值保证金，以及被毁森林资源碳汇价值评定意见书确认的碳汇损失补偿金，由法院向被告人出具碳汇价值损失费缴纳通知书，被告人自愿缴纳至林业主管部门指定的生态修复专门账户，并由林业主管部门出具凭据。

（四）生态刑事案件中缴纳碳汇损失补偿金的量刑建议

根据林业主管部门制定的方案，被告人需缴纳用于恢复植被和林业生产的保证金和由于森林资源被毁而产生的碳汇损失补偿金。法院发出碳汇价值损失费的支付通知，被告人自愿向指定的生态修复专门账户进行支付，并得到林业主管部门的凭证。这种缴纳行为会被视为被告人的认罪和悔罪，作为量刑的一个参考因素。在本案中，被告陈某华主动缴纳了生态修复金和碳汇损失补偿金，这可以视为一个减轻处罚的理由。这不违背罪刑法定原则，因为这种补偿并不构成刑罚，它是对破坏生态服务功能的一种补偿。《2030年前碳达峰行动方案》已经明确了相应的生态修复要求。在判决时，应该平衡主刑、附加刑和生态修复措施及补偿金之间的关系。对于没有能力支付罚金、进行生态修复和支付补偿金的，应适当加重主刑；对于有能力但不愿意进行修复和支付的，应适当加重主刑和附加刑；对于愿意进行修复和支付的，刑罚可以适当减轻。在判决时，应考虑被告人的支付能力，不应将生态修复费和补偿金并入罚金刑中进行判决。除非确实必要，一般不应判处实刑，而应通过“主刑＋罚金刑”的方式，以便他人代替被告人完成生态修复的义务和责任。

四、案件最终判决

新罗法庭裁定，被告人陈某华的行为已构成滥伐林木罪。由于陈某华主动自首并如实陈述其罪行，依法给予从轻处罚。由于陈某华已与雁石林业站达成了森林生态恢复补偿协议，对自己的犯罪行为造成的生态环境损害有了全面的认识，在无法原地修复被破坏地植被的情况下，愿意支付总额为 22 966.99 元的生态修复履约金和森林碳汇补偿金，并已实际支付，认罪态度良好，悔罪表现明显，依法可以适度从轻处罚。公诉机关也认为，由于陈某华自愿承担植被修复和森林碳汇损失的费用，可以对其从轻处罚。2022 年 4 月 14 日，新罗法院依法对陈某华的滥伐林木罪作出判决，判处有期徒刑八个月，缓刑一年，并处罚金人民币三千元。此判决目前已经生效。

【案例三】计量提升奖金分配数据可信度

一、案例背景

福建省三钢（集团）有限责任公司（以下简称“三钢集团”），目前已形成年产钢 1 100 万吨和以钢铁业为主、多元产业并举的跨行业、跨地区、跨所有制的大型企业集团，旗下拥有三明本部、泉州闽光、罗源闽光、漳州闽光四个钢铁生产基地。截至 2019 年 5 月，三钢集团总资产 401.23 亿元。

近年来，三钢集团深入践行国家供给侧结构性改革，坚持创新驱动，强化结构调整，积极向钢铁制造服务型企业转型，着力打造全行业最具竞争力的一流企业。2018 年，三钢集团产钢 1 168.20 万吨，实现营业收入 570.16 亿元，利税合计 130.55 亿元。全员劳动生产率、吨钢利润、吨钢利税、效益综合指数在同行业 82 家对标单位中排名第一。

国家供给侧结构性改革等一系列政策的实施，引领着钢铁产业健康发展，但钢铁行业仍然面临产能过剩、同质化竞争激烈的困境。三钢集团为有效提高应对市场环境变化的能力，审时度势，大力推进精细化管理，加强经济责任制考核导向，将影响产品质量和成本的生产过程控制参数和指标细化分解到各相关岗位，通过建立量化、在线、实时的自动考核系统，充分挖掘员工潜能，调动员工的积极性，有效提升企业管理水平，促进企业降本增效等工作的深入开展。

二、服务产业升级措施

（一）加大投入，细化管理

数据是一切考核的基础，三钢集团加大测量设备的投入和配备，实现对生产过程中消耗量、产出量以及其他所有控制参数（如温度、速度、流量、压力、重量等）的采集。建立20项企业计量标准以及完善的测量设备管理程序，加强对设备全过程的监控，确保采集数据的准确性。

（二）整合系统，搭建平台

做好信息管理系统、能源管理系统、企业资源计划管理系统的建设，涵盖生产质量管理、能源计量监控、物资资源管理等，实现计量数据的高效利用，借助实时数据库系统，实现各类数据的实时采集和集中存储。

（三）细化职责，量化考核

按岗位职责、目标和操作内容，将与各个岗位有关联的、具有个性化的指标进行量化，将数据和自动控制系统相结合，按设定表单自动采集相关数据，形成实时自动考核表单系统，实现实时自动考核。

第一阶段：至2015年底，三钢集团15个单位1 788个岗位全部实现在线自动考核或表单化手工考核，实现岗位表单化考核全覆盖。

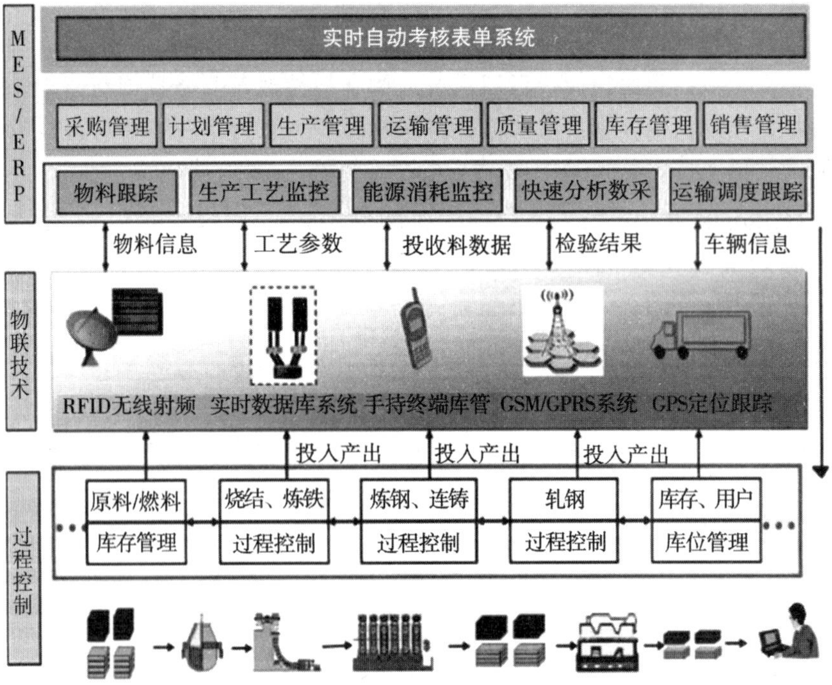

图12.1　三钢集团实时自动考核表单系统结构

第二阶段：为确保考核的真实性与严肃性，考核数据不落地，通过表单信息化考核系统的深度开发，建设一键式系统，实现一键式奖金分配（见图12.2），于2017年6月底全部上线正式运行。

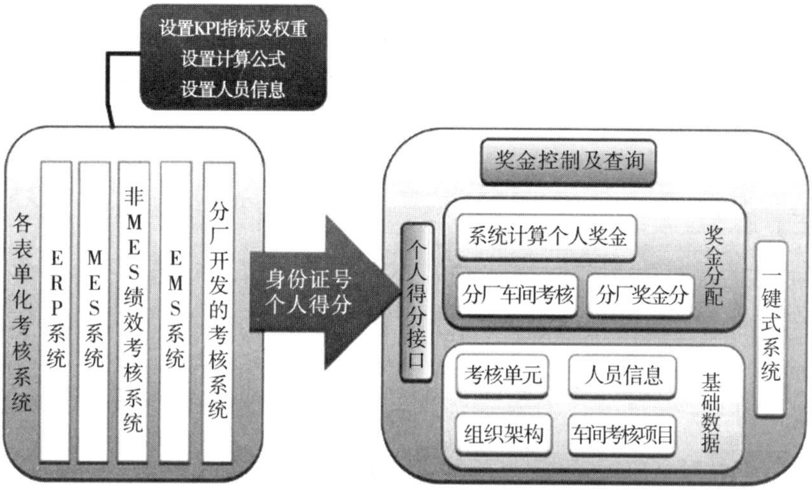

图12.2　表单化考核与一键式奖金分配架构示意图

三、服务成效

（一）优化奖罚体系

奖金分配真正体现员工贡献的多少，让想干事、能干事、实绩突出的员工多得，让不想干事、不能干事、实绩平庸的员工少得，达到奖勤罚懒、奖优罚劣的目的，促使员工自觉提高工作效率和工作质量，促进企业生产经营的高效持续发展。

（二）快速纠正偏差

突出了岗位考核的个性化，岗位考核内容与每个员工实际操作过程、操作质量、操作结果紧密结合，实行实时自动考核。员工通过考核系统可实时查询自动考核情况，对员工的实际工作起到及时警示作用，促使员工提高责任心，出现偏差及时纠正，有效保证企业的优质、高效、低耗、稳定生产。

（三）促进公平公正

考核数据实时获取，自动锁定，考核过程系统自动完成，消除了人为干预。考核结果直接公开，接受员工的评判与监督，促使管理人员提高考核方案制定的科学性、合理性、公平性，真正做到公平公正地将绩效考核落实到每个人，实现了岗位管理精细化。

（四）提高分配效率

考核数据的收集计算、奖金分配均通过系统自动完成，消除了人为差错，实现了考核数据精准计算。奖金分配从分厂到车间，车间到工段，工段到班组，班组到个人的层层分配、层层审核、汇总，变为一键式分配，大大提高了工作效率，奖金分配时间由原来的 5～10 天，缩短到 2 小时左右。

（五）改善技术指标

通过实施实时自动考核，主要技术经济指标显著改善。例如，2013 年推行实时自动考核的第一年即见明显成效，三钢集团本部年人均产钢 535 t，比 2012 年增加 102 t；吨钢电耗 349.21（kW·h）/t，比 2012 年减少 30.67（kW·h）/t，年用电量共减少 13 861 万 kW·h。

（六）提升经济效益

2013 年至 2017 年，三钢集团本部将吨钢加工费等生产经营目标层层分解，并利用实时自动考核表单信息化系统，全面落实绩效考核，吨钢同口径加工费累计降低 305.09 元/t，产生经济效益 186 062 万元。

四、案例应用推广价值

突破传统的手工、按月进行的岗位绩效考核模式，以计量数据和信息系统为依托，将考核数据的自动采集与岗位绩效考核高度融合，实现岗位生产过程控制参数和指标的在线、量化、实时、自动考核。通过实时自动考核，改进奖金分配模式，使奖金能够真正体现职工贡献的多少，让想干事、能干事、实绩突出的职工多得，让不想干事、不能干事、实绩平庸的职工少得，达到奖勤罚懒、奖优罚劣的管理目标，有效提高岗位员工的责任心和操作的精准性，从而更好地提高职工的工作效率和工作质量，促进企业生产经营的发展，提高企业效益。随着三钢集团的不断发展和岗位性质的变更，一键式考核系统也需要动态完善，目前三钢集团正在上线设备管理系统，下一阶段将充分发挥该系统功能，实现对设备维护检修岗位的便利考核。

【案例四】计量提升器具检定数据可信度

一、案例背景

鞍钢股份有限公司质检计量中心校准实验室每年承担公司各生产厂2万余台计量器具的检定/校准工作，每年需人工统计检定/校准年度计划及月执行情况，检校证书填写打印均为人工操作，工作量极大且错误率较高，需要实现计量器具检定/校准网络化、周期检定/校准计划及执行分析情况统计自动化，以减轻劳动强度、提高工作效率。

为实现检定/校准工作管理网络化，使各类资源能够有机地整合在一起，方便工作人员对计量器具检定/校准工作进行统计和结果查询，使管理人员、送检单位可以方便、实时地了解计量器具检校进度、仪表检定/校准情况等各类信息，鞍钢股份有限公司利用计算机网络技术、数据存储技术，搭建了“鞍钢股份有限公司校准信息系统”平台，将检定/校准业务流程和标准器控制、人员授权以及报表统计等工作通过网络化、信息化的方式进行管理。

二、服务产业升级措施

鞍钢股份有限公司质检计量中心构建了网络平台，实现检定/校准信息网络管理，将检定/校准业务流程和标准器控制、人员授权以及报表统计均纳入平台中。平台基于BS架构，开发语言为ASP.NET，前端使用EASYUI+JQURY+AJAX等技术，数据库采用Oracle关系数据库。系统操作方便，界面友好，同时支持证书电子化、证书在线打印、PDF证书下载、标识二维码打印、扫描枪设备登记等辅助功能。

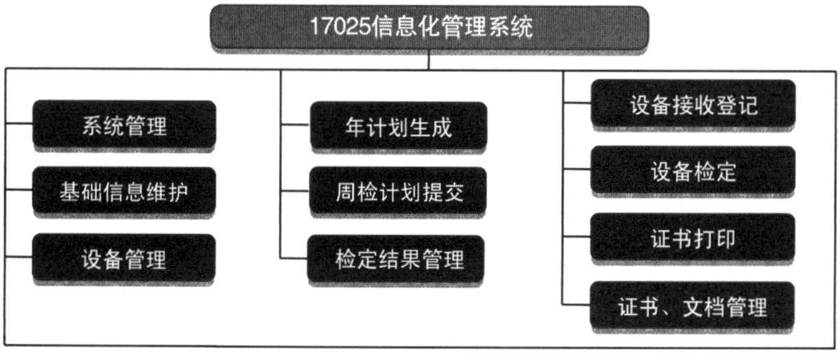

图12.3　系统功能结构图

系统功能主要包括以下几个功能区：

（一）系统管理功能区

1. 系统管理模块

包括用户管理、授权管理等。

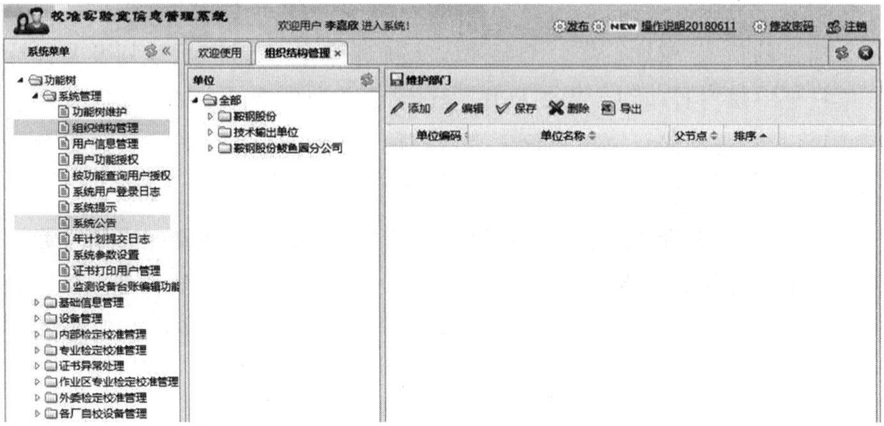

图 12.4　系统管理模块界面

2. 基础信息管理模块

主要是对系统使用的基础信息进行维护和设置，包括人员信息管理台账维护、计量标准装置台账维护、监测设备台账维护、质量手册、程序文件维护、检定规程/校准方法列表维护、作业指导书列表维护、仪器类别明细表维护、开展项目明细表维护等。

图 12.5　基础信息维护模块界面

3. 设备管理模块

包括设备台账管理、设备超期使用报警等。

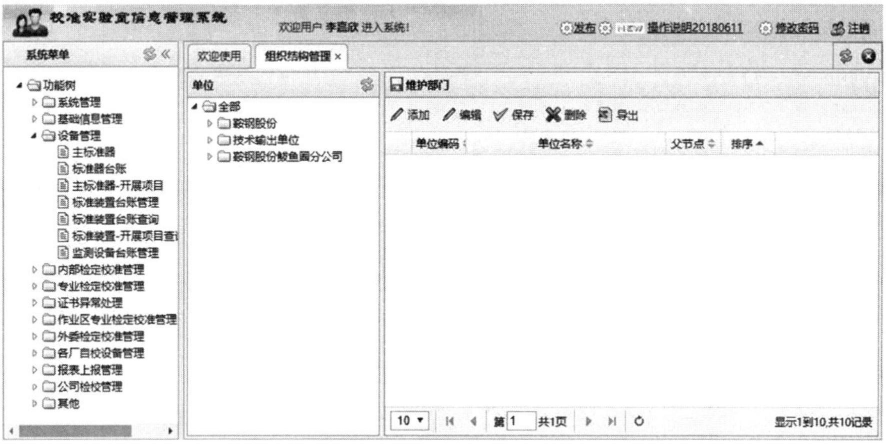

图 12.6　设备管理模块界面

(二) 周检计划执行功能区

包括公司各单位年度周检计划生成、周检计划变更审批、实验室检校任务分配、检校证书数据填写及审核、证书出错回退及打印等。

图 12.7　周检计划执行功能区界面

（三）报表统计功能区

该功能区可实现各生产厂月度周检计划执行情况、变更情况报表的自动统计，降低统计报表的错误率。

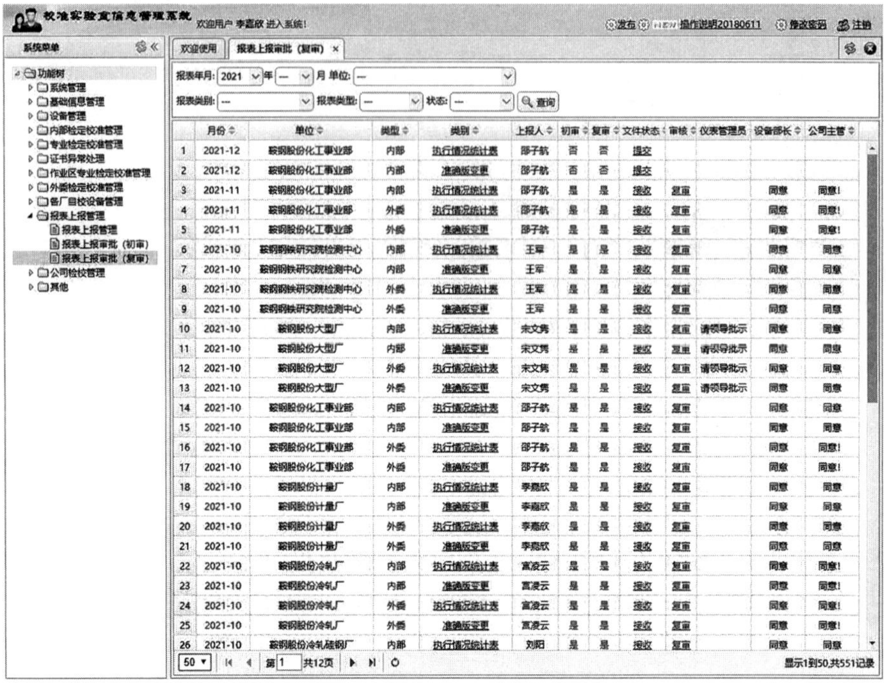

图 12.8　报表统计功能区界面

三、服务成效

系统建成后于 2018 年 1 月上线运行，并在全公司范围内推行使用；使公司各单位计量器具送检及证书出具、统计分析实现了网络化、无纸化。同时，降低了职工劳动强度，为公司合理设置岗位、减员增效作出了贡献。

该项目还创新使用了数据互联技术。网络平台与检校标准器实现数据传输，使检校数据可以自动传输到网络平台上，并形成证书报告，大大减少了检定员的数据录入、校核等工作。同时，由于实现了检校数据网络化，大大降低了证书出错的概率，保证了计量器具量值的准确，为生产厂质量提升提供了有力的计量支撑。

（一）实现检校过程自动化

部分检校项目实现了数据结论自动上传系统后生成证书，不需要人为干预，减轻了职工劳动强度，降低了出错率。

例如，对于热电偶群炉群控系统，检定员在完成检定后，数据及结论会通过检定软件自动上传至校准实验室信息系统，并自动填写到校准实验室信息系统的周检计划执行功能区中被检设备证书的相应位置。检定员对证书的完整性进行确认后即可提交审核人和批准人。

（二）计量标准装置信息、检校范围授权管理电子化

校准实验室信息化系统可实现公司计量标准装置信息电子化，计量标准装置的授权范围、不确定度或准确度等级或最大允许误差、所依据计量技术标准、检定员授权所开展的项目等管理功能均实现由管理者授权控制，基本消除了由于疏忽等因素导致证书出错的情况，使周检计划的制订到检校证书的出具的整个过程更加规范、合理。

（三）企业计量管理网络化

传统的企业计量管理是基于计划-执行-统计模式。鞍钢股份有限公司校准实验室信息管理系统对企业计量管理更加细化并实现电子化管理，从传统模式改变为计划管理-标准器使用控制-检校授权控制-检校授权控制-统计分析的现代企业计量管理模式。

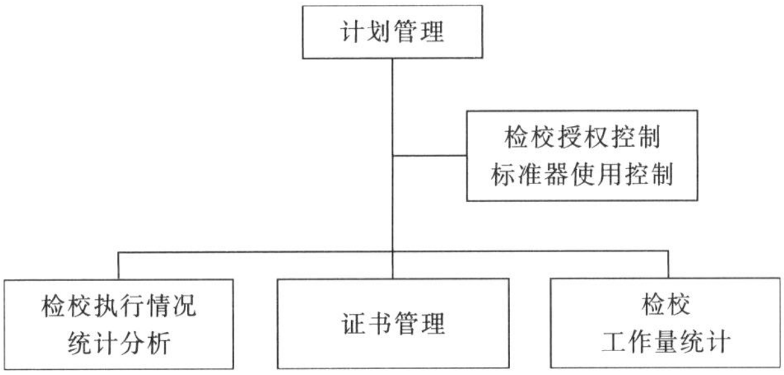

图 12.9　企业计量管理网络图

四、案例应用推广价值

鞍钢股份有限公司在企业计量器具管理方面由传统的纸介质申报-线下沟通的方式，转变为计量器具管理电子化、检校过程和计量标准器控制网络化、统计分析报表自动化的现代企业计量器具管理方式，为企业产品质量控制、能源计量、低碳排放、碳计量管理等方面提供了有力的支撑。如在各企业推广，可使企业计量器具管理突破传统管理方式，通过互联网技术实现企业计量管理水

平质的飞跃。

计量器具检定/校准过程是严谨且烦琐的，与现代网络化、智能化、流水线化的企业生产格格不入。鞍钢股份有限公司开发的“鞍钢股份有限公司校准实验室信息系统”把传统检定/校准过程、计量器具周期检校计划、统计分析报表和互联网有机地结合到一起，使企业计量管理插上了网络化的翅膀。只有充分发挥网络化传输快速、统计精准、效率高的特点，才能使计量更加充分地融入质量控制、能源管理等方面。

在“碳达峰、碳中和”的背景下，碳计量以及碳交易中计量器具的溯源显得尤为重要。提升企业计量器具管理方式是企业计量管理人员所面对的重要课题。鞍钢股份有限公司质检计量中心实现了计量器具检校过程网络化，对校准实验室系统实现深层次开发，使校准实验室系统与公司一体化平台融合到一起，计量器具检校管理和统计分析结果定期发布在公司一体化管控平台中，为公司决策层提供准确、可靠、实时的计量数据，使公司各项重大决策均可得到有力的计量基础支撑。

第十三章　计量与国际合作和贸易便利化

计量在国际合作与贸易便利化中扮演着重要的角色。随着全球化的推进和贸易规模的不断扩大，国家之间的合作与交流变得日益密切。在这一过程中，计量作为衡量与确保商品和服务的质量、可靠性及公正交易的重要手段，发挥着关键的作用。

在国际贸易中，计量起着统一和标准化的作用。国际贸易涉及不同国家之间的交流和交易，涉及不同国家和地区的计量标准和规定。计量的统一和标准化有助于消除贸易壁垒，促进公平竞争和互利共赢。通过制定和采用国际计量标准，各国可以建立共同的语言和规则，实现贸易的顺畅进行。

另外，计量也起到了简化和加速贸易流程的作用。贸易过程中涉及大量的计量活动，包括商品的测量、检测、校准、验证等。通过采用先进的计量技术和设备，可以实现贸易流程的自动化和数字化，提高贸易的效率和便利性。同时，计量还能够提供准确可靠的数据和信息，支持贸易政策的制定和评估，为决策者提供科学依据。

然而，国际合作与贸易便利化中仍存在一些挑战和难题。例如，不同国家和地区之间的计量标准和认证要求存在差异，给贸易活动带来了不确定性和难度。计量技术的创新和应用需要不断加强，以满足不断变化的贸易需求。加强国际合作，推动信息共享和技术交流，提高计量能力和水平，是实现贸易便利化和促进全球贸易发展的重要方向。

第一节　计量在促进国际合作与贸易便利化中的重要性

计量在促进国际作作与贸易便利化中的重要性主要体现在以下四个方面：

推进贸易数据统计与监测、促进贸易政策实施效果的评估与监测、提升贸易质量与标准、推动贸易便利化与流程优化。

一、计量在贸易数据统计与监测中的重要作用

贸易数据统计与监测是指对国际贸易活动数据进行收集、整理、分析和监测的过程，旨在全面了解和评估贸易状况，为贸易政策制定、贸易谈判和决策提供依据。

（一）计量在数据收集与整理中发挥了关键作用

贸易数据的收集和整理是贸易统计的基础。各国海关、贸易部门、统计机构等负责收集和汇总进出口数据，包括商品名称、数量、价值、国别等信息。同时，还需要对数据进行清洗、归类和整合，以便进行后续的分析和应用。

在贸易数据统计与监测中，数据的收集与整理是关键的一步，是贸易计量工作的基础，涉及从各种渠道收集相关数据，并对数据进行清洗、整理和归类，以便于后续的分析和利用。

1. 数据收集

计量在数据收集方面发挥着重要作用。计量技术可以确保数据的准确性、可靠性和可比性。例如，计量技术可以用于货物数量的测量、价格指数的计算、贸易价值的统计等，确保收集到的数据能够客观反映贸易活动的实际情况。计量数据的收集也能让贸易方知道贸易数据的变化，以实现对贸易过程的调控与控制。此外，计量技术还可以确保数据在整个收集、传输和存储过程中的安全性和完整性。

2. 数据整理

在数据整理方面，计量技术可以用于将收集到的数据进行规范化处理，使其符合统一的数据格式和标准，进而促进计量数据的规范化。计量技术还可以进行数据清洗，排除异常值和错误数据，提高数据的质量和可靠性。此外，计量技术还可以用于数据的分类，以便于后续的数据分析和利用。计量技术使得贸易数据的存储和使用极为便利，数据的归集使得数据可以被集中查询，促进了贸易数据统计与分析的日常化。

数据收集与整理的准确性和及时性对于贸易数据统计与监测至关重要。只有确保数据的准确性和完整性，才能够为决策者提供可靠的数据支持，帮助他们制定出正确的贸易政策和决策。因此，加强数据收集与整理的计量工作是推

动贸易数据统计与监测的关键。

（二）计量在提升数据质量与准确性中占据重要地位

贸易数据的质量和准确性对于评估贸易状况和制定有效政策至关重要。因此，各国需要建立健全数据质量控制体系，确保数据的准确性、完整性和一致性。这涉及数据收集方法的规范化、数据验证和核实的程序，以及数据质量监测和评估机制的建立。

在贸易数据统计与监测中，数据质量和准确性是至关重要的。准确的数据能够提供可靠的依据，支持决策者进行正确的贸易分析和决策制定。计量在确保数据质量和准确性方面发挥着重要作用。

1. 检定和校准

计量可以通过对仪器和设备进行量值溯源，确保数据的准确性。检定是查明和确认测量仪器符合法定要求的程序。检定通常由法定计量机构或授权的计量机构进行，检定结果包括检查、加标记和（或）出具检定证书。检定证书是测量仪器或测量装置符合法定要求的证明，可以用于贸易、执法和监管等活动。校准是在规定的条件下，为确定测量仪器或测量装置所指示的量值与对应的由标准所复现的量值之间关系的一组操作。在校准过程中，测量仪器或测量装置的误差会被识别并修正，以确保其测量结果的准确性。在校准过程中，通常会使用标准量具或标准物质作为参考，以确定测量仪器或测量装置的误差。校准是保证测量结果准确性和一致性的重要手段，广泛应用于各种测量领域，如计量、质量控制、科学研究等。

2. 抽样与统计方法

在数据收集过程中，可以应用抽样和统计方法，确保样本的代表性和统计结果的可靠性。合理的抽样方法和统计分析可以减小抽样误差，并对整体数据进行准确的估计和推断。通过合理地运用这些方法，可以对数据进行准确的分析和解释，从而作出科学的决策和预测。

3. 数据处理与分析

计量可以提供各种数据处理和分析方法，以提取有用的信息和洞察核心的数据。计量可以应用于数据清洗、异常值处理、数据插补、数据归类和分类等方面。其中，数据清洗是数据处理与分析的基础。数据处理与分析是提高数据的质量和准确性、提高数据使用效率有效方法。

4. 数据标准化

制定和推广统一的数据标准和规范，可以确保数据的一致性和可比性。统一的数据标准可以将不同来源的数据进行比较和整合。准确的计量数据是产品质量的保障，在企业的全面质量管理中，必须用事实和数据说话。计量可以保障数据的标准和规范，使得数据的准确性不断提升，数据的使用效率不断增长。

5. 数据验证与核查

通过计量可以进行数据验证和核查，确保数据的合法性和真实性。通过比对数据与其他独立来源或已知结果，可以验证数据的正确性，并发现可能的数据错误或造假。不同筛选条件的贸易计量数据的核查满足不同需要，对核查验证结果有着不同要求。计量可以提高贸易数据的质量和准确性，为决策者提供可靠的数据基础，有助于制定科学合理的贸易政策和决策，推动贸易的健康发展和国际合作。

(三) 计量是数据分析与解读中的关键一环

贸易数据分析与解读是从收集到的数据中提取有价值的信息的过程。通过数据分析，可以识别贸易趋势、发现潜在机会和风险、评估贸易政策的效果等。应用数据分析工具和技术，如统计分析、数据挖掘、机器学习等，能够提取出隐藏在海量数据中的有用信息，为决策提供科学依据。

在贸易数据统计与监测中，数据分析与解读是为了从大量的数据中提取有价值的信息，以支持决策制定和政策评估。

计量在数据分析与解读方面发挥着重要作用，它提供了各种分析方法和技术，以揭示数据背后的模式、趋势和关联关系。以下是一些计量在数据分析与解读中的应用：

1. 统计分析

计量提供了丰富的统计方法，如描述性统计、回归分析、时间序列分析等，用于对贸易数据进行整体和局部的统计分析。通过统计分析，可以了解贸易的规模、结构、增长率等。通过了解国际贸易的总体规模，以及各国、各区域的贸易参与程度，可以分析贸易额的变化，进而了解全球贸易的发展趋势。通过了解国际贸易的结构，包括各类商品的进出口比例、贸易伙伴国的构成等，可以了解全球贸易的流向和产业链的分布。通过了解国际贸易的增长率以及影响增长率的因素，能够以此为依据制定合适的贸易政策，从而促进国际贸易的发展。

此外，计量统计分析可以用于研究国际贸易的影响、贸易政策、贸易伙伴关系等。通过计量统计分析可以评估不同贸易政策的效果，如关税、配额、补贴等。通过分析数据，可以了解这些政策对贸易流量、国内生产总值（GDP）、就业、收入分配等方面的影响。通过计量统计分析，可以了解不同贸易伙伴之间的贸易流量、贸易结构、贸易不平衡等情况，有助于识别重要的贸易伙伴，发现潜在的新市场。

2. 数据挖掘

应用数据挖掘技术，通过自动化的算法和模型，可以发现贸易数据中的隐藏模式和规律。通过数据挖掘可以发现贸易的关联关系、市场趋势、消费者行为等重要信息。在贸易领域，数据挖掘技术被广泛用于预测价格波动、发现商业机会、优化供应链管理等。数据挖掘技术可以帮助企业了解市场需求、消费者偏好和行为，以便更好地制定营销策略和优化产品供应。

3. 可视化分析

计量提供了数据可视化的方法和工具，将贸易数据转化为图表、图形和地图等形式，使数据更加直观和易于理解。可视化分析可以帮助决策者发现数据的模式、趋势和异常情况，支持更有效的数据解读和决策制定。具体而言，贸易数据的可视化分析主要包括三个方面：贸易规模可视化、贸易结构可视化、贸易增长率可视化。贸易规模可视化：通过计量数据可视化技术，可以创建折线图、柱状图或其他图表，进而展示全国或区域在不同时期的贸易规模变化情况。贸易结构可视化：利用饼图、树状图或其他图表，可以展示全国或区域性的出口产品的种类和比例，以及这些产品随着时间变化的趋势。贸易增长可视化：通过创建折线图、柱状图或其他图表，可以展示国家或区域在不同时期的贸易增长率变化情况。通过将数据可视化与分析相结合，贸易相关研究者可以更好地了解贸易的规模、结构和增长率之间的关系，并为贸易政策制定者提供促进贸易发展的建议。

4. 预测与模拟

计量可以应用预测和模拟方法，基于历史数据和相关因素，对未来的贸易情况进行预测和模拟。预测和模拟可以帮助决策者作出更准确的贸易预测，评估政策的影响，制定合理的贸易策略。通过数据分析与解读，可以揭示贸易数据背后的真实情况和趋势，支持决策者进行准确的贸易分析和决策制定。这有助于优化贸易政策，提升贸易效益，推动贸易的健康发展。

贸易数据统计与监测的目的在于全面了解和评估贸易状况，为贸易政策制定、贸易谈判和决策提供可靠的数据支持。贸易数据统计和监测可以帮助政府和企业作出科学决策，促进贸易便利化和贸易平衡，推动国际贸易的可持续发展。同时，贸易数据统计与监测也为国际合作和多边贸易提供了基础数据，能够促进贸易规则的制定和执行。

二、计量在贸易政策实施效果的评估与监测中起着基础性作用

贸易政策效果评估是对贸易政策实施后的结果进行评估和分析，以了解政策的实际效果和影响。计量在贸易政策效果评估中起着关键作用，通过数据分析和建模，评估贸易政策对贸易量、产业发展、就业等方面的影响。同时，计量还可以评估贸易政策的经济效益、社会影响和环境影响，帮助决策者全面了解政策的成效和潜在风险。

（一）计量促进贸易流量与行业竞争力的提升

评估贸易政策对贸易流量和行业竞争力的影响，包括对贸易总额、出口额、进口额、市场份额、出口比例、产能利用率等指标的变化进行分析，以了解贸易政策对贸易流量和行业竞争力的影响。

1. 贸易流量

评估贸易政策对进出口贸易流量的影响，包括对贸易总额、出口额、进口额等指标的变化进行分析，以了解贸易政策对贸易量的影响程度。通过计量来分析贸易政策是否满足市场需求，从而促进国内外市场所需产品的开发，最终提升贸易流量。比如，对于发展中国家来说，通过计量对贸易政策的评估，了解到发展中国家必须重视科技实力和创新能力的提升，从而通过调整贸易政策，把产品研发放在最重要的位置，通过科学技术带动国民经济的发展，增强国家的综合国力，推动社会的全面进步，促进生产力的解放与发展，最终影响贸易流量。

2. 行业竞争力

评估贸易政策对不同行业竞争力的影响，通过对行业的市场份额、出口比例、产能利用率等指标的变化进行分析，可以了解贸易政策对行业竞争力的影响程度。例如，对于汽车行业来说，通过计量技术分析贸易政策，提出要想提高出口贸易率，提升总体的行业竞争力量，需要从以下方面来调整贸易政策，促进行业竞争力的提升：降低关税水平；增加研发补贴投入；提高产业的集中程度；灵活运用世贸相关条款。通过计量工具，可以准确分析贸易政策，从而有效地对贸易政策进行调整，最终提升总体的行业竞争力。

（二）计量推动就业和收入增长

评估贸易政策对就业和收入的影响，包括对就业率、薪资水平等指标的变化进行分析，以了解贸易政策对就业和收入的影响。

1. 就业率

运用计量技术对贸易政策进行评估，可以降低贸易政策的不确定性，从而推动就业规模的增长，提升就业率。因为贸易政策的不确定性是构成就业不稳定性的重要因素。贸易政策的不确定性与就业率存在负向的相关性影响，贸易政策不确定性越大，企业就业所受负面影响越大，就业规模越小。例如，在制造业中，贸易政策的不确定性会通过出口贸易机制和技术进步机制对制造业就业规模发挥影响，即当贸易环境中不确定性因素增加时，制造业出口企业出口滞销，从而导致制造业出口企业调整市场战略，将更多的产品转向国内销售，国内市场竞争愈发激烈，进而造成制造业企业生产量锐减，生产受挫，对制造业企业就业产生严重的负面影响。所以，利用计量技术调控贸易政策对就业率影响重大。

2. 薪资水平

对于企业的贸易政策，如果贸易政策不确定性的工资率效应占主导，则贸易政策不确定性下降倾向于提升劳动收入份额。例如，在制造业中，贸易政策不确定性下降，一方面会通过工资率渠道提升企业劳动收入份额，另一方面会通过生产率渠道降低企业劳动收入份额。其中，工资率渠道的提升效率占主导。另外，贸易政策的不确定性下降对不同类型的企业劳动收入份额的影响程度不一，对纯出口贸易企业有显著作用，对混合出口贸易企业有一定提升作用，对民营企业的劳动收入份额作用明显。所以，利用计量技术对贸易政策进行评估，能够对薪资水平的调控起到良好的效果。

（三）计量推进产业结构调整与经济增长

评估贸易政策对产业结构调整和经济增长的影响，包括对产业结构调整、经济增长等指标的变化进行分析，以了解贸易政策对产业结构调整和经济增长的影响。

1. 产业结构调整

评估贸易政策对产业结构的调整效果。通过对不同产业的发展状况、投资情况等进行分析，可以了解贸易政策对产业结构调整的影响程度。从某种程度上而言，贸易政策的变化会对产业结构产生重大影响。首先，贸易政策的调整促进了市场扩大与产品多样化。为了迎合不同国家和地区的需求，贸易政策通过调控国内企业产品质量，提升技术水平，推出更多样化的产品，使得国内产业结构逐渐向创新型和高附加值产业结构转变，从而提升了国内产业的竞争力。其次，贸易政策的调控促进了产业集群与区域竞争力的提升。贸易政策的调控促进了企业的规模化和集群化发展，这些产业集群通过共享资源、技术创新和合作共赢，提升整个区域的竞争力。一些地区甚至通过打造自己的品牌和特色，形成了独具一格的经济特区。产业集群和区域竞争力的发展，为国内经济的发展注入了新的动力。所以，通过计量技术评估贸易政策对产业结构的调整效果，对企业的产业结构升级转变具有重要意义。

2. 经济增长

通过对国内生产总值（GDP）、经济增长率等指标的变化进行分析，可以了解贸易政策对经济增长的贡献程度。通过计量技术分析 GDP 和经济增长率等指标，可以了解贸易政策对经济增长产生的诸多方面的影响。例如，贸易政策的调控使得国际市场大量的涌入，这为国内市场增加了机遇和挑战。贸易政策的调控使得中国成为世界经济的新引擎，企业通过对外销售驱动了国内经济的发展。此外，贸易政策的调控为我国企业的发展增加了技术、质量等方面的考验，我国企业不断在技术方面开拓创新，不断促进企业产品质量的稳步提升。同时，贸易政策的调控使得国际贸易合作增强。通过计量技术分析 GDP 和经济增长率等指标，可以掌握贸易政策对经济增长的影响情况，从而进一步调控贸易政策，最终形成贸易政策调控与经济增长的闭环。

贸易政策效果评估需要综合运用经济学、统计学、政策分析等方法，进行数据收集、定量分析和定性评估。通过对评估结果的分析和解读，可以对贸易政策的实施效果进行全面的评估，为政策的调整和优化提供科学依据。

三、计量是提升贸易质量与标准的重要环节

贸易质量与标准是国际贸易中的重要环节，涉及产品的质量、安全和合规性等方面。计量在贸易质量与标准中发挥着重要作用，可以确保产品的质量符合相关标准和规定，促进贸易的顺利进行。计量对贸易质量与标准的提升主要体现在以下几个方面：贸易产品质量检测与认证、贸易标准制定与推广、贸易质量监管与纠纷解决。

（一）计量在贸易产品质量检测与认证中发挥关键作用

通过使用精密的测量设备和方法，可以对贸易产品的关键指标进行准确的

检测和评估，确保其质量符合贸易标准和规定。同时，计量还可以提供产品质量认证的支持，验证产品是否符合相关认证标准，增加消费者的信任度和市场竞争力。

贸易产品质量检测与认证是确保产品符合贸易标准和法规要求的重要环节。计量在贸易产品质量检测与认证中发挥着关键作用。具体而言，计量可以通过以下方式支持贸易产品质量检测与认证：

1. 提供测量设备和方法

计量提供了各种精密的测量设备和方法，可以对贸易产品的关键指标进行准确测量和分析，确保产品的质量和性能符合标准要求。例如，贸易商品有散装、裸装和包装之分，包装商品又有标明重量商品、固定净重商品、定重包装商品和不重包装商品之分，因此，以衡器计重方式对商品实施重量鉴定时就需要采用具有针对性的方法。又如，卷尺是一种用于测量长度、宽度和高度的设备，它可以帮助确定货物的体积和尺寸，以确保交易的准确性。再如，密度计是一种用于测量液体密度的设备，它可以帮助确定货物的密度，以确保交易的准确性。

2. 支持样品采集与检测

计量在样品采集和检测过程中提供准确、可靠的技术支持，确保样品的取样方法和检测程序符合贸易标准和法规的要求。样品采集和检测是国际贸易中的重要环节，在样品采集过程中，通常会抽取一定数量的样品进行检测，以确保其符合相关标准。这些检测可能包括物理检测、化学检测、微生物检测等。此外，通过样品采集和检测还可以发现潜在的质量问题，从而采取相应的措施解决问题。计量为样品采样与检测的透明化提供了支撑。

3. 确保数据可信度

计量技术可以确保贸易产品检测所得数据的可信度，保证贸易产品的质量数据能够被国内外市场所认可和接受。数据的可信度可以从以下方面来衡量：准确性、精确性、完整性、一致性、可靠性、及时性。数据必须准确反映真实情况；数据需要在最大程度上减小随机误差和系统误差，以便提高数据精确性；确保数据不存在缺失值或异常值；确保数据来源的可靠性；保障数据能够及时更新。为了确保数据的可信度，需要使用适当的计量方法和设备进行样品采集和检测。此外，还需要对数据进行适当的处理和分析，以消除误差和异常值，确保数据的准确性和可靠性。这些方面都离不开计量技术的支持。

4. 支持认证和标准化

随着全球化的不断深入，国际贸易的频繁发生使得认证与标准化问题备受关注，计量技术为贸易产品的认证和标准化提供了基础支持。计量在国际贸易中的认证和标准化中扮演着重要角色。在国际贸易中，各国之间的计量单位、方法和标准可能存在差异，导致贸易双方在货物质量、数量和价格等方面产生纠纷。为了确保国际贸易的顺利进行，计量的认证和标准化至关重要。计量的认证和标准化可以帮助国际贸易参与者确保使用的计量单位和方法是准确、统一和可比较的，有助于减少贸易纠纷，提高贸易效率，促进国际贸易的发展。在国际贸易中，计量的认证和标准化通常由各国政府或国际组织［如国际标准化组织（ISO）、国际计量局（BIPM）等］进行。此外，计量的认证和标准化还有助于提高国际贸易数据的可信度。在国际贸易中，数据的准确性和可靠性至关重要，因为它直接影响到贸易双方的利益。通过采用统一的计量标准和方法，可以确保数据的准确性和可靠性，从而提高国际贸易数据的可信度。总之，计量在国际贸易的认证和标准化中扮演着重要角色。通过确保计量单位和方法的准确、统一和可比较，有助于减少贸易纠纷，提高贸易效率，促进国际贸易的发展。

5. 支持监督和执法

第一，计量技术可以用于监督贸易产品的生产、流通和使用过程，确保产品符合贸易标准和法规的要求。在国际贸易中，计量标准和认证体系是确保产品符合国际标准的关键。计量技术可以帮助企业实现产品质量的控制和管理，提高生产效率，降低生产成本。此外，计量技术还可以用于检测和校准贸易产品的质量、重量、体积等参数，确保产品的质量符合国际贸易的要求。第二，计量技术可以提供技术支持和证据，用于贸易产品的执法和纠纷解决。通过计量技术能够规避贸易计量中的作弊违法行为，切实保护消费者的权益。

在国际贸易的监督和执法中，计量技术是不可或缺的。计量技术可以帮助监管机构对贸易产品进行监督检查，确保产品的质量、重量、体积等参数符合国际贸易的规定。此外，计量技术还可以用于调查和打击国际贸易中的欺诈行为，保护消费者的权益和国际贸易的公平竞争。

总的来说，计量在贸易产品质量检测与认证中起着重要作用，可以提供准确、可靠的数据支持，确保贸易产品的质量和合规性，促进国际贸易的顺利进行。

(二) 计量在贸易标准制定与推广中起着重要作用

贸易标准是保障贸易产品质量和安全的基础，计量可以提供技术支持，确保贸易标准的准确性和可靠性。此外，计量还可以推动贸易标准的国际协调和一致性，促进贸易的便利化和互通。

贸易标准的制定与推广是保障贸易产品质量和合规性的重要手段，计量在其中发挥着重要作用。以下是计量在贸易标准制定与推广中的作用：

1. 提供测量方法与技术

计量提供了各种精密的测量方法和技术，可用于验证贸易标准中所涉及的产品性能和特性。通过确保测量方法的准确性和可靠性，可以为贸易标准的制定提供科学依据。例如，流量计是测量通过管道中流体流量的仪表，通过累计流量值，可以获得一段时间内通过流量计的流体的总体积或总重量。流量计计重是一种较先进的动态计量方式，自动化程度高，计量准确度高，受人为因素和环境因素影响较少，该计量方式为石油、天然气贸易标准的制定提供了有效的依据。

2. 支持样品检测与验证

计量技术可用于对贸易产品进行样品检测和验证，确保产品符合贸易标准的要求。通过对样品进行测试和分析，可以确保产品的质量、安全性和可靠性。通过准确测量产品的关键指标，验证产品是否满足标准规定，从而保证贸易产品的质量和合规性。计量技术在监督国际贸易的合规性和产品质量方面发挥着重要作用。此外，计量技术还可以用于检测和验证贸易产品的生产、流通和使用过程，确保产品符合贸易标准和法规的要求。

3. 支持认证与检验机构

计量技术为认证与检验机构提供技术支持，帮助其开展贸易标准的认证和检验工作。通过提供先进的测量设备、培训人员和技术指导，能够提高认证与检验机构的能力和水平，促进贸易标准的有效推广和实施。计量技术能够提高检测准确性、降低检测成本、促进国际贸易、保护消费者权益、提高生产效率。计量技术凭借其在这些方面的优势为认证与检验机构提供有力的支持。

4. 支持标准化组织与合作

计量机构积极参与国际标准化组织的工作，与各国开展合作，共同制定和推广贸易标准，从而确保产品的质量和合规性。计量技术能够促进贸易标准的国际化和互认，降低贸易壁垒，推动国际贸易的便利化。也就是说，计量技术有助于实现贸易标准的一致性和通用性，降低国际贸易中的技术壁垒，促进国际贸易的繁荣和发展。

5. 提供公正的评估与认可

通过计量技术可以提供客观、公正的评估，确保贸易标准的执行和实施的公平性和可信度。通过计量技术，可以对贸易标准的执行情况进行监督和评估，保障贸易标准的有效推广和落地。同时，公正的评估与认可也有助于提高计量的公信力和权威性，促进计量技术的发展和应用，由此推进计量与贸易之间的双向互动发展。

综上所述，计量在贸易标准制定与推广中发挥着重要作用，通过提供测量技术和数据支持，促进贸易标准的制定和执行，确保贸易产品的质量和合规性。

（三）计量在贸易质量监管与纠纷解决中扮演重要角色

计量在贸易质量监管与纠纷解决中扮演着重要角色。通过建立有效的贸易质量监管机制，可以对贸易产品的质量进行监督和控制，保护消费者的权益，维护贸易的公平和诚信。同时，计量为贸易纠纷解决提供了科学的证据和评估，有助于裁决机构对纠纷进行公正和准确的判决。

贸易质量监管与纠纷解决是确保贸易活动中产品质量和合规性的重要环节，计量在其中发挥着关键作用。以下是计量在贸易质量监管与纠纷解决中的应用：

1. 支持质量监管机构

计量为质量监管机构提供了有效的工具和方法，用于对贸易产品进行质量监测和检验，确保产品的质量符合相关标准和法规要求。通过准确测量产品的关键指标，可以及时发现不符合贸易标准的产品，保障贸易的公平和合规。此外，计量还可以为贸易质量监管机构提供数据支持和技术指导，帮助其更好地了解和分析产品质量问题，从而制定更有效的监管政策和措施。

2. 提供纠纷解决的科学依据

计量提供了科学的测量方法和数据支持，可以作为纠纷解决的科学依据。在贸易纠纷中，通过计量技术可以对相关产品进行精确的测量和分析，提供客观的证据和数据，帮助解决纠纷争议。在贸易纠纷中，计量机构通常会进行公正、独立的测量，以确保结果的准确性。这些测量结果可以用于确定责任，帮助解决纠纷。此外，计量技术还可以用于评估产品质量、检验货物是否符合规定，从而降低贸易纠纷的风险。

3. 支持标准化与认证

计量机构与质量标准化和认证机构紧密合作，为贸易产品的质量监管和纠纷解决提供支持。通过计量技术，可以确保产品的质量和性能符合相关标准和法规要求，从而提高产品质量和市场竞争力。通过制定和推广贸易产品的质量标准，并对产品进行认证，可以确保产品的质量和合规性，减少贸易纠纷的发生，最终起到降低成本、提高效率、促进国际贸易发展的目的。此外，计量技术还可以为认证机构提供技术支持，帮助其评估产品的质量和性能，为市场提供可信赖的产品和服务。

4. 用于数据分析与监测

计量技术可用于对贸易产品进行数据分析和监测，及时发现和纠正贸易产品的质量问题。通过采集和分析大量的贸易数据，可以监测贸易产品的质量状况，及时采取措施解决潜在的质量问题。通过对计量数据进行采集与分析，建立智能对比模型，可以及时发现计量设备出现的测量偏差，发出设备故障报警信号。

5. 促进国际合作与信息共享

计量机构通过与其他国家和地区的质量监管机构合作，共享贸易产品的质量信息和监管经验，加强对跨境贸易产品的监管和纠纷解决。贸易计量数据能够提供关于进出口贸易的详细信息，帮助企业了解市场需求、竞争情况以及潜在的商机。通过分析海关数据，外贸企业可以获得关于产品需求的准确信息，判断哪些产品在国际市场上有较高的竞争力和需求量。海关数据还可以帮助外贸企业实时监测竞争情况，了解不同产品的进出口量和价格趋势。这样，外贸企业可以根据市场变化及时调整销售策略，提高市场竞争力。

总之，计量是保障贸易产品质量和安全的重要手段，通过确保贸易产品符合相关标准和规定，促进贸易的顺利进行。然而，提升贸易质量与标准仍面临一些挑战，如标准的协调性和国际一致性等。因此，需要加强国际合作和信息共享，以实现更加开放、公平和可持续的贸易环境。此外，人才培养与专业能力提升也是关键因素，应通过加强相关人员的培训和教育，提升其专业能力和技术水平，从而更好地应对提升贸易质量与标准的挑战。

随着贸易的不断发展和全球化的深入，贸易质量与标准的重要性将进一步凸显。需要加强国际合作，推动贸易质量与标准的协调和一致性，建立更加开放、公平和可持续的贸易体系。同时，可以借助新兴技术和数字化手段，加强贸易数据统计与监测，提高贸易质量与标准的准确性和效率，为国际贸易提供更高质量、更安全和更可靠的产品，推动贸易的繁荣与可持续发展。

四、计量是推动贸易便利化与流程优化的重要抓手

贸易便利化与流程优化是促进国际贸易发展和提升贸易效率的重要措施。计量在贸易便利化与流程优化中发挥着重要作用，主要体现在以下几个方面：

(一) 计量提升贸易的效率与便利性

计量可以提升贸易的效率和便利性。具体而言，提升贸易的效率和便利性主要表现在以下方面：

1. 贸易计量的效率

贸易计量效率包括市场交易效率和库存管理效率等方面。贸易计量的准确性和一致性降低了交易成本，提高了市场交易效率。准确的计量为库存管理提供了保证，提高了库存管理效率。

2. 贸易计量的便利性

贸易计量为市场的有效监督提供了巨大便利。国家法制计量管理部门通过制定法规，保证公平贸易，防止欺诈行为。通过采用自动化计量设备和智能化管理系统，可以快速、准确地测量货物的重量、体积和质量等信息，从而有效提升贸易的便利化程度。

(二) 计量推动贸易标准与规范的制定

计量在贸易标准与规范的制定和执行中起着重要作用。贸易便利化和流程优化要求各国之间的贸易标准和规范达成一致，以促进贸易的顺利进行。

1. 计量为贸易标准与规范提供依据

计量可以提供准确、可比较的测量结果和数据，为贸易标准的制定和执行提供科学依据，确保贸易活动的公正和可靠性。计量为国内外贸易提供了客观可靠的数据，这是贸易标准与规范制定的有效依据。计量在国际标准的形成中起到了举足轻重的作用。世贸组织明确规定，技术法规、标准、合格评定程序的制定，都应以国际标准机构制定的国际标准为基础。

2. 计量是贸易标准与规范制定的基础

通过计量技术可以提供客观、公正的评估和认可，确保贸易标准与规范执行和实施的公平性和可信度。贸易标准与规范是国际贸易中不可或缺的一部分，有助于确保产品符合进口国的要求和规定，从而降低贸易壁垒，提高市场的透明度和可预测性。通过计量技术可以提供准确、可靠和一致的测量结果，从而确保产品在生产、运输和销售过程中的质量。此外，贸易标准的制定和推广也

需要计量技术的支持，以确保标准的准确性和可行性。因此，计量技术与贸易标准之间是相互依赖、相互促进的关系。

（三）计量提高贸易的安全性和可追溯性

通过计量技术，可以对贸易商品的质量、安全性和合规性进行监测和检测，确保贸易活动符合相关的质量标准和法规要求。同时，计量可以提供商品的溯源信息，帮助追踪和管理商品的生产、运输和销售过程，提高贸易的可追溯性。

1. 贸易安全

通过计量技术可以提升贸易商品监测和检测的效率，进而提升贸易商品的安全性。跨国贸易的安全性受到多方面的影响，包括国际市场参与程度、国际经济关系、国民经济受贸易的影响程度、国家的贸易政策等①。其中，国际市场参与程度又受到进出口商品结构的影响。通过计量技术调整贸易政策，能够影响进出口商品结构，最终影响国际市场参与程度。计量技术对调控国家的贸易政策起着重要作用。同时，计量技术对国家贸易安全起到了很大作用。

2. 贸易可追溯性

计量的可追溯性可以确保将错误追溯到其源头。计量有助于确保整个链上数据的完整性以及数据的可信度。如果测量结果和测量仪器不可追溯，它们就会失去可信度。计量的可追溯性确保了测量的完整性，并证明无论数据来自何处都可以被放心利用。

在贸易便利化与流程优化中，仍然存在一些挑战。首先，需要加强技术和设备的更新与升级，以满足贸易流程中计量需求的快速变化。其次，需要加强国际合作与信息共享，促进各国之间贸易数据的互联互通和贸易流程的协调。

展望未来，计量在贸易便利化与流程优化中的作用将进　步增强。随着科技的不断进步和数字化转型的推进，计量技术将更加智能化和自动化，为贸易流程提供更高效、更精确的数据和信息支持。同时，国际贸易合作与信息共享将更加紧密，形成更加开放和互联互通的贸易环境，为贸易便利化和流程优化提供更坚实的基础。此外，随着全球贸易的不断发展和多边贸易体制的改革，各国将进一步加强贸易便利化和流程优化，提升贸易的效率和竞争力。计量作为重要的技术手段和管理工具，将继续在贸易便利化与流程优化中发挥关键作

---

① 吴英娜．国家贸易安全评价体系构建［J］．商业时代，2008（7）：29-30.

用，为国际贸易的顺利开展和可持续发展作出贡献。

第二节　计量在国际合作和贸易便利化中的典型案例

【案例一】解决煤炭存量快速盘点难题

一、案例背景

中国（浙江）自由贸易试验区围绕国家能源保障安全，推进以油品全产业链为核心的大宗商品投资便利化、贸易自由化，提升大宗商品全球配置能力，成为中国东部地区重要海上开放门户示范区、国际大宗商品贸易自由化先导区和具有国际影响力的资源配置基地，建成自由贸易港区先行区。近年来，宁波—舟山港大宗散货行业发展迅速。2022 年，宁波—舟山港货物吞吐量达 12.6 亿吨，连续 14 年稳居全球港口首位，并且成为全球第一个也是唯一一个吞吐量超过 10 亿吨的港口。宁波—舟山港是我国最大的铁矿石中转与原油转运基地，也是国内重要的液体化工储运基地和华东地区重要的煤炭、粮食储运基地，是国家的主枢纽港之一。

随着大宗商品海运贸易往来更加频繁，大宗散货计量面临更多的机遇和挑战。目前，电子皮带秤计量方法是常用散货计量方法，因其投资小、占地面积小、使用方便等优点得到广泛应用，但是其结构复杂、难调整、易变形、稳定性较低，很难适应散货码头干散货作业环境。因此，开展大宗散货测量方法研究及应用，对于减少贸易交接误差、提高散货计量准确度、减少贸易纠纷、创造较好的经济效益、树立计量的良好形象和提升计量信誉、服务中国（浙江）自由贸易试验区建设具有重要的现实意义。

煤炭存量盘点作为舟山港老塘山中转储运有限公司日常重要工作之一，关乎贸易交接准确性、库存量的合理性和损耗的经济性。由于传统的测量方法工作量大、精度低、误差大，企业经多方调研，委托国家大宗商品储运产业计量测试中心（以下简称“中心”）开展测量任务，中心基于无人机遥感技术开展大宗散货计量研究，解决了企业煤炭存量快速盘点难题，相较于传统测量手段，体积计量精度优于 0.5%，计量效率提高了 50%以上，降低了人工劳动强度，节约了成本。

二、具体措施

舟山港老塘山中转储运有限公司隶属于宁波舟山港舟山港务有限公司，是专业从事港口件杂货和散杂货装卸、水水中转（减载）、储运等业务的综合性港口企业，拥有舟山本岛区域最大的煤炭码头。煤炭存量盘点作为舟山港老塘山中转储运有限公司日常重要工作之一，关乎贸易交接准确性、库存量的合理性和损耗的经济性。目前，企业仍采用传统电子皮带秤测量的盘煤方法，盘库时间长、盘煤效率低、准确度低，难以满足贸易交接环节快速准确的需求，给企业的生产经营造成极大困扰。

1. 根据测量堆场的大小和测量需求，选用基于无人机的摄影测量系统

综合考虑无人机飞行平台、影像分辨率、测区范围、航高、设计航线、旁向重叠度、航向重叠度等因素，规划航线和地面控制点，经外业测量和内业数据处理，通过特征点、控制点、姿态数据、GPS 数据等信息，经过空三角处理、密集匹配生成散货堆场三维模型，完成堆场体积计算。

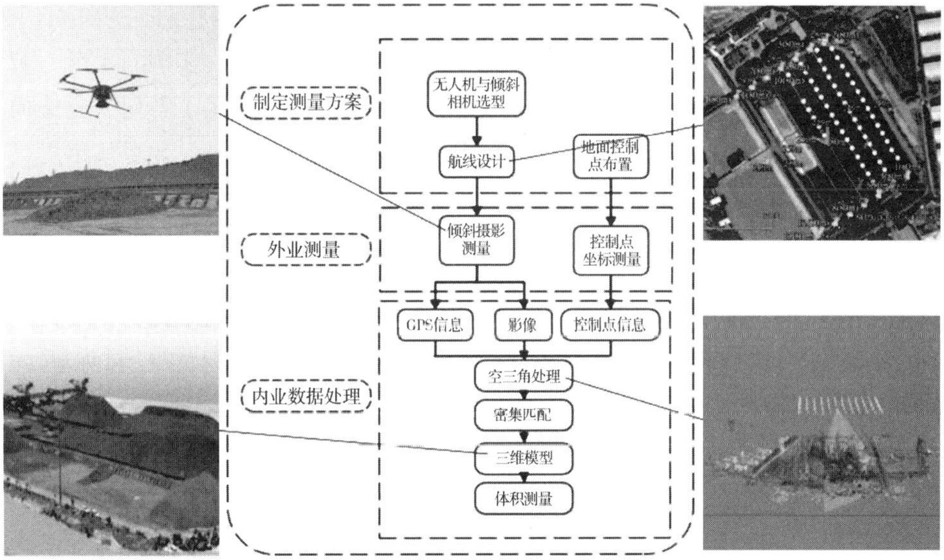

图 13.1　基于无人机遥感技术的煤炭码头盘煤测量方案

2. 论证测量方案的合理性及可行性

通过相机校准试验、模拟散货堆场测试后，技术团队开展了测量重复性和复现性试验，并与三维激光扫描法测得的体积进行比较，经验证，测量结果的偏差均小于 0.5%。

3. 进一步优化测量参数

通过现场调试，确定无人机飞行参数和飞行路径规划。通过在堆场周围布置控制点，提高测量精度。随后，通过无人机对煤炭码头地面进行连续重叠拍摄，经过空三角测量和密集匹配，形成煤堆场三维模型。最终，通过不规则三角网分割构建 TIN 模型，从而计算获得煤堆体积，满足了企业盘库需求。

三、具体成效

中心形成了基于无人机遥感技术的煤炭码头盘煤测量方案。该方案相较于传统盘煤方法，体积计量精度优于 0.5%，计量效率提高了 50%以上，有效降低了人工劳动强度，节约了成本，为散货码头煤炭存量快速盘点提供了高效精准的测量服务，保障了大宗散货贸易准确高效，获得了企业好评。企业通过中心提供的煤堆实景三维模型，实现测量的数字化和可视化，为下一步数字化库区转型提供了基础支撑。

四、案例应用推广价值

中心通过开展基于无人机遥感技术的大宗散货计量研究，实现自动化、智能化和快速获取大宗散货空间遥感信息，为大宗散货计量提供了新的研究方向和测量方式。相较于传统测量手段，体积计量精度优于 0.5%，计量效率提高了 50%以上，降低了人工劳动强度，节约了成本，得到了企业的好评。企业通过中心提供的煤堆实景三维模型，实现测量的数字化和可视化，为下一步数字化库区转型提供了基础支撑，应用前景广泛。

【案例二】保障船用加油机量值溯源准确性，助力优化国际航运枢纽营商环境

一、案例背景

党中央、国务院高度重视营商环境的优化工作。2021 年 11 月 25 日，国务院发布《关于开展营商环境创新试点工作的意见》（国发〔2021〕24 号），鼓励广州等城市作为试点，加快构建与国际通行规则相衔接的营商环境制度体系，持续对市场化、法治化和国际化的营商环境进行优化。广州作为国家中心城市、国际商贸中心、国家营商环境创新试点城市，响应国家号召，在 2022 年 2 月 18 日出台《广州市国际航行船舶保税加油管理暂行办法》（穗府办规〔2022〕2

号)，以提升广州港区综合服务能力，增强广州航运枢纽的全球辐射力及国际影响力。其中，保税燃油供应是国际航运中心的核心功能之一，航运中心为国际航行的船舶提供免税油品供应也是国际通行惯例。而船用加油机准确度保障关键技术，是保障船用燃油供应过程准确可靠，保障保税燃油供应公平公正的重要手段。

图 13.2　水上船用加油站及加油机示意图

中国石化燃料油销售有限公司广东分公司是中国石化集团旗下的子公司之一，公司在广东地区从事石油产品销售、燃油贸易、液化气销售和燃料加注服务。

作为一家专业的燃油服务企业，中国石化燃料油销售有限公司广东分公司在船用加油机业务上一直致力于提供高品质、高效率、公平公正的船用加油机贸易服务。为确保船用加油机计量和油品结算公平，中国石化燃料油销售有限公司广东分公司旗下多地区的水上加油机站提出了船用加油机计量性能检测需求。

二、具体措施

船用加油机在海上运输领域中的应用非常广泛，可以为各种类型和规模的船只提供燃料加注服务。可用于为货轮、油轮、集装箱船、散货船等商业船只加注燃料，也可为渔船、游艇等休闲船只提供燃料加注服务和燃料补给。船用加油机是水上船只燃料加油结算的重要计量器具。

中国石化燃料油销售有限公司广东分公司于 1998 年承担了广州市辖区内加油站车用燃油加油机的检定工作，也为广州市辖区内和广州市周边地区的水上加油平台提供过计量服务。在实际检定过程中，发现水上船用加油机的构造和使用环境等与路上车用加油机有着本质的区别。船用加油机安装在水上平台（或船上），其使用环境与陆地上车用加油站明显不同。此外，其油机构造、油枪结构、流速、示值误差、重复性、防作弊管理等也与路上车用加油机有着巨大区别。船用燃油加油机完全不同于车用燃油加油机，且目前国内外专门针对船用加油机检定技术的研究非常有限，也没有形成相应的检定规程。因此，非常有必要对船用加油机溯源及检测技术开展全面而细致的研究，加强关键技术攻关，在此基础上制定出完善的检定规程，有利于确保油品计量数据的准确可靠，解决仪器量值溯源难题，为相关产业持续稳定发展提供强有力的技术支撑。

（一）明确技术难点

船用燃油供应主要通过船用加油机完成。与陆地车用加油机相比，船用加油机在结构、工况、使用环境上均有明显不同。首先，船用加油机的加油枪口径大、流量范围下限高，小流量加油时误差较大。其次，船用加油机所在的甲板稳定性较差，水平度易受影响。再次，船用加油机运行时，油泵需由船上发电机供电，容易造成甲板的持续振动（船只较小时尤为明显）。此外，由于船体重心偏移的影响，甲板往往不水平。尽管在用标准金属量器对船用加油机进行量值溯源时，可以通过调平螺栓调节标准金属量器水平，但由于甲板的持续振动以及波浪引起的水平度偏移，容易造成标准金属量器的水平度发生变化，造成量值溯源误差。

正是由于船用加油机在结构、工况、使用环境上与陆地车用加油机明显不同，使得现有陆地车用加油机检定规程不适用于船用加油机，当前对船用加油机的量值溯源，只能以流量计检定规程为文件依据以校准的方式进行溯源。然而，船用加油机是贸易结算设备，以校准的方式进行量值溯源往往不能达到检定的要求。因此，研究船用加油机准确度保障关键技术，为船用加油机计量检定规程的制订提供理论支撑十分必要且迫在眉睫。

（二）数据与试验对比

针对船用加油机量值溯源问题，广州能源检测研究院/国家港口能源物流产业计量测试中心（筹）采用改造的标准金属量器建立检定系统，通过现场比对、人员比对、设备比对、重复试验等方式，对船用加油机使用中的环境温度、油枪使用频率、加油机品牌、已使用年限等因素进行试验研究，验证了试验方法的可行性，并确定了船用加油机的检定周期。

对加油机实施计量检定的过程中，往往会因为温度因素使得测量出现误差，这样就使得加油机在实际的应用中，无法发挥出其应有的功效。所以，需要采用合理的方法来降低误差出现的概率。

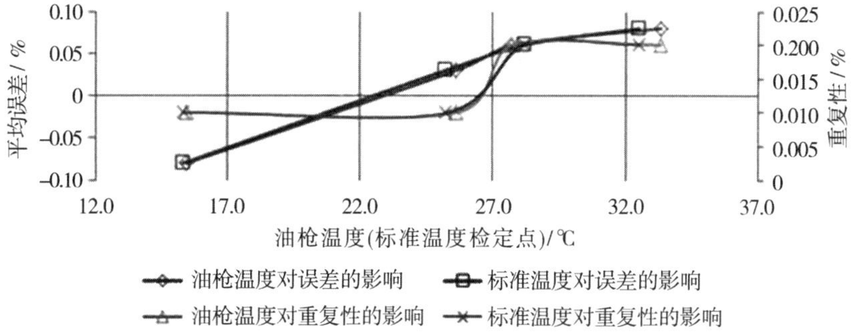

图 13.3　不同温度对船用加油机误差/重复性的影响

通过对 4 组数据的比较得知，当夏季检定船用加油机时，若忽略温度的影响，加油机实际加油量比检定时的标准量器示值低，有可能超过国家标准要求，使消费者蒙受损失；当冬季检定船用加油机时，若忽略温度的影响，加油机实际加油量比检定时的标准量器示值高，有可能超过国家标准要求，使油品经营单位遭受较大损失。

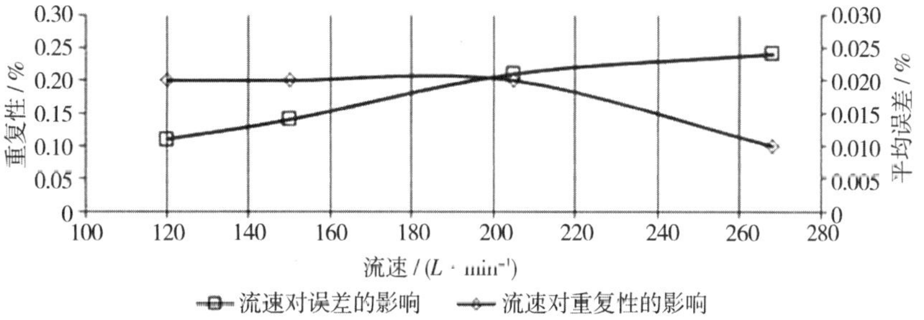

图 13.4　流速对检定结果的影响

通过以上数据可知，随着流速的逐渐增大，相对误差逐渐增大，重复性基本保持不变。

三、具体成效

广州能源检测研究院/国家港口能源物流产业计量测试中心（筹）于 2019 年对船用加油机检定技术进行研究，并成功研究出船用加油机计量特性检定方法，研究项目已完成验收，研究成果获得2项实用新型专利。在研究成果的基础上，广州能源检测研究院联合托肯恒山科技（广州）有限公司向广东省市场监督管理局申请了《船用加油机》检定规程编制立项，并已成功发布实施，对优化市场营商环境、助力广州国际航运枢纽建设具有重要意义。

四、案例应用推广价值

广州能源检测研究院/国家港口能源物流产业计量测试中心（筹）对船用加油机示值误差及重复性、不同温度对加油机示值的影响、不同流速对检定结果的影响、检定条件及检定方法、设备对于检定结果的影响等方面进行了研究，设计了一种具有多标尺的水上加油机检定装置，符合准确度二等技术要求，提高了检测能力。《船用加油机》广东省地方检定规程的制定、实施，填补了船用加油机检定的技术空白，并将改变当前船用加油机计量无规程可依的局面，保障贸易交接公平与准确，有效防止各种因计量引起的贸易结算纠纷。《船用加油机》广东省地方检定规程已发布实施，不仅能确保船用加油站公平服务水平，在计量监管方面也起到重要作用，能够保障消费者权益，还能促进广东省船用加油站的健康发展，具有显著的社会效益及经济效益。

【案例三】提升城镇燃气溯源能力，守护城市“烟火气”

一、案例背景

2021年，我国的天然气消费量达到了3 726亿立方米，城镇燃气消费量占比高达38%，位居第一，贸易公平性至关重要。长期以来，仅有国家石油天然气大流量计量站成都分站的溯源能力适用于城镇燃气行业，以中上游企业为主导的实流溯源体系普遍存在溯源压力过高、溯源时间过长、溯源排队难等突出问题。

北京拥有全国规模最大的燃气管网，运行管线接近3万公里、用户约700万户，2022年用气量高达181亿立方米。提升城镇燃气溯源能力，守护好城市“烟火气”，是燃气行业面临的共同难题。

2021年，国务院印发《计量发展规划（2021—2035年）》，明确提出要强化对计量技术的有效应用，服务绿色低碳可持续发展，支撑碳达峰和碳中和目标的实现。北京市也提出要加快构建现代先进测量体系，形成城镇燃气实流量值溯源能力，服务城镇燃气行业绿色发展，提升计量工作在推动北京经济社会高质量发展中的支撑作用。

我国天然气贸易的交接方式是体积计量，通过流量计的测量完成贸易交接，离线周期检定是保证流量计计量性能的通行做法。按照国家规定，周期检定时，用户需将流量计从使用现场中拆卸，运输至有检定能力的计量技术机构，检定合格后才能使用。

燃气流量计的检定依赖于以中上游企业为主导的实流溯源体系，常常出现流量计无法按期溯源。在相似工况下，流量计在生产厂家、用户、计量机构的测量结果不一致，常有测量结果超出质量控制范围，并且伴随着超溯源周期使用、工况不匹配、超差使用等问题。城镇燃气行业迫切需要得到准确统一的量值，提升燃气流量溯源能力，做好流量计的管控，守护好城市生命线。

2022 年 4 月，国家城镇燃气流量计量站（以下简称“城燃国家站”）正式获得国家市场监督管理总局授权，标志着北京燃气集团建成国内城镇燃气行业唯一的国家级专业计量站（总站）。

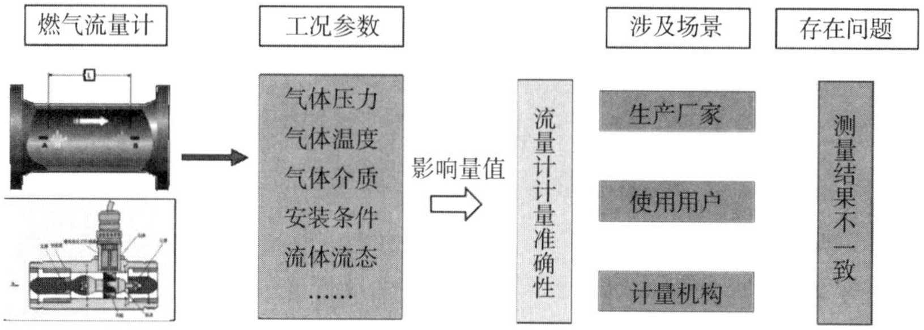

图 13.5　燃气流量计溯源存在的问题

二、具体措施

燃气流量溯源主要涉及流量和压力等参数，同时需要明确溯源准确度等级。前者影响着溯源工况，后者决定着溯源水平。

国内城镇燃气管网的运行压力在 4.0 MPa 以下，流量计的最大口径一般为 DN 300，准确度等级一般以 1.0 级为主。因此，燃气流量计的实流溯源需求十分明确。

（一）确定燃气流量计溯源的技术难点

1. 高精度流量调节难

气源是流量标准装置的基础，燃气管网的流量受下游用气量影响较大，实流标准装置的流量和压力的高精度调节存在难度。

2. 管容效应影响大

管容是影响流量标准装置测量能力的关键。实流标准装置的管路工况复杂，标准器与被测对象间的管容对测量结果的影响明显。

（二）设置两路气源

根据北京规模巨大的城镇燃气管网和用气量，设置两路气源（一用一备），通过燃气管网解决气源不足问题。

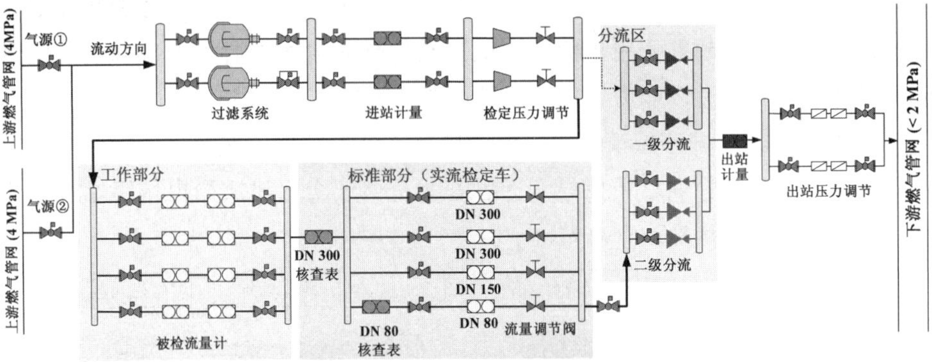

图 13.6　燃气实流溯源工艺图

（三）采用两级调压

实现 2～4 MPa 压力范围内连续可调。采用分流与调流相结合的方式，在两级分流粗略调节的基础上进行高精度调流，最终实现 60～8 600 m³/h 流量范围内连续可调。

图 13.7　国家城镇燃气流量计量站

（四）采用管容动态置换方式

针对低温气体流动下温度失衡难题，以管容动态置换方式抑制了流体-管壁-环境温度梯度对量值的影响，提升了测量重复性。

三、具体成效

北京燃气集团通过计量标准、国家站、社公标全覆盖，初步构建起城镇燃气实流溯源体系，填补了国内相关领域的空白，满足了现阶段城镇燃气行业的实流溯源需求。通过与中国计量科学研究院的比对实验，实现了上述实流量值的国际等效、国内一致。

2022年，城燃国家站面向全国完成175台次流量计的量值传递和溯源工作，服务22家企业，极大地缩短了城镇燃气行业的溯源时间，为行业的高质量发展提供了支持。

四、案例应用推广价值

1. 溯源能力"从0到1"

通过集中攻关、重点突破，解决燃气流量计量标准缺失问题，建成行业首个国家级专业计量站，形成可以满足现阶段城镇燃气行业的实流溯源能力。

2. 降低溯源应用门槛

为进一步提高溯源效率，通过"点"上延伸（探索服务事项前移）、"线"上联动（推动服务更便捷更高效）、"面"上创新（推动服务流程标准化），着力打造具有特色的实流检定业务服务模式，不断降低溯源应用门槛。目前，城燃国家站已经面向全国开展授权范围内的燃气流量计的溯源服务，极大地缓解了城镇燃气行业长期普遍存在的溯源压力过高、溯源时间过长、溯源排队难等突出问题，可以帮助城镇燃气企业缩短周期溯源的时间，降低溯源成本。

【案例四】量身定制测量方案，助推江门金磁磁材有限公司产品开发

一、案例概况

铁硅铝软磁合金，又称作仙台合金，具有综合软磁性能好、成本低等优点。铁硅铝粉末制备的磁粉芯具有良好的偏置特性和温度稳定性，能够在较宽的温度范围内工作，并且工作时噪声低，在开关电源磁芯、线路滤波器、脉冲回归变压器、储能滤波电感器、功率因素校正器等器件中得到了广泛的应用。随着

电子信息行业的迅速发展，为了适应电子器件小型化、高频化、高功率化的发展态势，对金属磁粉芯在高频下的电磁性的要求也进一步提升。然而，铁硅铝磁粉芯在高频下损耗高、易发热，限制了其在高频宽频下的应用。企业通过采用不同的技术手段，制备高性能铁硅铝磁粉芯，以期进一步提高产品温度稳定性，对样品温度特性的准确测量成为亟待解决的问题。

通过与江门金磁磁材有限公司技术人员进行沟通，中心团队经过交流讨论，决定利用恒温恒湿试验箱，创造一个可靠的测量环境，采用精密阻抗分析仪对产品进行测量，以获得准确的样品温度特性。

二、具体措施

江门金磁磁材有限公司为客户开发了一种高温度稳定性铁硅铝磁粉芯，但缺乏行之有效的检测手段进行验证，无法获得客户的认可，耽误了产品的进一步开发，更影响了产品的销售和经济效益，需制定一个完善的检测方案，帮助企业解决这个问题。

图 13.8　典型磁粉芯样品

(一) 确认技术难点

江门金磁磁材有限公司缺少相关检测设备、检测知识及测试经验，无法准确测得该产品不同频下的比总损耗值，需要基于该产品的重量、尺寸等参数，反复推敲计算，通过调整频率、电平、测量速度等参数，搭配合适的配套设备，以解决该问题。

(二) 选取合适的检测设备及配套设备

根据江门金磁磁材有限公司提出的环境条件和测试条件要求，需要选取合适的检测设备及配套设备。经过对中心现有设备进行筛选，确定采用恒温恒湿试验箱，用以提供稳定可靠的温湿度环境条件，采用精密阻抗分析仪准确测量样品在不同环境条件下的电感量参数。

（三）采用合适的方法对产品进行取样

通过采用合适的方法对产品进行取样，共获得 2 个具有代表性的样品。针对这 2 个样品进行电感量参数测量。设定不同的环境条件，根据要求的测试条件，给磁粉芯绕制合适的线圈匝数，通过调整频率、电平、测量速度等参数，对 2 个样品进行测量，获得其电感量的数据。

三、具体成效

（1）对数据进行分析，计算电感量温度系数，发现样品的温度稳定性符合预期，此结果得到该公司及客户的认可。

表 13.1　不同条件下电感量测量结果

样品	测量条件	测量结果		温度系数
		30 ℃	85 ℃	
1#	100 kHz，1 V	203.6 μH	202.5 μH	0.010%/℃
2#	100 kHz，1 V	201.7 μH	200.9 μH	0.007%/℃

（2）中心充分利用已有设备，制定了完善的检测方案，获得了材料的温度特性参数。

（3）为该公司提供了数据支撑及测量保障，解决了其测量能力不足的问题，保障了其产品的正常研发、销售及应用。

（4）减少了企业设备和人员投入，降低了研发成本，提高了产品质量和竞争力。

四、案例应用推广价值

在服务企业的过程中，中心发现企业在检测设备、检测手段以及检测经验上存在不足，通过技术手段解决了产品性能测试问题，为企业量身定制了测量方案。

通过该方案的实施，可解决企业测试能力不足的问题，同时帮助企业在产品开发及贸易过程中规避风险，有效降低了贸易纠纷发生的概率。

第十四章　计量与政策制定和决策支持

政策涉及人民生活、国家发展、医疗卫生、科教文卫等方方面面，政策制定又是一个动态、复杂的过程，涉及多方面的因素和利益相关者的参与。计量通过提供准确、可靠的数据和科学分析的工具和方法，对政策制定起到重要的支持和指导作用。在政策制定的各个阶段，计量可以帮助政策制定者更好地理解问题的本质、评估政策的可行性、比较不同政策方案的优劣。在问题识别阶段，计量提供了数据分析工具和方法，帮助政策制定者识别和量化问题。在政策分析和选择阶段，计量提供了评估政策效果、预测政策影响的方法，帮助政策制定者更全面地了解政策的可行性和效果。在政策实施和评估阶段，计量提供了数据监测和评估的工具，帮助政策制定者了解政策的实施情况和成效，及时进行调整和改进。

第一节　计量在政策制定和决策支持中的作用

计量在政策制定和决策支持中发挥着重要的作用。政策制定和决策支持需要准确、可靠的数据和科学的分析方法。计量作为一门科学和实践技术，提供了测量、评估和分析各种参数的方法和工具，为政策制定和决策提供了重要的数据和信息支持。

一、政策制定的基本概念与过程

政策制定是指政府或政策制定机构通过一系列的活动，对社会经济问题进行分析、识别、目标设定、政策设计和实施的过程。其目标是制定出能够解决问题、推动发展、促进社会进步的政策措施。政策制定包括以下阶段：

（一）识别问题

在这个阶段，政策制定者通过调查研究、数据分析和社会参与等方式，识别和了解社会经济问题的本质、规模和影响，发现社会治理过程中某个领域的本质问题，从而制定相应的政策。准确的计量数据会帮助决策者在处理问题时精准拿捏其痛点、难点。从根本源头出发，利用仪器工具、计量测试技术，将问题进行定性和定量，从而提高政策制定的水平和能力。

（二）分析政策

政策制定者在问题识别的基础上，进行深入的政策分析，包括对问题的原因和驱动因素进行分析，对利益相关者的影响进行评估，以及对不同政策方案的可行性和效果进行评估。通过计量技术对采集的社会数据进行分析，可以发现政策制定过程中的潜在问题和趋势。通过与大数据和云计算相连接，可以提高分析过程的科学性以及分析结果的准确性和可行性。

（三）选择政策

在政策分析的基础上，政策制定者需要从多个政策选项中选择最合适的政策方案。这需要考虑政策的目标和效果、可行性、资源分配等因素，并结合利益相关者的意见和反馈进行综合决策。基于计量技术，决策制定者可以使用合适的样本数据和测量模型，对多个政策进行分析比较，从而选择出最符合决策效益的政策。

（四）实施政策

实施政策是将政策方案转化为具体行动和措施的过程。计量技术在实施政策的过程中，通过实时检测和指标监测能够即时获得政策反馈。利用设备和工具，可以对政策实施的具体过程（制定实施细则、分配资源、建立监测和评估机制等）进行观察，保证数据的准确性和可追溯性，以确保政策能够得到有效的落实和执行。

（五）评估政策

评估政策是对已实施政策效果的评估和监测。通过收集和分析数据，可以评估政策的成效和影响，以便及时调整政策、纠正不足、改进政策措施，尽量弥补因过失而导致的政策影响。决策者应当对使用的计量设备和计量工具进行反复确认，同时保证数据样本和实验条件的一致性，及时更新数据，留意关键环节，对已经实现的政策结果进行仔细的比对分析，保障政策的科学性和正确性。

二、计量在政策制定和决策支持中的应用

决策支持是指为决策者提供必要的信息和分析方法，帮助其作出明智的决策。计量在决策支持中发挥着关键作用。通过提供准确的测量数据和建立相应的模型，计量可以帮助决策者了解问题的复杂性、评估各种决策方案的潜在效果，并为决策提供可行性分析和决策优化的方法。随着新一代信息技术、大数据、人工智能蓬勃发展，社会正从“物理社会”转变为“信息社会”，而后朝向“智慧社会”发展，这场变革深远而持久。

（一）决策支持系统

1. 决策支持系统的定义

决策支持系统（DSS）是一种智能人机系统，它以运筹学、行为科学、控制论和管理科学为理论基础，运用信息技术、计算机技术和仿真技术，有针对性地支持半结构化的决策问题和决策活动。目前，对结构化的决策支持系统研究得较多，而针对非结构化的决策支持系统的研究则不常见。为了实现问题的量化和模型化，结构化问题决策支持系统需要建立数学模型，并以模型库为基础，运用相关信息手段建立模型驱动系统。

2. 传统决策支持系统存在的缺陷

由于部分决策者面临的决策环境的复杂性，采用模型和数据来解决结构化问题和明确过程性问题存在明显的限制。一是DSS呈现出静态性，其对于模型和数据的依赖程度是显而易见的。二是在进行决策分析时，没有系统的方法帮助决策者作出正确的决策。对于决策者而言，除了需要对决策领域有深入的了解外，还需要具备模型和数据的相关知识。由于受到各种因素的影响，许多情况下决策者不能及时对政策作出调整，或者是进行更改。为了解决关键阶段的决策问题，决策管理者需要采用建模的方法，这就要求每个阶段的决策问题都必须具备可计算性和过程性，对于一些非结构性问题无法进行处理。由于系统对数学模型的过度依赖，导致在解决不确定性问题和模糊问题时，缺乏足够的解决方案。

（二）智能决策支持系统

智能决策支持系统（IDSS）通过整合专家系统和现代信息技术，尤其是融

合新一代的人工智能与决策支持系统（DSS），具备多方面的基础认知能力，包括对决策问题的描述性分析、决策过程的程序化知识，以及解决复杂问题所需的逻辑推断等，成为一种高级的、辅助性的信息处理平台。

尽管全球范围内已有多个基于人工智能原理构建的智能系统，但大多数还是局限于特定应用场景，没有普遍适用性。早在 20 世纪 80 年代，伯恩切克率先引入了 IDSS 概念。这项创新性技术不仅能解决量化的问题，也能解决定性或主观性的问题。

IDSS 不仅提高了决策质量，还加快了决策速度，特别是在复杂和多变的决策环境下表现出显著的优势。IDSS 不仅拥有大量的“硬”数据分析能力，还具备“软”知识处理能力，如主观判断和推理逻辑等，使得系统在实际应用中更具灵活性和适应性。

1. 智能决策支持系统的结构

IDSS 拥有一套完整且成熟的架构，该架构在经典的 DSS 模型基础上做了重要的扩展。具体而言，该系统不仅保留了传统三库 DSS 的核心元素，还在其中加入了认知功能和逻辑推理引擎。此外，它在人机交互子系统中引入了一种自然语言处理机制（LS），并在四个主要库之间加入了问题解决体系（PSS），从而形成了一个更为全面和高效的四库模型。

一是智能人机接口。四库系统智能人机接口能够了解以自然编程语言或者近似自然编程语言方式所表达的确定问题、确定工作目标等信息，从而在较大程度上提高人机界面性能。

二是问题处理系统。问题处理系统位于 DSS 的核心，作为用户、主计算机和问题解决资料存储库的交流中介。它一般由问题诊断工具和解决策略引擎组成。该模块用于自然语言处理，将表述的问题经由转化和解读，然后通过问题诊断工具对其复杂度和构造进行评估，筛选合适的模板，并启动标准建模运算以求解。针对已结构化或者非结构化的问题，它会依赖于特定的算法模式和推理逻辑来提供解答。

在 IDSS 中，这一模块不仅需要准确识别和分类输入的问题，还要构建相应的解决方案。此外，它自动调用系统内置的四个数据库——数据、模型、方法论和经验库，以支持问题解决。对于复杂或模糊的问题，该模块会启动逻辑推理引擎或重新解释问题，以求获得更精确的解答。

三是知识库系统和推理机。知识库系统和推理机是构成知识体系的两个重要部分。数据库子系统可以划分为三个主要部分，分别是知识库管理、知识库以及推理机。

知识库管理不仅负责对各类知识点进行增加、修改或删除，还涉及专门的技术能力，以支持决策分析和评估的过程。

知识库是一种复杂的结构，由各种不同级别的知识元素组成。这些知识单元可在特定场景下被转换为专家系统可解析和处理的格式。这一体系的建设高度依赖于底层的数据结构。存储在其中的内容包括但不限于专家理论和实践经验，这些知识是跨多个专业领域的，通常不能通过简单的数据分析或建模来表达。

知识库中的知识元素是一种形式化的符号体系，是人类对外部世界认知的结果。这就要求知识库中的内容需要有形式化的表达方式。表达方式直接影响推理逻辑的选取，进而决定整个系统的通用性和功能性。系统中通常包括事实数据库和规则数据库两大部分，分别用于存储具体情况和逻辑规则。

推理机作为一个核心组件，能针对用户需求对知识库进行解析和推理。例如，如果事实“任务 A 需要紧急购买”为真，并存在相应规则“如果任务 A 需要紧急购买，则任务 A 应优先处理”，则推理机将根据这一规则进行决策[①]。

2. 传统决策支持系统与智能决策支持系统的区别

DSS 和 IDSS 的区别在于，IDSS 是由 DSS 和人工智能系统组成的。知识库是以专家知识为基础，通过对各种信息进行综合、分析、处理而形成的一个具有一定结构和功能的信息系统。将数据库与人工智能相互融合，形成了知识库这一智能化的工具。专家系统就是利用专家知识来解决实际问题的一种技术系统。将数据模型与人工智能相融合，形成了模型库，用于管理数据模型。专家系统为模型提供知识和处理问题的方法，而数据则用来存储这些方法。作为计算机科学领域的一个分支，人工智能的研究目标在于将其应用于生产实践中。人工智能应用范围很广，如制造、农业、医疗和教育等领域都有它的身影。人工智能的研究对象主要是那些具有类似于人类反应机制的机器，这些机器能够高效地执行任务。研究的领域通常包括机器人技术、语音识别技术、图像识别技术、专家系统以及自然语音识别技术等。随着科学技术的发展，人工智能逐渐被人们所熟知。人工智能是一门探究人脑思维的学问，它将计算机智能与人

① 靳德武，李鹏．煤层底板水害防治智能决策支持系统框架构建［J］．煤田地质与勘探，2021，49（1）：161-169．

脑智能相结合，并将其应用于实践中，从而提升计算机的应用水平①。

3. 智能决策支持系统的优势

通过集成最新的人工智能技术和专家系统，IDSS利用高级的定性分析和模糊逻辑推断，充分挖掘专业人员在问题解决过程中的知识和经验，为多样化问题提供创新性解决方案。这些专家系统在创建专门的信息库和解决方案子模块时，达到或甚至超过了某些专业领域的人类专家水平。

这类专家系统的主要技术手段包括知识库构建、案例方法论以及用户和系统间的交互技术。在具体的商业决策应用中，这些技术通常针对复杂的多阶段决策问题进行设计和应用。由于其一般基于静态的认知模型和人机对话框架，在面对多变的决策环境时，有时显得不够灵活。

为了提高决策效率，需要加入动态思维模式，以更全面地解析问题。这就涉及从人的视角深入了解问题，以更准确地认识问题的核心。利用专家系统技术加强IDSS的功能，能有效地整合专家系统与决策支持系统，以便更高效地进行商业决策。

另外，决策支持系统能为决策者提供全面的支持服务，包括但不限于数据分析、方案比较和最终决策支持。②

三、计量在政策制定和决策支持中的作用

随着数据科学和计量方法的不断发展，计量在政策制定中的作用将得到进一步强化。大数据、人工智能和机器学习等新兴技术将为政策制定者提供更多的数据来源和分析工具，帮助他们更好地理解和解决复杂的社会经济问题。同时，计量研究和应用的跨学科合作也将得到加强，促进政策制定与计量领域的知识交流和创新。

计量为政策制定者提供了准确、可靠的数据和有效的分析方法，帮助他们作出科学合理的决策。计量在政策制定的整个过程中都发挥着重要的作用，主要包括以下几个方面：

（一）提供数据支持

计量为政策制定者提供了准确、全面的数据支持，帮助他们了解问题的现

① 王帆，陈楚湘，王运成．军事战略智能决策支持系统［J］．信息系统工程，2022（5）：128-131.

② 李明禄．英汉云计算·物联网·大数据辞典［M］．上海：上海交通大学出版社，2018：157-158.

状、趋势和影响因素。通过准确测量和收集决策过程中的大量数据，计量可以帮助决策者进行复杂的数据分析和挖掘，发现数据中的潜在规律和趋势，为决策制定提供决策支持和战略指导。通过计量技术，决策者可以更好地理解社会需求、决策质量和决策效率之间的关系，优化决策内容，提高决策的准确性和迅速性。具体来说，计量在数据支持中的作用主要体现在以下几个方面：

1. 采集与整合数据

计量技术可以帮助决策者采集和整合大量的社会数据，包括社会经济指标、环境数据、人口统计数据等。通过对这些数据的采集和整合，可以形成全面、准确的数据基础，为后续的数据分析和决策支持提供可靠的数据源。

常见的数据采集方法与工具包括问卷调查、观察、记录和档案，以及智能设备与传感器。问卷调查是通过设计问卷并分发给特定的群体，收集他们的意见、反馈和评估。观察是直接观察受众群体以收集信息的方法，可以结合记录、拍照或录像等技术进行数据采集。记录和档案是通过收集变量的数据等，建立数字化数据档案，可以传统方式保存在纸质文件中，也可以数字化存储于信息管理系统或信息管理软件中。通过智能设备与传感器可以收集各种数据，如观察群体的行为和活动、环境温度和湿度等。例如，使用智能手表或智能设备进行数据采集，能够提供准确的活动或环境数据。通过这些数据采集方法与工具，决策者和管理者可以获取多样化的信息，用于分析和决策，以提高决策和管理的科学性和效率。

将计量技术运用于决策制定给决策者与管理者带来更加强大的手段与资源。首先是海量性。对于决策管理者而言，进行决策时需要有庞大的数据支持，而计量技术与工具能够接入互联网，把数据存储到云端并组成数据库，便于存储与利用相关的数据。其次是高速性。互联网时代，计算机和其他设备的性能越来越好，“神威·太湖之光”是全球第一台每秒运行十亿亿次以上的超级计算机，同时也是国内第一台完全使用国产处理器建设的超级计算机。国家高性能集成电路设计中心以核高基为支撑，成功研制出“申威 26010”众核处理器，突破国外技术封锁，各项性能指标全球领先。① 这些设备和技术的发展为信息的实时处理提供了保障。再者是时效性。应用大数据技术处理信息非常迅速，能够将准确、真实的信息及时传输给使用者。在数据传输与处理的过程中，数据是在不断变化的，计算机能够对这些变化作出及时的反应，保证数据的时效

① 付昊桓．全球最强的超级计算机——“神威·太湖之光”[J]．国防科技工业，2018（5）：25.

性。最后是数据价值密度较低。在政策制定中，并非所有的数据信息都具有价值，因此需要做好筛选工作。计算机可以通过量化的数据分析和可视化技术将庞大的数据进行有效整理和分析，并以直观的方式展示出来，使决策者能够更好地了解决策过程中的变动，发现问题并制定有效的解决方案。信息管理系统和软件能够集中管理收集的各项数据，方便决策者进行数据的整合、分析和监测，以支持决策和监控。①

2. 分析与挖掘数据

应用各种数据分析方法和工具，可以对采集到的数据进行深入分析和挖掘。应用统计分析、模式识别、关联分析等方法，可以发现数据中的潜在规律和趋势，提取有价值的信息，为决策者的决策制定提供科学依据。

一是数据清洗与预处理技术。在进行大规模数据分析之前，数据的清洗和预处理是必不可少的步骤。数据清洗包括去除重复数据、处理缺失数据、修正错误数据以及处理异常值等。数据预处理则是对数据进行转换和规范化，如对文本数据进行分词和词干提取，对数值数据进行归一化和标准化等。通过数据清洗和预处理，可以确保数据质量和一致性，为后续的分析和建模做好准备。

二是特征提取与选择算法。从大规模的相关数据中提取有效特征是数据分析的关键一步。特征可以是个体的指标、行为数据、社交网络数据等。特征提取可以通过统计分析、机器学习和深度学习等方法实现。统计分析可以通过计算平均值、方差、相关性等指标来提取特征。机器学习可以通过训练模型将原始数据转化为有意义的特征。深度学习可以通过多层神经网络自动提取高级特征。特征选择算法可以进一步筛选出对决策具有重要影响的特征，提高模型的预测能力。常用的特征选择算法包括过滤式、包裹式和嵌入式方法等。通过大数据收集方法、数据清洗与预处理技术以及特征提取与选择算法，可以使得决策所需要的大数据分析更加精确和有效。这些方法和技术为决策管理者对决策效果的预测和干预提供了强有力的支持。②

3. 智能预测与优化

随着信息技术的发展，人类社会已经进入一个全新的时代——大数据时代。

① 安建良．基于数据采集与数字化技术的教育决策支持系统分析［J］. 集成电路应用，2023，40（8）：206-207.

② 余腾飞．计算机技术在健康数据采集与预测分析中的应用［J］. 集成电路应用，2023，40（8）：404-405.

在经济领域里，特定的社会现象存在着明显的时空特性。在时间、空间、容量、类型和响应等多个维度上，不同领域的数据呈现出各自的特点。在这些数据中，某些数据呈现出本质生成的特征，需要进行差分处理以达到平稳的效果；有些数据呈现出时间序列的特征，需要对其进行前期状态的处理；还有一些数据是离散的、不连续的、非单调的，不能直接使用传统方法对其进行建模；有些数据呈现出一定的模式特征，需要进行模态分解以获得更准确的结果；部分数据呈现出动态特性，需要应对概念漂移的影响。随着大数据时代来临，数据呈现爆炸式增长，带来了海量的数据信息和丰富多样的数据类型。因此，深入挖掘和精准描述这些数据特征，以提高精准推演和预测的能力，是一项至关重要的任务。

研究者将数据特征作为信息和规律的载体，运用人工智能技术的强大逻辑推演、函数逼近、特征识别和数理空间搜索等能力，建立了一套基于数据特征驱动的人工智能预测理论研究的方法论体系和技术应用框架。① 基于计量技术，可以建立预测模型和优化算法，对决策过程进行智能预测和优化。通过对历史数据和实时数据的分析，可以预测未来的社会问题的趋势和变化，从而作出相应的调整和优化，提高决策效率和质量。数据分析和计量技术能够根据决策的需求和反馈，为决策的不断完善提供技术支持和数据资源，促进决策效果的优化。数据跟踪和决策结果干预技术能够提供决策运行轨迹和成果数据，帮助决策管理者及时了解决策运行进程并进行针对性的干预，以提高决策的水平和质量。

4. 实时监控与决策支持

计量技术可以实现对决策执行过程的实时监控，并及时提供决策支持。通过实时监测设备运行状态、决策过程参数等关键指标，可以及时发现异常情况和问题，并提供相应的决策支持，包括政策调整、相应参数改变等。

在决策制定的过程中，数据特征不断变化，实时监控成为提高决策适应性和可持续性的必要手段。目前，国内一些大公司已经开始应用基于物联网技术的智能交通系统，为政府部门提供信息服务，如交通路况预警、公交出行引导等。对于智慧公交系统，计量能够提供监控和决策支持，以确保其高效运作。传统公交调度方法已不能满足现代社会对智能化公交调度管理的需求。随着中

① 余乐安．基于人工智能的预测与决策优化理论和方法研究［J］．管理科学，2022，35（1）：60-66.

国城市化进程的迅猛推进，城市居民数量急剧攀升，城市公共交通正面临着前所未有的巨大挑战。为了应对这些挑战，必须大力发展公共交通。城市公共交通作为一种高容量、低碳环保的交通方式，为缓解城市交通压力、解决城市居民出行问题提供了最佳选择。目前，我国各大城市都在大力发展智能交通系统，以实现“交通强国”战略，提升人民群众生活质量。然而，传统的公共交通系统在信息化和智能化方面的水平相对较低，公交路线规划不够合理，服务水平相对较低，这些缺陷导致城市公共交通的可达性较差，已经无法满足不断发展的城市出行需求。在这种形势下，一种新的交通模式应运而生——“智慧”交通。伴随着信息和通信技术的突飞猛进，智能公交系统获得了极大的推动力。智能交通解决方案借助物联网、云技术、数据分析、人工智能和全球导航系统等多元化技术手段，全面融入公交公司的运营和车队管理，构建了一个全面的、智能的城市交通调度管理系统。

系统的核心功能包括实时监视和响应公交车的需求，智能化地计划公交路线，以及高效地调度车辆资源。这些不仅能为企业决策层提供有力的支持，还能促进资源的高效利用和运营安全性，最终提升城市公共交通服务水平，以满足城市居民多样化的出行需要。[①]

5. 智能决策与自动化控制

基于计量技术，可以实现智能决策和自动化控制。通过将数据分析与决策算法结合，建立智能决策系统，可以自动化地对决策过程进行调控和优化，提高决策效率和质量。如自动驾驶中的紧急避让功能、日常生活中火灾警报器的触发等。智能决策与自动化控制不仅可以保证系统在紧急事件中及时地作出正确反应，确保损失最小化和利益最大化，还可以提高决策效率，减少决策过程中出现的非理性行为，对于决策的正确性和科学性都大有裨益。

计量在政策制定与决策支持中发挥着重要作用，通过数据采集与整合、数据分析与挖掘、智能预测与优化、实时监控与决策支持以及智能决策与自动化控制等方式，为决策制定和政策执行提供支持，促进社会高质量发展和持续改进。计量在政策制定和决策支持中的作用不仅仅体现在技术层面，还能为提升政策效率和优化政策结果提供帮助。同时，计量技术的应用也为决策过程实现

① 车辉，吕辉，杨波，等. 基于大数据的智慧公交系统顶层架构设计［J］. 物联网技术，2020，10（11）：102-104＋107.

智能化提供了重要支撑。

（二）推动科学决策

1. 赋能科学管理

2018年5月28日，习近平总书记在两院院士大会上强调，要以信息化、智能化为杠杆，培育新动能，推动互联网、大数据、人工智能与实体经济深度融合。以人工智能为主线的预测决策优化理论与方法的研究主要集中在管理科学基础研究及共性关键技术等方面，核心在于利用计量技术为预测优化提供重要依据，并在此基础上实现更科学的预测决策。有关研究成果必将促进计量与中国政府治理能力发展、企事业经营管理能力提升深度结合，赋能科学管理，打开管理科技创新发展新局面。建立在计量技术基础上的预测与决策优化的理论与方法的研究，注重使计量技术的应用目标更明确化，促进计量技术与预测科学、决策科学、优化科学及其他相关学科之间的交叉与融合，为计量技术的持续发展及深度应用提供有力的科学储备，这对于推动计量技术的发展无疑是十分重要的。

2. 转化数据信息

计量能够将数据转化为多元信息，为政策制定者提供数据驱动的决策支持。收集到的数据需要进行记录和整理，以便后续的分析和研究。决策者可以使用电子表格、数据库等工具进行数据记录和整理，确保数据的完整性和可追溯性。决策者通过研究变量，识别和定义影响政策结果的关键变量，区分自变量（被研究的因素）和因变量（政策结果）。根据研究目标和变量，设计出试验组和对照组。试验组接受干预，对照组不接受干预，用于比较和验证政策结果。通过随机化试点，可以减少随机误差的影响。在试验组和对照组之间保持均衡，以控制其他潜在因素的影响。控制除自变量以外的其他变量，以减少其对政策结果的影响。通过保持其他条件恒定或在实验中对其进行控制，确保政策结果的准确性。进行多次独立重复试验，以验证实验结果的一致性和可靠性。重复实验有助于减少实验误差和随机变异的影响，增加结果的可信度。通过对试验数据进行分析和解读，政策制定者可以更全面、客观地了解问题的本质和趋势，从而制定出更符合实际情况和需求的政策措施。

（三）评估政策效果和预测政策影响

1. 建立模型，量化数据

计量可以帮助政策制定者评估已实施政策的效果。通过采用对照组实验、回归分析等方法，可以对政策的实施效果进行客观评估，了解政策对目标指标的影响，并提供政策效果的可量化数据。计量工具和预测方法可以帮助政策制定者预测不同政策方案的影响和结果。通过建立模型，分析政策措施对经济、社会和环境的潜在影响，政策制定者可以更好地了解不同决策方案的预期结果，并为决策提供参考。

2. 分析场景，预测效果

决策过程涉及对不同场景中多个可选方案的全面分析和筛选，以确定其中的最优方案。预测旨在通过深入分析历史数据、内部机制和发展轨迹，更准确地描述预测对象未来状态和趋势。这些共同构成了评估决策优化方案的基础，有助于提高决策的科学性和效率。

在管理科学中，数据、预测和决策是科学决策的主要路径。随着人工智能的兴起，数据处理速度、预测准确性和决策优化方面都有了显著提升。在大数据时代，科学预测和决策优化面临更多种类、来源多样、多维度、大规模和高时效性的信息。虽然大数据技术并没有改变预测和决策的基础逻辑，但它在处理海量数据、抓取低价值信息、多样化数据处理和实时信息加工等方面具有很大优势，在很大程度上提高了预测和决策的速度与准确性。

以人工智能为核心的数据分析技术已成为大数据环境下支持决策的新兴学科，在预测、决策和优化这三大研究领域中形成了前沿观点，为颠覆性理论和手段的产生提供了坚实基础。

3. 对比择优

计量有助于政策制定者对各种政策方案进行优劣势对比，找到最优解决方案。通过对多种政策方案的模拟分析、成本效益分析等来评价不同方案的优劣性、可行性及可持续性，可以为制定政策提供科学依据。通过构建反馈信息机制来评价政策实施效果，不可避免地会产生海量的评价信息，若这些信息不能及时地反馈给政策制定者、实施者，则可能导致信息不对称。在政策分析时引入计量技术，可以有效解决这一难题。

4. 迅速反馈，及时调整

计量技术突破了政策目标分析、政策决策、政策执行和政策评估四个主要环节中的信息流，可以使决策者时刻了解各环节中的信息，特别是政策评估之后，可以快速及时地把评估信息反馈给其他各环节，以帮助决策者对政策进行调整和改进，弥补执行部门有关行动中存在的缺陷。与此同时，计量技术促进了决策主体间信息的共享，对决策受用群体形成公众监督机制，由公众构建反馈渠道，使公众层面反馈信息在最短时间内传达至决策制定层。随着对更多数据的深入研究，可构建面向大数据的智能环境下政策制定辅助系统，以实现决策管理者对政策制定的最优化。

计量对于政策制定作用巨大，计量为政策制定提供了准确、可靠的数据和科学的分析方法，为政策制定者提供了决策支持和评估工具，有助于制定出更科学、客观、有效的政策方案。计量可以帮助政策制定者更好地理解问题的本质和影响因素，评估政策的效果，预测不同政策方案的影响，优化决策方案，并将数据转化为有意义的决策支持信息。

第二节　计量在政策制定与决策支持中的典型案例

【案例一】北斗高精度计量测试助力国家工程规划

一、案例背景

为推动长江“智慧航运”事业发展，保护长江生态环境安全，支撑长江经济带建设，打造“智慧长江”，交通运输部等多部门启动了北斗应用示范项目。为配合项目的顺利实施，2020 年 4 月开始，北京市计量检测科学研究院国家卫星导航定位与授时产业计量测试中心（以下简称“中心”）开始为北斗卫星地基增强系统、北斗高精度船舶导航智能终端、北斗高精度助航终端、北斗高精度 VDES 设备、基于北斗的船闸基础设施监测系统、岸基 AIS 系统等设备提供计量检测和系统验证服务，保证检测流程的时间进度和结果的准确可靠，真实全面地反映项目的整体水平，推动科学决策。中心在接到任务后，组织技术骨干深入调研项目情况，与项目管理单位和承担单位共同完成了各类设备和系统的测试大纲起草并组织专家评审，为产品的后续批量检测和质量体系建设奠定了坚实基础。

通过计量测试发现，在动态定位服务中，差分改正数据延时经常出现周期性异常跳变，经过对通信链路、硬件设备和软件系统的排查，最终发现了差分改正算法存在的缺陷，使问题得到了及时解决，保证了交通领域北斗重点应用项目的顺利实施。

二、服务于政策制定与决策支持的措施

（一）需求分析

为推动长江“智慧航运”事业发展，保护长江生态环境安全，支撑长江经济带建设，打造“智慧长江”，交通运输部、水利部、公安部近两年来在多个领域启动了北斗应用示范项目，包括智能导航、船舶管理、船舶过闸 ETC、水闸监测、生态保护等。长江干线北斗地基增强系统工程将于长江干线水富至长江口修建 106 个基准站和 69 个监测站，用公网网络及 56 个 AIS 基站播发，长江通信管理局数据处理中心及设备监控中心将为长江航务系统的近 800 艘公务船及 2 000 艘社会船舶提供服务。

为配合上述项目的顺利实施，2020 年 4 月开始，中心为交通运输部多个项目的北斗卫星地基增强系统、北斗高精度船舶导航智能终端、北斗高精度助航终端、北斗高精度 VDES 设备、基于北斗的船闸基础设施监测系统、岸基 AIS 系统等设备提供计量检测和系统验证服务。为了保证检测流程的时间进度和结果的准确可靠，真实全面地反映项目的整体水平，中心技术骨干深入调研项目情况，与项目管理单位和承担单位共同完成了各类设备和系统的测试大纲起草并组织专家评审，为产品的后续批量检测和质量体系建设奠定了坚实基础。本次计量检测服务内容包括 GNSS 兼容及单 BD 模式下的差分定位（RTK/RTK）精度、速度精度、AIS 数据传输速率、误码率等导航通信关键参数测量，AIS 和 VDES 等身份识别、航道显示控制、引航助航报警、综合数字服务等功能验证，同时还包括各类设备的气候环境适应性、机械环境适应性和电磁兼容环境适应性试验。

（二）技术难点

“智慧长江”项目执行时间短，考核指标多，任务工作量大。中心承担的测试任务包括北斗卫星地基增强系统、北斗高精度船舶导航智能终端、北斗高精度助航终端、北斗高精度 VDES 设备、基于北斗的船闸基础设施监测系统、岸基 AIS 系统等在内的一系列水面航运智能通信导航信息化设备的测试。项目中引入了大量创新技术，形成了新的安全航运监测功能和技术参数指标，这些参数的测试没有传统测试方法。同时，船载设备系统的工况较为恶劣，项目任务书中对上述设备的可靠性有明确要求，需要进行完整的测试验证，想要获得完整的数据支持较为困难。

(三)解决方案

中心克服时间紧、任务重的困难，先后制定了针对北斗卫星地基增强系统、北斗高精度船舶导航智能终端、北斗高精度助航终端、北斗高精度 VDES 设备、基于北斗的船闸基础设施监测系统、岸基 AIS 系统等一系列水面航运信息化设备的测试大纲，明确了通信、导航领域 50 多个测试项目和关键参数的测试方法和合格判据，同时充分考虑到船载系统对于气候环境适应性、机械环境适应性和电磁兼容环境适应性方面的要求，对设备可靠性进行了较为全面的测试验证。

三、具体成效

通过本次产业计量服务，中心为交通航运管理部门提供了全面、系统的计量解决方案，为交通航运管理部门的后续决策制定提供了重要数据支撑和决策支持，获得了项目主管单位和承担单位的一致认可，为北斗系统在水上航运行业应用和深度融合发展奠定了坚实的技术基础。

四、案例应用推广价值

中心通过对项目需求和国内外有关技术标准的细致研究，制定了科学合理的测试大纲和测试流程，除了对平台使用的连续运行参考站、服务终端等导航定位设备进行实验室仿真测试和外场测试验证外，还对平台位置服务系统的差分改正算法、动态定位精度、导航定位数据的时间可用性和空间可用性、并发服务容量、服务延迟等关键指标进行了大量测试。通过本次产业计量服务，中心为交通航运管理部门提供了全面、系统的计量解决方案，获得了项目主管单位和承担单位的认可，在水上航运行业获得良好声誉，为今后的业务发展和技术能力提升奠定了坚实基础。

【案例二】打造产业计量工作站 构建产业决策新模式

一、案例背景

随着国家现代化建设的不断推进，物联网产业结构正经历着不断的调整和升级，引发了对产业测试的升级需求。随着市场发展变化，计量工作面临着哪些挑战与机遇？如何运用计量方法满足大型企业集团在产业链中的测试需求，以促进产业的深度调整和升级？如何利用先进测量仪器对不同行业产品进行高精度、高可靠的性能监测与评价？如何满足产业多样化、早期化和微量化的计量检测需求，以推动企业作出科学合理的决策，从而促进产品的升级？在当前形势下，如何实现对不同类型产品进行全面准确测量并及时有效地反馈到生产管理环节，是亟待解决的问题。

为了有效解决上述问题，国家物联网感知装备产业计量测试中心深刻领会《市场监管总局关于加强国家产业计量测试中心建设的指导意见》的指导思想，并遵循《计量发展规划（2021—2035年）》的要求，不断探索新的发展路径，建立“物联网产业计量工作站”，旨在打造一个定位精准、响应迅速、机动性强的一站式物联网产业计量公共服务平台，以数字为引领，协同融合，与业内龙头携手，秉持“共建、共治、共享”理念，致力于打造数字化计量发展的全新业态，以此支撑物联网感知装备产业的全周期、全要素测试需求，从而推动其快速发展。

二、服务于政策制定与决策支持的措施

（一）需求分析

在物联网产业测试过程中，最大的痛点、难点是物联网技术从理论到研发到生产再到测试之间的信息与技术壁垒问题。高校具有丰富的理论基础，企业具有较强的研发生产能力，而产业中心具有专业的测试能力。如何将这些优势整合，第一时间掌握产业发展动态，获取产业测试需求，并提供专业测试解决方案，打通产学研与测试之间的信息与技术壁垒，是解决产业测试问题的当务之急。

（二）解决方案

国家物联网感知装备产业计量测试中心从以下4个方面积极打造物联网产业计量工作站。

1. 坚持市场牵引、驱动创新，纵深产业计量战略布局

为了全方位、深度掌握物联网行业的当前发展和关键任务，需构建一个全面的体系。这不仅有助力于快速追溯产品从设计、开发、实验到生产和使用过程中各个参数的来源，还有助于提高整体效率。与此同时，随着物联网行业的快速发展，对相关实验和测量设备的量值保证方法进行深度分析是不可或缺的一步。这样做可以预见并识别出未来整个产业链中的溯源需求，并据此制定相应的量值保证措施。此外，还需系统性地规划如何提升计量测试的能力和精度。

2. 坚持政策赋能、科技引领，创建新型计量服务平台

以国家政策方针为指导，将大数据、云计算、人工智能、物联网等新兴技术集群有机融合，整合计量校准资源，构建了全新的计量服务平台，并建立了全国性的计量校准服务资源池。依托计量校准公共服务平台，面向各行业领域用户提供计量检定测试及相关咨询服务。利用平台内部的纵向整合和外部的横向整合，实现内部各个环节的无缝衔接，共享外部合作伙伴的信息，提供全寿命周期的计量校准服务。

3. 坚持协同融合、开放共享，促进产业计量协同发展

充分激发各方资源的活力，全面展开与重点企业、科研机构、研究型大学等的合作，积极探索多元化的合作模式，拓展合作领域。同时，加强对计量工作的宣传力度，使计量人员能正确认识到计量是社会经济发展不可或缺的重要基础支撑，要充分发挥计量在国民经济中的作用。通过技术的输入和输出，扩展计量检测服务的领域和范围，提升计量在各大重点行业领域的服务能力和核心竞争力。

4. 坚持以人为本、服务至上，推动计量服务市场健康发展

借助于产业核心的科学研究、基础设施及协同共享方案，强化了计量科学技术的创新和专业人才的培训，从而持续推动产业的发展。通过多种合作和服务方式，协助各类企业构建与其研发、制造、商业运营匹配的高效计量管理体制和支持框架。执行面向中小型企业的计量合作策略，以全方位提升产业链中相关中小企业在计量方面的综合实力，共同促成了物联网计量服务的健康、可持续发展。

三、具体成效

目前，江苏省内惯性传感器、温湿度传感器、力传感器等生产研发龙头企业（3 家），高校与创新中心（2 家）已被国家物联网感知装备产业计量测试中心吸纳，初步搭建了物联网产业计量工作站一站式服务平台，满足了物联网感知装备产业从研发、生产到应用的测试需求，测试能力得到显著提升，为产业升级发展政策的制定提供了有力的技术支撑。

四、案例应用推广价值

本案例以市场需求为导向，根据产业发展的趋势，制定测试能力规划和技

术能力储备，以确保布局与产业发展相适应。在企业转型升级中，始终把计量工作放在重要位置上。秉持着“共建、共治、共享”的理念，积极探索数字化计量发展的新路径，致力于打造一种全新的业态。秉持以人为中心、以服务为核心的产业服务理念，重视人才培养，支持中小企业建立完善的内部计量机制。依托企业现有研发机构、检测中心及标准化实验室，建设符合行业需求的计量测试环境。建立物联网产业计量工作站，整合内外部技术资源，构建集产、学、研、用于一体的测量测试技术交流与合作平台，促进人才培养、共性技术研究、创新成果转化、相关标准制定等方面的协同合作，助力行业发展。同时，充分发挥企业自身人才、资金、管理、设备等优势，为企业技术创新提供支持和保障。以职能为基础，充分发挥优势，为物联网产业提供强有力的支撑，推动其高品质发展。

当前，物联网产业以前所未有的速度蓬勃发展，国家物联网感知装备产业计量测试中心肩负着为物联网产业提供高质量发展支持的历史使命。随着经济全球化和信息化进程不断加快，我国的经济结构也在进行着深刻调整，对计量检测技术人才提出了新要求。因此，必须不断进行创新，与高等教育机构、企业和计量测试机构建立紧密的联系，共同推动产业的发展。

【案例三】“5G+金川云”智能化计量检测管理系统助推科学决策

一、案例背景

对于流程性制造生产企业来说，原料进厂、产品出厂或生产中间过程都离不开计量这一环节，每天都有大量的货物进厂和出厂，过磅计量很重要，一旦发生错误，不仅影响后续生产，还会对成本核算、预算等带来很大影响。传统的计量中，司磅员需要对货物进厂、出厂的各个环节进行操作，包括物料原则、称重、打印过磅单等。司磅员需要进行轮班，工作量大，工作紧张，容易发生错误，影响生产数据和销售数据。计量检测数据是外购物料采购的关键数据，是与供应商进行费用结算的依据。在计量环节中利用信息化的技术优势有效降低计量风险，防止人为干预作弊，提高衡器作业效率，实现无人化、智能化计量，是企业计量发展的趋势。

5G技术以其巨大的带宽、极低的时延和广泛的连接特性，为各行业和领域的创新应用提供了坚实的基础，同时也为行业的转型和升级提供了有力的支持。基于5G的AR智能巡检、远程运维指导和机器视觉检测，已经成为当前工业互联网的典型应用。作为国家战略性新兴产业之一，计量是保障经济社会健康可持续发展的重要基础。随着我国迈入“5G＋智能化”时代，传统计量行业的智能化转型迎来了全新的发展契机，随之而来的是“5G＋智能计量”的崛起。智慧计量作为一种新型计量模式，是对传统计量业务进行深度融合而产生的新兴业态。5G 技术以其在多个应用场景下的独特优势为基础，运用网络切片、边缘计算等核心技术为智慧计量赋能，从而提升了智慧计量服务的外延能力。将 5G 技术与人工智能、物联网、云计算、大数据等技术相结合，以“5G＋”的模式为计量服务提供了全新的理念、技术和方法。

随着信息技术的飞速发展和“互联网＋”的深入渗透，企业商业模式和管控方式正在经历一场变革。在这一背景下，金川集团制定了《金川集团股份有限公司“十三五”信息化规划》，以推进公司全面信息化建设为目标，通过一系列信息化项目的支持，加速形成规范统一、运行有序、信息共享、支持决策的信息化管理支撑体系，以满足公司市场化、集团化、国际化的发展需求，并推进金川集团检测管理信息系统的开发和应用项目建设。

金川集团建立了基于物流的物资集中检斤管理平台，实现 11 台进出厂汽车衡、4 台轨道衡、7 台抓斗秤、10 台产品秤物资检斤的现场无人值守，实现远程集中管控，达到协同高效、减员增效的目标。对于没有实现无人值守的检斤站点，主要实现网络检斤，检斤数据实现自动上传即可。对于实现了无人值守的检斤站点，检斤人员可以到检斤大厅进行集中监控，检斤员与衡器的监控可以随机分派。

该项目的检测计量管理系统采用先进的计算机网络、手持移动终端技术、外设接口技术、二维码技术、无人值守智能检斤秤房技术和标准化实验室管理思想，组成一个开放的分布式体系，实现检斤秤房的远程集中管理、无人智能检斤、检斤检测数据自动采集、数据分析等功能。

该项目旨在构建金川集团的检测数据共享平台，以应对“互联网＋”时代的挑战。该平台运用大数据原理，通过标准化手段实现资源的集聚共享和数据的互联互通，从而提升计量能力，推动科学决策，打造检测品牌。

二、服务于政策制定与决策支持的措施

该智能称重控制系统集成了地磅自动称重、多个地磅联网称重、地磅防作弊称重、远程称重和远程监控等多项功能，实现了无人值守的智能计量。该系

统采用无线传输技术和网络传输技术，实现了地磅与计算机之间数据的实时双向传送。该系统为企业提供了一种有效的手段，防止在物资计量过程中出现人为误差和作弊漏洞。该系统能够实时显示并记录每一个单位或产品的重量值以及相关信息，使企业管理者能够及时、全面地掌握生产状况，提高了工作效率和经济效益。在无须人工干预的情况下，无人值守智能称重系统能够高效、精准、稳定、可靠地完成称重流程，确保汽车过磅的安全。同时，通过网络与控制中心通信，可以实时了解现场各单位或人员的工作状态。通过远程监控、查询、打印等操作，管理人员可对称量流程及计量数据进行实时监控。同时，可以将各单位的检斤信息统一到一个平台中，便于统计与分析，提高了管理效率，降低了人员工作量。金川集团的检斤管控模式已经实现了从分散、多层级向集中、扁平化的转变，实现了自动检斤和远程集中管控，无须人工干预即可上传重量数据，从而达到了自动高效、减员增效的目标。

通过金川集团的综合管理和工业网络平台，将各类信息如数据、视频和音频传输到中央监控室，实现了实时的数据监视和处理。通过这一系统不仅能够对矿井内的生产单元和机械设备进行远程检测，还能够即时了解矿井的安全状态。该系统采用了复合传输方式，实现了数据、图像和音频的同时传送。具体来说，监控中心利用光通信设备接收视频和音频信息，同时从地面车辆检测器接收通过光纤发送的称重数据。进一步分析这些数据，可以判断是否存在超载或人数超标的情况。该平台还具备多种数据处理能力。每个监测点都配备了两台控制电脑，一台负责数据分析和称重监测，另一台则负责实时视图监控，支持画面放大和切换功能。如果系统出现故障或需要维修，将直接在监控画面上标出，并可通过内建对讲系统进行即时通报。

该项目基于物联网和云计算构建了一个智能化的计量管理平台，整合了多种计量设备和信息获取手段，如汽车衡、视频监控和二维码扫描等。系统自动记录并分析所有计量点的数据，有效地减少了人为误差和不正当行为，实现了计量数据的自动化、智能化处理。这是一套全面、智能、自动化的先进计量数据管理系统，旨在提高业务效率，适应现代企业需求。

借助特定的光纤端机，称重信息、车位检测和车辆识别数据能够高效、快速地传输到中央监控室。监控中心配备了先进的计算机设备，专门用于深度数据解析和智能决策。

通过全面的视频监控和分布式网络，该系统不仅能够对所有测量点进行集中管理，还能够与后端管理平台进行联网，以实现实时在线监控。综合来看，该系统成功实现了自动、智能和无人干预的数据管理，符合现代企业需求。

（一）智能终端实现远程交流

采用智能一体化终端机对设备进行集成，方便统一维护、管理。安装工业液晶触摸屏，显示相关检斤信息。通过采集器采集重量信号，上传到检斤大厅。通过双向语音对讲，检斤员和司机实现远程交流。

（二）红外线传感器，自助过磅

用磅台前后两对红外传感器准确判断汽车是否停在磅台正确的位置。通过红绿灯指示车辆，指挥车辆有秩序地上下磅。过磅完成后，语音提示检斤完成，语音提示是否打印过磅小票，如果选择打印，自动打印出检斤小票。磅台设计夜间照明灯并能通过监控中心控制开关。秤房内外所有视频图像均能实时动态录像，保存时间 1 个月。如果需要保存更长时间，需转存到存储设备。

（三）多方位监控，实时控制

室外安装不同方位的摄像机，监控前车牌、后车牌、车顶。室内安装球形摄像机，用于监控秤房内情况。通过车号识别系统自动识别车辆车牌号。通过控制设备对仪表远程清零，或通过软件命令方式清零。

三、具体成效

（一）自动系统，降低操作失误

系统能在整个称重流程中，对测量数据进行自动化和高精度采集，同时具备自动识别和智能指导功能。除此之外，系统还能自动进行数据处理和实时控制。这一系列自动化操作不仅显著降低了由人工介入导致的误差，而且显著推进了整个系统在信息技术和自动化方面的发展水平。

（二）系统自动汇总数据，提供决策支持

根据需求，系统将自动生成一份 Excel 报表，并通过网络自动传输至指定部门或个人账户。在使用时，只要输入相应的信息和参数即可对生产、物流等相关业务进行实时监控和统计，从而使企业及时掌握生产情况以及经营成果，为决策提供科学依据。对于管理部门而言，通过系统中的综合报表可以全面了解当前生产和物流状况；对于财务结算部门而言，可以获得一份清晰而精准的结算报告，以确保财务信息的准确性和可靠性；对于仓库管理部门而言，可以

获取有关货物收发情况的详细信息。该系统对每个岗位都有详细的工作内容和流程记录，并能根据实际需要进行相应调整。这些报表数据可随时推送，从而增强了管理的一致性，缩短了决策者对生产的响应时间，提高了管理效率。将36名计量人员减少至6人，每年节省300万元人工成本，降低了运营成本，推动了企业信息化管理。

（三）联网称重，提高效率

实现多台汽车衡联网称重，使得同一辆车可以在不同的汽车衡上进行过皮重和毛重，同时实时更新各称重数据，从而有效提升了汽车衡的利用效率。同时，解决了传统人工称重方式劳动强度大、效率低的问题。该系统实现了汽车衡的双向过衡称重功能，同时具备智能无人值守称重功能。

四、案例应用推广价值

（一）数据交互，实现自助计量

利用微信二维码和微信小程序实现现场数据的互动，使得司机能够在现场自主操作，从而实现无需人工值守计量的目标。同时，可以实时记录现场称重信息并上传至服务器，方便后续人员查询。系统会自动识别毛、皮，并根据计量流程和两次计量后的重量自动判断毛重、皮重。在确定计量重量时，系统会对现场进行拍照，包括驾驶室、车牌、车顶、车后等，并将照片与计量数据绑定，自动上传到服务器中。当车辆经过称重区或称重点之后，系统会计算出当前重量值并显示在电子屏上。当进行计量拍照时，系统会将当前的重量与车牌照片进行叠加，以便在查看照片时能够直接观察到物体的重量。当车辆称重不合格或超过设定阈值时，会触发语音提示并发送短信通知管理员处理。通过利用电脑终端和移动设备（如手机App、手持终端），系统能够实现信息的快速传递，将关键计量数据及时推送，从而使管理者能够及时了解生产情况，并加强监管监督。同时，也可以通过电话或者短信方式告知管理员当前车辆信息及电子秤是否正常。在将汽车衡传感器实时输出信号接入手机App的过程中，一旦发现异常情况，系统会立即启动报警机制，及时向相关人员发出提醒。采用智能控制方法对称重设备进行监控管理，当车辆处于作弊状态、未完全上磅、车轮轧在磅两侧或存在其他配重情况时，系统将自动停止称重并发出语音警告，自动计量模式将被终止，取而代之的是远程计量模式，计量员将远程进行计量。当出现称重超限或超载时，系统会启动声光报警，提示用户采取补救措施。通过自动记录计量过程中衡器重量曲线，并将其与计量数据进行绑定，可计算仪表跳变斜率的最大值。若斜率超过最大值，系统将判断是否存在遥控作弊装置，终止计量并切换至远程计量模式。当车辆行驶至指定位置时，系统会启动报警模块进行提醒。当司机在计量过程中遇到困难时，他们可以通过使用现场的求助按钮，主动切换到远程计量模式，以便更加便捷地进行计量。当无法完成全部或部分任务时，可以通过手动操作关闭计量模式。在完成远程计量后，您可以将计量模式切换至自助计量模式，从而实现全天自主过磅。

图 14.1　计量系统微信小程序界面

(二) 集中监控，主动式管理

系统能够监控计量磅房现场设备状态，以确保设备正常运行，出现故障时及时报警，并具有远程设备维护功能，以保障计量磅房的高效运转。以服务为中心，构建信息化平台，提高工作效率，降低企业运营成本。建立自动化的资源配置规则，以 SLA 标准为基础，实现应用系统快速上线。同时，利用先进的信息技术，提高管理效率。通过主动式的管理，实现对基础设施服务水平的全程监控，有效支持信息系统的建设和运行，彻底消除过磅过程中人为因素造成的过磅数据错误和附带的损失。通过对计量皮带秤等计量设备实施全面的质量监测，保证计量设备长期处于良好工作状态，使设备能够准确地反映出实际生产情况，避免人为差错带来的经济损失。通过智能化计量系统的构建，实现了安全、信息和经济效益三个方面的全面提升。在安全管理方面，打破了传统的人工操作模式，引入了检测自动化技术，完美地实现了人与车辆的分离。由基础手工作业向全智能权限口令控制的转变，为用户提供了更加安全、高效的使用体验。提高了生产效率，降低了成本投入。通过科学的手段，成功地消除了计量过程中人为因素的干扰。通过智能化计量管理系统，可自动完成各项计量数据采集及记录工作，保证所有数据准确可靠。实现汽车衡计量过程的远程监控，以确保计量过程的有序性和规范性，并在出现异常情况时及时发出警报。在此基础上，开发出一套集管理和应用功能于一体的系统平台，能够实现数据采集、存储、计算及报表生成等基本功能。通过实时监控计量点业务和计量大厅各座席的状态，以图形化的方式呈现，能够及时发现异常情况并发出警报，以促进故障的快速分析和处理。

（三）"池化"系统，优化资源配置

采用金川云构建的企业私有云系统，通过虚拟化"池化"配置服务器、存储器等资源，实现了资源的灵活供给、基础设施服务的优化和成本控制。同时，结合云计算架构特点，建立了一套完整的资源调度体系，包括数据中心资源池模型构建、数据中心资源池自动发现、虚拟机迁移以及资源池动态优化策略等方面。基于池化的基础设施资源，提供灵活的资源供给，实现主动式、预测性的基础设施资源自动化调配，以更好地匹配资源供应与需求，并支持以"随需即取"的方式获取所需服务资源。通过"池"技术的引入，将现有物理资源按照不同功能划分为多个独立的虚拟集群，使各个物理资源单元具有独立的逻辑结构和运行环境，并具备相应的计算能力。通过对基础设施资源进行"池化"，实现物理资源的统一管理和分配，从而提高资源利用率，减少重复建设投资，实现规模化效应，降低总体成本。同时，可实现过磅员人工成本的节约。对车辆厂内作业全流程进行严格控制，确保车辆作业环节的严谨性，从而保障每个环节数据的有效性和物流过程的合法性。在信息管理领域，实现了从层级传递管理到班组、车间、部门、公司全覆盖的升级。同时，建立了基于物联网技术的计量信息化平台，建立了实时分权管理的有效机制，确保了数据的精准追溯，规范了生产管理的过程控制，可精准掌握计量环节的关键信息，为商业结算和企业运营提供了可靠的基础。

通过自动化作业，降低了管理工作的强度，改善了工作环境，提高了工作效率，并降低了人工成本，从而实现了经济效益的最大化。通过升级动态作业至标准化作业，提升了检测的准确性，降低了质量损失，并有效控制了企业在原料采购方面的成本。同时，还可以对生产过程中出现的问题进行及时反馈和调整，使整个生产环节处于最佳状态，从而确保产品质量稳定可靠，有效降低了生产成本，实现了企业能源节约和效率提升的管理目标。采用全面的解决方案，把握了企业经营的生命线，巩固了企业的安全保障线，并对企业成本主控线进行了优化。

【案例四】精准测量数据为东方电气（广州）重型机器有限公司实现数字化转型提供决策支持

一、案例背景

作为中国东方电气集团（以下简称“东方电气”）的控股子公司，东方电气（广州）重型机器有限公司（以下简称“东方重机”）致力于成为国内领先、世界一流的核能装备研制服务供应商和具有重要影响力的新能源及高端装备供应商，通过数字化工厂建设和数字化智能化转型推进高质量发展，自主建立了制造执行系统（MES），并将智能化计量检测技术嵌入来料检验、机加工、焊接、装配等各个生产环节，以数据驱动产品全寿命周期的质量监控与提升。

为了满足该企业数字化转型的需求，国家智能控制系统制造产业计量测试中心（以下简称“产业中心”）运用一系列数字化测量技术成果，为企业提供了数字化集成方案设计、关键参数测量、专用仪器量值溯源等综合性的计量测试服务，从而确保了制造过程中数据的准确性和可追溯性，并直接应用于MES的质量管理与监控，为企业数字化转型和质量提升提供了有力支撑。

二、服务于政策制定与决策支持的措施

（一）需求分析

东方重机通过数字化智能化转型来推进高质量发展，已经自主建立了MES，并逐步将制造过程的全部关键数据纳入MES中进行管理。在此过程中，存在多方面的需求：一是建立一套能够与MES对接的数字化质量管理平台，实

现对检测工艺、仪器设备、质量控制等质量相关数据的自动监控、管理和追溯；二是对最关键的数控加工质量进行有效监控，避免出现精度超差、质量波动等问题，影响政策制定和下一步规划；三是对各类专用的数字化测量仪器进行准确溯源，保障生产过程管理的数据来源准确可靠。

（二）技术难点

1．人工录入数据易失误

计量和质量数据主要通过人工管理和录入，数据没有集中管理和结构化，无法直接被 MES 应用。

2．机器长时间使用，安全性缺乏监控

机加工环节主要使用大型的数控装备，使用一段时间后会出现精度超差、加工质量波动等问题，直接影响产品的质量和安全性，但缺乏有效的监控手段。

3．计量难溯源

焊接装配等环节所使用的超声探伤仪、激光跟踪仪等专用仪器设备，需要同时满足国标、欧标等特定标准的计量要求，才能适应该企业定制化生产的特点，但一般的计量技术机构难以提供有效的量值溯源服务。

（三）解决方案

在数字化系统的设计环节，产业中心联合清大菲恩工业数据技术有限公司提出了数字化质量平台的方案，融合了质量控制、实验室管理、数字化检测、数据分析等功能，将各种质量活动和数据都系统地纳入平台统一管理，有效减少流程阻碍和数据藩篱。通过数据自动化实现了质量管理和过程控制方面的效率提升，为企业进一步推进检测工艺智能化提供了基础数据平台。

在数控加工环节，产业中心基于自主研发的数控装备几何量参数在线精密检测技术成果，定期为企业的大型加工设备进行现场测试，并根据测试结果对数控系统的螺距补偿、反向间隙补偿和系统主参数进行调整，帮助企业对加工过程中出现的尺寸变化、表面形貌波动等问题进行原因分析，并提出解决问题的具体方案。经过精度补偿后，能够使设备精度平均提升 30％以上，从而为数字化加工质量提供了可靠的量值保障。

在焊接装配环节，针对企业定制化生产需要适应不同标准和技术规范的量值溯源需求，产业中心利用自主研发的脉冲反射式超声设备校准系统，对超声探伤仪进行校准，并提供企业所需的电子证书，可以方便地将校准数据接入数字化质量平台中，实现对焊接质量检测结果的有效监控与追溯。

三、具体成效

数字化质量平台在东方重机部署应用以来，对质量数据的归集和管控效率提升明显，为企业 MES 的规划和运行提供了可靠的决策数据，满足了该企业生产核电等高端装备对于质量严格管理和追溯的要求。同时，产业中心提供的数控装备现场测试、专用仪器量值溯源等服务，有效保障了企业生产过程数据的准确可靠，进而保障了产品质量的安全可靠。尤其是对于超声探伤仪，产业中心是华南地区唯一能够按照欧洲 EN 标准开展校准的机构，切实解决了企业的痛点。2023 年 5 月，国家市场监督管理总局计量司到东方重机调研，企业高度评价了产业中心的服务成效。

四、案例应用推广价值

该案例充分发挥了产业中心以及联盟单位的技术优势，聚焦企业在数字化转型中对于数据准确性、溯源性的需求，从系统设计开发、加工装备测试调整、量值溯源等多个方面入手，提供了综合性的解决方案。

数字化质量平台设计方案以数据自动化将各种质量活动和数据纳入统一管理，符合制造业数字化转型的共性技术需求。产业中心正在联合相关企业及用户共同制定标准，实现进一步的推广应用。此外，数控装备几何量参数在线精密检测技术为东方重机、广重集团、广汽集团等多家制造企业提供了现场测试和误差补偿服务，切实提高了企业的加工质量和效率。脉冲反射式超声设备校准系统已实现成果转化，形成仪器产品并推广销售至多个机构。

数字化转型是当前我国推动制造业提质增效需要重点解决的问题。在此进程中，催生了一批提供数字化转型服务的企业，其中一部分是传统的工业控制集成商，另一部分是制造业龙头企业设立的数字化部门或子公司。由于工业现场条件复杂，大多数数字化集成服务商虽然能够搭建起上层的数字化系统架构，但在面对底层海量工业数据的泛在、实时测量需求时，还缺乏有效的数字化测量技术和手段，需要有专业、开放的计量技术平台来提供支撑。产业中心聚焦这一痛点和需求，持续地研究数字化测量技术，帮助数字化集成服务商重点解决工业现场参数的采集、传输及融合应用等问题，以精准测量为东方重机数字化转型提供了决策支持。

参考文献

[1] Curry Stewart, Serban Nicoleta. Accounting for uncertainty in policy decision making: Improving access to pediatric dental care [J]. Health Services Research, 2021, 56 (2): 214-224.

[2] Monaghan Mark, Ingold Jo. Policy practitioners' accounts of evidence-based policy making: The case of universal credit [J]. Journal of Social Policy, 2019, 48 (2): 351-368.

[3] Costache, Cristian Ion. Information in accounting for common agricultural policy decision making [J]. Quality—Access to Success, 2017, 18: 149-151.

[4] I Putu Sudana. Accountingpolicy making: A political avenue for sustainability agenda [J]. Procedia-Social and Behavioral Sciences, 2016, 219: 732-740.

[5] Königsgruber R, Windisch D. Does European Union policy making explain accounting choices? An empirical analysis of the effects of investigations by the directorate general for competition on accounting choices [J]. Journal of Management and Governance, 2014, 18 (3): 717-731.

[6] Jiménez-Serranía Vanessa, Parra-Domínguez Javier, De la Prieta Fernando, et al. Cryptocurrencies impact on financial markets: Some insights on its regulation and economic and accounting implications [J]. Lecture Notes in Networks and Systems, 2022, 320: 292-299.

[7] Meng Weiqing, Hu Beibei, Sun Nan, et al. An integrated full cost model based on extended energy accounting toward sustainability assessment of in-

dustrial production processes [J]. Clean Technologies & Environmental Policy, 2019, 21 (10): 1993-2004.

[8] Boggia A, Fagioli F F, Paolotti L, et al. Using accounting dataset for agricultural sustainability assessment through a multi-criteria approach: An Italian case study [J]. International Transactions in Operational Research, 2023, 30 (4): 2071-2093.

[9] Qi Hai, Dong Zhiliang, You Xinshang, et al. Extended exergy accounting for assessing the sustainability of agriculture: A case study of Hebei province, China [J]. Ecological Indicators, 2023, 150: 110240.

[10] Julia Kokina, Shay Blanchette. Early evidence of digital labor in accounting: Innovation with robotic process automation [J]. International Journal of Accounting Information Systems, 2019, 35: 100431.

[11] Yilmazkuday Hakan. Accounting for trade deficits [J]. Journal of International Money & Finance, 2021, 115: 102385.

[12] Elchaninova Olga V, Ripoll-Saragosi Lyudmila G, Poliakova Inna A, et al. Accounting and analytical support for the development of foreign trade [J]. Lecture Notes in Networks and Systems, 2021, 205: 665-673.

[13] Herbert F. Accounting in the national-defense program [J]. The Accounting Review, 1941, 16 (1): 33-40.

[14] Paul Garner S. Industrial accounting instruction and the national-defense program [J]. The Accounting Review, 1942, 17 (2): 125-131.

[15] Rahimzade A. Food safety accounting: As a novel interdisciplinary approach in Iran [J]. Journal of Food Quality & Hazards Control, 2017, 4 (4): 119.

[16] Sharareh Mahdavi S, Abdekhodaie Mohammad J, Mashayekhan Shohreh, et al. Bioengineering approaches for corneal regenerative medicine [J]. Tissue Engineering and Regenerative Medicine, 2020, 17 (5): 567-593.

[17] Anca Antoaneta Vărzaru. Assessing digital transformation of cost accounting tools in healthcare [J]. International Journal of Environmental Research and Public Health, 2022, 19 (23): 15572.

[18] Peter Triantafillou. Accounting for value-based management of healthcare

services：Challenging neoliberal government from within？［J］. Public Money & Management，2022，42（3）：199-208.

［19］João Azevedo，Júlio Duarte，Manuel Filipe Santos. Implementing a business intelligence cost accounting solution in a healthcare setting［J］. Procedia Computer Science，2022，198：329-334.

［20］Romeo Danielis，Aline Chiabai. Estimating the cost of air pollution from road transport in Italy［J］. Transpn Res D，1998（4）：249-258.

［21］Peter Bickel，Stephan Schmidt，Rainer Friedrich. Measuring the marginal social cost of transport research in transportation economics［J］. Environmental Costs，2005（14）：185-209.

［22］Dan M Costescu. Autonomous vehicles' safety in mixed traffic：Accounting for incoming vehicles when overtaking［C］. 2019 Electric Vehicles International Conference，2019.

［23］Pawlenty Tim. Fire safety account：An investment in preparedness［J］. Minnesota Fire Chief，2006，42：6.

［24］Heinz Welsch. Environment and happiness：Valuation of air pollution using life satisfaction data［J］. Journal of Ecological Economics，2006（58）：801-813.

［25］Christine Jasch. How to perform an environmental management cost assessment in one day［J］. Journal of Cleaner Production 2006（14）：1194-1213.

［26］Horace R Rrock. Petroleum Accounting Principles，Procedures & Issues［M］. 5th Ed. Price Waterhouse Coopers，2000.

［27］魏东，马一太，吕灿仁. 温室气体减排与21世纪我国的能源发展战略［J］. 能源技术，2001（2）：87-90.

［28］《能源百科全书》编辑委员会. 能源百科全书［M］. 北京：中国大百科全书出版社，1997.

［29］西尔伯沙茨. 数据库系统概念［M］. 北京：机械工业出版社，2013.

［30］吴虹雁，李蓉，顾义军. 农业上市公司生物资产确认与计量经济后果分析［J］. 中国农业大学学报（社会科学版），2014（2）：143-153.

［31］李金昌. 要重视森林资源价值的计量和应用［J］. 林业资源管理，1999

(5)：43-46.

[32] 宝秋利，代海燕，张秋良. 大青山生态效益评价指标体系的研究 [J]. 内蒙古农业大学学报（自然科学版），2011，32（2）：52-55.

[33] 郑奕，周应祺. DEA 理论及其在我国海洋渔业中的应用 [J]. 上海水产大学学报，2002（1）：37-42.

[34] 苏新红，方水美，郑奕，等. 福建省灯光围网作业的捕捞能力 [J]. 水产学报，2004（3）：303-310.

[35] 陈德湖，张津. 中国碳排放的环境库兹涅茨曲线分析——基于空间面板模型的实证研究 [J]. 统计与信息论坛，2012，27（5）：48-53.

[36] 李宏彪，闫娅，丁宝根. 制造业集聚对碳排放的影响——基于中部地区相关面板数据的实证研究 [J]. 江西社会科学，2013（12）：66-70.

[37] 吴齐，任以胜，杨桂元. 区域碳排放量的空间溢出效应分析与减排路径探寻 [J]. 太原理工大学学报（社会科学版），2015，33（6）：49-54.

[38] 韩哲英，王立海，陈红. CVM 法在森林生态旅游产品价值评估中的运用——以黑龙江省平山生态旅游区为例 [J]. 林业科技，2007（3）：65-68.

[39] 田文朝. 电能计量的信息化技术应用 [J]. 山西财经大学学报，2011（S3）：288.

[40] 郝宇，廖华，魏一鸣. 中国能源消费和电力消费的环境库兹涅茨曲线：基于面板数据空间计量模型的分析 [J]. 中国软科学，2014（1）：134-147.

[41] 陈闯，张明玉. 中国热计量改革参与主体的合作博弈及利益诉求分析 [J]. 经济与管理研究，2016（6）：44-50.

[42] 赵宇，陈锐，廖原. 供热计量条件下用户用热博弈模型研究 [J]. 中国管理科学，2017（6）：169-178.

[43] 张书丽，尤永建. 天然气输差的产生原因及降低途径 [J]. 天然气与石油，2005，19（3）：20-21.

[44] 徐胜愿，陈卫，陈静. 天然气输差控制方法浅析 [J]. 中国石油和化工标准与质量，2013，33（18）：92.

[45] 韦庆明，林翰，蒋琬，等. 农村改水工程健康效应的实证研究：基于省际空间面板的计量分析 [J]. 系统管理学报，2017，26（4）：647-654.

[46] 王文周，林则夫，仇勇. 中国建筑业生产效率评价与演化特征研究 [J]. 统计观察，2013（24）：95-98.

[47] 杨建红. 投资性房地产公允价值计量存在的问题及对策分析 [J]. 河南师范大学学报（哲学社会科学版），2016（1）：79-83.

[48] 刘秀兰. 投资性房地产会计准则问题的影响及其完善探析 [J]. 西南民族大学学报（人文社科版），2018，39（5）：137-141.

[49] 任民. 改革铁路运输产品计量方法的若干思考 [J]. 统计研究，1999（S1）：181-183.

[50] 王子敏. 经济增长、互联网发展与快递业的关系研究 [J]. 北京交通大学学报（社会科学版），2012（3）：63-67+73.

[51] 杨耀武，霍江莲，安平，等. 食品安全检验量值溯源体系的构建 [J]. 食品与生物技术学报，2022，41（1）：10-21.

[52] 钟永德，石晟屹，李世宏，等. 中国旅游业碳排放计量框架构建与实证研究 [J]. 中国人口·资源与环境，2014，24（1）：78-86.

[53] 黄晓龙，尧建平，孙向丽. 国防军工体系下的三级计量机构计量管理系统建设 [J]. 计量与测试技术，2022，49（2）：93-96.

[54] 栾春娟，侯海燕. 国内外主要公司专利发明者合作的计量与比较——以数字信息传输技术领域为例 [J]. 技术与创新管理，2009，30（3）：283-285.

[55] 冯英强，胡毅飞，吴倩，等. 国防军工计量军民深度融合发展探析 [J]. 宇航计测技术，2016，36（5）：81-84.

[56] 朱光. 计量检定在食品检验中的重要性及实践研究 [J]. 食品安全导刊，2023，366（1）：171-173.

[57] 凌志. “三个到位”确保港口铁路计量系统消防安全 [J]. 水上消防，2015，116（4）：46.

[58] 李秋雨，朱麟奇，刘继生. 基于空间计量模型的中国旅游业发展与经济增长关系研究 [J]. 西安财经学院学报，2017（2）：90-97.

[59] 宋秀丽. 做好计量校准的基础管理工作 [J]. 航空工程与维修，2002（2）：41-42.

[60] 万生新，王悦泰. 基于 DPSIR 模型的沂河流域水生态安全评价方法 [J]. 山东农业大学学报（自然科学版），2019，50（3）：502-508.

[61] 葛健伟，王佳楠，林鹏，等. 基于 AHP-模糊分析法的家具制造厂消防安全评估及对策研究 [J]. 中国计量大学学报，2019，30（3）：379-385.

[62] 闫长坤. 庄河市农业灌溉用水计量模式探讨 [J]. 水利技术监督，2018 (1)：51-55.
[63] 孙文磊，程纪良，李峰. 把握6大要点 做好新常态下民生计量服务工作 [J]. 中国计量，2017，263 (10)：25-26.
[64] 王晓港. 做好计量工作 确保安全 防止漏收 维护货主权益 [J]. 铁道运输与经济，2001 (11)：11-12.
[65] 张雯，王龙，徐阳，等. 环保和制药领域产业计量工作探索和思考 [J]. 中国计量，2021，302 (1)：51-52+55.
[66] 喻萍. 加强民生监管 提供坚实保障——长沙市质监局切实开展医用计量器具监督检查 [J]. 中国计量，2013，207 (2)：22-23.
[67] 姚亚兰. 农业灌溉用水计量存在的主要问题及对策 [J]. 农业科技与信息，2022 (15)：71-73+80.
[68] 冯婷婷，汪超，张郁，等. 我国食品安全监管研究的文献计量及可视化分析 [J]. 食品安全质量检测学报，2022，13 (2)：641-649.
[69] 杨家润. 计量与食品安全 [J]. 食品研究与开发，2014，35 (11)：130-131.
[70] 黄益养. 浅谈能源计量对交通节能减排工作的支撑作用 [J]. 居舍，2019 (23)：7.
[71] 刘会敏，牛叔文，杨振. 中国人口死亡水平的空间统计分析 [J]. 中国人口科学，2008 (1)：44-52+96.
[72] 张钟华. 计量及其社会功能 [J]. 科技导报，2010，28 (3)：3.
[73] 黄丽凤，沈少光. 加强民生计量监管 精准服务实体经济 [J]. 福建市场监督管理，2022，5 (5)：19.
[74] 王鹏飞，程华. 基于专利计量的国内智能纺织技术创新可视化研究 [J]. 中国高校科技，2022，412 (12)：90-96.
[75] 赭积储. 绿色环保 斤斤计较——浙江省质监局发挥能源计量作用服务生态文明建设 [J]. 中国质量技术监督，2016，328 (3)：32-33.
[76] 王静. 基于商誉本质的确认与计量思考 [J]. 财会通讯，2015 (25)：90-93.
[77] 冯志军，苗春林，杨国辉，等. 浅析航天系统计量器具一体化管理 [J]. 宇航计测技术，2022，42 (6)：88-91.

［78］王军，黄雪莲，卢定平．“双碳”目标下南京市能源计量工作思考［J］．计量与测试技术，2022，49（11）：101-103．
［79］刘嫣，印朝辉，李渊，等．“互联网＋”计量发展现状与建议［J］．宇航计测技术，2018，38（3）：78-83．
［80］臧国全，贾瑞莹．医疗数据中病种隐私的计量与分析［J］．现代情报，2020，40（5）：161-168．
［81］俞水清．提升计量素质 推进质量共治［J］．福建市场监督管理，2022，10（10）：13-14．
［82］蔡文嘉，唐登平，李亮波，等．低压电流互感器自动化检定系统在线计量检测［J］．沈阳工业大学学报，2022，44（6）：613-619．
［83］刘水，黄洋界，李斌．数字化电能计量检测技术方案研究［J］．电测与仪表，2011，48（4）：66-71．
［84］张清华．基于空间计量的科技创新人员空间效应分析［J］．科技管理研究，2018，38（19）：7-14．
［85］王丹．计量赋能高质量发展 助推中国式现代化［N］．中国市场监管报，2023-05-20（002）．
［86］倪金春，成伟，任瑞琪．浅析公共机构“双碳”计量工作的开展［J］．工业计量，2023，33（2）：63-64．
［87］高竹．轨道交通行业计量管理工作发展趋势的探讨［J］．计量与测试技术，2022，49（10）：95-97．
［88］史少勇．建筑工程质量监督中的计量检测技术应用探究［J］．工业建筑，2022，52（4）：240．
［89］张冬，武燕，姜吉星，等．创新计量监管模式 构建民生领域计量大数据平台的探索与实践［J］．中国计量，2023，328（3）：24-26．
［90］陈少辉，詹娜，孙世海，等．智慧计量监管在农贸市场领域的应用［J］．中国计量，2023，328（3）：21-23．
［91］柏振忠，钟雨欣，胡婉玲，等．气候智慧型农业技术碳计量方法学初探［J］．湖北农业科学，2022，61（24）：229-235．
［92］徐晓飞，杨卫华．我国政府医疗卫生支出相对不足的计量检验［J］．商业研究，2014，445（5）：62-66．
［93］戎立，杨禹莎．电子仪器仪表计量管理及计量检测分析［J］．电力与能源，

2020，41（6）：737-738.

[94] 张传远，王芳，苏雪莲，等. 计量在碳达峰和碳中和目标实现中的技术支撑作用 [J]. 中国计量，2022，323（10）：28-29.

[95] 张冬，武燕，姜吉星，等. 创新计量监管模式 构建民生领域计量大数据平台的探索与实践 [J]. 中国计量，2023，328（3）：24-26.

[96] 魏炜，张璧，张莉，等. 国防军工计量国际化探索与建议 [J]. 宇航计测技术，2021，41（5）：87-91.

[97] 窦守席，王浩，王明建，等. "民生＋智慧"计量检定平台的创新建设与发展 [J]. 中国计量，2021，308（7）：45-47.

[98] 李晓坚，陈志军. 能源计量在低碳环保经济社会建设中大有可为——试述天津和平区商业、服务业能源计量工作的做法与体会 [J]. 中国计量，2011，189（8）：36-38.